149376
€25,-

LOUIS-PHILIPPE
et
LOUIS XVIII

*Autour du journal
de Louis-Philippe
en mars 1815*

DU MÊME AUTEUR

L'avenir des pays sous-développés, Editions Sefi, 1954.

Histoire de la Russie d'Amérique et de l'Alaska, Horizons de France, 1957, réédité Libraire Académique Perrin, 1978.

Talleyrand aux Etats-Unis, Librairie Académique Perrin, 1967, réédité 1977.

Les choix de l'Espoir, Grasset, 1970.

Cartes sur table, Fayard, 1972, réédité en livre de poche, 1975.

Conduire le changement, Fayard, 1975.

Cadoudal, Moreau, Pichegru, Librairie Académique Perrin, 1977.

Henri IV, Film pour la Télévision, 1977.

L'Avenir n'est écrit nulle part, Albin Michel, 1978, réédité en livre de poche, 1979.

MICHEL PONIATOWSKI

LOUIS-PHILIPPE
et
LOUIS XVIII

*Autour du
journal de Louis-Philippe
en mars 1815*

Librairie Académique Perrin

La loi du 11 mars 1957 n'autorisant, aux termes des alinéas 2 et 3 de l'article 41, d'une part, que les « copies ou reproductions strictement réservées à l'usage privé du copiste et non destinées à une utilisation collective » et, d'autre part, que les analyses et les courtes citations dans un but d'exemple et d'illustration, « toute représentation ou reproduction intégrale ou partielle, faite sans le consentement de l'auteur ou de ses ayants droit ou ayants cause, est illicite » (alinéa premier de l'article 40).

Cette représentation ou reproduction par quelque procédé que ce soit, constituerait donc une contrefaçon sanctionnée par les articles 425 et suivants du Code pénal.

© Librairie Académique Perrin, 1980

ISBN 2-262-00196-0

A la mémoire
de Jacqueline de CARAMAN-CHIMAY

1903-1979

REMERCIEMENTS

En mars 1815, Napoléon débarquait à Golfe-Juan, provoquant, par ce retour inattendu de l'île d'Elbe, le départ précipité de Louis XVIII. Arrivé à Lille, où se trouvait alors Louis-Philippe, venu organiser la résistance des garnisons du Nord, le roi lui signifia sèchement sa mise en disponibilité. Le duc d'Orléans, au lieu de suivre la cour réfugiée à Gand, préféra se retirer en Angleterre où l'avait précédé sa famille. C'est là qu'il allait écrire et éditer, en 1816, dans une imprimerie installée par ses soins, Mon Journal du mois de mars 1815, *pour expliquer son attitude jugée trop indépendante et pas assez dévouée à la cause du roi pendant cette brève période. L'intérêt de ce précieux justificatif réside dans le caractère apparemment sincère que son auteur lui donne. Nous y découvrons la joute entre deux hommes dont l'Histoire nous propose si souvent l'exemple et qui éclaire sous un jour nouveau la personnalité des deux antagonistes.*

Que Monseigneur le comte de Paris reçoive ici tous mes remerciements pour m'avoir autorisé à consulter des documents originaux et souvent inédits, sans lesquels cet ouvrage n'aurait pu trouver une expression si conforme à la vérité.

Mes remerciements vont à Mme Catherine Desportes qui a contribué à réunir la documentation exceptionnelle de cet ouvrage.

INTRODUCTION

Louis-Philippe et Louis XVIII retrace l'histoire d'un long et courtois désaccord entre deux hommes issus de la même race, porteurs des mêmes traditions, de la même culture, tous deux voltairiens, humanistes, libéraux et pourtant séparés par leur sensibilité, leur intelligence et leur conception politique.

Diversité de caractère et diversité d'intelligence. Celle de Louis-Philippe moyenne mais toute nourrie d'expériences difficiles et des connaissances acquises auprès de Mme de Genlis; celle de Louis XVIII réelle, lucide et intuitive. Si intuitive qu'il percevra sans cesse, au-delà des excessives déclarations de dévouement du duc d'Orléans, les menaces latentes de la branche cadette.

Divergence politique enfin. Louis XVIII est pénétré de la vision capétienne de l'autorité royale : le roi est la source de toute autorité. Il est la permanence de l'Etat. Louis XVIII en a la conviction. Il s'agit aussi d'une nécessité : après le tourbillon, le désordre, les aventures de l'époque révolutionnaire et napoléonienne, le pays a besoin de retrouver le calme, l'ordre et de s'ancrer dans cette permanence. Pour Louis-Philippe cette conception est révolue. Le roi est simplement le symbole de l'unité de la nation et, comme en Angleterre, un rouage institutionnel. Le pays s'exprime par la voix de son Parlement devant lequel le gouvernement est comptable de ses actes.

Louis XVIII s'avance avec son sceptre et Louis-Philippe avec son parapluie.

La vie de Louis-Philippe, comme celle de Talleyrand, offre l'intérêt de retracer, à travers les péripéties d'une époque politique difficile, aux mutations sociales rapides, aux découvertes technologiques et scientifiques considérables, les réactions d'un homme politique en présence des exigences de temps nouveaux.

Sa génération assiste à une double révolution dont les effets se cumulent et se chevauchent :
— la révolution politique française,
— la révolution industrielle anglaise.

Le grand bouleversement des idées est accompagné de celui des choses.

Pendant l'existence de Talleyrand (1754-1838) ou celle de Louis-Philippe (1773-1850) non seulement s'impose un monde nouveau d'idées, d'institutions, de concepts moraux et philosophiques qui redéfinissent la place de l'homme dans la société, mais s'y ajoute un bouleversement des technologies et des sciences qui modifie la vision qu'a l'homme de son avenir. Les effets additionnés des deux révolutions aboutissent à un changement de civilisation, car voici venir les signes annonciateurs d'une autre époque avec l'invention des machines à filer et à tisser (1760 et 1765), de la machine à vapeur de Watt (1769), des souffleries, des laminoirs et des marteaux mécaniques. De 1788 à 1812, la fortune industrielle de la France double. Les chemins de fer apparaissent ainsi que les bateaux à vapeur (1), le télégraphe annonce la victoire près de Condé sur les Autrichiens, le 1er septembre 1794; l'indus-

INTRODUCTION

trie chimique fait ses premiers pas tandis que celle du fer et de l'acier se développent rapidement; le premier pont suspendu en fer est lancé par Finley en 1796 et le premier navire en fer mis sur cale en 1787, les aérostats font sensation dès avant la Révolution, le gaz commence à être utilisé pour l'éclairage des villes et à Paris remplace peu à peu les réverbères à huile, le sucre de betterave devient une production nationale et les conserves alimentaires sont expérimentées... sur l'armée (1804). Goodyear met au point l'utilisation du caoutchouc, Volta invente la pile électrique (1800), découverte bientôt suivie par celle de l'électrolyse, de la galvanoplastie, du télégraphe électrique. En 1821, Faraday fonde l'électrodynamique et, un peu plus tard, Barlow le premier moteur électrique. N'ayons garde d'oublier Niepce et la photographie en 1825.

Ainsi Talleyrand et Louis-Philippe auront assisté au cours de leur existence à des transformations aussi profondes que celles de notre génération. Ils ont vu disparaître la civilisation agricole et son expression politique, la monarchie de droit divin. Ils ont vu apparaître la civilisation industrielle et son symbole politique la démocratie, comme nous voyons glisser vers le passé cette même civilisation industrielle cédant aujourd'hui la place à la civilisation scientifique (2).

L'histoire des hommes ne subit pas cependant cette loi si souvent célébrée de la thèse, de l'antithèse et de la synthèse. Elle connaît en revanche une succession de chocs en aller-retour, suscitée par des réactions de psychologie collective qui imposent un rythme alterné entre l'ordre

(1) Première traversée de l'Atlantique en 1819.
(2) Voir Michel Poniatowski, *les Choix de l'Espoir*, 1970, chez Fayard et *l'Avenir n'est écrit nulle part*, 1978, chez Albin Michel.

et le changement. « Partout en Europe, remarquait, à l'époque, l'ambassadeur d'Angleterre à Vienne, Sir Frederick Lamb, le principe du mouvement et celui de l'ordre se heurtent ouvertement ou sournoisement... »

L'alternance des deux principes est une loi constante. Au choc du changement imposé par les besoins de l'évolution, mais qui entraîne bouleversement, guerre, révolution, succèdent nécessairement l'ordre, l'apaisement, le repos qui permettent d'absorber les transformations de la période précédente.

Parfois, ces principes sont à contre-courant ou bien prématurés au regard de l'époque et de l'état des esprits.

Parfois le changement est mauvais et l'ordre bon. C'est Rome face aux Barbares, Henri IV combattant l'anarchie, Richelieu brisant les féodaux.

Parfois au contraire le changement est nécessaire et l'ordre devient une force négative. C'est Louis XVI face aux « Lumières » et à la révolution de 1789 ou la résistance de Madrid et de Lisbonne à l'indépendance des Etats d'Amérique du Sud.

Parfois l'ordre et le changement qui s'affrontent sont tous deux justifiés, mais dans des perspectives du temps différentes. C'est Ponce Pilate représentant l'ordre romain et le Christ annonçant avec une force bouleversante la primauté de l'homme.

Parfois l'ordre et le changement viennent à se confondre après une succession d'ajustements, mais alors rarement de manière favorable et presque toujours de façon dramatique et négative. C'est l'exemple des révolutions nationale socialiste en Allemagne et communiste en U.R.S.S.

L'époque si dense qui sépare la révolution américaine de la révolution de 1848 (à peine plus de soixante-quinze ans) fait subir à la plupart des pays avancés ces rythmes contraires. La France connaît le dernier éclat de l'ordre monarchique, puis le nécessaire changement de 1789 qui

INTRODUCTION

devient Révolution, famine, inflation, guerre. Ses excès mêmes : assassiner le roi, chasser Dieu des églises, conquérir l'Europe en font un objet de haine pour les autres nations et en France pour ceux qui les subissent. La paix, l'ordre, la loi sont réclamés à grands cris et reviennent avec le Consulat. Mais à peine acquis, l'esprit d'aventure et de mouvement reprend l'initiative et, en dix ans, par le génie d'un grand capitaine, bouleverse l'Europe (1). Exsangue, épuisée, brisée, occupée, la France, à l'issue de ces guerres sans avenir, réclame la paix à tout prix, le travail des mains et le repos des esprits. Mais au-dessous de l'ordre rétabli, l'évolution se poursuit et l'immobilisme, trop fortement maintenu par Charles X, ne résiste pas au mouvement nécessaire qui explose en juillet 1830, pour être de nouveau contenu par la monarchie de Juillet avant de réapparaître en 1848.

Ainsi et toujours l'ordre conduit au changement et le changement à l'ordre, chacun porteur de son contraire.

Il n'est pas étonnant que Hegel qui observe son époque, traduise ces affrontements comme une lutte opposant l'être et le devenir, ce qui est avec les prémices de ce qui sera.

Louis-Philippe, à la fois acteur et observateur, cherche sa voie dans ces événements si opposés.

(1) « Car d'année en année se dessinent toujours plus nettement en France une volonté et une contre-volonté : le pays veut enfin avoir la paix, mais Napoléon veut continuellement avoir la guerre. Le Bonaparte des années 1800, héritier et ordonnateur de la Révolution était encore pleinement d'accord avec son pays, avec son peuple, avec ses ministres; le Napoléon de 1804, l'Empereur du nouveau *decennium* ne pense plus, depuis longtemps, à son pays, à son peuple, mais uniquement à l'Europe, à l'univers, à l'immortalité. Après avoir magistralement accompli la mission à lui confiée, il s'impose dans l'excès de sa force, de nouvelles missions bien plus difficiles et celui qui a mis en ordre le chaos remet à l'état de chaos ses propres réalisations et l'ordre par lui-même créé... » Stefan Zweig, *Fouché*.

LOUIS-PHILIPPE ET LOUIS XVIII

Il sait l'évolution de son temps irréversible, mais il en refuse les conséquences excessives. Il va se trouver ou se placer dans la situation la plus inconfortable et la plus difficile et vouloir à la fois l'ordre *et* le changement. Il est à la fois contre les ultras et contre les révolutionnaires. Il refuse l'ordre divin et monarchique, mais rejette la révolution permanente. Il préconise l'Etat-nation contre l'Etat dynastique, la Constitution et la démocratie contre l'autocratie, la liberté personnelle contre la notion de sujet. Mais il refuse l'Etat républicain tel qu'il a été expérimenté jusqu'alors en France comme l'atteinte la plus grave à toutes les formes de liberté et de justice.

De 1789, en revanche, il conserve le grand dessein d'une monarchie parlementaire à l'anglaise, la liberté individuelle, la destruction de toutes les survivances de la féodalité, de tous les « blocages » de l'Ancien Régime.

Il observe de près, lors de ses longs séjours britanniques, la révolution industrielle et agricole de sa chère Angleterre. Il en transpose certaines expériences après 1814 sur ses propres terres en France. Il en comprend la portée générale et l'esprit.

Dans ses relations avec ses banquiers, avec les industriels et les hommes d'affaires, il réagit comme un entrepreneur moderne de son temps.

Mais ayant choisi dans sa longue période d'attente, d'être à la fois un homme de continuité *et* de changement, et s'étant fait porter au pouvoir sur ce principe, il n'a pas su s'y tenir. Il a glissé vers l'ordre, oubliant le mouvement. C'est la leçon de son échec final comme roi.

Il avait su être lucide dans ses projets, il cessa de l'être dans leur exécution.

CHAPITRE PREMIER

UN MARIAGE SICILIEN

En ce jour du 23 avril 1814, un navire de guerre anglais, l'*Aboukir*, jeta l'ancre dans le port de Palerme. Le fait insignifiant en soi-même n'est remarquable que par ce détail, le capitaine de ce bâtiment était porteur d'un pli urgent adressé au duc d'Orléans par Lord William Bentinck (1), ambassadeur d'Angleterre à Palerme, commandant des forces britanniques de terre et de mer en Méditerranée. Il venait alors de s'emparer de Gênes après un siège de quelques jours.

Sir Frederick Lamb, chargé d'assurer l'intérim de Lord William à Palerme, fit aussitôt prévenir Louis-Philippe et l'accueillit, gazettes et lettre à la main : « Lisez. » C'était les dernières nouvelles du continent. Les informations les plus récentes avaient rendu compte des succès français

(1) William-Charles Cavendish Bentinck (1774-1839) était le fils du duc de Portland qui présida le ministère signataire de la paix avec les colonies américaines. William Bentinck fut nommé à vingt-neuf ans en 1803 gouverneur de Madras puis commanda en 1809 une brigade anglaise en Espagne, contre les Français, avant d'être nommé en Sicile ambassadeur résident anglais et chef des armées de ce pays. De 1827 à 1833 il fut gouverneur général de l'Inde. De tendance très libérale et démocratique, il demeura lié avec Louis-Philippe bien au-delà de l'épisode sicilien.

dans la campagne de France. Et voici que l'empereur de Russie et le roi de Prusse avaient fait leur entrée dans Paris le 31 mars, assez chaleureusement acclamés par une partie de la population heureuse d'échapper à une guerre de siège et à une bataille de rues. Le Sénat de l'Empire avait proclamé la déchéance de Napoléon Bonaparte le 3 avril et désigné un gouvernement provisoire. Le rétablissement de la dynastie des Bourbons était attendu incessamment... Rien n'avait laissé prévoir un dénouement aussi prompt.

Lord William Bentinck l'informait également qu'il mettait l'*Aboukir* à sa disposition pour regagner la France.

Bonaparte est fini...

Louis-Philippe courut joyeusement vers le palais de Santa-Teresa auquel il avait apporté tant de soin depuis son mariage, cinq ans plus tôt, avec Marie-Amélie, fille du roi des Deux-Siciles, Ferdinand IV.

Appelant sa sœur Adélaïde, il se précipita chez sa femme qui nous rapporte la scène dans son journal : « En entrant dans ma chambre il Duca (Louis-Philippe) n'a dit que ces mots : Bonaparte est fini, Louis XVIII est rétabli et je pars, ce vaisseau est venu me chercher. Hors de moi, je me jette dans ses bras, mademoiselle de Verac et la comtesse de Montjoie sont arrivées et nous n'avons fait autre chose dans notre émotion que pleurer de rire. Mon mari a voulu me faire la lecture des lettres qui donnaient ces intéressants détails mais les sanglots l'interrompaient. Un moment après nous avons couru au palais pour annoncer cette nouvelle au prince régent François et à la princesse qui ne savaient pas encore. » Puis Louis-Philippe et son beau-frère le régent se rendirent à Solunto où Bentinck avait exilé le roi

UN MARIAGE SICILIEN

Ferdinand IV pour lui annoncer la grande nouvelle (1). Le « roi Nasone », ainsi surnommé à cause de son grand nez, apprenant la fin de la guerre et par là de ses malheurs, se mit à courir en tout sens, criant « Faccia en terra per rengraziare Dio! » « Face en terre pour remercier Dieu. »

Marie-Amélie.

En 1808, Louis-Philippe avait recueilli le dernier soupir de son frère, le comte de Beaujolais, atteint de tuberculose. Il avait en vain essayé de le sauver en l'arrachant aux brumes anglaises et en recherchant l'air sec et chaud de Malte. Mais il était trop tard.

Il pria alors le roi des Deux-Siciles de le laisser séjourner à Palerme où se trouvait déjà une importante colonie d'émigrés français, espérant à la fois y trouver un refuge et peut-être une épouse, la princesse infante Marie-Amélie.

Louis-Philippe débarqua à Palerme le 20 juin 1808. Ni le roi Ferdinand ni la reine Marie-Caroline ne se faisaient d'illusions sur l'objet du voyage et l'accueil fut réservé. « Une telle visite déplaisait fort à Leurs Majestés mais elles n'eurent pas la force de refuser malgré les avis qu'on leur donna des projets qu'on pouvait raisonnablement supposer à M. le duc d'Orléans sur Madame Amélie, seule princesse qui restât à marier et qui désirait ardemment de prendre

---

(1) Ces nouvelles se trouvèrent confirmées deux jours plus tard et Marie-Amélie note dans son journal : « Lundi 25 avril. — Le matin je me suis occupée et nous avons eu plusieurs visites de compliments pendant lesquelles est venu Douglas avec Pyré Scilla, alors arrivé de Gênes qui nous a apporté les lettres de Lord William Bentinck et les *Moniteurs* de Paris jusqu'au 9 avril avec tous les détails sur la fin du règne de Buonaparte et de sa famille ainsi que le rappel et la proclamation de Louis XVIII et des Bourbons, nous nous sommes plongés dans cette lecture jusqu'à 6 h 1/2 où nous avons dîné... »

un établissement. Le duc d'Orléans fut accueilli avec politesse mais aussi froidement qu'il avait dû s'y attendre (1)... »

Bien des années plus tard, Louis-Philippe racontait à M. de Bacourt que l'amiral Collingwood, lorsqu'il avait consenti à le transporter en Sicile, lui avait dit : « Vous allez à Palerme, Dieu vous y garde de la reine Caroline, c'est bien la plus méchante femme qu'il ait jamais créée. » « Il est vrai qu'elle n'était pas bonne, ajoutait Louis-Philippe, mais personnellement je n'ai eu qu'à me louer d'elle et je dois lui en savoir doublement gré puisque j'étais son gendre (2). Dès que mon arrivée à Palerme lui fut signalée, elle m'attendit sur le perron du palais et quand je me présentai, elle me prit par la main puis, sans m'adresser une seule parole, m'emmena dans son appartement. Là dans l'embrasure d'une fenêtre, me tenant la tête entre ses mains, elle me regarda longtemps sans parler. " Je devrais, dit-elle enfin, vous détester (3) car vous avez combattu contre nous et néanmoins je me sens du penchant pour

---

(1) *Mémoires de Marie-Caroline, reine de Naples.*
(2) Près d'un an après son arrivée en Sicile Louis-Philippe jugeait ainsi sa future belle-mère : « ... J'ai sans cesse de longues conversations avec la reine dont j'admire toujours l'esprit et les moyens, mais qui est bien mal servie, qui le sent et qui s'en plaint amèrement... (elle) me comble de bonté et aime à entendre mes opinions. Je les lui dis très franchement et à quelques égards presque crûment et je suis sûr qu'elle m'en aime beaucoup mieux et quant à moi je l'aime de tout mon cœur. C'est vraiment une grande princesse et c'est parce qu'elle a autant d'esprit qu'elle a autant de calomniateurs et d'envieux. J'ai osé dire à la reine qu'il faudrait une refonte totale de toutes les lois intérieures de la Sicile, une réforme dans l'administration, n'avoir d'autre marine que des chaloupes canonnières et employer tout le subside à avoir des troupes. Et je dois le dire tout ce que j'ai dit sur cela a son approbation, mais elle manque d'instruments et elle n'est pas la maîtresse absolue, il s'en faut... » Lettre de Louis-Philippe au duc de Kent, 15 avril 1809.
(3) Marie-Caroline était la sœur de Marie-Antoinette et fait allusion au rôle de Philippe-Egalité et de Louis-Philippe pendant la Révolution.

UN MARIAGE SICILIEN

vous, vous venez pour épouser ma fille, eh bien, je ne serai pas contre vous, mais racontez-moi bien franchement la part que vous avez prise à la Révolution française. D'avance, je vous pardonne tout à la condition de tout savoir. "

Je fis ma confession entière, conclut Louis-Philippe, et peu de temps après j'épousai ma femme (1). »

En réalité, ce fut un peu moins simple. D'abord il fallut convaincre Marie-Amélie qui observait le « promis » éventuel d'un œil critique : « 22 juin (1808). — Maman nous a fait appeler Isabelle (2) et moi et nous a présenté le duc d'Orléans (3). » Mais rapidement son intérêt se transforma en sympathie puis en un sentiment beaucoup plus vif.

La reine Marie-Caroline, à la recherche d'un défaut grave ou d'un vice de mœurs, le fit étroitement espionner par sa police et même par le valet de chambre qu'elle plaça auprès de lui. Mais Louis-Philippe se méfia et déjoua les pièges.

Premier voyage en Espagne, 1808.

Une première occasion se présente presque aussitôt après son arrivée à Palerme en juin 1808. La guerre civile vient d'éclater en Espagne. Depuis le début de février 1808, sous prétexte de préparer l'invasion du Portugal les troupes françaises ont envahi l'Espagne. La famille royale s'entre-déchire. Le 17 mars 1808, le roi Charles IV abdique en

---

(1) *Talleyrand et la Maison d'Orléans*, P. Lévy, 1890.
(2) Isabelle, infante d'Espagne et sœur de Ferdinand VII, roi d'Espagne, avait épousé en 1802 François-Joseph frère de Marie-Amélie, père de la future duchesse de Berry et lui-même plus connu sous le nom de François Ier des Deux-Siciles.
(3) *Journal* de Marie-Amélie.

faveur de son fils, le prince des Asturies qui prend le nom de Ferdinand VII. Mais le 23 mars Murat occupe Madrid et Ferdinand VII, après une scène pitoyable, abdique à son tour en faveur de son père qui met son trône à la disposition de Napoléon. Charles est exilé à Rome et Ferdinand à Valençay. Le 13 mai Murat annonce à une « junte de régence » improvisée que l'empereur des Français a désigné son frère Joseph comme roi d'Espagne. Entre-temps le 2 mai s'est déclenché un mouvement insurrectionnel qui va s'étendre peu à peu à tout le pays. Le général Dupont qui s'était avancé fort avant en Andalousie doit capituler le 22 juillet à Bailén et le roi Joseph abandonner Madrid peu de jours après y être entré.

Louis-Philippe avait aussitôt fait agir ses « correspondants ». Broval intervint auprès de la junte insurrectionnelle et offrit les services du duc d'Orléans qui souhaitait s'engager dans l'armée espagnole avec un grade « en rapport avec son rang et ses antécédents militaires ». A Londres Dumouriez se rendit chez le secrétaire d'Etat Canning et insista sur l'intérêt qu'aurait l'Angleterre à voir la junte insurrectionnelle utiliser les talents du duc d'Orléans. Canning qui cherchait à donner à l'Espagne un régent sous influence anglaise se montra favorable au principe d'une venue en Espagne du duc d'Orléans. Mais cette orientation était prise à l'insu des autres membres du gouvernement anglais et en particulier de Lord Castlereagh, le ministre de la Guerre.

A Palerme la reine Marie-Caroline et le roi Ferdinand IV décidèrent d'envoyer leur second fils Léopold, âgé de dix-huit ans, soutenir l'insurrection et notifier à la junte au nom de son père l'intention du roi d'accepter la régence jusqu'à la libération de son neveu Ferdinand VII d'Espagne.

Louis-Philippe offrit d'accompagner le jeune prince pour le « guider de ses conseils », se réservant de jouer pour

UN MARIAGE SICILIEN

la régence et selon les circonstances une des deux cartes, la sienne ou celle du roi Ferdinand IV.

Marie-Caroline et le roi Ferdinand, se méfiant de cette bonne volonté, désignèrent, pour accompagner le prince Léopold, le prince de Cassaro.

En désespoir de cause, Louis-Philippe se résigna à écrire le 19 juillet à Louis XVIII, sentant bien que les réticences des majestés siciliennes faibliraient devant l'intervention du roi de France.

« ... Sire, il m'est enfin permis de me livrer à l'espérance que j'aurais bientôt l'occasion de signaler mon zèle pour le service de Votre Majesté. Les derniers événements qui ont eu lieu en Espagne, la captivité des deux rois et des infants et le soulèvement général de toute la nation espagnole contre la tyrannie et les usurpations de Buonaparte viennent de décider le roi des Deux-Siciles à envoyer en Espagne son second fils le prince Léopold pour y exercer l'autorité royale en l'absence des princes ses aînés. Me trouvant en ce moment à la Cour de Leurs Majestés siciliennes je me suis empressé de profiter de cette occasion inattendue pour sortir de la pénible inaction à laquelle nous sommes réduits depuis si longtemps. J'ai sollicité, Sire, la permission d'accompagner en Espagne ce jeune prince..., j'ai demandé à l'honneur de servir dans les armées espagnoles contre Buonaparte et ses satellites... je sens que j'aurais dû préalablement en solliciter l'agrément de Votre Majesté mais j'ai pensé qu'il ne pouvait être douteux... Sire, puissé-je avoir bientôt le bonheur de combattre vos ennemis... Nous ne pouvons pas pénétrer les décrets de la Providence et connaître le sort qui nous attend en Espagne, mais je ne vois qu'une alternative, *ou l'Espagne succombera ou son triomphe entraînera la chute de Buonaparte.* Je ne serais qu'un militaire espagnol tant que les circonstances ne seront pas de nature à déployer avec avantage l'étendard de Votre Majesté... Si nous pouvions franchir les Pyrénées et pénétrer en France ce ne sera jamais qu'au nom de Votre Majesté (1)... »

En fait, Louis XVIII n'avait pas attendu cette lettre pour lui écrire dès le 1er juillet : « ... J'ignore ce que dans de telles circonstances il vous est possible de faire aussi je me garderais bien de vous donner aucun ordre. (Mais)... j'apprendrais non seulement sans m'étonner mais avec une grande satisfaction que par un noble coup de tête, à défaut de la possibilité d'une combinaison plus calculée, celui de nous qui se trouve le plus à portée du théâtre de grands événements (aille)... paver aux autres branches de sa maison le chemin de deux trônes (2)... »

La veille du départ, le 25 juillet, Ferdinand IV donna un grand dîner à la délégation partant pour l'Espagne. Après le repas, il retint Louis-Philippe et lui promit « que si les choses prenaient en Espagne une tournure favorable et qu'il s'y conduisît bien, il lui accorderait en mariage Madame la princesse Marie-Amélie (3)... ».

L'embarquement eut lieu le 26 juillet sur le *Thunderer* (4). Il fallut douze jours pour atteindre Gibraltar où le prince Léopold et Louis-Philippe furent fort mal accueillis, étroitement surveillés et installés dans les petites maisons construites sur le rocher qui domine la ville. En fait, devant l'imbroglio politique créé par la Maison royale espagnole elle-même, la réputation d'intrigue et d'inefficacité de la Maison des Deux-Siciles, les réserves de la junte qui voulait se consacrer à la lutte nationale et éviter les compli-

---

(1) Lettre de Louis-Philippe à Louis XVIII, 19 juillet 1808.
(2) Lettre de Louis XVIII à Louis-Philippe, 1er juillet 1808.
(3) *Mémoires de Marie-Caroline, reine de Naples.*
(4) « Le duc (d'Orléans) en me donnant le bras en descendant l'escalier, m'a assuré de son attachement et du soin qu'il prendrait de Léopold. » (Journal de Marie-Amélie.)

cations dynastiques, le gouvernement anglais avait décidé d'écarter toute intervention des Bourbons-Sicile et par-là-même du duc d'Orléans.

Le secrétaire d'Etat Canning qui s'était montré quelques mois plus tôt favorable à la présence du duc d'Orléans en Espagne fit dire à l'ambassadeur de Ferdinand IV à Londres le prince de Castelciccala que le duc d'Orléans était devenu *persona non grata* et « un homme sur la conduite duquel on ne saurait avoir les yeux trop ouverts ».

Reçu froidement par la junte de Cadix, le prince Léopold ne put obtenir aucune réponse concernant la régence de son père et quitta l'Espagne pour Palerme le 4 novembre 1808 après de longues et vaines négociations. Louis-Philippe, de son côté, avait été invité de manière pressante à se rendre en Angleterre. A Londres, il devait recevoir des recommandations de prudence sur les affaires espagnoles et la suggestion d'user de ses talents de « modérateur » auprès de la famille royale sicilienne dans ses initiatives diplomatiques.

Ramenant avec lui sa sœur Adélaïde, Louis-Philippe s'embarqua pour Gibraltar, gagna Malte et arriva enfin à Palerme le 5 avril 1809. Le 22 avril il déclarait de nouveau sa flamme à Marie-Amélie et lui offrait en cadeau... un encrier.

Il repartit presque aussitôt pour Cagliari dans l'espoir d'obtenir l'autorisation de servir dans l'armée sarde. Mais très fraîchement accueilli par le roi de Sardaigne à cause de son passé politique, il regagna la Sicile bien décidé à y rechercher un établissement stable. C'est dans ce dessein qu'il se rendit à Mahon en juillet 1809 où il sollicita et obtint de sa mère qu'elle vînt en Sicile l'aider à négocier son mariage avec Marie-Amélie.

LOUIS-PHILIPPE ET LOUIS XVIII

Déclaration de loyauté à Louis XVIII.

Louis-Philippe avait su tirer son épingle du jeu de ce faux-pas espagnol, en faisant que Léopold ne perdît pas la face tout en perdant la partie. Il sut aussi tranquilliser la reine Marie-Caroline, très attachée à la solidarité familiale des Bourbons, en réaffirmant sa loyauté à l'égard de Louis XVIII et sa soumission au roi légitime :

« Je suis lié, Madame, au roi de France mon aîné et mon maître, par tous les serments qui peuvent lier un homme, par tous les devoirs qui peuvent lier un prince.

Je ne ferai pas ici de vaines protestations. Jamais je ne porterai la couronne, tant que le droit de ma naissance et l'ordre de succession ne m'y appelleront pas. Je me croirais avili, dégradé, en m'abaissant à devenir le successeur de Bonaparte.

Quand on est ce que je suis, on dédaigne, on méprise l'usurpation et il n'y a que les parvenus sans naissance et sans âme qui s'emparent de ce que les circonstances peuvent mettre à leur portée, mais que l'honneur leur défend de s'approprier.

La carrière des armes est la seule qui convienne à ma naissance, à ma position, en un mot à mes goûts. Mon devoir s'accorde avec mon ambition pour me rendre avide de la parcourir et je n'ai point d'autre objet. Je serai doublement heureux d'y entrer, si elle m'est ouverte par les bontés de Votre Majesté et par celles du roi votre époux. »

Puis il fallut surmonter les cabales et les intrigues politiques des ultras (1). Le vieux ministre des Affaires étrangères, le marquis de Circello, colportait toutes les rumeurs malveillantes que faisait courir l'émigration française sur

(1) Les émigrés français réfugiés à Palerme étaient nombreux. Beaucoup d'entre eux avaient des charges à la Cour ou dans l'armée napoli-

UN MARIAGE SICILIEN

Louis-Philippe. De Londres, l'ambassadeur de Ferdinand IV, le prince de Castelcicala, écrivait que « ... le duc d'Orléans était un prince d'une ambition démesurée, ennemi de son souverain... qui n'est venu en Sicile dans ce temps de troubles que pour faire la révolution avec les Anglais et en profiter... ».

Bien des projets de mariage avaient été formés autour de Marie-Amélie. Il avait été question successivement du Dauphin, dont Marie-Amélie devait pleurer en 1789 la mort prématurée, du duc d'Enghien, du prince Constantin de Russie, du vieux duc Albert de Saxe-Teschen, du prince de Bavière, de l'archiduc de Habsbourg-Lorraine et de ses trois propres beaux-frères après leur veuvage : Ferdinand VII d'Espagne, François II d'Autriche et Léopold de Toscane... Marie-Amélie était la seule fille de Marie-Caroline restée célibataire, et avait grand-hâte de se marier. La reine avait cherché à travers toute l'Europe (1) les partis possibles, même les plus médiocres (2), mais sans succès. La candidature de Louis-Philippe ne lui plaisait qu'à demi

taine, d'autres touchaient des pensions parfois importantes. Les Talleyrand à quatre avaient une pension collective de 6 000 ducats, en outre deux des fils du baron de Talleyrand étaient majors dans l'armée. Nombre de maisons princières siciliennes servaient aussi de petites pensions qui permettaient aux uns et aux autres de survivre mieux qu'à Londres, en Suisse ou en Allemagne. Parmi les familles installées à Palerme on relève les noms des Damas, La Tour, Preville, Saint-Clair Arcambal, Chastellux. L'accueil qu'ils firent à Louis-Philippe auquel ils reprochaient son attitude au début de la Révolution fut très réservé.

(1) « ... Il y a ensuite le duc de Berry — quiconque — pourvu que mes filles s'établissent. Cela forme l'objet de mes plus constants souhaits. Car ce que j'ai éprouvé me laisse épouvantée... Tâchez mon bon, mon ancien ami, de me faire marier mes filles... » (Lettre de la reine Marie-Caroline au marquis del Gallo, 13 novembre 1799.)

(2) « ... Nous avons actuellement le prince de Bavière, le fils aîné de l'électeur. C'est un parti qui me conviendrait extrêmement. Il est de quatre ans plus jeune qu'Amélie, mais il est tout neuf, innocent... laid de visage, un peu bègue et sourd, mais il est catholique, riche, et réellement bon et honnête. Je donnerais tout au monde pour l'avoir

mais puisqu'il n'y avait guère que lui et qu'il avait touché le cœur de sa fille, elle céda.

Marie-Amélie avait en effet menacé, si elle ne pouvait épouser le duc d'Orléans, de se retirer chez les capucines. Le roi Ferdinand céda à son tour et le 1er octobre 1809, Marie-Amélie put écrire dans son journal : « ... à 3 h. 1/2 papa m'a fait appeler. J'ai trouvé maman chez lui et avec une infinie bonté et tendresse après avoir sondé les sentiments de mon cœur, il m'a assuré qu'il désirait mon bonheur, me voir établie près de lui et qu'il concluait et assurait mon mariage avec le duc d'Orléans. Aussi bien lui que maman m'ont accablée de bontés; puis chez moi j'ai peint et j'ai lu... »

La réponse de la princesse avait été nette : « J'ai toujours désiré un établissement modeste... plus je vois le duc plus je l'estime et j'avoue sincèrement que ce mariage me fait grand plaisir (1)... »

Le duc d'Orléans n'exigeant pas le versement immédiat de la dot (2), la décision fut bientôt prise.

Le mariage.

Un dernier incident faillit encore retarder le mariage. Ferdinand IV tomba dans l'escalier et se brisa une jambe.

La cérémonie eut donc lieu dans sa chambre où un autel fut dressé au pied de son lit.

Là, le 25 novembre 1809, l'infante Marie-Amélie, en

d'autant plus que l'on dit le mariage russe gâté. » (Lettre de la reine Marie-Caroline au marquis del Gallo, 26 janvier 1805.)

(1) *Vie de Marie-Amélie*, Auguste Trognon, Paris, 1872.
(2) La dot de l'infante Marie-Amélie était de 120 000 ducats napolitains et d'une allocation mensuelle de 2 000 onces payée par les communes siciliennes. Louis-Philippe s'engageait à verser à sa future femme une dot complémentaire de 36 000 ducats napolitains, un douaire de 90 000 francs et une pension pour ses toilettes. (*Louis-Philippe, homme d'argent*, Alfred Colleng.)

UN MARIAGE SICILIEN

robe toute brodée d'argent et avec un diadème de brillants et de plumes blanches sur la tête, devant les ambassadeurs étrangers, les grands dignitaires siciliens et napolitains, fut unie, selon les règles les plus strictes de l'étiquette de la Maison de Bourbon par un aumônier de Ferdinand IV, Mgr Monarchia, à Louis-Philippe d'Orléans. « Les jambes me tremblaient, note-t-elle, dans son journal, sachant la sainteté et la force de l'engagement que je prenais, mais le duc a prononcé son *oui* d'un ton de voix si résolu qu'il m'en a tout remué le cœur. »

De la chambre du roi, on se rendit à la chapelle pour le *Te Deum* et la bénédiction du Saint Sacrement et de là au palais où ils soupèrent seuls avec la reine et le roi qui « les bénit et leur ordonna de s'embrasser en sa présence (1) ».

Les mariés.

Quelques mois plus tôt, Marie-Amélie avait ainsi décrit son fiancé : « Il est d'une taille ordinaire, plutôt gros, d'un extérieur ni beau ni laid. Il a les traits de la maison de Bourbon et a l'air très poli et très instruit (2). » Et d'elle-

---

(1) *Journal* de Marie-Amélie, 25 novembre 1809. « ... A 10 h du soir chez papa où nous sommes restés seulement maman, la duchesse (douairière d'Orléans) et nous deux, et nous avons soupé près du lit de papa qui nous a bénis avec beaucoup de tendresse et qui a voulu que nous nous embrassions devant lui. Ensuite maman et la duchesse nous ont conduits à notre appartement et elles ont assisté à mon coucher pendant que je me déshabillais. Puis je suis allée prier près du lit et à ce moment le duc est venu et s'est couché. Puis maman m'a couchée, m'a embrassée et m'a bénie avec toute la tendresse de son cœur. Pour moi me recommandant à la divine miséricorde, je suis entrée dans un état nouveau que la qualité particulière du duc et toutes les circonstances me font espérer devoir être heureux. »

(2) *Journal* de Marie-Amélie.

même, elle a tracé le portrait suivant : « Je suis grande et bien faite, mon visage est long, j'ai les yeux bleus, ni petits ni grands mais vifs, le front très haut, pas beaucoup de cheveux mais d'un blond doré, le nez aquilin, la bouche d'une moyenne grandeur mais agréable, les lèvres vermeilles, les dents pas belles mais bien rangées, le menton rond et avec une jolie petite fossette, le cou long, les épaules bien placées, peu de gorge, les mains et les bras assez laids, la peau blanche et fine, la jambe jolie, le pied un peu long, dans l'ensemble un air noble, modeste, imposant, qui fait voir qui je suis. Ma démarche est aisée, je danse avec légèreté et quand je veux j'ai beaucoup de grâce. » Elle aurait pu ajouter d'autres traits : une grande promptitude d'esprit qui donnait à son intelligence une vivacité agréable, un charme tenant à sa finesse et à sa douceur, des qualités ménagères réelles, enfin une pratique religieuse tout à fait extrême qui faisait sourire Louis-Philippe mais qu'il se gardait bien de critiquer ouvertement.

L'unité et l'intimité du couple n'étaient aucunement entamées par la présence constante de la sœur de Louis-Philippe : Adélaïde, sa conseillère et son égérie, aussi liée avec son frère qu'avec Marie-Amélie.

En quelques années plusieurs enfants étaient nés :
— Ferdinand Philippe, né le 3 septembre 1810 (1),
— Louise, née le 3 avril 1812 (2),
— Marie, née le 12 avril 1813 (3).

En avril 1814, Marie-Amélie était enceinte du futur duc de Nemours qui devait naître le 25 octobre suivant. « Le duc d'Orléans, remarquait Louis XVIII, veut toujours être

---

(1) Le futur duc d'Orléans, époux de la princesse Hélène de Mecklembourg, tué dans un accident de voiture à Neuilly le 13 juillet 1842.
(2) Louise épousa le roi Léopold Ier de Belgique.
(3) Epousa le prince Alexandre de Wurtemberg et mourut en 1839.

Louis-Philippe, premier prince du sang...

un peu plus qu'un prince et sa famille est trop nombreuse... »

Cette remarque avait trait à un problème précis. En effet, Louis-Philippe était le premier prince du sang et le seul prince à avoir des enfants chez les Bourbons de France.

Marie-Amélie en était si consciente qu'elle écrivait à Louis-Philippe en 1810, après la naissance de leur premier fils et pendant son aventureux voyage à Cadix « ... juge de quel intérêt il serait pour les méchants que nous en restions là et que peut-être celui-ci meure... Tout le monde calcule que ton fils sera l'héritier présomptif du trône de France... »

La famille royale de France se composait en effet d'un veuf sans descendance Louis XVIII, de son frère le comte d'Artois également veuf et des deux fils de ce dernier, le duc d'Angoulême marié à Madame Royale et sans enfant et le duc de Berry encore célibataire. Venaient ensuite dans l'ordre de succession Louis-Philippe et après lui le vieux prince de Condé alors mourant et son fils le duc de Bourbon, père de ce malheureux duc d'Enghien dont on connaît la fin tragique en 1804.

L'enfant du miracle.

Jusqu'en 1820 (1), Louis XVIII allait donc voir en Louis-Philippe le successeur probable, inévitable, de la branche aînée des Bourbons de France.

---

(1) Le duc de Berry épousera en 1816 Caroline de Bourbon-Sicile, nièce de Marie-Amélie. Un fils naîtra en 1820 après l'assassinat du duc de Berry : le duc de Bordeaux, « l'enfant du miracle ».

Un successeur non immédiat peut-être, mais habile, fin manœuvrier, ambitieux, avec une expérience politique déjà longue. Louis XVIII, méfiant, était persuadé qu'il aiderait le sort, si le sort ne venait pas à lui. Il voyait dans le mariage sicilien une manœuvre adroite du duc d'Orléans. Il s'était en quelque sorte « légitimé » familialement et politiquement en épousant Marie-Amélie, une Bourbon, fille de roi. Il avait en outre fondé une famille qui promettait d'être nombreuse, conforté sa situation matérielle et trouvé de manière inattendue dans sa jeune femme de grandes et utiles qualités.

A un ami, le duc d'Orléans avait écrit, peu avant son mariage : « De quel avantage ce mariage n'est-il pas pour moi, quelle tape aux préjugés, quel rapprochement tant de ma famille que de la maison d'Autriche, quel avantage pour moi d'épouser une Bourbon et probablement, *at least I think so*, d'avoir des enfants... J'espère que le gouvernement britannique sentira que je puis lui être de quelque utilité en Sicile. Je ne lui suis d'aucune utilité en Angleterre et cette inutilité... me voue pour le reste de mes jours à avoir un éteignoir sur la tête, ce qui n'est pas plus son intérêt que le mien... »

L'étrange famille de Marie-Amélie.

Les qualités de Marie-Amélie étaient en effet assez surprenantes à considérer le spectacle donné par ses parents et les enseignements qu'elle aurait pu en tirer.

La mère de Marie-Amélie, la reine Marie-Caroline, était la fille de l'Impératrice d'Autriche, Marie-Thérèse, et la sœur de la reine de France, Marie-Antoinette. Elle était aussi la grand-mère de l'impératrice Marie-Louise et allait donc par alliance devenir celle de Napoléon. Femme de tête, intrigante, sans scrupules, possédée par la volonté de domination, habile, intelligente mais altière et irritable, se mêlant de tout et en premier lieu de gouverner, impulsive et parfois même violente, elle n'hésitait guère sur les moyens. Louis-Philippe la soupçonna même d'une tentative d'assassinat, un soir où une sentinelle l'ajusta, tira et manqua son but.

Malgré l'affection filiale qu'il porte à sa belle-mère, il ne doute pas que la volonté de puissance politique de la reine peut la conduire à briser sans scrupules les résistances même familiales. Il craint à certains moments d'être arrêté et avertit Marie-Amélie : « Promets-moi de ne pas trop t'agiter... J'ai reçu l'avis qu'on veut m'arrêter cette nuit. Je suis décidé à ne pas me laisser prendre, j'ai un cheval tout sellé pour gagner la campagne et une retraite assurée... »

Marie-Caroline avait épousé en 1768 Ferdinand IV, roi de Naples et de Sicile, monté sur le trône à l'âge de huit ans en 1759. Mal élevé ou plutôt laissé sans éducation par son gouverneur, le duc San Nicandro, et par le régent corrompu, Tanucci, Ferdinand IV assuma lui-même celle-ci en laissant libre cours à tous ses instincts et ils étaient nombreux et variés. De la bigoterie la plus ridicule au libertinage le plus affiché en passant par un goût effréné pour la chasse et les fêtes triviales.

Tanucci, pour gouverner plus longtemps, s'appliqua à le maintenir dans l'ignorance de ses responsabilités. Quant à San Nicandro, il en fit un excellent cavalier, un habile chasseur doublé d'un pêcheur passionné. On conçoit qu'avec une telle éducation Ferdinand IV se tint éloigné de tout effort intellectuel.

Les royaumes de Naples et de Sicile dont les couronnes se trouvaient réunies sur la tête de Ferdinand IV, étaient soumis, depuis de nombreuses années, à l'influence espagnole. Marie-Caroline n'eut de cesse d'avoir transféré cette influence à l'Angleterre et à l'Autriche. Elle réussit en écartant Tanucci du pouvoir dès 1776. Puis elle imposa sa volonté grâce aux intrigues de l'ambassadeur d'Angleterre à Naples, Sir William Hamilton, et d'un aventurier anglais de talent, Sir John Acton, nommé d'abord commandant en chef des forces de terre et de mer des Deux-Siciles, et ministre des Finances puis, en 1779, Premier ministre.

Sans hostilité pour la Révolution française dans ses premiers temps, Marie-Caroline devint hystérique après l'exécution de Marie-Antoinette et obtint l'adhésion du royaume à la première coalition contre la France. Persuadée que la révolution républicaine risquait de s'étendre à Naples et à Palerme, elle favorisa une sévère politique de répression et de persécution.

En 1798, pendant l'expédition d'Egypte et après la défaite d'Aboukir, Marie-Caroline arracha à Ferdinand IV une déclaration de guerre à la France. Le résultat ne se fit guère attendre. Les troupes françaises, commandées par Championnet, pénétrèrent dans Naples et le 23 janvier 1799 proclamèrent la République Parthénopéenne (1). Celle-ci eut une brève existence et ne résista pas à l'expédition de « l'armée chrétienne pour la Sainte Foi », composée en partie de brigands et de bagnards et conduite par le cardinal Ruffo. Avec l'aide de la flotte de Nelson, « l'Esercito Cristiano della Santa Fede » reprit Naples, à la fin de juin 1799. Marie-Caroline, Ferdinand et Acton,

(1) Ferdinand IV, Marie-Caroline et leurs enfants durent s'enfuir le 21 décembre 1798 de Naples pour gagner Palerme, à bord du vaisseau amiral anglais commandé par Nelson. Le navire fut pris dans une telle tempête que le plus jeune frère de Marie-Amélie, l'infant Albert, âgé de sept ans, mourut dans les convulsions du mal de mer. Toute sa vie, Marie-Amélie en gardera l'affreux souvenir et détestera les voyages maritimes.

qui s'étaient réfugiés à Palerme, purent faire leur entrée solennelle à Naples le 8 juillet 1799. Ce succès fut suivi d'une épuration qui servit de prétexte au massacre de centaines de personnes appartenant en particulier à l'élite intellectuelle du pays.

Après la rupture de la paix d'Amiens en 1803, Marie-Caroline se risqua au double jeu politique, négociant à la fois avec l'Angleterre et la France (1). Le jeu dura deux ans. Jusqu'à ce que la France attaque l'Autriche en 1805. Imprudemment, Marie-Caroline jugea le moment venu de rejeter la tutelle française. Elle convainquit Ferdinand IV d'ouvrir les frontières à 19 000 soldats anglais, russes et monténégrins. La date était mal choisie. Austerlitz allait donner à Napoléon la possibilité d'expédier un corps de troupe important occuper Naples. S'adressant au prince Cardito, ambassadeur extraordinaire des souverains de Naples, Napoléon lui cria : « Dites à votre reine que je ne lui laisserai à elle et à sa maison que ce qu'il faut de terre pour leurs tombeaux. » A l'approche des unités françaises commandées par Masséna, Ferdinand s'embarqua de nouveau pour Palerme, laissant Marie-Caroline négocier avec les envahisseurs. Sans résultat, Napoléon se refusant à toute concession. Marie-Caroline dut, à son tour, s'embarquer et se réfugier en Sicile (2), protégée par la flotte britannique, cédant la place à Joseph Bonaparte qui, le

---

(1) Le 21 septembre 1805, le marquis del Gallo avait signé au nom de Ferdinand IV, un traité de neutralité avec la France, mais au même moment son ambassadeur à Vienne, le duc de Campochiaro, apposait sa signature sur le traité d'alliance formée contre la France par l'Angleterre, la Russie et l'Autriche.

(2) Accompagnée de Marie-Amélie, laissant ses deux fils organiser la résistance en Calabre, la reine Marie-Caroline embarqua le 11 février 1806 sur l'*Archimède* qui fut pris dans la tempête et mit cinq jours à gagner Palerme. Dans son journal, Marie-Amélie rapporte les adieux qu'elle fit à sa ville natale, à Naples qu'elle ne devait plus revoir :

LOUIS-PHILIPPE ET LOUIS XVIII

30 mai 1806, fut proclamé roi de Naples et de Sicile. En fait, le royaume était partagé en deux : Joseph à Naples, Ferdinand IV en Sicile. En 1808, Joseph proclamé roi d'Espagne sera remplacé sur le trône de Naples par Joachim Murat.

Ferdinand IV et Marie-Caroline en conflit avec l'Angleterre.

Réfugiés en Sicile, à partir de 1806, Ferdinand IV et Marie Caroline menèrent une action politique aussi contradictoire qu'imprudente et commirent deux erreurs de jugement :
— Sur le plan intérieur, ils imposèrent à la Sicile seule, le poids de la guerre, le financement de l'armée et de la flotte napolitaines réfugiées sur l'île, la conscription et les dépenses d'un souverain et d'une Cour prodigue. Celle-ci, comme l'administration, la police et l'armée, était peuplée de Napolitains et d'étrangers jalousés par la noblesse aussi bien que par le peuple siciliens. Ne tardèrent pas à apparaître les signes d'agitation et même de révolte que Ferdinand et Marie-Caroline tentèrent d'abord d'étouffer par la force et sans succès.
— Sur le plan extérieur, Ferdinand IV avait choisi le plus mauvais moment pour s'allier en 1805 à l'Angleterre et à la Russie. Battu, il continuait au moins à bénéficier de la protection de la flotte anglaise qui interdisait l'approche des côtes siciliennes.

Or voici qu'il se révolte contre la tutelle qui lui est imposée. Marie-Caroline prend même des contacts secrets avec des émissaires français et crie à qui veut l'entendre

« ... à sa belle patrie, à sa bonne, chère et fidèle Naples où elle était née, où elle avait été élevée... Maman adressa à toute la Cour des paroles pleines d'émotion, ce n'était que pleurs et sanglots, je sentais mon âme qui se déchirait... »

qu'elle préfère « se livrer à Murat pour être massacrée plutôt que de rester à Palerme, sous la trique des Anglais... ».

Il est vrai que le joug anglais est lourd. Le gouvernement sicilien dépend des subsides anglais (1), de la protection anglaise, des décisions anglaises. Les troupes britanniques occupent Messine et toute la côte est de l'île. Pour Londres, la Sicile est avec Malte et Gibraltar un point d'appui essentiel en Méditerranée depuis que Naples est perdue. C'est aussi un lieu de transit pour les marchandises anglaises expédiées clandestinement vers le continent. Dans le grand conflit engagé entre la France et l'Angleterre, les susceptibilités du roi de Palerme et des Siciliens sont de peu d'importance aux yeux des Anglais. Il faut que l'ordre règne ainsi que la paix civile.

Le 31 décembre 1806, Marie-Amélie écrit : « La Sicile est sous le joug pesant des Anglais. Les affaires sont confuses, en désordre, avec une lenteur extrême dans l'exécution. Enfin, si Dieu n'y met sa main toute-puissante, notre ruine totale est à craindre et ce sera un miracle de la divine miséricorde si nous conservons ce reste de notre magnifique patrimoine... »

Toutes les difficultés auxquelles se trouva mêlé par la suite Louis-Philippe découlent des situations créées par l'orgueil et par l'aveuglement des souverains siciliens.

Il lui faudra toute sa finesse pour, sans les trahir, ne pas les soutenir, pour les protéger contre eux-mêmes, pour ne pas être compromis et engagé par eux sans les abandonner. Jeu subtil qu'il a bien souvent pratiqué dans le passé et dont il usera encore à l'avenir. Jeu complexe où il fait appel à toutes les ressources de son habileté et de son expérience.

(1) 400 000 livres sterling.

CHAPITRE II

JE SUIS ATTACHÉ À L'ANGLETERRE

Après leur mariage, Louis-Philippe et Marie-Amélie s'installèrent à la Bagheria, jolie villa aux environs de Palerme, en attendant la remise en état du palais Santa Teresa, résidence officielle affectée au jeune couple par le roi Ferdinand. Sa pension anglaise, celle de sa sœur et la dot, même réduite, de Marie-Amélie lui donnaient les moyens de tenir un rang princier en Sicile.

Roi des Sept-Iles ou commandant de l'armée de Catalogne.

Mais bientôt, il se morfond. Dans ces temps de guerre et d'affrontement, il ambitionne, lui, l'ancien général de la Révolution, un commandement à la mesure de son talent et de son rang. Il est humilié de se voir refuser toute fonction qui lui permette de lutter contre Napoléon qu'il hait paradoxalement pour avoir détruit à la fois la monarchie et la république.

Il écrit de Palerme au comte d'Entraigues : « J'enrage doublement de me voir condamner à l'humiliation de l'inutilité et de la végétation, quand je vois tout ce que je pourrais faire si on n'avait pas l'air de me tenir sous clef toujours à Hampton Court ou à Twickenham (1). Ma position bizarre présente quelques avantages dont, il me semble, on pourrait tirer parti. Je suis prince français et cependant je suis anglais, d'abord par besoin, parce que nul ne sait mieux que moi que l'Angleterre est la seule puissance qui puisse me protéger; je le suis par principes, par opinions et par toutes mes habitudes, et cependant je ne parais pas anglais aux yeux des étrangers. Je puis me faire illusion, mais je crois que je pourrais leur être très utile dans leurs alliances sur le continent. Je ne suis ici qu'en passant, mon cher comte, cependant je me flatte que mes conversations avec la reine ont produit quelque bien. Je crois que s'il entrait dans mes arrangements d'y être d'une manière plus stable, je pourrais y faire un effet bien plus durable.

Ici il y a une armée anglaise à laquelle il pourrait ne pas être inutile que je fusse napolitain. »

Dans son désir d'action il est prêt aux aventures les plus incertaines. Il prête une oreille complaisante aux élucubrations de la reine Marie-Caroline.

« Ce qui est bizarre, écrit-il à d'Entraigues, il reste un petit Etat à donner, c'est-à-dire à prendre et personne n'en veut. La Reine m'a dit : la place est vide, mettez-vous-y. Ce petit Etat, ce sont les Sept Iles. Si l'Angleterre me croit un personnage convenable pour ces îles, je suis tout prêt et j'en serai enchanté. Je vous réponds que j'y aurai bientôt un petit noyau de troupes et que je ferai du tapage... »

Mais une vraie aventure se présente. Le 5 mai 1810, Don Mariano Carnerero, délégué par le Conseil suprême de la régence d'Espagne, vient demander au duc d'Orléans de prendre le commandement de l'armée de Catalogne (2).

---

(1) Référence à Louis XVIII et à ses conseillers.
(2) Journal de Marie-Amélie.
Samedi 5 mai 1810 : A 5 heures, Broval est arrivé avec Carnerero,

JE SUIS ATTACHÉ À L'ANGLETERRE

Depuis deux ans la guerre d'indépendance a connu plus d'échecs que de succès : Saragosse a subi deux sièges successifs en 1808 et 1809, Gérone est tombé (1809) et en janvier 1810 la chute de Séville oblige la Junte centrale à se réfugier à Cadix. La Junte réorganise alors le dispositif militaire de la résistance espagnole et crée une armée de Catalogne qui devra s'appuyer contre la frontière française et se recruter en partie parmi les déserteurs de l'armée impériale et les émigrés. Le duc d'Orléans semble dès lors tout désigné pour commander une telle unité (1).

L'aventure n'est d'ailleurs pas si imprévue car l'habituel agent de Louis-Philippe pour les affaires espagnoles, M. de Broval, avait négocié depuis plusieurs mois avec la Junte le commandement de ce corps de troupe et Louis-Philippe attendait avec impatience une réponse. Les larmes qu'il verse avec Marie-Amélie sur la nécessité de son départ ont donc une légère teinte d'hypocrisie.

Sa décision dès lors est vite prise et il commande un superbe uniforme de capitaine-général espagnol. Il écrit aussi à Louis XVIII, non cette fois-ci pour lui demander une autorisation, mais plus l'informer de sa décision : « ... Je ne crains pas de confier au cœur paternel de Votre Majesté combien il m'est douloureux de m'éloigner de Leurs Majestés siciliennes !... et de ma femme qui a telle-

---

envoyé par le Conseil suprême de la régence d'Espagne, pour offrir au duc le commandement d'une armée en Catalogne. J'ai cru m'évanouir à une pareille nouvelle. Tout en comprenant bien l'honneur de ce commandement, j'ai senti mon cœur se serrer à l'idée de me séparer de mon si bon mari. Nous avons pleuré longtemps.

Jeudi 10 mai 1810 : le duc m'a présenté Don Mariano Carnerero, jeune homme de grand talent qui est venu apporter au duc la noble proposition de la régence d'Espagne, et Don Fernando Freire, commandant la frégate *La Vengenza* venue pour chercher le duc.

(1) Dépêche du 28 avril 1810 de Don Eusebio de Bardasi à Don Henrique O'Donell. Texte intégral en annexe.

ment fait mon bonheur pendant le temps si court que j'ai passé avec elle... j'ose me flatter que de nouvelles espérances pourront renaître quand la France et les armées françaises verront le premier prince de notre sang commander une armée aux frontières (1)... »

Louis XVIII lui répondra de Hartwell amicalement et avec plus de cœur qu'il n'en avait l'habitude : « ... Je vous félicite d'être enfin parvenu en Espagne, je vous y vois avec autant de satisfaction que de confiance, vous ne perdrez jamais de vue, j'en suis bien certain, que ce n'est pas seulement la généreuse nation qui vous a fait un appel si flatteur ni le monarque infortuné auquel tant de liens vous attachent... mais votre propre pays, mais le souverain, l'oncle qui vous chérit, et que me frayer le chemin de la France soit directement soit par l'Espagne est le but auquel doivent tendre tous vos efforts (2)... »

La seconde aventure espagnole.

Louis-Philippe embarqua le 22 mai 1810 sur *La Venganza* avec Don Mario Carnerero pour Tarragone (3). De

(1) Lettre de Louis-Philippe à Louis XVIII.
(2) Lettre de Louis XVIII à Louis-Philippe, 29 juillet 1810.
(3) Journal de Marie-Amélie.
Mardi 22 mai 1810 : Nous nous sommes levés rapidement, et mon cher mari s'est revêtu de l'uniforme de capitaine général espagnol. Je lui ai remis la ceinture que j'avais faite moi-même puis nous avons déjeuné en pleurant... le duc est allé chez François (le prince héritier des Deux-Siciles) lui apporter les plans de Monte Pellegrino et discuter sur l'intéressante défense de cette montagne et jusqu'au dernier moment de son départ toujours occupé du bien-être de la Sicile.
A 7 h 3/4 (du soir) la chère maman est descendue et le duc l'ayant prise à part m'a recommandée chaleureusement à ses soins maternels et surtout l'a suppliée, dans le cas où il lui arriverait malheur, de ne pas me permettre de m'enfermer dans un monastère... le duc a pris congé de sa mère presque évanouie, soutenue par M. de Folmont.

mauvaises nouvelles l'attendaient à son arrivée. L'armée française venait de prendre Lerida et les troupes espagnoles fuyaient en déroute. Il n'était plus question de regrouper avec ces débris une armée de Catalogne. Le duc d'Orléans dut rembarquer et se rendre à Cadix où il arriva le 20 juin 1810 pour prendre soi-disant le commandement de l'armée de Galice.

Mais à Cadix, les généraux espagnols s'insurgent à l'idée d'obéir à un prince français et agissent sur la régence et les Cortes pour obtenir son départ.

Le gouvernement anglais intervient à son tour. La conduite des affaires risque d'être compliquée par la présence d'un Bourbon français. Le 28 juillet, l'amiral Keith se présente à lui. Il arrive de Portsmouth en dix jours. « Votre Altesse est attendue dans le plus bref délai en Angleterre. Je viens vous offrir les moyens de vous faciliter ce voyage (1). »

Puis surgit M. Wellesley, ministre plénipotentiaire de Sa Majesté britannique. Il l'informe « qu'on le recevrait avec plaisir en Angleterre, que les ministres personnellement étaient contraires à ses projets et le verraient avec regret servir en Espagne ».

Louis-Philippe se défend, tente de s'appuyer sur les Cortes et questionne le gouvernement insurrectionnel qui l'a fait venir. Celui-ci, pressé par le gouvernement anglais, tergiverse et finalement le 25 août 1810, cède et l'invite à se retirer à Cadix. Puis une députation des Cortes se présente qui respectueusement déclare au duc d'Orléans « que les Cortes considèrent son éloignement comme nécessaire au salut du pays qu'il est venu défendre ».

Cette attitude répondait à la préoccupation anglaise de ne pas voir Louis-Philippe, qui avait une excellente répu-

(1) Lettre de Louis-Philippe à la reine Marie-Caroline, 1er août 1810. Texte intégral en annexe.

tation militaire, jouer un rôle de premier plan dans la libération de l'Espagne, créant dans ce pays et en France un problème politique supplémentaire.

En outre, le gouvernement britannique, en conflit permanent avec les souverains des Deux-Siciles, ne souhaitait pas voir Ferdinand IV, par l'intermédiaire de son gendre, s'immiscer de nouveau dans les affaires espagnoles (1).

« Quoi qu'il en soit, Monseigneur, je resterai le même, écrivait Louis-Philippe au duc de Kent, voyant les petitesses et les méprisant (2)... » Quoi qu'il en soit, pourrait-on ajouter, la décision du gouvernement anglais et en fait de Lord Liverpool épargna à Louis-Philippe d'avoir à commander des troupes étrangères combattant les troupes françaises aux cris répétés de « Muerte a los Franceses ».

Plus tard, il aimait souligner qu'il n'avait jamais versé de sang français, ni commandé d'unités engagées contre la France. C'était vrai, mais ce n'était pas sa faute.

Le 23 octobre il était en vue de Palerme. Une grande joie l'y attendait. Un fils (3) lui était né le 3 septembre précédent et Marie-Amélie était impatiente de le lui présenter.

« A l'aide de la lorgnette, raconte-t-elle dans son journal, nous avons vu se détacher de la frégate espagnole, une chaloupe saluée par les cris des marins et les salves royales. Nous sommes alors montés en canot pour aller à la rencontre. Vingt minutes après nous avons rejoint le cher canot qui portait mon bien-aimé mari...

... A 1 heure, nous sommes rentrés et j'ai éprouvé une véritable et bien douce consolation à mettre mon cher fils

---

(1) Voir chapitre premier.
(2) Lettre de Louis-Philippe au duc de Kent, 12 août 1810. Texte intégral en annexe.
(3) Ferdinand, futur duc de Chartres.

JE SUIS ATTACHÉ À L'ANGLETERRE

dans les bras de son père, qui sur le moment en est resté muet de bonheur... A 10 h 1/2 nous nous sommes couchés, bien contents d'être réunis (1)... »

Louis-Philippe cherche à atténuer les affrontements intérieurs et extérieurs du gouvernement sicilien.

Dès son retour à Palerme, le duc d'Orléans comprit que pendant son absence la situation s'était rapidement dégradée. Les relations avec le gouvernement anglais étaient maintenant empreintes de suspicion. Pourtant, avant son départ, Louis-Philippe avait remis au roi et à la reine un mémorandum où il les suppliait d'examiner avec réalisme les relations de la Sicile avec l'Angleterre : « ... La Sicile a une conformité d'intérêts parfaite avec l'Angleterre. Il semble qu'il ne puisse pas y avoir un événement qui soit heureux pour l'un, sans l'être en même temps pour l'autre. Mais les petites passions des hommes ont trop d'influence

---

(1) Dans ses réflexions de fin d'année, à la date du 31 décembre 1810, elle ajoutera ces lignes :

« Je remercie de tout mon cœur le Seigneur tout-puissant de m'avoir fait terminer cette année au cours de laquelle mon cœur a beaucoup souffert de toutes les manières mais aussi au cours de laquelle Dieu m'a fait de bien grandes grâces. Mon mari a été l'unique prince choisi par les braves Espagnols pour partager avec eux leurs fatigues et leur gloire. Son départ m'a brisé le cœur. Un parti jaloux de la gloire des princes me l'a rendu après 5 mois, délivré ainsi de tout malheur et de tout péril. Murat nous a menacés de ses puissantes forces. Au premier instant nous n'aurions pu mettre obstacle à cette invasion, aussi avons-nous éprouvé les plus cruelles inquiétudes. Mais Murat, plus prudent que courageux, nous a laissé le temps de nous préparer, et quand il a voulu nous attaquer nous l'avons reçu de manière à lui en faire perdre l'envie. Dieu nous a délivrés de ce terrible malheur...

... Je parlerai moins encore des cruels soucis et de la profonde peine éprouvée à la fin de cette année par le trouble et la division survenus entre la duchesse et nous. »

sur les grands intérêts des Etats... pour qu'on puisse raisonner d'une manière abstraite à leur égard... La Sicile est la seule partie des Etats de son souverain qui ait le bonheur de rester sous sa domination... et qui n'ait pas eu le malheur et la honte de devenir la proie du brigand subalterne (Murat) auquel le perturbateur du monde (Bonaparte) a confié le soin de les exploiter et de les piller... C'est un avertissement pour la Sicile que la guerre que lui font ces usurpateurs est *une guerre à mort* et c'est un avertissement pour l'Angleterre que nuls ne peuvent être plus intéressés à la défense de la Sicile que le roi et la nation qu'il gouverne... Sans doute la Sicile a besoin pour cette défense de l'assistance de la puissance anglaise mais il est en même temps très avantageux à l'Angleterre de donner cette assistance à la Sicile. La Sicile est pour l'Angleterre un entrepôt non seulement de commerce mais aussi de puissance. C'est une base d'opérations au milieu de la Méditerranée... sans cette base il ne pourrait pas y avoir d'armée anglaise dans la Méditerranée (1)... »

Louis-Philippe concluait qu'il était aussi dangereux pour la Sicile d'écarter l'aide anglaise que pour l'Angleterre de réduire la Sicile au rang de colonie qui ne pourrait que s'insurger et serait « bientôt perdue pour les Anglais ». Dès lors, il fallait composer et intégrer les moyens de défense des Siciliens dans le système britannique et exiger un libre exercice de la souveraineté royale qui excluait toute intervention étrangère dans la politique intérieure.

Si le roi partageait l'opinion de Louis-Philippe, la reine en revanche ne l'entendait pas de la même oreille. Son exaspération contre les Anglais la décida à nouer des contacts secrets avec les Français. Dès le mariage de sa

---

(1) Mémorandum de Louis-Philippe au roi Ferdinand IV, 24 mars 1810. Texte intégral en annexe.

petite-fille Marie-Louise avec Napoléon, elle tenta, par l'intermédiaire de Metternich, d'engager une négociation directe avec la France. En même temps, elle faisait approcher Murat. Toutes ces intrigues s'effectuaient en cachette du roi. Les Anglais cependant en eurent vent (1). L'étrange passivité de la Cour de Palerme lors du débarquement que tenta Murat en Sicile en septembre 1810, d'ailleurs repoussé par les troupes anglaises et les paysans siciliens armés de piques, de haches et de vieux fusils, éveilla plus encore leurs soupçons (2).

Louis-Philippe, dès son retour, s'efforça de resserrer les liens entre ses beaux-parents et le commandement anglais. Non sans mal, il réussit à pacifier un peu les esprits. Mais sa proposition de compromis : démission des ministres hostiles à l'Angleterre, nomination de ministres siciliens et non napolitains, nomination du duc d'Orléans à la tête de l'armée sicilienne et intégration de celle-ci dans l'armée anglaise en cas de débarquement français, fut repoussée.

En même temps se développait sur le plan intérieur un conflit entre les souverains et le Parlement. Les subsides anglais étaient insuffisants. Le Parlement convoqué en février 1810, conformément à la vieille constitution de la Sicile, refusait de voter de nouveaux impôts et protestait contre la présence excessive des Napolitains nommés à toutes les hautes charges de l'Etat. La protestation se transforma en agitation et beaucoup se mirent à parler de révolution nécessaire.

La formation d'un nouveau gouvernement le 3 juillet

(1) « *The Queen... has for many months carried on a correspondence with Austria through Fiume... and it is strongly suspected that she has through this Channel made overture to Buonaparte...* » Mellish à Wellesley, 14 mai 1810.

(2) En 1811 et 1812 la reine Marie-Caroline poursuivit ses correspondances avec Murat, Napoléon et Marie-Louise, leur offrant même d'échanger la Sicile contre la Hollande.

1810 comprenant plus de Siciliens que de Napolitains ne changea rien à la situation. La décision de la reine de ne plus assister au conseil des ministres ne pesa guère plus sur l'opinion qu'il était trop tard de toucher par des mesures de forme et d'apparence.

La tension entre la Cour et le Parlement ne fit que croître. Le subside anglais de 400 000 livres sterling par an disparaissait sans utilité pratique dans une multitude de dépenses secondaires. Le Trésor était vide, la flotte mal entretenue, les troupes réduites à leur plus simple expression, l'administration se consacrait à la prévarication et la justice était au plus offrant.

La reine, au nom du roi et face à la résistance du Parlement, décida de lever de nouvelles ressources par simple édit royal. La décision fut rendue publique le 22 février 1811. Il s'agissait d'une taxe de 1 % sur tout paiement effectué en écritures publiques, d'une loterie gagée sur les biens de l'Eglise et de l'ordre de Malte, et de la vente de biens-fonds du domaine royal.

Le résultat fut une clameur générale de protestation à laquelle s'associa le duc d'Orléans (1). En vain, il tenta de faire revenir la reine sur sa décision se rendant compte de

---

(1) Journal de Marie-Amélie :
Samedi 2 février 1811 : Maman a eu, avec le duc, une très sérieuse conversation au sujet de l'opération de finances que l'on veut faire. Maman croit que cela passera sans aucun trouble et le duc craint qu'il ne se produise un grand mouvement tant dans la population que chez les Anglais.
Samedi 16 février 1811 : Aujourd'hui après le repas, le duc a eu une longue et sérieuse discussion avec maman pour lui faire comprendre le péril que l'on court et le peu de fruit que l'on tirera des deux mesures de finance que l'on veut prendre, c'est-à-dire celle de l'imposition, sans la convocation du Parlement, du 1 % sur tous les marchés, et celle d'une grande loterie avec la vente des biens de la Couronne, afin d'éteindre les dettes existantes.

JE SUIS ATTACHÉ À L'ANGLETERRE

l'ampleur de la réaction devant laquelle les souverains allaient se trouver.

Des ressources financières impopulaires, n'ayant pas même fait l'objet d'un vote du Parlement, ne pouvaient qu'être le point de départ d'une vive réaction.

Louis-Philippe tenta d'enrôler l'ambassadeur d'Angleterre, Lord Amherst, dans sa résistance à ce qui lui paraissait une vaine et dangereuse aventure. Mais celui-ci évita de se compromettre dans une intrigue qui lui semblait désespérée compte tenu du caractère des souverains siciliens.

A eux de prendre leur responsabilité, répondit-il en substance à Louis-Philippe, l'Angleterre en tirera les conséquences (1).

La résistance du Parlement s'organisa aussitôt et les quarante Barons parlementaires rédigèrent non seulement un recours devant la Députation juge de la constitutionnalité des lois, mais également une série d'appels et de remontrances qui furent publiés dans la presse anglaise afin de peser sur la décision du gouvernement britannique. Louis-Philippe avait facilité cette entreprise à Londres par l'entremise de Dumouriez.

Le résultat ne se fit guère attendre. Devant ce désordre politique, et les risques qui pouvaient en résulter en cas de débarquement français, le gouvernement anglais rap-

---

(1) Journal de Marie-Amélie :
Mercredi 20 février 1811 : le duc est allé chez Lord Amherst pour lui exprimer clairement ses opinions et ses sentiments sur le gouvernement actuel, particulièrement sur l'opération financière que l'on va faire, et le prier de ne point en informer le gouvernement anglais. La conversation fut longue et chaude. Lord Amherst a répondu que l'intérêt et la volonté de l'Angleterre étaient de conserver ici les souverains actuels, mais que le désordre complet du gouvernement l'obligerait tôt ou tard à s'en rendre maître ou à l'abandonner et que si le roi voulait s'entendre avec les Siciliens et établir un gouvernement ferme et sage, il est sûr que l'Angleterre augmenterait ses subsides.

pela le 1ᵉʳ mai 1811 son ambassadeur Lord Amherst, jugé trop mou, et désigna pour le remplacer un homme « à poigne », Lord William Bentinck.

Avant même son arrivée et sans doute pour le mettre devant le fait accompli, les souverains siciliens firent arrêter et déporter dans les îles les cinq principaux Barons : les princes de Belmonte, de Castel-Nuovo, d'Aci, de Villafranca et de Patrulla, duc d'Anjou. On évita cependant de saisir leurs papiers « par la considération qu'on risquerait d'y trouver M. le duc d'Orléans compromis ».

Autoritaire, direct, parfaitement hermétique à ce qui n'était pas anglais, décidé à faire régner l'ordre politique nécessaire à une action militaire en temps de guerre, Bentinck, dès son arrivée à Palerme le 23 juillet, ne mâcha pas ses mots, exigea la libération des cinq Barons, des mesures d'assainissement administratives, une réorganisation de l'armée, et l'établissement d'une nouvelle Constitution plus démocratique, plus proche de l'anglaise. Pour mieux se faire comprendre, il bloqua le versement des subsides. En quelques semaines, les relations anglo-siciliennes se trouvèrent dans une impasse totale. Bentinck repartit pour Londres le 27 août pour en revenir le 7 décembre avec une attitude et des instructions plus fermes encore. Reçu par la reine, il n'obtint rien malgré ses menaces financières et politiques. En sortant il se contenta de remarquer : « C'est une femme intelligente et habile, mais sans aucun bon sens... »

1812 fut une année de conflits politiques violents. Marie-Caroline s'en prenait sans cesse à Louis-Philippe qu'elle accusait d'avoir partie liée avec les Anglais, les libéraux et l'opposition. Elle mettait en garde sa fille : « Puisque j'ai fait la bêtise de le prendre pour gendre, il faut bien que je le supporte comme ton mari et le père de ton enfant. Mais il doit bien se persuader que l'autorité légitime est celle qui gagne toujours et que c'est à elle qu'il faut rester attaché... »

Le palais de Santa Teresa, « il palazzo d'Orléans », devint le lieu de rendez-vous de tout ce que Palerme comptait d'important mais aussi un centre d'opposition courtois et mesuré, certes, mais d'où partaient la plupart des fils de la résistance au pouvoir royal.

Le 16 janvier 1812, devant les menaces de crise et de faillite financières, Ferdinand IV donna une délégation à son fils François proclamé vicaire général et se retira non loin de Palerme dans une semi-retraite. Bentinck concentra ensuite ses efforts sur le départ de la reine, la constitution d'un gouvernement favorable aux Anglais et l'élaboration d'une nouvelle Constitution.

Tout au long de l'année, Louis-Philippe ne cesse d'intervenir dans la plupart des négociations politiques. Proche du roi, lié aux Barons, en relation amicale avec Bentinck, il sert d'intermédiaire, il est même le seul intermédiaire. Tous les autres acteurs de la vie politique sicilienne sont retranchés sur des positions d'où ils entendent bien ne pas bouger. Et Louis-Philippe va de l'un à l'autre, tentant de nouer des dialogues et de trouver des compromis. Il doit aussi soutenir la volonté constamment défaillante de son beau-frère, le vicaire général, pris entre la crainte de son père, le roi, et la peur de Bentinck.

L'inévitable crise éclata le 9 mars 1813. Ferdinand IV apparut brusquement ce jour-là à Palerme, démit son fils de ses fonctions et déclara reprendre le pouvoir. Devant le palais, une foule considérable acclamait le roi, devenu le symbole de la résistance aux Anglais et de l'esprit national.

Lord William Bentinck décida de briser aussitôt cette résistance et fit concentrer sur Palerme ses régiments anglais, 12 000 hommes au total, exigeant le départ de Marie-Caroline, menaçant le roi d'une déclaration de guerre et lui laissant quarante-huit heures pour aviser. Affolé, le 16 mars au matin, Ferdinand IV fit appeler le duc d'Orléans pour tenter de négocier par son intermédiaire avec Lord William.

« Faites-moi le plaisir, lui écrivait-il, de venir au plus vite chez moi, ayant un besoin absolu de vous parler d'une chose qui m'intéresse extrêmement ainsi que toute notre famille. En attendant, croyez-moi toujours le même,

Votre très affectionné beau-père,
Ferdinand, Roi. »

Le stupéfiant rapport de Louis-Philippe.

La dépêche de Lord William Bentinck transmettant le compte rendu de cette conversation par le duc d'Orléans lui-même existe à Londres au Record Office. Ce texte étonnant, ubuesque, résume bien la situation tragi-comique où s'était mis Ferdinand, et le rôle du duc dans son dénouement.

« Je me rendis immédiatement chez Sa Majesté, rapporte Louis-Philippe. Le roi me dit :
— Je me trouve dans le plus grand embarras.
— Votre Majesté peut dire plus. Elle est dans un danger imminent.
— Eh! je le crois aussi... »
Et Ferdinand IV remit au duc d'Orléans la note officielle de Lord William où se trouvaient énoncés les griefs de l'Angleterre, ses exigences et la menace d'une rupture de l'alliance si le roi refusait de céder.

« ... Lord William avançant dans son rapport que le roi n'avait jamais coopéré comme il l'aurait dû à la défense de la Sicile et qu'il en avait toujours laissé le poids aux troupes anglaises, le roi me dit :

JE SUIS ATTACHÉ À L'ANGLETERRE

— Ah! ceci pourtant est un peu trop fort, tandis que j'ai toujours eu plus de troupes que mes moyens ne me permettaient d'en payer!

— Oui, Sire, mais malheureusement Votre Majesté ne peut oublier qu'en 1810, lorsque Murat vint en Calabre avec toutes ses troupes, et que les Anglais vous demandèrent d'envoyer des troupes à Messine, vous ne l'avez point fait.

— Ah! mon Dieu, oui, me dit-il, cela n'est que trop vrai, vous n'avez que trop raison, c'était une grande faute.

... Quand j'arrivai à la partie de la note de Lord William qui était relative à la reine (et qui exigeait son départ immédiat), le roi m'arrêta et me dit :

— Cet article est terrible. De cela, je dois convenir, il est terrible. Je suis persuadé que la reine n'a jamais correspondu directement avec les Français. Elle n'a jamais voulu le mal. Ma, figlio mio, ha fatto imprudenze; ne ha fatto assai, assai (1). Ce que dit Bentinck, que ses agents à Messine correspondaient avec les Français, est une chose certaine.

— Quoi! Sire, cela est certain?

— E certissimo, e questo lo so io (2).

— Mais, Sire, si de telles choses étaient vraies, Votre Majesté doit sentir combien il était fâcheux pour Elle de ne pas les empêcher.

— Eh! sûrement que c'était fâcheux pour moi! Croyez-vous que je ne le sente pas? Mais que voulez-vous que j'y fasse? Je n'ai jamais pu sentir toute cette canaille, tous ces espions qu'a la reine! Ah! tout cela n'approche pas de moi!

— Non, Sire, oh! non, cela, on sait parfaitement que

---

(1) « Mais, mon fils, elle a fait des imprudences; elle en a trop fait, trop. »
(2) « C'est incontestable, et je le sais bien. »

Votre Majesté est inaccessible à ces gens-là. Mais, Sire, vous êtes le roi, et, étant le roi, il est bien fâcheux pour vous de n'avoir pas fait cesser ces intrigues, parce que je ne peux pas vous dissimuler, Sire, qu'étant roi, vous en êtes responsable.

— Responsable! Je suis responsable de ce que je fais, moi; mais pour être responsable de ce qu'elle fait, Dieu m'en délivre!

... Voici ce que je désire que vous disiez à Bentinck sur les quatre points de sa demande : 1° le départ immédiat de la reine, 2° le renvoi de Cassaro du ministère, 3° la convocation du Parlement pour le 1er avril, 4° de faire sortir du royaume plusieurs étrangers dont il me donnera la liste.

Sur le premier point, vous lui direz que je désire que la reine parte le plus tôt possible; mais que d'une part je ne peux pas la chasser, que de l'autre elle ne peut pas partir sans en avoir les moyens, et vous verrez quels sont ceux que Bentinck peut donner pour cela. Vous lui direz qu'il faut de l'argent et des moyens de transport.

Sur le second, vous direz à Bentinck que Cassaro n'est plus ministre, et que j'ai fait, hier au soir, la dépêche à ce sujet-là.

Sur le troisième, que j'ai fait aussi la dépêche pour la convocation du Parlement et qu'elle est là sur mon bureau; que ce n'est pas ma faute si elle n'a pas été faite plus tôt, mais celle de Castelnuovo qui ne m'en a envoyé la minute qu'hier au soir, quoique je la lui aie fait demander tous les jours depuis huit jours.

Sur le quatrième point, que je ne désire pas plus que Lord William qu'il y ait des mauvaises gens en Sicile, et que, dès qu'il en aura donné la liste, je l'examinerai avec soin et impartialité pour lui donner toute satisfaction.

Relativement aux mesures efficaces pour la sûreté présente et future de la Constitution, vous lui demanderez ce

JE SUIS ATTACHÉ À L'ANGLETERRE

qu'il veut dire, et si c'est l'abdication, dites-lui que je n'abdiquerai jamais...

... Le lendemain 17 mars à 9 heures du matin je me rendis chez le roi selon l'ordre qu'il m'en avait fait donner la veille au soir.

Je rendis compte à Sa Majesté de la satisfaction de Lord William sur la parole que Sa Majesté m'avait chargé de lui porter au sujet des préparatifs des volontaires et des mouvements populaires, et je lui dis qu'en considération de la promesse de lui donner une réponse satisfaisante dans la journée, Lord William consentait à la lui accorder encore, mais que sans cette promesse il aurait commencé les hostilités à midi.

— A midi? reprit le roi, et qu'est-ce qu'il aurait fait à midi?

— Sire, je n'en sais rien, mais il a dit qu'il aurait commencé les hostilités.

— Oh! Jésus Marie! il serait arrivé avec son canon!

— Probablement, Sire, mais enfin vous avez la journée et il faut se dépêcher d'en profiter.

— Eh! sans doute, oh! bon Dieu; dans quelle position je suis, dans quelle affaire je me suis embarqué là. C'est pour l'expiation de mes péchés que Dieu m'a infligé ce terrible châtiment; mais je dois adorer sa justice, je dois tout supporter et me résigner à tout. Que sa sainte volonté soit faite! Ecoutez, vous pouvez dire à Bentinck que voici ce que je compte faire. Je remettrai de nouveau le pouvoir à mon fils comme vicaire général; je promettrai de ne me mêler de rien, et Bentinck verra comme je tiendrai cette parole. En outre, je promettrai verbalement à Bentinck de ne jamais reprendre le gouvernement sans le consentement (senza l'annuenza) du ministre et du gouvernement d'Angleterre, et, cela fait, je m'en irai dès ce soir aux Colli tâcher de me remettre de cette horrible secousse et de ne plus m'occuper que du salut de mon âme. Bentinck se contentera de cela, n'est-ce pas?...

... En sortant de chez le roi j'allai chez le prince héréditaire qui était très curieux de savoir ce que c'était que ma négociation. Je le mis au fait, et il me dit qu'il s'attendait à ce que le roi décampât dans la nuit.

— Songez à une chose, lui dis-je alors. Si le roi vous appelle, n'acceptez aucun poste, ne prenez aucune cédule sans vous être concerté avec Lord William. Alors vous vous donnez son support. Sans cela vous vous mettez dans de grands embarras, et vous prenez sur vous une grande responsabilité.

Il me serra la main, me remercia, me dit qu'il le ferait, et il l'a fait.

Louis-Philippe d'Orléans. »

La prévision du jeune prince héréditaire était exacte, Ferdinand « décampait dans la nuit » pour sa propriété des Colli sans avoir abdiqué, mais en remettant de nouveau à son fils la régence du royaume. Avant de partir le roi signa l'arrêt d'exil de Marie-Caroline et le lui signifia en ces termes : « Come amico ve lo consiglio, come marito ve lo domando, come re ve lo comando. » La reine en attendant de pouvoir partir pour l'Autriche fut reléguée à Castelvetrano. Elle embarqua le 15 juin 1813 après de douloureux adieux à sa fille et se retira au château de Melgladorrt où elle mourut un an plus tard le 7 septembre 1814 (1).

---

(1) Marie-Caroline eut beaucoup de mal à gagner Vienne, la route continentale lui étant interdite. Elle dut passer par Zante, Constantinople, Odessa, l'Ukraine, la Podolie. Elle n'atteignit la capitale autrichienne que le 2 février 1814. Quelques mois plus tard elle voit arriver à Vienne sa petite-fille l'impératrice Marie-Louise et le roi de Rome. De la première Marie-Caroline écrit : « ... La malheureuse a un mal de poitrine, crache le sang et je crois qu'elle ne vivra pas car une existence

JE SUIS ATTACHÉ À L'ANGLETERRE

Louis-Philippe dans ce dernier conflit avait su habilement ménager la susceptibilité de sa belle-famille, la sensibilité de sa femme, tout en respectant les recommandations politiques de Lord William qui lui décerna des compliments sans réserves pour le « concours zélé et désintéressé que Son Altesse Sérénissime lui avait donné dans une affaire qui touchait de si près au salut de la famille royale et aux intérêts de l'Angleterre ».

Je suis attaché à l'Angleterre...

Certes Louis-Philippe en défendant si activement les intérêts anglais témoignait de sa gratitude à l'égard d'un gouvernement qui lui versait sans conditions depuis 1800 une rente annuelle portée en 1808 à 4 000 livres sterling et qui pensionnait aussi sa sœur et sa mère (1).

Mais cette attitude si favorable à l'Angleterre, il faut même parler d'anglomanie, a chez lui des racines intellectuelles et affectives beaucoup plus profondes venues sans doute de son père et plus encore de l'éducation de Mme de Genlis.

Il s'y mêle l'admiration pour cette forme de démocratie qui respecte les droits individuels, pour cette Constitution parlementaire, cette puissance financière et commerçante, cette qualité et cette rigueur de la classe dirigeante anglaise. Il admire et il aime l'Angleterre. Il ne s'en cache pas et imprudemment il l'écrit... trop.

---

pareille est pire que la mort... (elle) méritait un meilleur sort. Je ne la crois pas un aigle !, ne prévoyant rien, ni ne regardant en arrière... » Elle caresse aussi le petit roi, « un marmot, production de Buonaparte ».
(Lettres de Marie-Caroline à Marie-Amélie.)
(1) 3 600 livres sterling pour la duchesse douairière d'Orléans et 2 400 livres sterling pour la princesse Adélaïde.

LOUIS-PHILIPPE ET LOUIS XVIII

Passe encore la lettre écrite le 28 juillet 1804 à l'évêque de Landaff à l'occasion de l'oraison funèbre prononcée à Londres lors du service religieux à la mémoire du duc d'Enghien. « J'ai quitté ma patrie de si bonne heure, écrivait-il, que j'ai à peine les habitudes d'un Français et je puis dire avec vérité que je suis attaché à l'Angleterre non seulement par la reconnaissance mais aussi par goût et par inclination. C'est bien dans la sincérité de mon cœur que je dis : Puissé-je ne jamais quitter cette terre hospitalière...

Mais ce n'est pas seulement en raison de mes sentiments particuliers que je prends un vif intérêt au bien-être, à la prospérité et au succès de l'Angleterre, c'est aussi en ma qualité d'homme. La sûreté de l'Europe, celle du monde même, le bonheur et l'indépendance future du genre humain dépendent de la conservation et de l'indépendance de l'Angleterre *et c'est là* la noble cause de la haine de Bonaparte pour vous, et celle de tous les siens. Puisse la Providence déjouer ses projets iniques et maintenir ce pays dans sa situation heureuse et prospère! C'est le vœu de mon cœur, c'est ma prière la plus fervente... »

Je suis Anglais...

Glissons encore sur une lettre datée du 5 novembre 1806 de Twickenham, où Louis-Philippe espère dans la conduite de la guerre « vigueur et célérité » afin que l'empereur Alexandre puisse « venger Austerlitz, réparer Auerstedt et infliger à Buonaparte son Poltava ».

Mais on ne peut que sursauter en lisant les deux lettres publiées par *La Gazette* du 11 janvier 1841 et dont les originaux furent présentés par Berryer à l'audience du procès qui s'ensuivit. Elles reflètent ses sentiments de

JE SUIS ATTACHÉ À L'ANGLETERRE

l'époque dominés avant tout par la haine de Bonaparte.

La première, datée de Palerme du 17 avril 1808, est ainsi rédigée :

« Je suis prince français et cependant je suis anglais d'abord par le besoin parce que nul ne sait mieux que moi que l'Angleterre est la seule puissance qui veuille et qui puisse me protéger; je le suis par principes, par opinions et par toutes mes habitudes... »

La seconde est datée de Cagliari le 20 mai 1809 :

« Il paraît que Soult se trouve dans une situation fâcheuse... j'espère qu'ils vont être écrasés en Espagne... Il y a en Espagne, à Naples, en Dalmatie des armées françaises qui vont se trouver, je l'espère au moins, dans des positions désastreuses... Le mécontentement est si grand en France, l'horreur de la conscription est portée à un si haut degré que je ne désespère pas que la campagne malheureuse à laquelle Buonaparte semble enfin destiné, ne renverse son imperatorerie. Encore une fois, il me semble grand temps d'en préparer les moyens et de se tenir prêt à profiter des événements... »

Cinq ans plus tard, son ambition politique le conduira à tenir un bien autre langage et il laissera dire qu'après tout, il est le meilleur héritier possible à la fois de l'Empire, de la Royauté et de la Révolution.

CHAPITRE III

DE PALERME À PARIS
mai 1814

C'EST un triste spectacle que va découvrir Louis-Philippe dès qu'il aura franchi la frontière de notre pays. Après vingt-deux ans d'exil, il trouve en effet une France lasse et désabusée qui se tourne vers les Bourbons avec une résignation et un enthousiasme de commande, acceptant la royauté à titre d'essai en échange de la paix. Elle n'a guère meilleure mine que la France révolutionnaire en 1792. Non seulement elle est meurtrie, abasourdie par la défaite, divisée, aux limites de la guerre civile, mais elle qui a entendu des proclamations de victoire retentir jusqu'aux limites extrêmes de l'Europe, connaît aujourd'hui l'humiliation de l'occupation.

Malgré les victoires de la campagne de France, Paris est occupé, l'Empereur est battu. 400 000 soldats étrangers occupent le sol français. Le pays est épuisé, exsangue, ruiné. Les guerres de l'Empire ont coûté près d'un million de morts à la jeunesse française. Les caisses de l'Etat sont vides. Les impôts et surtout les droits réunis ne rentrent plus. Beaucoup de soldats et en particulier les « Marie-Louise » désertent, car le comte d'Artois à Paris et le duc d'Angoulême à Bordeaux ont proclamé pour tout programme d'action : « Plus de droits réunis, plus de conscription. » L'anarchie s'installe dans plusieurs régions et le désordre partout. L'opinion est profondément lasse de vingt-deux années de guerres incessantes dont dix années de révolution avec son cortège de terreur et de guerre civile : 500 000 morts pour l'insurrection vendéenne seule. Elle est attachée aux acquis de la Révolution et de l'Empire, la dignité, la liberté personnelle, le Code civil, la séparation de l'Etat et de l'Eglise, les biens nationaux des émigrés rachetés à bas prix. Elle l'est également à l'ordre et à la paix et prête à soutenir ceux qui lui garantiront la tranquillité et la jouissance de ces acquis.

Elle observe avec attention ces princes français qu'elle ne connaît pas et qui débarquent d'Angleterre. Elle sait qu'ils vont lui apporter l'ordre et obtiendront l'évacuation du territoire national, mais sauront-ils composer avec les conquêtes de la Révolution et leur mise en ordre par l'Empire ?

Comprendront-ils la nécessité de certains progrès, sauront-ils évoluer avec leur temps ?

Là est l'inconnue, là sera la déception. En attendant, les Français, rançonnés, pillés, humiliés, se détournent de l'Empereur. Si dans l'est et le nord-est du pays durement occupés, l'idée nationale est encore liée à l'image de Napoléon, le reste de la Nation s'est détaché de lui lorsqu'il ne lui est pas devenu violemment hostile comme en Bretagne, dans le Sud-Ouest et la vallée du Rhône. L'armée seule lui reste fidèle et passionnément attachée.

Napoléon en route pour l'île d'Elbe.

Napoléon va le découvrir pendant son voyage vers l'île d'Elbe.

Ayant abdiqué le 6 avril 1814, il avait attendu à Fontai-

DE PALERME À PARIS

nebleau la désignation des commissaires alliés russe, anglais, autrichien et prussien qui doivent l'accompagner, le protéger et le surveiller jusqu'à l'île d'Elbe.

Il voit, les uns après les autres, ses officiers, ses généraux, ses intimes le quitter sous un prétexte ou un autre. Il attend en vain Marie-Louise et son fils.

La grande cour de Fontainebleau se vide, le silence se fait, Napoléon est presque seul.

Le 11 avril au soir, il tente de se suicider en absorbant une dose importante d'opium (1). Toute la nuit, il se tord de douleur en disant à ses fidèles accourus auprès de lui, Caulaincourt, Bertrand, Bassano, « qu'il est difficile de mourir quand sur le champ de bataille c'est si facile. Ah, que ne suis-je mort à Arcis-sur-Aube ».

Au matin, il a survécu et se rétablit peu à peu. C'est pendant ces heures-là que le comte d'Artois fait son entrée dans Paris, ovationné par une grande foule.

Le départ de Fontainebleau est fixé au 20 avril. Il fait disposer la garde en demi-cercle dans la grande cour du château et, forçant la voix, s'écrie : « Soldats, vous mes vieux compagnons d'armes que j'ai toujours trouvés sur le chemin de l'honneur, il faut enfin nous quitter. J'aurais pu rester plus longtemps au milieu de vous, mais il aurait fallu prolonger une lutte cruelle, ajouter peut-être la guerre

(1) Certains de ses proches espéraient cet acte, semblant déplorer que Napoléon survive à l'abdication. Son frère Jérôme écrit à sa sœur Elisa, le 9 avril 1814, de Blois : « Chère Elisa, tu sais sans doute déjà ce qui se passe; l'Empereur, après avoir fait notre malheur, se survit (souligné). Ce n'est plus le même homme... Tu conçois ma position, moi qui depuis deux années, depuis cette malheureuse guerre de Russie dont j'ai prédit le résultat, suis tout à fait brouillé avec l'empereur Napoléon et qui encore avant-hier ai reçu pour récompense de tous mes sacrifices, l'ordre de ne pas rester dans la même ville que l'Impératrice vu que j'étais un souverain étranger... quel aveuglement, mais surtout que de chagrin de voir un si grand homme se survivre ainsi... »

civile à la guerre étrangère... ne me plaignez pas, il me reste une mission... raconter à la postérité les grandes choses que nous avons faites ensemble. Je voudrais vous serrer tous dans mes bras... laissez-moi embrasser ce drapeau qui vous représente... »

Le début du voyage se passe sans encombre. Jusqu'à Moulins, les habitants des villes rencontrés sur son chemin observaient en silence le souverain malheureux ou parfois lui adressaient de vibrants « Vive l'Empereur ». Mais, à partir de la capitale du Bourbonnais ces cris cessèrent peu à peu, remplacés par des « Vive le roi, Vivent les Bourbons ». A Lyon, le 23 avril, il dut traverser la ville de nuit pour éviter des manifestations hostiles qui, cependant, éclatèrent le lendemain à Valence. A Avignon où l'Empereur entra le lundi 25 avril à 6 heures du matin, la foule ameutée voulut se faire livrer « le Corse » pour le mettre en pièces et le jeter dans le Rhône. Les commissaires étrangers eurent le plus grand mal à le dégager et il n'échappa que par surprise à la meute déchaînée.

Au relais de Saint-Andéol, il se déguise, il revêt une lévite bleue et se coiffe d'un chapeau rond grâce à quoi il traverse au galop sans être reconnu Orgon-sur-Durance où un peuple nombreux s'est rassemblé aux cris de « A bas le tyran » « A mort le tyran ». Armés d'une potence, les meneurs ne cachent pas leur intention de s'emparer de l'Empereur et de le pendre. Ils attaquent la voiture impériale mais n'y trouvent que le général Bertrand que le commissaire russe Schouvaloff a beaucoup de mal à dégager et qui poursuit le voyage sous les insultes et les quolibets.

Le soir du 25 avril, le convoi s'arrête à Saint-Cannat. L'Empereur est épuisé. Un instant il pleure. Seul moment de faiblesse. Le plus souvent il est demeuré impassible, méprisant ou apparemment indifférent. Au petit matin du 26, les nouvelles sont si mauvaises qu'il accepte de se déguiser et de revêtir l'uniforme d'officier autrichien du général Koller. Il passe par Saint-Maximin et Le Luc où l'accueille sa sœur Pauline.

A l'aube du 27, il se remet en route pour Fréjus et le lendemain, à Saint-Raphaël, monte à bord de la frégate anglaise *Undaunted* à destination de l'île d'Elbe.

Quinze ans plus tôt, le 9 octobre 1799, il avait débarqué triomphalement dans la même baie de Saint-Raphaël, au retour de sa campagne d'Egypte. Les habitants des ports de la côte, venus en barques, avaient encerclé le *Muiron* et pris le bateau à l'abordage pour acclamer et voir de plus près leur héros, ce jeune homme « fort maigre et très jaune, le teint cuivré, les yeux assez enfoncés... et d'un beau bleu qui peignaient d'une manière incroyable les diverses émotions dont il était traversé... ».

La gloire initiale.

Sans doute a-t-il médité au long de la route sur les causes de cet immense désastre, non pas seulement les causes immédiates, mais celles qui prenaient leur source à l'origine de cette longue suite d'aventures et de guerres conduites avec génie et se terminant avec l'acte d'abdication.

Le point de départ est net. A nos yeux, comme à ceux de l'Empereur. Tout au long de son existence, il porte cachée la faute secrète « plus grave qu'un crime », l'enlèvement et l'assassinat du duc d'Enghien, dans les fossés du fort de Vincennes, exactement dix ans plus tôt. Depuis lors, le remords pressant effleure parfois sous forme d'une justification. Mais jamais ne disparaît. A Sainte-Hélène, dix jours avant de mourir, dans un codicille à son testament, il tentera une dernière fois de dire pourquoi il a fait procéder à cette exécution (1). Tenace désir d'expliquer non seulement le crime mais la faute et l'erreur d'où vient, par une implacable logique, la chute.

Car quel contraste entre la gloire du Consul à vie au début de 1804 et l'exil de l'Empereur au printemps 1814 ! Au cours des quatre années qui suivent son retour d'Egypte, il impose la France à l'Europe, la soustrait à ses démons, à ses désordres et à sa faiblesse, introduit le Code civil, signe la paix de Lunéville sur le continent et la paix d'Amiens avec l'Angleterre, pacifie la Vendée, rappelle les émigrés, rétablit la paix religieuse et l'Eglise de France dans de nouveaux droits définis par le Concordat, donne à la France ses vraies limites naturelles à l'est : les Alpes, le Rhin jusqu'à son embouchure, affranchit l'Italie jusqu'aux bords de l'Adige, donne à la Suisse sa Constitution, organise l'Allemagne par le recez de la diète de 1803, négocie avec la Prusse un équilibre diplomatique nouveau auquel se résignent l'Autriche, la Russie et l'Angleterre. Et voici qu'au moment où la France et l'Europe paraissent enfin rendues à la paix, Bonaparte qui, quatre années durant, s'est entrevu comme un Washington européen bascule dans le personnage de César.

La faute initiale.

Le grain de sable est un complot contre sa vie. Approuvé par le comte d'Artois qui promet de rejoindre les conspirateurs, financé par certains ministres du Cabinet britannique, mis au point par Cadoudal et Pichegru, « le coup

---

(1) « J'ai fait arrêter et juger le duc d'Enghien parce que c'était nécessaire à la sûreté, à l'intérêt et à l'honneur du peuple français lorsque le comte d'Artois entretenait, de son aveu, soixante assassins dans Paris. Dans une semblable circonstance, j'agirais encore de même. »

essentiel » consistait à enlever le Premier Consul et à l'assassiner.

Le complot fut bientôt découvert et la plupart des participants arrêtés. Bonaparte décida de faire un exemple qui ferait passer aux Bourbons le goût des tentatives de ce genre. Le régime était fragile, le relèvement de la France dépendait de lui seul. Sa réplique sera de punir un Bourbon pour les intimider tous. Seulement Artois et Louis-Philippe sont en Angleterre et Louis XVIII à Mitau hors d'atteinte. Reste le duc d'Enghien qui coule des jours heureux dans le pays de Bade auprès de Charlotte de Rohan qu'il vient d'épouser en secret. C'est un soldat sympathique, courageux. « Le duc va de bon cœur, disent ses adversaires républicains, et qui n'a jamais voulu participer à aucun complot (1). »

Le Premier Consul prépare dans ses détails l'enlèvement du duc en territoire étranger. Il est appréhendé le 15 mars, arrive le 20 mars à 17 h 30 dans l'enceinte du fort de Vincennes, est jugé dans la nuit et fusillé le 21 mars à 4 heures du matin. L'enlèvement est illégal, le jugement est illégal et n'est pas même rédigé, l'exécution est illégale (2).

Deux hommes, Talleyrand et Fouché, ont poussé Bonaparte à ce crime afin de le lier définitivement à la Révolution, et prévenir tout retour à la monarchie. « Talleyrand a voulu, écrira Barras, mettre entre les Bourbons et Napoléon un fleuve de sang. » Et Bonaparte confirmera ce

---

(1) En janvier 1802, un agent l'a approché lui proposant d'assassiner Bonaparte : « Je ne lui ai pas donné, écrit Enghien à son grand-père, le temps d'achever les détails de ses projets et j'ai repoussé cette proposition avec horreur, de pareils moyens ne pouvant convenir qu'à des Jacobins... »
(2) *Cadoudal, Moreau et Pichegru*, Michel Poniatowski, Librairie Académique Perrin.

jugement lorsqu'il dira à Caulaincourt : « C'est Talleyrand qui m'a décidé à arrêter le duc d'Enghien auquel je ne pensais pas... » Mais pour la suite des événements il prendra toutes ses responsabilités et le jour de l'exécution expliquera ainsi sa décision : « ... Au moins ils verront ce dont nous sommes capables. Dorénavant j'espère qu'on nous laissera tranquilles... J'ai versé du sang, je le devais et j'en répandrai peut-être encore, mais sans colère et tout simplement parce que la saignée entre dans les combinaisons de la médecine politique. On veut détruire la Révolution en s'attaquant à ma personne. Je suis l'homme de l'Etat, je suis la Révolution française et je la soutiendrai... »

Le Premier Consul avait pris sa décision pour des motifs de politique intérieure. Par cette exécution, il s'affirmait l'héritier de la Révolution et écartait toute possibilité de rétablissement des rois. Les Bourbons devenaient des exilés menacés par le fer et par le sang, détenteurs d'une légitimité monarchique incertaine et indifférente à beaucoup.

Difficile position de Louis-Philippe.

Toute la difficulté de la position de Louis-Philippe apparaît dès ce moment, puisqu'il se veut et qu'il est dans ses convictions intimes à la fois héritier de la royauté et de la Révolution. Toute l'ambiguïté de sa démarche dans ces temps troublés, procède de ce sentiment qui le lie étroitement à deux conceptions alors contradictoires.

Par son éducation qu'il doit à Mme de Genlis, c'est un libéral, un homme de progrès qui a adopté avec enthousiasme les idées et les attitudes de la Révolution jusqu'à ce que celle-ci l'ait écarté puis rejeté en exécutant son père. Mais par son hérédité, il est prince du sang et participe à l'ordre monarchique.

Il ne trouve satisfaction ni dans l'une ni dans l'autre famille d'esprit et, très tôt, cherche à symboliser une synthèse des deux tendances suscitant d'abord la critique de tous, avant de devenir un possible projet d'avenir.

Conséquence internationale de l'exécution du duc d'Enghien : la guerre.

L'exécution du duc d'Enghien, si elle avait eu peu d'effet sur l'opinion française, avait en revanche profondément ému les gouvernements et les souverains étrangers presque tous unis aux Bourbons par des liens de famille. L'atmosphère et la volonté de paix qui s'étaient peu à peu étendues sur l'Europe se trouvaient brusquement remises en cause. L'Angleterre en profita pour renouer les fils d'une nouvelle coalition. L'Europe stupéfaite observa avec un regard nouveau le sage et pacificateur Consul devenu soudain furieux et inquiétant. *Se proclamer l'héritier de la Révolution, c'était renouer avec les guerres de la Révolution.*

La Prusse qui s'apprêtait à signer une alliance solennelle avec la France « ... recula, garda le silence et renonça à une intimité qui cessait d'être honorable (1) ».

L'Autriche se tut également, mais n'observa plus aucune des mesures prévues pour l'exécution du recez de 1803. L'Angleterre, qui s'apprêtait à respecter les dernières stipulations de la paix d'Amiens et à restituer à regret Malte, suspendit l'évacuation de l'île, justifiant une rupture de la paix. De son côté, Alexandre, le jeune empereur de Russie, garant de la Constitution germanique, protesta

(1) Thiers, *Le Consulat et l'Empire.*

contre la violation du territoire badois. Bonaparte lui répondit par une allusion insultante à l'assassinat de Paul Ier. Alexandre, ulcéré, se mit à méditer sa vengeance et se joignit à la Prusse et à l'Autriche pour observer, dans un silence outragé, la réouverture des hostilités entre la France et l'Angleterre qu'un peu de patience et de considération de part et d'autre aurait pu éviter, tant les intérêts durables des deux pays trouvaient avantage dans le maintien de la paix.

L'enchaînement implacable des guerres, des conquêtes, des ambitions, des conflits devenait dès lors inévitable pour aboutir en dix ans, 1804-1814, à la route de l'exil, tant il est vrai que presque tous les régimes disparaissent par là où ils ont péché à leur origine. L'assassinat du duc d'Enghien portait en lui la chute de l'Empire.

Le départ de Palerme.

Sans doute Louis-Philippe ne pousse-t-il pas encore si loin la philosophie de l'Histoire. Fin avril 1814, il observe le vent, la mer, le ciel. Tout est prêt pour son départ. L'*Aboukir*, superbe vaisseau de 74 canons, est à l'ancre dans la baie. Il a été mis à sa disposition par Lord William Bentinck pour le rapatrier sur Gênes et lui permettre de gagner rapidement Paris.

Le 28 avril, à l'heure du déjeuner, le capitaine Thomson se présente au duc pour l'informer que les vents interdisent tout départ dans la journée. Même scène le lendemain.

Pour tuer le temps, Louis-Philippe écrit des lettres. A sa mère d'abord : « Veuillez agréer, ma chère Maman, toutes mes félicitations sur l'heureux événement qui renverse Bonaparte et qui rétablit le roi sur le trône de

DE PALERME À PARIS

France (1). » Il écrit aussi à ses amis et notamment à Starhemberg qui a « toujours si bien jugé et si bien agi dans le triste cours de la trop longue carrière *du très petit grand homme*... Quelles vicissitudes! Puissent-elles au moins nous avoir appris à tous à connaître les temps où nous vivons, les hommes avec qui nous avons à vivre et à agir en conséquence... c'est la force, la constance et la droiture... qui ont amené cette étonnante crise (la chute de Bonaparte), le plus beau phénomène dont l'Histoire ait à faire mention. Honneur et gloire à ceux qui l'ont opéré et aussi à ceux qui l'ont préparé (2)... ».

Enfin le samedi 30 avril un message du capitaine Thomson le prévient que le temps semble vouloir changer et qu'il tentera de lever l'ancre le lendemain matin de bonne heure.

Le 1er mai, après avoir pris congé du roi Ferdinand, Louis-Philippe et Marie-Amélie embarquent sur un canot anglais à la porte Felice et par une assez mauvaise mer rejoignent l'*Aboukir*. Sur le pont, le capitaine et les officiers les accueillent la cocarde blanche au chapeau tandis que le pavillon blanc est hissé au grand mât.

Peu de temps après, Marie-Amélie regagne Palerme et Louis-Philippe commence le voyage qui le ramènera en France après presque vingt-deux années d'exil.

Nous en avons un bref journal tenu par Louis-Philippe. Pendant le trajet maritime une seule remarque : « Passé entre l'île d'Elbe et la Corse au moment où Buonaparte, natif de l'une, débarquait dans l'autre. » Pour que la nouvelle soit si « fraîche » c'est que l'*Aboukir* a croisé le 3 mai l'*Undaunted* qui transportait l'Empereur.

---

(1) Lettre du 30 avril 1814.
(2) Lettre datée du 28 avril 1814.

LOUIS-PHILIPPE ET LOUIS XVIII

Une lettre de Louis-Philippe à sa sœur Adélaïde nous révèle les informations que les capitaines de l'*Undaunted* et de l'*Aboukir* ont échangées sur l'Empereur exilé.

« Ce coquin de Buonaparte est de la plus belle humeur du monde sur sa frégate. Il se déclare à présent l'admirateur des Anglais et il a dit : " Mon métier de général est le seul que je regrette parce que celui-là je le fais bien, là je suis content de moi. Quant à mon métier d'empereur je croyais que je le faisais bien aussi, mais je vois que je me suis trompé, puisque je suis tombé je le faisais mal. Ce qui m'en console c'est que ces Français sont diaboliques à gouverner et comme pourtant je ne peux pas me croire aussi inepte que Louis XVIII je suis bien sûr que j'aurais bientôt le plaisir de lui voir casser le col... ". Le soir il va s'établir sur le pont et il se met à chanter tout pendant un temps énorme... »

La rencontre avec l'*Undaunted* fut assurément le moment le plus intéressant de ce voyage, dont Louis-Philippe semble avoir gardé un excellent souvenir. Certes, il lui a fallu soigner Montrond qui l'accompagne et qui a constamment le mal de mer. C'est d'ailleurs, pense Louis-Philippe, un peu sa faute. Il ne mange pas assez « car ce qu'il y a de pis en mer c'est l'estomac vide ». Aussi s'affaire-t-il à le nourrir : « J'ai souvent fait manger Montrond quand il ne s'en souciait pas et il s'en est bien trouvé. »

Il fait de longues promenades sur le pont et rêve « en pleine distraction... sur tout ce qui se sera passé et se passera, sur tout ce que je vais trouver et sur tout ce que j'aurais à faire ou à ne pas faire. I hope it may all turn out well... ».

La compagnie est agréable, la cuisine excellente et le capitaine Thomson « le meilleur des hommes ». Les passagers ont même droit à une comédie « Marguerite d'Anjou », Marguerite étant jouée par le charpentier et le rôle d'Adeline tenu par un « jeune homme qu'on va faire midshipman qui était très gentil mais dont la voix est dans la mue (1) ».

En outre, pendant tout le spectacle, Louis-Philippe qui était assis contre une cloison de toile, se trouve bousculé par de soudaines protubérances tandis qu'un vent chaud lui soufflait dans la figure. A la fin, en y mettant la main, il sentit « ... quelque chose de mou et de chaud qui se retirait, c'était le nez d'un cheval arabe et Montrond se mit à dire " au lieu de dames, nous avons des chevaux dans les petites loges ". Ces pauvres bêtes se sont fort ennuyées pendant le spectacle, ils n'ont fait que souffler, éternuer, taper des pieds, gratter et beaucoup d'autres bruits dont je me dispense de vous faire la description mais qui enchantaient toujours tous les Jacks de l'auditoire... »

Le 6 mai au matin, l'*Aboukir* entre dans le port de Gênes, sous la pluie et par un brouillard épais ce dont Louis-Philippe se plaint car il ne peut admirer la vue qu'offre la baie.

A peine débarqué, il se rend chez Lord William Bentinck qui l'installe pour quelques jours au palais Durazzo. Sans doute aurait-il voulu repartir aussitôt. Mais le diplomate britannique lui conseille d'attendre l'arrivée du roi de Sardaigne avec qui il pourrait utilement s'entretenir de Murat et de l'affaire de Naples.

Victor-Emmanuel Ier de Savoie justifiait d'ailleurs cette curiosité. Il avait été l'un des plus ardents résistants à la pénétration française en Italie. Homme enthousiaste et entreprenant, il excitait jusqu'au fanatisme les populations de la campagne piémontaise contre les soldats français. En 1799, le Directoire, lassé, décida de déposséder la maison de Savoie de son trône et d'arrêter Victor-Emmanuel qui

---

(1) Lettre à Marie-Amélie, 5 mai 1814.

n'était encore que prince héritier. Trouvant son salut dans la fuite, ce dernier se réfugia en Sardaigne avec son père. Devenu roi en 1802, il gouverna l'île avec habileté et sagesse. Son arrivée à Gênes au début de mai 1814 était la première étape de son triomphal voyage de retour vers le Piémont et la Savoie.

« Débarqué à Gênes le 6 mai 1814 au soir, note Louis-Philippe... dîné chez Lord William et logé dans le palais de Durazzo. Prêt à partir le 9 mai le roi de Sardaigne arrivant, resté pour le voir. »

Victor-Emmanuel devait en effet, par ses conseils et ses interventions auprès des alliés, contribuer de manière non négligeable au rétablissement des Bourbons à Naples (1).

Après deux jours passés dans le port italien, Louis-Philippe se trouve emporté par le tourbillon des affaires françaises. « Je vois et j'entends bien des choses que je n'aime pas. »

Il constate très vite ce qu'il redoutait à l'avance. Une armée aigrie, hostile aux Bourbons, trop « glorieuse » et trop nombreuse, des esprits échauffés dont le sentiment contraste d'ailleurs avec l'opinion populaire. « Il paraît que partout en France, le peuple est enchanté et dans l'enthousiasme. » Une seule inquiétude politique : que l'on glisse vers des attitudes excessives. « J'espère qu'on calmera et arrêtera cette réaction, ce que je crois très impor-

---

(1) « ... Ma chère amie, le roi de Sardaigne a débarqué cette après-dînée au milieu de tous les saluts possibles. Aussitôt que je l'ai su débarqué, j'ai envoyé Cester lui demander quand je pourrai lui faire ma cour. Il m'a fait répondre qu'il me recevrait avec plaisir quand je voudrais, et par conséquent j'y ai été tout de suite...

« ... Il m'a dit combien il était fâché de voir Murat à Naples mais, a-t-il ajouté, Murat est un traître, cela a été découvert et vous pouvez le mander de ma part au roi, votre beau-père, en l'assurant de nouveau de tout l'intérêt que je prends à ce qui le concerne... »

Lettre de Louis-Philippe à Marie-Amélie, 9 mai 1814, de Gênes.

tant... » Mais le grand danger est l'armée et c'est un danger immédiat. « ... La garnison de Gênes est sortie en criant " vive Buonaparte " et malheureusement il n'est que trop certain que l'esprit de l'armée lui est favorable... »

« ... Ma grande crainte c'est l'armée d'autant qu'il n'y a pas de quoi la payer et qu'il reflue de toute l'Italie et de tous les pays étrangers une masse énorme d'agents français qui perdent leurs emplois et ne savent où donner de la tête. L'avenir n'est pas tout couleur de rose... »

« ... Quand partout on a rendu toute l'espèce humaine militaire, il est difficile de la démilitariser mais sans cela point de paix à espérer. Quand on a donné les cocardes blanches à la colonne du général Grenier, un des grenadiers a dit : " La cocarde blanche! Passe! Elle est française, mais f... nous ne voulons pas d'un roi qui nous est donné par les Russes. " Non, non, non, a crié toute la colonne (1)... »

Tout antibonapartiste qu'il soit, Louis-Philippe ressent lui aussi combien le retour des Bourbons par une route ouverte à coups de canon par l'ennemi, aujourd'hui occupant, est pénible et même choquant. Il voit les difficultés inévitables qui vont apparaître, aggravées par les maladresses.

Sa joie s'est transformée en tristesse. « ... Je t'avoue que j'entreprends ce voyage avec beaucoup de répugnance, je sens que c'est un sort auquel je ne peux pas résister et je pars, but... enfin what must be, must be... »

Au cours de plusieurs entretiens avec Bentinck, il cherche à définir ce que doit être son attitude en arrivant à Paris : loyauté au roi, absence d'intrigue, nulle politique et rétablissement de fortune.

« Lord William... approuve tout mon plan de ni vouloir ni accepter aucun emploi de pouvoir et de me limiter

(1) Lettres de Louis-Philippe à Marie-Amélie, 8, 9 et 10 mai 1814, de Gênes.

strictement au recouvrement de mes biens, vivant tranquille si tout va tranquillement. Mes opinions seront aux ordres du roi quand il voudra les entendre... Je crains qu'il ne veuille davantage de moi car il a à lutter contre un fort parti bonapartiste dans l'armée. »

Ayant été reçu par le roi de Sardaigne, Louis-Philippe n'a plus de raison de rester. Le départ est prévu pour le 10 mai. Bentinck lui procure deux passeports, l'un sous son nom à n'exhiber qu'en cas de besoin et l'autre sous un nom d'emprunt. Il lui affecte aussi un officier d'état-major qui jouera le rôle du personnage officiel qu'accompagne Louis-Philippe déguisé.

Le major Gordon que le duc n'avait jamais rencontré « ... est un très jeune homme qui a extrêmement bonne mine... ».

« ... C'est le frère de Lord Aberdeen (1) et d'un silence extraordinaire. C'est lui qui va " figurer " tout le voyage car je ne veux faire d'effet d'aucune manière, surtout avec toutes ces garnisons françaises d'Italie qui rentrent en France avec une humeur pestiférée ayant toutes fait des adresses à Beauharnais très flatteuses pour lui assurément mais pas gaies pour nous (2)... »

Louis-Philippe prend congé le 10 mai à 14 heures de Lord William et monte dans un landau vert avec son compagnon anglais; son domestique White suit avec un chariot allemand (3).

---

(1) Le comte d'Aberdeen (1784-1860) fut nommé en 1813 par Lord Castlereagh ambassadeur d'Angleterre à Vienne. Il contribua à détacher l'Autriche de l'alliance française et décida Murat à tourner ses armes contre la France. Il signa le traité de paix du 1er juin 1814 avec Louis XVIII. Il occupa ensuite plusieurs postes ministériels.

(2) Lettres des 8, 9, 10 mai de Gênes, de Louis-Philippe à Marie-Amélie.

(3) Itinéraire du duc d'Orléans depuis son départ de Palerme le 1er mai 1814.

DE PALERME À PARIS

Alors commence le long voyage qui jusqu'à Paris comptera cent trente-trois relais de poste pour les chevaux.

Dans la nuit du 10 au 11, il est à Novi où « étaient les Calabrais et des troupes anglaises, demandé les noms, donné seulement celui du major Gordon ». Traversée de Marengo et d'Alexandrie « le 11, rencontré sur la route les hussards autrichiens de Liechtenstein... beaucoup de traîneurs *(sic)* français sur la route avec leurs armes, à Asti un parc d'artillerie française et quelques troupes à Montcaillier, cinq mille hommes de troupe français de la division du général Grenier arrêtés là par les Autrichiens qui leur interdisaient le passage à travers Turin et les firent rentrer en France par le Mont-Genevre (1). »

La fin de la journée du 11 mai voit son arrivée à Turin. « ... Passé le Pô sur un pont de bois à côté du beau pont de pierre en construction. Demandé les passeports, donné ceux du major Gordon et de M. F.

Dans la nuit du 11 au 12, passé le Mont Cenis (1)... » Le 12, il déjeune à Lanslebourg « où arrivaient 5 000 Autrichiens allant en Italie... point de chevaux, fait toilette et pris du thé... ».

Et le voyage continue de jour et de nuit : « Le 13 matin, passé à Montmélian et à Chambéry, déjeuné aux Echelles — Montagne percée. Passé au pont de Beauvoisin l'ancienne frontière de France et tout de suite trouvé beaucoup de cocardes blanches. Dîné à Bourgoin pendant la parade autrichienne. » Le dîner à peine achevé il repart : « Dans la nuit du 13 au 14, passé à Lyon au petit point du jour, arrêté trois heures à Villefranche en Beaujolais pour déjeuner, faire toilette et raccommoder la petite voiture qu'un postillon endormi avait descendue dans le fossé en sortant de Bourgoin... »

(1) Itinéraire du duc d'Orléans depuis son départ de Palerme le 1er mai 1814.

Puis le rythme du voyage s'accélère encore. « ... Le 14, dîné à Tournus... le 15, dîné à Vermanton... le 16, dîné à Charenton où j'ai attendu le major Gordon qui était parti de Melun en avant pour faire le logement (à Paris). »

Arrivée de Louis-Philippe à Paris.

A onze heures, il était de retour, ayant retenu deux petites chambres à l'hôtel Grange-Batelière (1) où le duc d'Orléans arrive à minuit et s'assoit à sa table de travail. Il veut remettre en effet à M. A'Court, nouveau représentant du gouvernement anglais à Palerme et qui part à cinq heures du matin, ces quelques lignes pour Marie-Amélie :

« J'arrive dans le moment même, ma chère amie, il est minuit. J'ai été six jours et six nuits en route et je me porte à merveille. Je trouve M. A'Court le ministre partant pour Palerme demain, heureux lui, et je l'ai fait prier de se charger d'un mot pour toi ma chère amie... »

Puis il écrit à Louis XVIII pour solliciter une audience et au premier gentilhomme de la chambre du roi.

« Paris le 16 mai 1814 à minuit... (Je vous prie)... de vouloir bien présenter au roi la lettre ci-jointe par laquelle j'ai l'honneur de rendre compte à Sa Majesté que je viens d'arriver à Paris dans le moment même et de lui manifester combien je suis empressé d'aller lui faire ma cour. Vous concevrez aisément, Monsieur, qu'arrivant de Sicile je n'ai aucun équipage convenable pour me rendre chez le roi et je n'ai pas non plus dans ce moment d'autre uniforme que mon uniforme sicilien, circonstances dont je désire que le roi soit informé. »

Le 17 mai au matin, il s'arrête devant le Palais-Royal qu'il

---

(1) Tenu par Pujols, l'ancien tailleur de Philippe-Egalité.

n'a pas revu depuis vingt-deux ans. Le spectacle est désolant. Du palais et du jardin si soigneusement entretenus et embellis par son père, il ne trouve que des murs souvent dégradés. Les boutiques, si bien aménagées avant la Révolution, se sont multipliées et ont envahi le palais lui-même de la cave au grenier. Les espaces vides servent d'entrepôt à des meubles commandés en masse pendant la campagne de 1806 pour faire travailler les artisans menacés de chômage.

Traversant la cour des Colonnes, il s'approcha du grand escalier, s'agenouilla et, selon Michaud jeune qui avait parfois une imagination un peu excessive, embrassa la première marche.

Un garde suisse chargé de surveiller l'entrée du palais, l'interpella :

— Où allez-vous ?
— Je suis le duc d'Orléans, je suis ici chez moi.

Et Louis-Philippe entra et commença la visite du palais en ruine.

Mais avant tout, il fallait se présenter au roi. Louis-Philippe, pour décider de son avenir, devait connaître les intentions de Louis XVIII et obtenir la restitution de ses biens saisis depuis la Révolution et maintenus sous séquestre par l'Empire, dans la mesure où ils n'avaient pas été vendus aux enchères.

La visite au roi : 17 mai 1814.

Dès réception de la lettre, Louis XVIII fit savoir au duc d'Orléans qu'il le recevrait l'après-midi même. Louis-Philippe était inquiet. Certes le roi avait pardonné au fils le crime du père, mais leurs relations étaient empreintes aussi d'ambiguïtés, de suspicions, d'arrière-pensées et le fils du régicide se demandait s'il n'allait pas être écarté de tout accès aux voies du pouvoir.

Louis XVIII, qu'il n'avait pas revu depuis cinq ans, avait encore grossi, ses traits s'étaient épaissis et la goutte le contraignait à se déplacer dans une chaise roulante.

Mais au moral, il n'avait pas changé. C'était toujours le roi intransigeant, exigeant. Au pouvoir comme en exil, il était le « roi de France ». Intelligent, cultivé, jouant au plus fin avec ses adversaires politiques et beaucoup de ses amis, ce roi « légitime » et de « droit divin », s'il composait avec son temps et avec les hommes, ne transigeait sur aucun des principes qu'il considérait comme les droits essentiels de la France et de la Monarchie.

Assis à son bureau, solennel, la poitrine barrée de l'ordre du Saint-Esprit, il accueillit Louis-Philippe :

— Mon cousin, je voudrais me lever pour vous recevoir, mais — montrant sa jambe immobilisée — ceci m'en empêche.

L'ayant interrogé sur sa famille, le roi poursuivit :

— Il y a vingt-cinq ans, Monsieur, vous étiez lieutenant-général, j'ai le plaisir de vous annoncer que vous l'êtes encore.

— Sire, ce sera sous cet uniforme que je me présenterai désormais à Votre Majesté et que je m'efforcerai de la servir au mieux de mes moyens.

Inscrit au tableau d'avancement des lieutenants-généraux, Louis-Philippe reçut également le titre de colonel-général des hussards qu'avait jadis porté son père.

Somme toute, l'accueil de Louis XVIII avait été bienveillant et rassurant. Louis-Philippe pouvait s'estimer satisfait.

Avec le comte d'Artois, rencontré à la sortie de l'antichambre du roi, l'entretien se passa sur le mode ironique. Louis-Philippe, pour sa visite protocolaire, avait revêtu son uniforme de général sicilien mais épinglé à son chapeau une cocarde blanche. Le frère du roi avait revêtu l'habit de colonel-général de la garde nationale.

« ... Vous avez là une petite cocarde d'argent qui est charmante, me dit le comte d'Artois, et je suis d'autant plus aise de la voir sur votre chapeau, que je croyais me rappeler que vous m'aviez dit, il y a quelques années, que vous ne porteriez jamais la cocarde blanche, et pourtant, mon cher cousin, la voilà sur votre chapeau!

— Eh! mon Dieu, oui, Monsieur, et quand je vous l'ai dit, je croyais bien que je ne la porterais jamais. Mais j'ai une consolation, lui dis-je en souriant à mon tour; c'est de vous voir ce petit habit de garde national, qui me paraît vous aller à merveille; et pourtant je crois que vous ne vous attendiez guère à le porter.

— Oh! ma foi, vous avez raison, me dit-il en riant, et si on me l'avait prédit, j'aurais lestement envoyé promener ceux qui m'en auraient fait la prédiction. Mais que voulez-vous? Nous y voilà tous les deux! Vous, avec la cocarde blanche; et moi, avec l'habit de la garde nationale.

— C'est-à-dire, lui dis-je, que pour ne pas porter les trois couleurs sur votre chapeau, vous les portez sur votre poitrine. N'est-ce pas cela, Monsieur?

— Je ne dis pas le contraire.

— Eh bien! Monsieur, laissez-moi vous le dire en toute sincérité, si moi, comme vous me le disiez, petit-fils de Henri IV, comme vous, j'éprouve une répugnance pour la cocarde blanche, depuis qu'elle m'a paru être devenue le symbole de l'émigration, comment le roi n'a-t-il pas senti que cette substitution de la cocarde tricolore devait être pénible à l'armée, et par conséquent à la nation, qui a passé tout entière dans ses rangs, et qui a combattu depuis plus de vingt ans sous le drapeau tricolore?

— On y aurait vu, me répondit-il, une défaite pour le roi.

— Je crains qu'on n'y voie une victoire de l'émigration sur l'armée et sur la nation.

— Oh! reprit-il, vous avez trop d'imagination, et vous vous exagérez tout cela. Cette nation est très mobile, et elle s'accommode des choses faites, plus vite et plus facilement que vous ne le croyez.

Là se termina cette conversation. Si j'avais eu le don de lire dans l'avenir, j'aurais pu dire à Monsieur que, dix mois plus tard, lorsque, au mois de mars 1815, le roi son frère m'avait envoyé le rejoindre à Lyon, pour coopérer sous ses ordres à arrêter la marche triomphale de Napoléon, qui rapportait à la France et à l'armée leurs couleurs nationales, j'avais vu à sa porte, les soldats qui y étaient de garde, arracher la cocarde blanche de leurs shakos, et la jeter dans le ruisseau, en s'écriant avec de gros rires : « Ah! qu'elle est bien là (1)! »

Ayant présenté ses devoirs au roi, Louis-Philippe entreprend la tournée des visites protocolaires. Le 18 mai à 9 heures, il est chez le roi de Prusse, à 13 heures chez l'empereur de Russie, à 16 heures chez l'empereur d'Autriche. « Ils m'ont rendu la visite », note-t-il fièrement dans « l'Itinéraire ». Seul point noir : l'uniforme sicilien dont le port le fait souffrir.

Les 18 et 20 mai, l'abbé de Montesquiou lui apporte de la part du souverain deux ordonnances de Louis XVIII restituant « au duc d'Orléans ses biens et ceux de son père, placés sous séquestre ». Il allait bientôt pouvoir prendre en main la gestion du Palais-Royal et du parc des Mousseaux (parc Monceau) en attendant d'entrer en possession de ses autres propriétés.

---

(1) *Mémoires de Louis-Philippe.*

DE PALERME À PARIS

Confit en dévouement et en reconnaissance, Louis-Philippe multiplie les signes extérieurs d'attachement au trône. « Le 22 mai j'ai accompagné le roi à la messe à la chapelle des Tuileries encore en uniforme sicilien et le 29 mai en grand uniforme de lieutenant-général français... »

Ce jour-là, Louis XVIII lui conféra encore l'ordre de Saint-Louis et, nous rapporte le *Moniteur* (1), « ... lui ayant fait prêter serment le releva, lui donna l'accolade, le duc s'inclinant ensuite de nouveau et baisant respectueusement la main du roi (2) ».

---

(1) Numéro du 30 mai 1814.
(2) Dans ses Mémoires, Louis-Philippe donnera une explication politique à l'octroi de cette distinction : « Louis XVIII avait trop de tact pour ne pas sentir la gaucherie qu'il y avait pour lui, à ce que le duc d'Orléans n'eût pas sur son uniforme de lieutenant-général (qu'aucun autre prince ne voulait porter), la croix de Saint-Louis et de la Légion d'honneur. En conséquence, quelques jours après mon arrivée, il vint à moi, dans son cabinet, aux Tuileries, et il me dit d'un air malin : « Je m'aperçois que vous n'avez pas la croix de Saint-Louis ? — Eh ! mon Dieu, Sire, lui dis-je, Votre Majesté oublie donc qu'Elle ne me l'a jamais donnée ! — C'est vrai, me dit-il, mais à présent, je vais vous la donner tout de suite », et aussitôt, mettant son chapeau et tirant son épée, il me dit de mettre un genou à terre, et il me reçut chevalier de Saint-Louis. »

CHAPITRE IV

DES RELATIONS DÉLICATES
1792-1814

L<small>A</small> générosité et la bonté de l'accueil de Louis XVIII rassurèrent Louis-Philippe. Il aurait pu en être tout autrement, et ils le savaient tous deux : des faits imprécis, des complots feutrés, des partisans intrigants, l'esprit orléaniste, le parti orléaniste, des projets secrets mais connus de toutes les Cours, une loyauté affichée mais non sans faille, beaucoup de relations, beaucoup de contacts dans les milieux les plus divers, des amis royalistes, républicains et bonapartistes étaient de nature à faire naître bien des soupçons. Et de fait, Louis XVIII n'a pas beaucoup d'illusions. Il note finement : « Je n'ai jamais vu quelqu'un qui se déplace tant, en restant immobile. »

De même que les vieux chefs de partis politiques observent les jeunes loups, les branches aînées suspectent naturellement les branches cadettes.

Popularité de Philippe-Egalité.

Comment oublier aussi la puissance et la popularité immense de Philippe-Egalité dans les dernières années de la monarchie et les machinations de ses partisans travaillant à un changement de dynastie comme en Angleterre en 1688. La révolution se conforterait en substituant la branche cadette à la branche aînée. Elle aurait ses rois à elle, qui seraient rois des Français et non pas rois de France.

Louis XVIII sait bien que depuis 1788 un parti important a toujours pensé au duc d'Orléans. Celui-ci est un symbole et un compromis, à la fois général révolutionnaire et prince du sang promis au trône, anti-bonapartiste, mais n'ayant jamais porté les armes contre la France, membre du club des Jacobins mais libéral et homme d'ordre, citoyen bourgeois mais dynaste, constitutionnel mais monarchiste. Pendant des années Louis-Philippe sera un recours possible, une solution moyenne pour tous ceux qui veulent à la fois préserver les acquis de la Révolution et maintenir la principe monarchique.

L'entretien avec Danton.

Ce sentiment apparaît très tôt et c'est Danton qui le premier l'exprimera sans ambiguïté.

Le 21 septembre, Kellermann, au lendemain de Valmy, envoie Louis-Philippe, qui s'est distingué au cours de l'engagement, porter au Conseil exécutif et à Servan, ministre de la Guerre, les détails de la victoire. Le même jour, la Convention à l'unanimité vote que « la royauté est abolie en France ».

Le 23 septembre, Egalité fils, comme il se désigne lui-même, se présente chez Servan. Sa mission est délicate, il lui faut expliquer une bataille que Servan a demandé à Kellermann d'éviter à tout prix, lui donnant même l'ordre exprès de se retirer derrière l'Aisne, car une seule défaite pouvait ouvrir la route de Paris, la Révolution dès lors était écrasée. La victoire est venue tout justifier mais le ministre est de mauvaise humeur. Il est en outre malade et au lit. Louis-Philippe lui donne le détail des combats et décrit les conséquences de la victoire. Autour de la couche ministérielle où trône Servan, un superbe bonnet de coton sur la tête orné d'un large nœud de ruban jaune, se pressent quelques ministres (1) qui écoutent avec attention le jeune maréchal de camp.

Son récit achevé, Louis-Philippe se hasarde à solliciter son maintien auprès de Kellermann au lieu de l'affectation à la place de Douai que vient de lui assigner un récent décret du gouvernement.

« M. Servan me répondit, raconte Louis-Philippe dans ses Mémoires, qu'on n'avait pas eu l'intention de faire quoi que ce soit qui me fût désagréable mais que mon père et ses amis avaient paru désirer cette mutation. " Votre place est donnée à un autre. " »

Au moment de partir un des personnages présents s'approche de lui. Il a une tête étrange, énergique et la figure toute criblée par la petite vérole. C'est Danton. « Ecoutez que je vous dise un mot. Ne perdez donc pas votre temps à parler à cet imbécile. Venez me trouver demain à 8 heures du matin à la Chancellerie, place Vendôme, et je tâcherai d'arranger vos affaires d'une manière qui vous convienne... »

« ... Je fus exact au rendez-vous et Danton me reçut dans la salle du Sceau... Mon entretien commença par l'énumération de mes regrets d'avoir été retiré de l'armée Kellermann et de ma répugnance pour la destruction de Douai...

---

(1) Sont présents Roland, ministre de l'Intérieur, Clavière, ministre des Finances, Danton, ministre de la Justice, Lebrun, ministre des Affaires étrangères, Lacoste, ministre de la Marine.

— Nous n'avons pas l'intention, me dit Danton, de vous contraindre à l'accepter. Mais quant à vous remettre dans l'armée de Kellermann, cela nous a paru à peu près impossible, parce que cela obligerait à défaire le mouvement d'officiers généraux. Cependant, j'ai pensé que l'armée dans laquelle vous pourriez trouver les meilleures chances était celle du général Dumouriez. Je n'en ai encore rien dit à mes collègues, je voulais savoir si cela vous conviendrait.

— Je n'ai d'autre désir que celui de retourner à l'armée de Kellermann, parce que les troupes qui la composent m'inspirent une grande confiance. Mais enfin, puisque mon retour à l'armée de Kellermann est impossible, je préfère passer dans l'armée de Dumouriez.

— Eh bien, cela s'arrangera comme cela; et je vais en parler au Conseil où il n'y a que de bonnes intentions pour vous.

Cette affaire étant terminée, j'allais me retirer, mais il me retint, et me dit :

— A présent, vous avez fini avec moi, mais moi, je n'ai pas fini avec vous.

— Comment cela ?

— Je veux mettre à profit cette occasion de causer avec vous, et peut-être ma conversation ne vous sera-t-elle pas inutile, car tout lieutenant-général que vous êtes, vous êtes bien jeune.

— Je vais avoir dix-neuf ans.

— Je sais que votre patriotisme est ardent.

— C'est vrai, et ce sentiment domine dans mon cœur.

— Je sais aussi que vous êtes un ami sincère de la liberté, et je puis vous dire que vous en êtes déjà récompensé par l'estime, la confiance et l'affection de vos concitoyens. C'est une bonne mise en scène pour la longue carrière que vous pouvez avoir à parcourir. On est bien disposé pour vous, vous inspirez une confiance entière, et on vous croit sincèrement dévoué à la cause de la patrie et de la liberté.

— On a raison. Mais plus je le suis, plus je souffre de voir dénaturer la cause que je sers, plus je m'indigne de la voir ensanglantée par des massacres, et par toutes les horreurs dont Paris vient d'être le théâtre (1).

— Ah, nous y voilà, reprit Danton avec un sourire ironique, je vous y attendais, mon brave jeune homme, c'est précisément à cela que je voulais en venir avec vous. Je sais fort bien que la belle déclamation que vous venez de me faire entendre est votre langage habituel, et que vous en régalez tous ceux de qui vous pouvez vous faire entendre.

— Oui, c'est vrai, et je rougirais de ne le pas faire en toute occasion.

— C'est admirable, mais laissons là les beaux sentiments et écoutez-moi avec attention. J'honore votre candeur, et plus je vous veux de bien, plus je vous recommande de ne pas vous laisser aller à ces élans-là. Sachez qu'ils pourraient bien attirer sur votre tête une tempête dont la violence serait incalculable, et qui vous perdrait infailliblement.

— Mais comment voulez-vous que je contienne mon indignation, quand je vois la cause dont j'ai embrassé la défense ensanglantée par des milliers de victimes égorgées sans jugement ?

— Et quelles sont donc ces victimes dont vous déplorez le sort avec tant de chaleur et une si belle générosité ? Ne savez-vous pas que c'étaient des ennemis acharnés de votre

(1) Louis-Philippe se réfère ici aux affreux massacres qui se sont déroulés du 2 au 5 septembre, après la capitulation de Verdun. Paris entre en ébullition. Danton monte à la tribune et dénonce les milliers de « traîtres » cachés dans la capitale. L'émeute éclate avec le soutien de Danton et ce sont les grands massacres des Carmes, de l'Abbaye, de la Force, de Versailles, etc.

père, de vous-même, de votre famille, de nous tous, qui voulaient livrer la France à l'étranger? Vous avez vu cette abominable liste dressée et publiée à Coblentz sur laquelle je figurais moi-même comme député, à côté de votre père et avec tous ceux qui ont pris part à la Révolution; sur cette liste, à côté de chaque nom figure l'une des trois initiales E.R.P. pour désigner ceux qui devaient être selon le degré de culpabilité qu'on leur attribuait, Ecartelés, Rompus vifs ou Pendus.

— Oui, j'ai vu cette liste; mais on peut au moins douter de son authenticité.

— Vous ne pouvez pas douter du sort qui vous attendait, vous et les vôtres, s'ils avaient triomphé.

— Je ne peux pas admettre le principe de ces odieuses représailles, et quand même les émigrés auraient commis des horreurs cela ne justifierait pas les massacres de septembre.

— Ecoutez, me dit Danton, d'un ton sévère, il faut renoncer à ce langage, dont votre inexpérience ne comprend pas toute la portée. Il faut que votre jeunesse apprenne le plus tôt qu'elle pourra à ne point donner d'opinion, et surtout, à ne point blâmer à tort et à travers. Pour tout vous dire, ces massacres de septembre sur lesquels vous déblatérez avec tant de violence et de légèreté, voulez-vous savoir qui les a fait faire?... C'est moi.

— C'est vous! m'écriai-je avec un mouvement d'horreur dont je ne fus pas maître.

— Oui, c'est vrai. Mais remettez-vous, je vous prie, et continuez à m'écouter tranquillement. Pour juger il faut se rappeler qu'au moment où toute la partie virile de la population se précipitait aux armées, et nous laissait sans force dans Paris, les prisons regorgeaient d'un tas de conspirateurs et de misérables qui n'attendaient que l'approche de l'étranger pour se soulever, et nous massacrer nous-mêmes. Je n'ai fait que les prévenir. J'ai voulu aussi que toute cette jeunesse parisienne arrivât en Champagne, couverte d'un sang qui fût pour nous le gage de sa fidélité; j'ai voulu mettre une rivière de sang entre eux et les émigrés...

— Vous me faites frémir, monsieur Danton.

— Eh bien, frémissez tant que vous voudrez; mais apprenez à contenir vos frémissements, c'est là le meilleur conseil qu'on puisse vous donner.

— Ce conseil est difficile à suivre.

— Pourquoi ? On ne vous demande pas votre approbation; on ne vous demande que le silence. Prenez garde. On fait, je vous en avertis, plus d'attention à tous vos faits et gestes que vous ne le croyez, et que peut-être vous ne pouvez vous-même le croire. Tâchez seulement de contenir vos indignations.

— Mais c'est le cri de ma conscience...

— Il n'est pas question de votre conscience, mais seulement de ne pas vous mêler de juger celle des autres. Je ne vous dirai plus que quelques mots. Votre rôle n'est pas de faire de la politique, mais de vous battre vaillamment pour votre pays, comme vous l'avez fait jusqu'à présent, je le reconnais. *Je sais et je sens fort bien que cette République que nous venons de proclamer ne durera pas. Beaucoup de sang sera encore répandu. Cependant la France sera ramenée par ses vices, peut-être aussi par ses vertus, à la monarchie; mais pas à celle de l'ancien régime. L'ancien régime a fait son temps. On ne reviendra pas en arrière et les conquêtes de la Révolution ne risquent rien : elles subsisteront toujours. Une monarchie démocratique sera établie. Jamais la France ne supportera la branche aînée de votre famille!... Tandis que vous, qui avez combattu sous le drapeau tricolore, vous aurez de grandes chances de régner. Aussi votre devoir est de vous réserver.*

Je vous étonne sans doute en vous tenant ce langage. Mais vous reverrai-je jamais ? ... Oh ! vous aurez une tâche difficile, *celle de donner à ce peuple les deux biens qu'il désire le plus et qu'il sait le moins garder, l'ordre et la liberté.* Vous en aurez une autre, non moins grave aussi, celle d'assurer notre indépendance nationale, toujours menacée par la position géographique de Paris. Vous saurez alors, vous qui aurez fait cette glorieuse campagne de 1792, où est le point faible; il est ici. Souvenez-vous bien que Paris est le cœur de la France et faites ce que nous n'aurons pas eu le temps de faire, fortifiez Paris... Allez maintenant, général, rejoindre l'armée de Dumouriez et battez les Autrichiens. »

Louis-Philippe était stupéfait de la dureté du discours, des révélations faites sur les origines du massacre et aussi des perspectives d'avenir que lui découvrait le grand révolutionnaire.

« Je sortis de chez Danton, écrivit-il cinquante ans plus tard, sous l'empire d'une impression qui ne s'est jamais effacée. Au milieu de tant de vicissitudes rien n'en a affaibli le souvenir... »

Le complot orléaniste de Dumouriez.

Sans doute Louis-Philippe ne s'est-il pas rendu compte sur le moment que Danton en le faisant affecter à l'armée Dumouriez essayait de préparer ce rétablissement de la dynastie nationale dont il venait de lui parler (1).

(1) Pour Louis-Philippe le discours de Danton était certainement une surprise quant à la forme mais l'était-il vraiment quant au fond ? Il ne pouvait ignorer qu'après la fuite de Louis XVI à Varennes, Danton avait proposé le 23 juin 1792 au club des Jacobins de désigner un « Conseil à l'Interdiction » qui gouvernerait à la place du roi déclaré imbécile. Le 3 juillet avec Real il suggérait de créer un « garde de

DES RELATIONS DÉLICATES

Dumouriez, ami du duc d'Orléans, révolutionnaire et monarchiste, en relation constante avec Danton, était l'instrument tout désigné d'un coup d'Etat orléaniste. Malgré la fulgurante anticipation de Danton, Louis-Philippe allait mettre quelque temps à le comprendre. Il ne comprend ni les tractations en cours, ni le voyage à Paris, à la mi-octobre, de Dumouriez qui s'efforce de réconcilier les Girondins et Danton et par-là de jeter les bases du rétablissement de la monarchie au profit d'Egalité fils.

Il se contente de participer brillamment aux côtés de Dumouriez à la victoire de Jemmapes près de Mons le 6 novembre 1792, puis à l'occupation de toute la Belgique en novembre et décembre. De Paris arrivent de tristes nouvelles que la distance atténue. Le 10 décembre, l'Assemblée décide de juger elle-même Louis XVI, le 26 décembre le procès commence, le 18 janvier 1793 le scrutin final sur le sort du roi donne les résultats suivants : 361 députés votent la mort, 360 contre, 26 pour la mort avec sursis. Philippe-Egalité a voté la mort. En un sens, c'est sa voix qui a emporté la décision. En rentrant il dira à son fils Montpensier « Je n'ai pas le courage de te regarder... je suis trop malheureux. Je ne conçois pas comment j'ai pu être entraîné à ce que j'ai fait. » Ce jour-là à tous ses défauts est venue s'ajouter la lâcheté.

Le 21 janvier à 8 heures du matin, Louis XVI sort du Temple et monte dans un carrosse qui gagne la place de la Révolution (place de la Concorde). La foule est immense, silencieuse et comme stupéfaite. A dix heures le roi monte

la royauté vacante » qui ne pouvait être que Philippe-Egalité. Enfin, le 16 juillet 1792 avec Laclos et Brissot, il est nommé rédacteur de la pétition qui prévoit le remplacement de Louis XVI « par les moyens constitutionnels » c'est-à-dire par une régence du duc d'Orléans. De même, Louis-Philippe ne pouvait ignorer que c'était grâce à Danton que Philippe-Egalité avait été élu à Paris par le corps électoral du département.

sur l'échafaud, se tourne vers elle et crie d'une voix forte :
— Peuple, je meurs innocent.

Sa voix est ensuite couverte par les roulements de tambours. Il ajoute pour les plus proches :
— Je pardonne aux auteurs de ma mort. Je prie Dieu que mon sang ne retombe pas sur la France...

En apprenant, aux armées, le vote de son père et la mort du roi, Louis-Philippe a un sursaut de fureur et ce n'est pas Egalité fils qui écrit à Egalité père mais le duc de Chartres au duc d'Orléans et dans des termes, rapporta-t-on, si vifs et si durs que Philippe-Egalité ne voulut en laisser aucune trace et brûla la lettre.

Depuis plusieurs semaines, les contacts de Dumouriez se sont multipliés en vue de rétablir la royauté en faveur de Louis-Philippe. Danton et les Girondins menacés par les Montagnards y réfléchissent également. Mais la déclaration de guerre de la Convention à l'Angleterre le 1er février 1793 oblige Dumouriez à reporter ses projets et à reprendre ses opérations militaires en Hollande. Le 25 février, il occupe Breda. Danton vient lui rendre visite début mars et un nouveau plan est mis sur pied. Dès qu'un coup d'arrêt aura pu être donné à la pression des armées étrangères, des unités seront dirigées sur Paris dont la route est libre et un coup d'Etat appuyé par la majorité de la Convention portera Louis-Philippe sur le trône, mais le trône constitutionnel d'une monarchie parlementaire. Le moment d'agir est venu. A travers la France l'agitation grandit. Le 10 mars l'émeute éclate à Paris, l'Assemblée crée le tribunal révolutionnaire. En Maine-et-Loire le même jour on brise les tables des administrateurs qui procèdent à la levée des troupes, c'est le début des guerres de Vendée.

Dumouriez prépare son mouvement sur Paris qui mettra à la raison les enragés, mais il veut d'abord battre Cobourg pour atténuer la pression ennemie pendant les quelques

DES RELATIONS DÉLICATES

jours nécessaires à sa manœuvre parisienne. Il resserre son dispositif militaire. De l'armée du Nord il fait son aile gauche, et de l'armée des Ardennes son aile droite, l'armée du Centre est commandée par Louis-Philippe et fournira la majeure partie des unités destinées à marcher sur Paris. Le général de Valence, gendre de Mme de Genlis, en assurera le cas échéant le commandement. Le 16 mars il bat Cobourg à Tirlemont, mais le 18 mars il est battu à Neerwinden. Louis-Philippe s'est dépensé sans compter et a eu un cheval tué sous lui. Entre-temps Dumouriez a menacé une nouvelle fois la Convention. Celle-ci lui dépêche une fois de plus Danton qui le rejoint à Louvain dans la nuit du 20 au 21 mars, non pour le ramener à la raison, mais pour faire accélérer le coup d'Etat.

Pour avoir les mains libres, Dumouriez négocie avec Cobourg par l'intermédiaire de son chef d'état-major le colonel Mack : qu'on le laisse évacuer sans combat la Belgique et rétablir la Monarchie à Paris, en échange les Autrichiens accepteraient de ne pas envahir la France.

Pendant ces négociations, Danton, au lieu de regagner Paris, se tient caché à proximité prêt à intervenir. Il ne rejoindra la capitale que le 26 mars. Aux trois commissaires que lui envoient les puissances alliées à Tournai (1), Dumouriez déclare le 28 mars que tant qu'il aura « quatre pouces de lames » à ses côtés il s'opposera aux excès de la révolution. « C'est mon armée que j'emploierai... elle veut un roi... plus de la moitié de la France veut un roi... » Sa révolte devient ouverte.

Pour justifier le coup d'Etat que prépare Dumouriez et qui va gravement compromettre Philippe-Egalité en cas d'échec, Louis-Philippe qui a finalement pénétré les desseins de son chef écrit à son père le 30 mars : « ... Je vois

(1) Proli, agent de l'Autriche, Pereyra et Dubuisson.

la liberté perdue, la Convention nationale perdra tout à fait la France par l'oubli de tous les principes, je vois la guerre civile allumée, je vois des armées innombrables fondre de tous côtés sur notre malheureuse patrie et je ne vois pas d'armée à leur opposer. Nos troupes de ligne sont presque détruites, les bataillons les plus forts sont de quatre cents hommes... le décret qui a assimilé les troupes de ligne aux volontaires les a animés les uns contre les autres. Les volontaires désertent et fuient de toutes parts, on ne peut plus les arrêter. Et la Convention croit qu'avec de tels soldats elle peut faire la guerre à toute l'Europe. Je vous assure que pour peu que tout ceci dure elle saura bientôt dans quel abîme elle a précipité la France (1)... »

Fin mars Robespierre demande au Comité de Salut public la révocation de Dumouriez. Danton cependant s'efforce de gagner du temps et ce n'est que le 30 mars que le comité charge quatre commissaires de porter à Dumouriez l'ordre de comparaître à la barre de l'Assemblée.

Danton a pu entre-temps le faire prévenir du danger qu'il court. Et par l'intermédiaire d'un médecin de l'armée il avertit Louis-Philippe de la découverte de la conjuration.

Dumouriez reçoit le 1er avril les commissaires, refuse obéissance, les fait arrêter et les livre aux Autrichiens.

Le 3 avril, la Convention déclare Dumouriez traître à la patrie et le met hors la loi. Le général essaie alors d'entraîner ses troupes. L'accueil est hésitant puis, au fil des heures de plus en plus hostile, un bataillon de volontaires de l'Yonne, que commande Davout, le hue puis lui tire dessus. Le 4 avril 1793, Dumouriez se rend chez Mack et obtient de Cobourg une proclamation garantissant qu'en cas de restauration monarchique les puissances alliées

(1) Lettre de Louis-Philippe à son père, 30 mars 1793.

s'abstiendraient de pénétrer en France. Mais à son retour il est suivi d'une escorte autrichienne, la trahison est flagrante. Ses troupes quittent leur cantonnement et prennent la route de Valenciennes refusant de se prêter à l'aventure d'une guerre civile. Dumouriez, suivi de Valence, d'Egalité fils et d'un millier d'hommes, n'aura qu'à se rendre aux Autrichiens. La première grande tentative orléaniste avait échoué. Le plus paradoxal est qu'il semble bien que Louis-Philippe ait eu peu conscience de la partie considérable qui se jouait sur son nom. En tout cas il prend l'habitude de cette innocence ignorante qu'il pratiquera si souvent par la suite.

A Paris, Danton apparaissait comme l'homme de Dumouriez. Pour se tirer du mauvais pas où il s'était ainsi mis, il donna des gages à la Montagne et s'efforça de rallier les Girondins en attaquant violemment les modérés « ... qui ont manifestement voulu punir Paris de son civisme, armer contre lui les départements... qui ont fait des soupers clandestins avec Dumouriez quand il était à Paris... oui, eux seuls sont les complices de la conjuration... il n'est plus de trêve entre la Montagne, entre les patriotes qui ont voulu la mort du tyran et les lâches qui en voulant le sauver, nous ont calomniés dans la France (1)... ».

Sans vergogne il sauve sa tête et son autorité politique (2),

(1) Discours de Danton à la Convention, le 1er avril 1793.
(2) Pas pour très longtemps car lorsqu'il sera mis en accusation le 11 germinal an II, le rapport qui le fera condamner à mort est établi par Saint-Just et porte pour titre « Rapport sur la conjuration ourdie depuis plusieurs années par des factions criminelles pour absorber la révolution française dans un changement de dynastie... » Saint-Just y dénonçait les divers complots auxquels Danton s'était trouvé mêlé.

« ... Le parti d'Orléans fut le premier constitué : il eut des branches dans toutes les autorités et dans les trois législatures. Ce parti criminel, mais dénué d'audace, s'est toujours revêtu des prétextes de circonstance et des couleurs dominantes : de là est venue sa ruine car, dissimulant toujours et ne brusquant pas, il était emporté par l'énergie des hommes

mais à la Convention l'orléanisme perd toute influence et toute possibilité d'action. Robespierre réclame des mesures contre tous les Bourbons et l'arrestation des complices présumés de Dumouriez, à commencer par le général de Valence, Egalité fils, Sillery, Mme de Genlis, etc.

L'échec de Dumouriez a ruiné pour longtemps l'idée orléaniste et ses possibilités d'action. Il aura conduit Louis-Philippe à plus de réserve et plus de prudence encore dans la réflexion politique touchant son avenir.

Comprenant que tout est perdu, Egalité fils monte à cheval, tourne le dos à Valenciennes et prend la route de Mons le 4 avril 1793. Dumouriez parle encore de revanche :

de bonne foi, et par la force de la vertu du peuple, et suivait toujours le cours de la Révolution, se voilant sans cesse, et n'osant jamais rien... C'est ce qui fit croire, au commencement, que d'Orléans n'avait aucune ambition... Les affaires avaient toujours une double intention : l'une ostensible et coloriée avec grâce, l'autre secrète et qui menait à des résultats cachés et contraires aux intérêts du peuple... On fit la guerre à la noblesse, amie coupable des Bourbons pour aplanir le chemin du trône à d'Orléans. On voit à chaque pas les efforts de ce parti pour ruiner la Cour, son ennemie, et conserver la royauté; mais la perte de l'une entraînait l'autre...

... L'opinion du peuple était tellement opposée à la monarchie, qu'il n'y avait aucun moyen de la maintenir ouvertement. Alors on voit le parti d'Orléans dissimuler de nouveau : c'est lui qui propose quelquefois le bannissement des Bourbons; et c'est lui qui veut les remettre sur le trône; c'est lui qui veut rétablir la royauté et qui la proscrit en apparence; c'est lui qui tous les soirs se retrouve avec d'Orléans; c'est lui qui le dénonce et le persécute en apparence...

... Tu consentis à ce qu'on ne fît point part à la Convention de l'indépendance et de la trahison de Dumouriez. Tu te trouvais dans des conciliabules avec Wimpfen et d'Orléans. Tu disais que des maximes sévères feraient trop d'ennemis à la République. Conciliateur banal, tous tes exordes à la tribune commençaient comme le tonnerre et tu finissais par faire transiger la vérité et le mensonge... Fabre et toi furent les apologistes de d'Orléans, que vous vous efforçâtes de faire passer pour un homme simple et très malheureux : vous étiez sur la Montagne le point de contact et de répercussion de la conjuration de Dumouriez, Brissot et d'Orléans. »

DES RELATIONS DÉLICATES

« La Convention verra », à quoi Louis-Philippe répond : « C'est tout vu pour ce qui me concerne. Hors de la France et hors de son armée je ne serai plus qu'un proscrit. »

Le temps de l'exil et des intrigues.

Et désormais pour de longues années ce sera son sort. Refusant de servir contre la France dans l'armée de Condé ou sous un uniforme étranger comme le lui proposeront l'Autriche et l'Angleterre, il erre souvent sous un nom d'emprunt en Suisse, en Allemagne, en Suède, jusqu'en Laponie, aux Etats-Unis, à Cuba et à Saint-Domingue avant de revenir en Angleterre en 1800. Pourtant jamais l'idée d'un changement de dynastie et d'une accession des Orléans au trône ne disparaît tout à fait. Dumouriez en entretient l'idée, même à travers ses dénégations publiques (1).

Lorsque, en mars 1795, Louis-Philippe, sous le nom de Comines, puis de Muller, arrive à Hambourg en compagnie de M. de Montjoie (2) et de Mme de Flahaut qui se prétend sa cousine, Dumouriez qui le rencontre écrit aussitôt à Montesquiou : « ... Je l'ai trouvé résigné et courageux... j'aurais pu le retenir assez agréablement tout l'été, mais si nous eussions été découverts on aurait dit que j'arrangeais sa royauté, que j'élevais à la brochette le chef de la

---

(1) Voir en annexe le texte de la déclaration de Dumouriez de mai 1793.
(2) Le comte de Montjoie fut sans doute un des amis et des compagnons les plus proches de Louis-Philippe. Son aide de camp à l'armée, il émigra et parcourut l'Europe avec lui, en particulier lors des voyages de Louis-Philippe en Allemagne, Suède, Laponie et Finlande. Il fut tué à la bataille de Friedland par un boulet provenant, affirme Mme de Boigne dans ses Mémoires, d'une batterie commandée par un de ses frères, officier d'artillerie dans l'armée bavaroise. Ses deux sœurs Mélanie de Montjoie et Zoé marquise de Dolomieu furent toutes les deux dames d'honneur de la reine Marie-Amélie.

nouvelle dynastie. En effet, je regarde la dynastie capétienne comme finie... Il y aura un jour un roi de France, je ne sais quand, je ne sais qui, mais à coup sûr il ne sera pas pris en ligne directe. Qu'il (Louis-Philippe) profite de sa disgrâce. Dites-lui que ce vertige passera et qu'il trouvera sa place. Invitez-le à écrire un journal circonstancié de son voyage. Outre qu'il sera plaisant de voir le journal d'un Bourbon qui roule sur autre chose que la chasse, les femmes et la table, je suis bien aise que cet ouvrage lui serve de certificat de vie, soit lorsqu'il rentrera, soit pour le faire rentrer. Les princes doivent produire des odyssées plutôt que des pastorales... »

C'est le temps où l'on annonce à tort son arrivée en Bretagne. M. de Puisaye, qui prépare le débarquement à la presqu'île de Quiberon qui sera un si grand échec, réclame la présence d'un prince. On le prévient de la venue possible de Louis-Philippe : « ... Après la lecture de sa correspondance, Puisaye me dit : " Le premier Bourbon qui viendra combattre à notre tête forcément deviendra roi. " Puis il me demande si je l'accompagnerais dans sa descente en Bretagne. Je refusai. J'avais en horreur l'idée de pouvoir me trouver dans le cas de servir le parti d'Orléans (1). »

Cette horreur cependant n'est pas générale et les rumeurs concernant Louis-Philippe d'Orléans vont leur train.

Dumouriez pense même le moment venu d'intervenir auprès de Charette en faveur de son protégé. Il lui écrit : « Je ne vois pour vous qu'un moyen grand et légitime de sortir d'embarras... le jeune duc d'Orléans est le seul moyen de transaction entre la République et la monarchie (2)... »

---

(1) Mémoires du comte de Vauban.
(2) Lettre de Dumouriez à Charette, 18 octobre 1795. Texte intégral en annexe.

DES RELATIONS DÉLICATES

Mais Charette n'aime pas les Orléans, sa réponse tombe brutale comme un couperet : « Dites au fils de Philippe-Egalité qu'il aille se faire foutre. » Ce n'est pas l'avis de Mallet du Pan, le plus lucide des écrivains royalistes. Il note le 20 février 1796 que Louis XVIII devrait s'attacher à attirer vers lui les anciens révolutionnaires en chemin de se royaliser : « Je vous proteste que s'il y avait un prince étranger assez riche, assez habile, assez audacieux, vous verriez en France une révolution semblable à celle de 1688 en Angleterre. Ce changement de dynastie est le point de mire de tout ce qui compte et remue en ce moment... le duc d'Orléans a beaucoup de partisans. Si l'on n'y prend garde il réunira facilement la grande masse de gens qui ont été pour quelque chose dans la Révolution, ceux qui y ont fait fortune, toute la classe de 400 000 individus qui ont acheté, revendu ou qui sont encore propriétaires de domaines nationaux... »

Généralement Louis-Philippe évite toute provocation et se garde d'oublier le conseil de Danton : Sachez garder le silence. Mais parfois il se trouve mis en demeure de parler. En 1796, Louis XVIII, de Vérone où il s'est réfugié, lance aux Français une proclamation qui constitue un rappel des principes de la monarchie absolue et de la légitimité. Il envoie à Louis-Philippe le baron de Roll qui a pour mission d'obtenir du duc d'Orléans son adhésion au manifeste de Vérone et qu'il se rende auprès du roi faire acte d'allégeance et s'engager dans l'armée émigrée. La réponse de Louis-Philippe est sèche : il ne servira pas sous un uniforme étranger et quant au régime de la France, le seul qui lui semble conforme à l'esprit des temps modernes est une monarchie parlementaire et constitutionnelle. Le comte d'Avaray n'osa même pas remettre à Louis XVIII la réponse sacrilège. Il conserva le rapport du baron de Roll et le rapport de Louis-

Philippe et les rendit en 1800 au duc d'Orléans. Mais en attendant, celui-ci n'essaya pas de dissimuler son sentiment et l'exprima publiquement (1).

Pendant tout le temps du Directoire son nom ne cesse d'être prononcé. Mais le nombre de ses partisans diminue. L'opinion se partage plus nettement en anarchistes, républicains et royalistes. Et ces derniers sont ralliés au roi légitime.

Mme de Genlis elle-même se met de la partie. Pour rentrer en grâce auprès du Directoire, « Bonne Amie » rédige une petite vilenie, une lettre ouverte à Louis-Philippe dénigrant son aptitude à gouverner. « Vous n'avez à l'exception du courage et de la probité ni les qualités, ni le talent nécessaires dans ce rang. Vous avez de l'instruction, des lumières et mille vertus. Mais chaque état demande des qualités particulières et vous n'avez point celles qui font un grand roi. Vous êtes fait par vos goûts et votre caractère pour la vie intérieure et paisible, pour offrir le touchant exemple des vertus domestiques et non pour représenter avec éclat, pour agir avec une activité constante et pour gouverner avec fermeté un grand Empire... »

En réalité ses voyages lointains, la prudence qui le tenait éloigné de la politique, la nécessité pour les royalistes de regrouper tous leurs efforts, le rendaient personnellement moins présent dans le débat politique. Mais le mouvement qu'il symbolisait restait puissant. L'ordre et la liberté, la monarchie et la révolution réconciliées, tel était le vœu de la grande majorité. Cette espérance va trouver un visage : Bonaparte. Le Premier Consul sera pendant tout le Consulat l'expression de l'orléanisme.

Cette situation remplit Louis-Philippe d'espoir et d'illu-

---

(1) Rapport du baron de Roll, texte intégral en annexe.

sions. Débarquant à Falmouth à son retour des Etats-Unis, il écrit à Morris :

« Je vous informe de notre heureuse arrivée... Nous sommes d'autant plus heureux qu'en ce moment la mer est couverte de corsaires et que quatre paquebots viennent d'être pris... Je vous écrirais bientôt plus au long. Vous voyez que je suis né heureux! Buonaparte Premier Consul, l'abbé Sieys (*sic*) son premier collègue et l'évêque d'Autun son ministre (1)... »

Mais il lui fallut déchanter rapidement. Bonaparte ne serait le Monck ni des Bourbons ni des Orléans. Il travaillait à son compte et efficacement. « C'étaient de bien bons imbéciles, écrit Mallet du Pan, que cette nuée d'étourneaux qui avaient la bonté de croire que Buonaparte travaillait pour Louis XVIII. Il n'y avait pas ici un émigré sur cent cinquante qui en doutât et les têtes fortes comme les autres... les pauvres innocents ils en sont encore à l'ABC (2)... »

Louis-Philippe ne fut pas longtemps un étourneau, et Dumouriez qui s'est rallié aux Bourbons va l'aider à se faire une opinion.

L'acte de soumission au roi.

En particulier une lettre de Dumouriez (3) que Louis-Philippe a trouvée à Londres, à son arrivée en janvier 1800, va le décider à agir.

« J'ai reçu ordre de vous écrire pour vous engager à

---

(1) Lettre de Louis-Philippe à Morris, Falmouth, 30 janvier 1800.
(2) Mallet du Pan, *Mémoires*.
(3) Lettre de Dumouriez à Louis-Philippe, 29 septembre 1799 dans *Une réconciliation de famille en 1800* d'Ernest Daudet. Revue des Deux Mondes, 15 septembre 1905.

écrire au roi. Vous pouvez ou m'envoyer cette lettre ou l'adresser à M. Thauvenay à Hambourg, sous l'enveloppe de notre ami Wersphalen. Faites-la simple et sentimentale comme votre cœur vous la dictera, au nom de vous trois et signée de vous trois. Il paraîtra tout simple que vous ayez attendu d'être réunis pour l'écrire en commun... J'ose vous répondre que vous aurez lieu d'être satisfaits de ce que le roi vous mandera. Tout sera oublié de tous les côtés, et cette réunion fera tomber les faux bruits d'une faction que les ennemis communs des différentes branches de votre auguste maison cherchent à perpétuer, bruits infâmes auxquels vous n'avez jamais donné aucun prétexte, et qui laisseraient sur vous et vos frères une tache ineffaçable si vous ne les faisiez pas tomber par cette démarche.

Il y a trop longtemps que votre auguste et infortunée maison est divisée; c'est cette division qui a fait tous ses malheurs et celui de votre patrie. Votre réunion achèvera de désarmer les scélérats qui abusent encore du nom d'Orléans pour perpétuer l'anarchie et les calamités de la France. Non seulement il faut que votre démarche soit prompte, mais il faut aussi qu'elle soit authentique et connue de toute l'Europe. Je vous en conjure par le tendre intérêt que vous m'avez inspiré, par l'amitié de père que je vous ai vouée et par patriotisme. Vous ne devez chercher et trouver l'asile qu'au sein de votre famille; vous devez partager ses dangers, ses maux et ses biens. Rappelez-vous ce que je vous dis à Jemmapes en vous envoyant au combat :

— Petit-fils d'Henri IV, montrez-vous digne de lui.

Je vous répète la même exhortation. Ecrivez sur-le-champ cette lettre... vous et vos frères serez l'appui du trône que votre nom a aidé à renverser... »

De fait, le Consulat tournait à la dictature. Toute chance de restauration par Bonaparte était exclue. L'entreprise royaliste allait demander un long effort et l'unité de tous autour du roi. La conduite d'une action personnelle serait rejetée par tous les monarchistes las des divisions intérieures. Louis-Philippe comprit aussi qu'il ne trouverait d'appui auprès d'aucun pays, d'aucune Cour étrangère et en particulier à Londres d'où partaient la conduite de la guerre et les grandes intrigues.

L'intérêt et le devoir des Orléans étaient donc de se soumettre au roi, et d'oublier l'intransigeance passée. Haïs par les émigrés, soupçonnés par les républicains, décriés par les royalistes, tenus à distance par les Bourbons, ils étaient seuls.

La réconciliation n'était cependant pas si aisée à négocier. L'échec de la tentative de réconciliation après le manifeste de Vérone mais surtout le souvenir de la conduite si équivoque et finalement criminelle de Philippe-Egalité à l'égard de Louis XVI et de Marie-Antoinette, enfin l'exigence imposée par Louis XVIII aux trois Orléans (Louis-Philippe a vingt-sept ans en 1800, Montpensier vingt-cinq ans et Beaujolais vingt et un ans) de servir dans un des corps d'émigrés, constituaient un lourd contentieux.

C'est par le comte d'Artois, qui réside aussi à Londres, que sera conduite la négociation. Le 11 février 1800, Louis-Philippe lui demande une entrevue qu'il obtient le 13 février ; la correspondance du comte d'Artois nous en donne un compte rendu non sans avoir souligné au préalable l'embarras et l'extrême émotion de Louis-Philippe qu'il s'empresse de rassurer :

— Je suis convaincu d'avance que le résultat de votre démarche ne peut qu'être honorable pour vous et donc agréable pour le roi et pour moi.

— C'est vrai, répond le duc d'Orléans. Et, se ressaisissant aussitôt, il continue « avec chaleur et d'un ton qui annonce qu'il est pénétré jusqu'au fond de l'âme des sentiments qu'il exprime » :

— L'unique but que je me propose ainsi que mes frères c'est de déposer dans les mains de Monsieur et aux pieds du roi l'hommage de notre fidélité et de notre dévouement. Je sens tous mes torts, j'en suis pénétré et je ne demande que d'obtenir la possibilité de les réparer en sacrifiant ma vie et jusqu'à la dernière goutte de mon sang pour défendre la personne et la cause du roi. J'ose espérer que la bonté et l'indulgence de Sa Majesté atténueront du moins une partie de mes fautes en considération de mon extrême jeunesse et des infâmes conseils qui m'ont entraîné. Mais ce sera par un dévouement sans bornes et soutenu dans tous les temps de ma vie que je prouverai à ceux à qui j'ai l'honneur d'appartenir et à tous les Français fidèles que mes torts ne venaient point de mon cœur et que, malgré les démarches coupables où j'ai été entraîné, je suis encore digne de ma naissance et de l'estime des hommes vertueux.

Touché par ce discours qui semble avoir prévu toutes les objections, Monsieur en félicite son cousin « avec une sensibilité » dont témoigne la vivacité attendrie avec laquelle il lui presse les mains.

— Mais vous comprendrez, lui dit-il alors, que vous devez au roi mon frère, à la noblesse française, à la France elle-même, une déclaration écrite de vos sentiments, à moins que vous ne préfériez les consigner dans une lettre à Sa Majesté.

— Je préfère écrire au roi, réplique vivement le duc d'Orléans. Monsieur trouvera bon cependant que j'attende l'arrivée de mes frères afin que cette lettre soit signée de nous trois. Je souhaite bien, par exemple, qu'elle ne soit pas insérée dans les papiers publics. — Et sans laisser à son interlocuteur le temps de critiquer cette restriction, il la lui explique : « Je reconnais mes torts, je les avoue franchement; je les avouerai de même au roi. Mais une humiliation me serait plus insupportable que la mort. »

Monsieur ne proteste pas. Il semble comprendre la préoccupation de son cousin. Il lui promet que sa lettre ne sera pas publiée. Il insiste seulement pour qu'elle soit communiquée aux ministres anglais, au comte de Woronzow, ambassadeur de Russie à Londres et à quelques-uns des Français émigrés résidant dans cette ville, ce à quoi consent le duc d'Orléans.

Au moment où il va se retirer, Monsieur lui fait connaître que devant expédier le lendemain un courrier à Mitau, il en profitera pour apprendre au roi ce qui vient de se passer.

— Et moi, dit encore le duc d'Orléans, j'en profiterai, si Monsieur m'y autorise, pour envoyer à Sa Majesté mon hommage personnel en attendant l'hommage collectif que nous voulons lui offrir mes frères et moi (1).

Le récit fait par le comte d'Artois de l'entretien est exact mais incomplet. Louis-Philippe précise dans ses Mémoires que fut aussi abordé le sujet d'un engagement dans l'armée de Condé et qu'il dut de nouveau réaffirmer sa position et son refus. « Le comte d'Artois, écrit-il, toujours infatué de la malheureuse illusion que l'opinion de l'émigration était la véritable opinion publique de la France et de l'Europe, ajouta que dans notre intérêt, dans la vue du bien qu'il nous souhaitait sincèrement, il croyait devoir conseiller à mes frères et à moi, de nous rendre le plus tôt possible à l'armée de Condé :

— Non pas, disait-il assez ingénument, pour que vous y restiez tout à fait; je conçois que cela ne vous conviendrait pas; et il suffirait que vous y ayez été assez longtemps, pour qu'il fût bien constaté que vous vous êtes rangés

(1) *Une réconciliation de famille en 1800*, Ernest Daudet déjà cité.

tous les trois sous le drapeau de l'émigration. Là, voyez-vous, ce n'est que cela.

— Eh! mon Dieu, lui dis-je, c'est précisément à cela que nous avons tous les trois une objection insurmontable, et qui nous rend impossible de suivre ce conseil.

— Eh bien! reprit-il, j'en suis fâché pour vous; car si vous ne faites pas cet acte-là, je ne vous cache pas que l'opinion ne vous reviendra pas, et que vous n'y reprendrez pas la place que je voudrais vous y voir occuper; mais je n'insisterai pas. (Il le fit pourtant une seconde fois quelque temps après, et sans plus de succès.)

— Je souhaite pour le moment demeurer en Angleterre avec mes frères.

— Eh bien! me dit-il, n'en parlons plus; mais je ne vous cache pas que je crains que le séjour de l'Angleterre ne vous soit pas tout à fait agréable; car on va savoir que vous ne voulez pas aller à l'armée de Condé, je suis sûr que le venin qu'il y a contre vous va se ranimer. Sans doute, quand j'ordonnerai à l'émigration de se présenter chez vous, je suis certain que la plus grande partie s'y présentera; mais il y aura des récalcitrants, je ne vous le cache pas.

— C'est ce dont il faudra se consoler, lui dis-je en riant, et la conversation finit là (1). »

Dès le 13 février au soir, Louis-Philippe fit parvenir au comte d'Artois « la lettre d'hommage personnelle » au roi qui prit le lendemain le chemin de Mitau où résidait Louis XVIII :

« Sire, j'ai enfin le bonheur que je désirais depuis si longtemps de pouvoir offrir à Votre Majesté le tribut d'hommage de mon inviolable fidélité et celle de mes frères. Il serait, Sire, au-dessus de mes forces d'exprimer tout

(1) Note de Louis-Philippe pour ses Mémoires.

DES RELATIONS DÉLICATES

ce que je sens dans cette heureuse circonstance. Mais je suis vivement affligé que mes frères, retenus à quelque distance d'ici par une indisposition assez grave survenue à l'un d'eux, ne puissent se joindre à moi dans la première lettre que j'ai l'honneur d'écrire à Votre Majesté; la connaissance parfaite que j'ai de leur loyauté m'est un sûr garant du profond regret qu'ils en ressentiront; mais j'ai lieu d'espérer que, sous peu de jours, ils pourront donner un libre cours aux sentiments dont leurs cœurs sont pénétrés.

... Que Votre Majesté daigne croire qu'elle n'aura jamais de sujets plus fidèles et qui puissent éprouver un regret plus vif et plus sincère d'avoir eu le malheur d'être aussi longtemps séparés de leur roi.

Je ne saurais, Sire, terminer cette lettre sans exprimer à Votre Majesté combien je suis pénétré de l'accueil plein de bonté que Monsieur a daigné me faire. Le souvenir en restera gravé dans mon cœur...

Je suis, Sire, de Votre Majesté, le très humble, très obéissant et très fidèle serviteur et sujet.

Louis-Philippe de Bourbon,
duc d'Orléans. »

Le comte d'Artois fit remarquer en souriant à Louis-Philippe qu'il avait espéré trouver quelques expressions ayant trait à ses erreurs passées. Sursaut du duc d'Orléans.

— Quelques expressions de regret sur vos erreurs, remarqua le comte d'Artois. Je ne dis cela que pour l'avoir dit une fois, et je ne vous en reparlerai jamais.

— Vous êtes bien bon, Monsieur, lui dis-je, mais en vérité je ne pourrais pas parler seulement de mes erreurs, car j'ai la conscience que tout le monde en a commis plus d'une, dans le cours de la Révolution, et par conséquent, si je devais parler d'erreurs, je me croirais obligé de dire nos erreurs.

— Allons, me dit-il alors avec sa bonhomie ordinaire, ne faites pas de jeux de mots. Sûrement, il n'est que trop vrai que nous nous sommes tous, et assez souvent, trompés; mais vous entendez bien que ce dont je veux parler, c'est que votre frère Montpensier et vous, vous avez servi tous les deux, sous le drapeau de la Révolution, et dans les armées de la République. Que voulez-vous que je vous dise! C'est un fait notoire.

— Très notoire, en effet, lui dis-je, mais si c'est là ce que vous appelez mes erreurs, il est possible que ces erreurs-là me soient enviées un jour.

— Ah! reprit-il en riant, cela ne me paraît guère probable. Mais qu'importe, je n'insiste pas, et je ne vous en reparlerai plus.

L'acte officiel de soumission des trois princes d'Orléans est daté de Londres, le 16 février 1800. Il est ainsi rédigé :

« Sire, nous venons nous acquitter envers Votre Majesté d'un devoir dont le sentiment est, depuis longtemps, dans nos cœurs; nous venons lui offrir le tribut d'hommages de notre inviolable fidélité... Les assurances pleines de bonté qu'Elle a daigné nous faire donner à plusieurs reprises nous ont pénétrés de la plus vive reconnaissance et auraient redoublé notre impatience s'il eût été possible de l'augmenter... Sachant, Sire, que la volonté de Votre Majesté est que nous lui offrions en commun le serment solennel de notre fidélité, nous nous empressons de nous réunir pour la supplier d'en accepter l'hommage. Que Votre Majesté daigne croire que nous ferons consister notre bonheur à la voir convaincue de ces sentiments et notre gloire à pouvoir lui consacrer notre vie et verser jusqu'à la dernière goutte de notre sang pour son service... Nous

DES RELATIONS DÉLICATES

sommes, Sire, de Votre Majesté les très humbles, très obéissants et très fidèles serviteurs et sujets.

Louis-Philippe de Bourbon, Duc d'Orléans
Antoine-Philippe de Bourbon, Duc de Montpensier
N. de Bourbon, Comte de Beaujolais. »

Cette soumission fut pour Louis XVIII une grande joie. Une joie familiale d'abord car, comme le note Louis-Philippe, il avait très fortement « le sentiment du prince », celui de l'hérédité et de la famille et une joie politique, car il jugeait nécessaire que les Orléans tiennent leur place dans l'ordre de succession au trône et contribuent à la réunion et à l'unité de la famille. Aussi ne fait-il pas attendre sa réponse transmise par le comte d'Artois :

« Mes cousins, j'ai reçu votre lettre du 16 février, qui m'a été transmise par mon frère. Les moments les plus doux pour mon cœur, les plus propres à me faire oublier mes peines sont ceux où quelques-uns de mes enfants reviennent dans mes bras paternels. Jugez du sentiment que j'éprouve en ne voyant plus parmi les princes de mon sang que les dignes neveux d'Henri IV et de Louis XIV. Jaloux de mon côté d'effacer tout ce qui pourrait rappeler des souvenirs trop amers et de resserrer de plus en plus nos liens, je permets au duc de Montpensier et au comte de Beaujolais de porter les marques de l'ordre du Saint-Esprit en attendant que je puisse les créer chevaliers. Mon frère les en revêtira et présentera en mon nom le comte de Beaujolais aux fonts baptismaux (1). Oublions le passé... »

Pourtant le cœur ne pouvant faire oublier les raisons

---

(1) A sa naissance, le comte de Beaujolais n'avait été qu'ondoyé et jamais baptisé. Louis XVIII désigna pour le représenter comme parrain le comte d'Artois et comme marraine la duchesse d'Harcourt.

de la politique, Louis XVIII écrit en même temps au comte d'Artois. Il persiste dans sa volonté de voir les Orléans servir dans l'armée de Condé ou dans une des unités émigrées :

« ... Reste à savoir ce que nous ferons de ces trois jeunes gens qu'il ne faut pas laisser moisir. S'il se tire un coup de fusil en France, il faut qu'ils y soient, ne fût-ce que pour chouanner. S'il n'y a rien de cette nature à faire ni à espérer prochainement, il faut qu'ils aillent volontaires à l'armée de Condé et non pas seulement à l'armée autrichienne comme ils paraissaient le désirer. Le noviciat sera un peu dur, je le sais. Mais outre qu'ils ont à réparer, ce qu'ils sèmeront, ils le recueilleront au centuple. Mais, je vous le répète, en tout état de cause, il faut qu'ils partent promptement pour eux et même pour nous, car il faut les utiliser et surtout ne pas laisser dire que nous avons cherché à les neutraliser. »

Mais bien que n'ayant obtenu aucune satisfaction sur ce point, Louis XVIII repoussa toutes les protestations qui éclatèrent contre l'acte de soumission des princes d'Orléans.

« On me rapporta, raconta bien plus tard Louis-Philippe, qu'il y avait eu de grandes fureurs dans l'armée de Condé, quand on y avait reçu la nouvelle de notre réconciliation. Le prince de Condé avait été assailli de toutes parts, pour le décider à se mettre à la tête d'une protestation qui serait faite au nom de la noblesse française, contre ce qu'on appelait cet épouvantable scandale. Le prince de Condé avait interdit toute protestation; mais avait consenti, par faiblesse, à faire ce qu'on appelait quelque chose pour satisfaire ces clameurs; et ce quelque chose avait été l'envoi d'un des coryphées de son état-major, pour faire connaître au roi les sentiments qui s'étaient manifestés dans son armée, à cette occasion. Le roi avait fort mal accueilli l'envoyé, et il avait dit sèchement : « Allons donc, Monsieur, que je n'entende pas de telles choses. On dirait que le prince de Condé veut gagner des rangs dans l'ordre de succession, et ce serait trop indigne de lui pour que je puisse avoir l'air de l'en croire capable, en vous écoutant plus longtemps (1). »

Dès la signature de l'acte de soumission, tant attendu et tant désiré, Louis XVIII, tout en observant la conduite du duc d'Orléans avec attention, s'exprimera à son égard avec confiance et attachement. Il le manifeste à chaque occasion : lorsque sa sœur et sa mère viennent le rejoindre en Angleterre en 1808, lorsqu'il part chercher un commandement en Espagne ou lorsqu'il épouse Marie-Amélie. Chaque fois, les lettres du roi sont pleines d'affection, parfois de tendresse et il use d'expressions presque paternelles.

Louis-Philippe, conseiller de Louis XVIII.

En échange, Louis-Philippe, sans abandonner ses conceptions, ses principes et ses amis, se montre d'une loyauté et d'une correction parfaites à l'égard du roi. Il prête serment de fidélité et de « verser jusqu'à la dernière goutte de son sang pour le service du roi ». Il n'a pas abandonné, en revanche, le droit de juger. Certes, il ne rend pas son jugement public, mais il n'hésite pas à en faire part au roi. De là un échange de correspondance qui se poursuit tout au long des années de l'Empire et qui nous permet d'apprécier le sens des réalités politiques du duc d'Orléans, si rares dans l'entourage du roi.

Voici, à titre d'exemple, la lettre adressée à Louis XVIII, en septembre 1804, après la proclamation de l'Empire :

« ... Sire, ce qui me frappe comme le point le plus

(1) Note de Louis-Philippe pour ses Mémoires.

important, c'est d'empêcher le monde de croire que les derniers événements aient fixé la couronne dans la famille de Buonaparte, et nous aient privés désormais de toute occasion de faire valoir nos droits. Ce qu'il me paraît important d'établir, c'est que les nouveaux titres de Buonaparte n'ont donné aucun droit quelconque à Buonaparte; que son prétendu caractère impérial ne peut être qu'une dignité viagère, comme son consulat; que ni la France, ni l'Europe ne peuvent compter sur sa permanence et sa durabilité; parce que, comme tous ceux qui l'ont précédé, ce n'est qu'un gouvernement *de facto* et non pas *de jure*, et qu'il n'y a de solides que les gouvernements appuyés sur ces deux bases... que le gouvernement impérial est encore une des phases de la Révolution, et qu'il est au moins aussi dangereux par sa nature pour les souverains et gouvernements légitimes que tous ceux qui l'ont précédé en France, depuis la Révolution; enfin, que ce gouvernement monstrueux ne doit sa naissance et sa durée qu'à l'asservissement de l'Europe sous la puissance française, et que cet asservissement étant nécessaire à sa conservation, les puissances de l'Europe n'ont à attendre de lui que des insultes et des agressions toujours croissantes.

« Sire, si Votre Majesté parvenait à faire sentir à la France et au monde l'instabilité du gouvernement de Buonaparte, et l'impossibilité qu'il s'arrête jamais à aucunes bornes, Elle aurait fait un pas énorme vers son renversement... la force des choses rend instable toute institution politique dont la base est révolutionnaire, et la prétendue dignité impériale l'est autant que l'était la base du Comité de Salut public... »

Il va même pouvoir rendre au souverain en exil un important service. Chassé de Russie par l'avance des troupes françaises, Louis XVIII se réfugie en Suède et décide de passer en Angleterre. Il sait que son frère Artois qui anime l'émigration française à Londres et en est le centre d'intérêt ne mettra aucune diligence pour lui obtenir du gouvernement britannique l'autorisation de s'établir en Angleterre. Il s'adresse donc à Louis-Philippe qui essuie un premier refus, mais lui écrit : « Je crois que si Votre Majesté arrivait à l'improviste, seule et sans suite, on n'oserait pas ne pas la recevoir et dès qu'une fois Votre Majesté serait en Angleterre, je suis persuadé qu'elle y verrait le roi et ses ministres et je suis porté à croire qu'elle parviendrait à arranger son asile. »

Louis XVIII suit le conseil et débarque par surprise à Yarmouth. Louis-Philippe, avec l'appui du duc de Kent, obtient pour lui une assignation à résidence au château de Hartwell, à seize lieues de Londres.

Dès son installation, le duc d'Orléans sollicita un entretien de son royal cousin. Mais l'entrevue donna lieu à un incident significatif. En arrivant un peu plus tôt que prévu à Hartwell, Louis-Philippe rencontra la duchesse d'Angoulême. La malheureuse jeune femme avait toujours présentes à l'esprit les pires scènes de la terreur révolutionnaire, le massacre des Suisses et des huissiers du roi, la fuite vers Varennes, l'exécution de son père, de sa mère, Marie-Antoinette arrachée à ses bras pour monter à l'échafaud, la tête sanglante de la princesse de Lamballe promenée devant la fenêtre de sa cellule, la mort de son frère... Louis-Philippe ressuscitait le spectre du régicide Philippe-Egalité :

« ... En apercevant le prince, Madame la duchesse d'Angoulême devint extrêmement pâle, ses jambes fléchirent, la parole expira sur ses lèvres, il s'avança pour la soutenir, elle le repoussa. Il fallut l'asseoir, elle se trouva presque mal, on s'empressa autour d'elle... M. le duc d'Orléans profondément blessé, peiné, embarrassé, parla avec amertume de cette scène et témoigna son vif désir de repartir sur-le-champ...

LOUIS-PHILIPPE ET LOUIS XVIII

Le roi qui était auprès de sa nièce, fit dire au prince que c'était une incommodité à laquelle Madame était fort sujette, qu'elle allait mieux et qu'il n'y paraîtrait pas au dîner... »

Mais la courtoisie politique ne suffisait pas toujours à éloigner les fantômes qui peuplaient les jours et les nuits de la famille royale.

Les intrigues involontaires.

Si Louis-Philippe observe scrupuleusement les engagements qu'il a pris (1), il ne peut empêcher que son nom revienne sans cesse comme une alternative possible ou nécessaire au rétablissement de la dynastie légitime.

C'est le cas lors du complot de Cadoudal et de Pichegru en 1804, et encore en 1805 lorsque l'on annonce son débarquement sur les côtes de Normandie, puis en 1806, lorsque le bruit court qu'il ourdit un complot pour saisir le pouvoir (2).

La rumeur est si permanente qu'à la fin de 1805, le roi de Suède, Gustave IV, offre un commandement à Louis-Philippe « ... afin d'éviter que le parti qui voudrait en France se prononcer pour le duc d'Orléans ne fût encore un obstacle au rétablissement direct du souverain légitime... et pour faire cesser les calomnies et les interprétations perfides de ceux qui prétendaient que le duc d'Orléans voudrait usurper la couronne... ».

---

(1) Et qu'il renouvellera en souscrivant comme tous les autres membres de la famille royale à la déclaration de Hartwell, le 23 avril 1808. Texte intégral en annexe.
(2) Hauterive, *la Police secrète du Premier Empire.*

DES RELATIONS DÉLICATES

La restauration incertaine de Louis XVIII.

En 1814, lorsque les troupes alliées approchent de Paris, de nouveau, la question se pose : qui sera le successeur légitime ?

L'empereur de Russie surtout était hésitant. Il ne voulait pas des Bourbons, de leur « légitimité » ni de leur orgueil. Alexandre reprochait à Louis XVIII l'infatuation de son rang, ses prétentions à être le premier des rois d'Europe. Il aurait préféré voir accéder au trône Bernadotte ou à défaut un cadet comme le duc de Berry ou mieux encore Louis-Philippe. Cet Orléans-là avec sa bonne réputation et sa réserve naturelle lui plaisait assez.

A la mi-février 1814, les représentants des puissances alliées se réunirent à Troyes pour évoquer ce problème de succession.

Les réponses écrites, qualifiées de vote, furent fort différentes.

Castlereagh déclare « que les alliés sont entrés en France pour conquérir la paix qu'ils n'ont pas cru pouvoir faire sur le Rhin ». Si Napoléon accepte la paix, il est possible de traiter avec lui, et il n'y a plus lieu de « détrôner l'individu placé à la tête du gouvernement de la France... ».

La Prusse et l'Autriche retiennent les mêmes conclusions générales. Si Napoléon consent à la paix et au retour de la France dans ses anciennes limites, « le but de la guerre se trouve entièrement atteint » et l'on peut signer avec lui. En cas de refus et si le vœu national se tourne vers les Bourbons, Louis XVIII est le seul roi légitime qui puisse être reconnu. Il ne faut « point appuyer les prétentions de l'un des princes de la Maison de Bourbon au préjudice du principe de la légitimité », c'est déjà une réponse à la position qu'affiche le tsar Alexandre. Le

« vote » russe vise à laisser la décision ouverte. C'est aux Français à faire leur choix : « Les dispositions de la capitale guideront à cet égard les démarches des puissances. » Si l'attitude de la population parisienne n'est pas hostile à Napoléon, on pourra traiter avec lui, mais en nommant un gouverneur de Paris, « Sa Majesté l'Empereur désire que ce soit un gouverneur russe ». Si l'hostilité est évidente, il faudra aviser.

En fait, le tsar Alexandre réserve sa décision. Il reçoit Vitrolles qui se présente de la part du comte d'Artois, mais c'est pour l'admonester : « ... Les obstacles qui séparent désormais les princes de la Maison de Bourbon du trône de France me paraissent insurmontables. Ils reviendraient aigris par le malheur, ils ne seraient pas maîtres de modérer ceux qui ont souffert pour eux et par eux. L'esprit de l'armée, de cette armée si puissante en France leur est opposé. L'entraînement des générations nouvelles leur serait contraire, les protestants ne verraient pas leur retour sans crainte et sans opposition, l'esprit du temps n'est pas pour eux... et puis connaissez-vous les princes de la famille royale ? Si vous les connaissiez, vous seriez persuadé que le fardeau d'une telle couronne serait trop lourd pour eux... »

Et c'est l'entrée des alliés dans Paris sans que Napoléon ait signé la paix. La course au trône est ouverte. Autour d'Alexandre, qui tient la décision dans ses mains, voltigent les noms et les formules : Bernadotte, Eugène de Beauharnais, Orléans, la République et même Louis XVIII. Le tsar est indécis lorsque, après avoir passé en revue les troupes aux Champs-Elysées, il vient s'installer chez Talleyrand qu'il connaît bien et en qui il a confiance pour l'analyse de la situation et l'opportunité des solutions.

— Pourquoi un soldat, lui dit Talleyrand, quand nous rejetons le premier de tous ?

DES RELATIONS DÉLICATES

— Aucun maréchal n'a assez d'autorité pour être roi.
— Ce sera une source de jalousie pour tous les autres.
— Ni vous, Sire, ni les puissances alliées, ni moi à qui vous croyez quelque influence, aucun de nous ne peut donner un roi à la France... Un roi quelconque, imposé, serait le résultat d'une intrigue ou de la force, l'une ou l'autre serait impuissante. Pour établir une chose durable et qui soit acceptée sans réclamation, il faut agir d'après un principe. Avec un principe, nous sommes forts, les oppositions s'effaceront en peu de temps, et un principe il n'y en a qu'un, Louis XVIII, et un principe, c'est le roi légitime...

Habilement, Talleyrand invoquait ce principe de légitimité auquel tous les rois et princes soulevés contre Napoléon se référaient pour justifier leurs droits, leur souveraineté et leurs actions.

Le tsar était trop fin et avait trop de sens politique pour ne pas sentir ce qu'avait de juste et d'entraînant pour les esprits politiques l'analyse de Talleyrand, dans le désordre général de la France. Toute autre solution risquait d'aggraver le désordre. Choisir Louis XVIII, c'était revenir au cours naturel des choses, c'était jouer avec un risque certes, mais sans doute le moindre risque.

La cause fut entendue, Louis XVIII serait roi de France.

Pendant toute la fin de l'Empire, Louis-Philippe bien qu'entretenant une correspondance considérable en Europe, s'est tenu soigneusement à l'écart de toute intrigue, et a respecté l'esprit et la lettre de son acte de soumission au roi.

Dans son testament mystique, il écrira : « Placé comme prince sur les marches du trône de Louis XVIII et de Charles X, j'ai réussi à y conserver mon indépendance

LOUIS-PHILIPPE ET LOUIS XVIII

d'esprit et d'action sans jamais avoir été l'associé ou le confident d'aucune intrigue et sans avoir jamais manqué envers eux à mes devoirs de fidèle sujet. »

C'est tout à fait exact pour la période que nous venons d'examiner. Après 1814 ce sera presque vrai, mais pas entièrement.

CHAPITRE V

PARIS REDÉCOUVERT
16 mai-10 juin 1814

Le Paris que retrouve Louis-Philippe est bien différent de la capitale bruissante de clameurs, de fureurs et du choc des armes qu'il a quittée vingt-deux ans plus tôt, peu après les grands massacres de septembre 1792. La ville était alors livrée au désordre, à l'émeute et emportée par la violence et la passion. Mais depuis lors les excès révolutionnaires et leurs conséquences : la crise économique, la famine, l'inflation, l'incertitude de l'avenir avaient provoqué chez les Parisiens un grand désir d'ordre et de sécurité. Le Consulat fut la réponse. Lorsque la gloire s'ajouta à l'ordre, les Parisiens l'acceptèrent, bien que l'Empire leur parût de plus en plus coûteux en hommes et en impôts. Mais lorsque la gloire signifia de nouvelles conscriptions, de nouvelles taxes et l'invasion du territoire national, beaucoup d'oreilles parisiennes devinrent attentives à d'autres sirènes. Les vrais monarchistes étaient peu nombreux, mais tout le monde était un peu royaliste, c'est-à-dire pour le gouvernement capable de ramener la paix, obtenir l'évacuation des troupes alliées, supprimer la conscription et les droits réunis, mettre un terme à des guerres sans fin.

Dans l'*Aiglon*, Edmond Rostand fait dire au maréchal Marmont pour expliquer la défaite de 1814 : « Nous étions fatigués. » C'était également vrai du pays. La France était lasse de vingt ans d'agitation, de bouleversement, de révolution, d'expéditions et de coûteuses conquêtes.

Pour Louis-Philippe, le contraste entre le Paris tricolore de ses souvenirs, et le Paris à cocarde blanche avec ses cris de « Vive le Roi, vivent les Bourbons » et ses orchestres jouant « Vive Henri IV » est surprenant.

La capitale elle-même s'est transformée tout au long du Consulat et de l'Empire. Une œuvre monumentale a été entreprise qui sera souvent achevée sous la monarchie mais transforme Paris en un vaste chantier : arc de l'Etoile, arc du Carrousel, temple de la Gloire (église de la Madeleine), restauration de l'église Sainte-Geneviève (le Panthéon), lycée d'Harcourt (lycée Saint-Louis), hôtel de la Banque de France, palais du Corps législatif (façade de l'Assemblée nationale sur le quai d'Orsay), palais de la Bourse, pont d'Austerlitz, pont d'Iéna, pont de la Cité, passerelle du pont des Arts, théâtre de l'Odéon, Halle aux vins, Halle aux blés, et les marchés des Jacobins, Saint-Jean, des Carmes, Saint-Germain, Saint-Martin, du Temple, cimetière du Père-Lachaise, trois kilomètres de quais, une cinquantaine de rues nouvelles ou réaménagées, élargies et dotées de trottoirs, etc.

De ce Paris nouveau, Louis-Philippe est enthousiaste : « Quel plaisir j'aurai à vous revoir, écrit-il à Mme de Saint-Laurent, que de choses j'aurai à vous dire! Que de descriptions j'aurai à vous faire car c'est une grande entreprise que de vous donner une idée de la France actuelle, de ce Paris bien changé et pourtant toujours le même! Il est bien embelli, il est presque trop beau pour qu'on puisse en donner une idée à qui ne le voit point. Il faut venir le voir (1)... »

---

(1) Lettre de Louis-Philippe à Mme de Saint-Laurent, 1er juin 1814.

PARIS REDÉCOUVERT

Et à Marie-Amélie, il ne cache pas ses surprises : « ... Quelle étonnante succession de sensations j'ai éprouvées depuis mon départ de Gênes! Cela ne peut se décrire et dure tous les jours (1)... » Et à sa sœur Adélaïde : « ... Paris est bien beau au-delà de tous tes souvenirs. C'est d'une grandeur imposante (2)... »

Pendant son bref séjour à Paris du 17 mai au 10 juin, Louis-Philippe va faire preuve d'une activité débordante. Il a grand-hâte de retourner à Palerme mais il veut régler l'essentiel avant de repartir.

L'essentiel à ses yeux est d'abord de recouvrer les biens des Orléans qui n'ont pas été vendus comme biens nationaux et de prendre les dispositions les plus urgentes pour l'aménagement du Palais-Royal, afin que Marie-Amélie puisse s'y installer dès son arrivée à Paris. C'est aussi faire sa cour au roi et aux autres princes français afin d'être véritablement accepté par eux. C'est prendre un premier contact avec la nouvelle société française, mélange complexe aux intérêts imbriqués et contraires des familles du boulevard Saint-Germain et de celles de la récente noblesse impériale, c'est tenter enfin de défendre les intérêts de son beau-père Ferdinand IV toujours cantonné à Palerme par le traité que certaines puissances alliées ont signé avec Murat, lui reconnaissant le trône de Naples.

Malgré ces occupations pressantes, il trouve le temps de visiter Paris. Il va au Louvre et visite le musée : « ... Ah ma chère amie que c'est beau et les galeries dans le bas du Louvre avec toutes les statues antiques. C'est admirable (3)... »

Puis le voici visitant les galeries du Palais-Royal : « Ah

(1) Lettre de Louis-Philippe à Marie-Amélie, 23 mai 1814.
(2) Lettre de Louis-Philippe à sa sœur Adélaïde, 24 mai 1814.
(3) Lettre de Louis-Philippe à Marie-Amélie, 30 mai 1814.

les délicieuses boutiques que celles du Palais-Royal, et les porcelaines et les orfèvres. Stupendo... j'ai acheté deux colliers pour Louise et Marie (1)... »

Il se rend à plusieurs reprises à l'Opéra qu'il avait fréquenté si souvent jadis avec son père, et à la Comédie-Française. Ses impressions sont autant politiques qu'esthétiques.

A l'Opéra. « ... Les élans de voix criardes sont les mêmes qu'avant et la musique n'est pas grand-chose, mais le reste est au-delà de l'imagination. Il n'y a pas d'orchestre égal à celui-là. Le public fit jouer « Vive Henri IV » qui fut couvert d'applaudissements et cela fait pleurer. Le duc de Berry est venu s'établir dans ma loge. Les décorations sont d'une beauté, d'une splendeur et d'un effet! Et la pompe et les danses ce n'est qu'enchanteur, les costumes ah que c'est beau, bien plus beau que cela n'a jamais été (2)... »

Il y retourne une semaine plus tard, toujours aussi enthousiaste, et en fait le compte rendu à Mme de Saint-Laurent : « On donnait " le Triomphe de Trajan (3) " et selon mon mauvais goût j'étais arrivé avant le commencement pour n'en rien perdre.

Des cris de Vive Henri IV s'étant fait entendre dans plusieurs parties de la salle, l'orchestre joua cet air chéri avant l'ouverture et il fut couvert d'applaudissements! Mais quelle magie que cet orchestre, quel coup d'archet, quel ensemble, comme cela marche et quel effet cela produit! Nous avons oublié tout cela et on croit rêver quand on l'entend de nouveau. J'en sautais de joie sur ma chaise.

---

(1) Lettre de Louis-Philippe à Marie-Amélie, 30 mai 1814.
(2) Lettre de Louis-Philippe à Marie-Amélie, 23 mai 1814.
(3) « Le Triomphe de Trajan », tragédie lyrique en 3 actes, paroles d'Esmenard, musique de Lesueur et Persuis, jouée pour la première fois à l'Académie impériale de musique le 23 octobre 1807.

PARIS REDÉCOUVERT

Et quand la toile s'est levée, quelles décorations, quels costumes, quelle intelligence de tous les effets du théâtre ! Rien ne peut vous donner une idée des décorations, ce sont toujours des tableaux admirables, c'est une richesse, c'est un goût, un coloris qui ne laissent rien à désirer et c'est bien supérieur à tout ce que nous avons jamais vu avant la révolution. Après cela viennent les pompes théâtrales, les danses, ah quel corps de ballet, quelle fourmilière, des figurantes qui seraient partout ailleurs des premières danseuses et tout cela sachant son affaire, le jarret tendu, le cou-de-pied levé, toujours à sa place et ne la manquant pas d'une ligne, la musique, les chants, la danse, tout se fait à la fois, sans confusion, sans barbouillage et avec un ensemble et une précision admirables, j'ai été ravi et il me semble impossible de ne pas l'être (1)... »

A la Comédie-Française il assiste à la représentation d'une des plus mauvaises pièces de Corneille, « Heraclius », et n'en retient qu'un incident peu littéraire : « ... Quand Mlle Duchesnois (2) dit : Tyran, descends du trône et fais place à ton maître, des applaudissements à faire tomber la salle et toujours les cris de Vive le Roi et Vivent les Bourbons (3)... »

Il commence à prospecter prudemment le boulevard Saint-Germain. « ... Malgré la confusion où je vis et du peu de temps que j'ai de libre (4) », l'impression est bonne, « ... les émigrés c'est-à-dire les exagérés ne tiennent pas ici le haut du pavé et je vois bien que j'y réussis

(1) Lettre de Louis-Philippe à Mme de Saint-Laurent, 1er juin 1814.
(2) Catherine Joséphine Raffin, dite Mademoiselle Duchesnois, née vers 1780 à Saint-Saulve près de Valenciennes, morte à Paris le 8 janvier 1835. Cette tragédienne célèbre à son époque fut sous le Consulat la grande rivale de Mlle George.
(3) Lettre de Louis-Philippe à Marie-Amélie, 23 mai 1814.
(4) Lettre de Louis-Philippe à Marie-Amélie, 24 mai 1814.

à merveille. Quand tu y seras ce sera bien mieux encore. Oh combien il me tarde de te revoir et de te serrer dans mes bras, ma bonne chère, précieuse et invaluable Amélie, comme je t'appelle à moi de toutes les forces de mon cœur (1)... ».

S'il fréquente la Cour et le boulevard Saint-Germain, Louis-Philippe reçoit également au Palais-Royal les très nombreuses visites de ceux qui ont servi avec distinction sous la Révolution et l'Empire et viennent de se rallier à Louis XVIII. Dès les premières semaines de son séjour à Paris, malgré son désir d'éviter toute attitude politique, se regroupent autour de lui des hommes qui sont devenus des monarchistes de raison mais sont restés des libéraux ou des bonapartistes de cœur.

Le premier a être accueilli est Valence, le gendre de Mme de Genlis, l'ancien compagnon de Valmy et de Jemmapes. Obligé de fuir en 1793 à Londres puis à Hambourg, il avait refusé tout contact avec les émigrés. Rentré en France après le 18 Brumaire, nommé général de division il avait fait les campagnes d'Espagne et de Russie mais venait de signer comme sénateur la déchéance de Napoléon.

Vinrent aussi Mortier, Macdonald, Beurnonville, Berthier, Soult « ... qui ne paye pas de mine quoique assurément il sache son affaire (2)... ».

Le « brave des braves », Ney, se présente dès le 17 mai, revient le 18 et fait avec Louis-Philippe « une reconnaissance » le 19. « ... Nous avons récapitulé ensemble toute notre vieille guerre. Tous ces gens-là me revoyent avec plus de plaisir que je ne m'y attendais. Ney m'a aussi parlé de mon affaire d'Espagne, il y était alors (3)... »

---

(1) Lettre de Louis-Philippe à Marie-Amélie, 24 mai 1814.
(2) Lettre de Louis-Philippe à Marie-Amélie, 19 mai 1814.
(3) 16 avril 1814.

PARIS REDÉCOUVERT

Le 30 mai, c'est au tour du prince Eugène de se présenter. Louis-Philippe l'accueille avec amitié. Il connaît l'homme de réputation. « Nous avons tous commis des fautes, Eugène est le seul qui n'en ai pas fait », avait dit l'Empereur après la campagne de Russie en attendant d'écrire dans le dernier billet qu'il adressera à Joséphine (1) : « Ils m'ont trahi, oui, tous, j'excepte de ce nombre ce bon Eugène si digne de vous, de moi... »

Quant à Louis-Philippe, il note pour Marie-Amélie (2) : « J'ai eu la visite du prince Eugène ex-vice-roi d'Italie et j'ai été enchanté de lui. J'espère que cela a été réciproque. Il est parfait dans tous les sens. Sa mère est morte hier matin d'une esquinancie (3)... »

Le même jour il reçoit une visite qui le séduit infiniment moins, celle de Mme de Staël comme toujours bruyante, agitée et dangereusement bavarde, si intéressante à lire et insupportable à entendre.

Plus sérieuse est l'audience que sollicite l'ambassadeur d'Angleterre, le duc de Wellington, chargé de remettre au duc d'Orléans une lettre du Prince Régent avec ordre d'observer toutes les règles protocolaires, c'est-à-dire en étant accompagné de tout le personnel de l'ambassade. Embarras... Louis-Philippe n'a pas assez de voitures pour assurer cet important transport de troupes diplomatiques, « le roi, note-t-il, ne faisant pas aux princes de son sang l'honneur de faire conduire les ambassadeurs chez eux... ».

Mais Louis-Philippe ne se contente pas seulement de recevoir, il rend visite et sa correspondance retrace celle qu'il fit discrètement, presque secrètement, à « Bonne Amie », Mme de Genlis. Celle-ci, après s'être débarrassée

---

(1) 16 avril 1814.
(2) Lettre de Louis-Philippe à Marie-Amélie, 30 mai 1814.
(3) L'impératrice Joséphine était morte à Malmaison à midi, le 29 mai, d'une angine gangreneuse compliquée d'une pneumonie.

d'Adélaïde d'Orléans, avoir marié sa fille « adoptive » Pamela à Lord Fitzgerald et sa nièce Mlle de Serçay à un riche marchand, était rentrée en France en 1801.

Apprenant ce retour, Napoléon voulut s'attacher une personnalité dont il semble d'ailleurs avoir surévalué l'influence mondaine et littéraire.

Il lui fit offrir une pension de 6 000 francs par an et un logement à la bibliothèque de l'Arsenal.

En échange il lui demanda de lui faire parvenir deux fois par mois une lettre sur un sujet de son choix.

Pendant des années elle va traiter pour lui des thèmes les plus divers : l'école, l'université, la Cour, le gardiennage des enfants, la littérature, l'aristocratie, l'art et les mœurs et même la musique... Sur plusieurs points Napoléon suivra ses avis, en fera même une sorte d'inspectrice des écoles. Tout en appréciant ses qualités, l'Empereur connaissait aussi les limites de son esprit « à la façon, disait-il, dont Mme de Genlis parle de la vertu on croirait volontiers qu'elle en a fait la découverte (1). »

En mai 1814, « Bonne Amie » a soixante-huit ans et vient de publier son soixante-dixième ouvrage : *Mademoiselle de La Fayette*. Elle s'est brouillée avec la plupart des écrivains et des critiques littéraires, et tente même de corriger les textes de Diderot, Voltaire et Rousseau qu'elle accuse d'ignorer la grammaire française. Enfin depuis l'abdication de l'Empereur elle n'a plus de pension...

Louis XVIII, sollicité d'en reprendre le service, répondit avec un sourire acide que « ... si en politique Mme de Staël était beaucoup trop homme, Mme de Genlis était un peu trop femme » et lui refusa son aide.

Dès qu'elle apprit l'arrivée à Paris du duc d'Orléans,

---

(1) *Napoléon et la comtesse de Genlis* d'Edmond Coz, Revue de la France Moderne, septembre 1898.

elle le pria de venir la voir espérant un secours qui prendrait le relais de la pension de l'Empereur. Louis-Philippe s'empresse de répondre à son appel. « Je suis entré, écrit-il à Adélaïde, sous une voûte de porte cochère bien noire. J'ai demandé à la portière : Mme de Genlis y est-elle?

— Oui, Monsieur, au premier au-dessus de l'entresol.

« Je monte, tout était fermé. Je frappe. Un petit garçon ouvre et me demande qui je suis.

— Celui que Mme de Genlis attend ce soir.

On me fait attendre, puis on m'appelle.

— Monsieur, donnez-vous la peine d'entrer.

Je traverse une antichambre, j'entre dans un salon fort bien arrangé mais très simple et je vois Mme de Genlis debout, appuyée sur la cheminée.

— Qui est-ce? me dit-elle.

— Quoi, lui dis-je, vous ne me reconnaissez pas?

— Ah je reconnais votre voix.

Et elle me sauta au col et m'embrassa puis elle voulut me voir à côté de la lampe toujours m'embrassant à dix reprises. Elle était fort agitée et je la fis asseoir. Alors commencèrent les questions sans fin sur toi. Elle était enchantée de mes réponses et se calma promptement. Nous causâmes très raisonnablement et tranquillement, évitant réciproquement tout ce qui aurait pu être désagréable. Elle voulait savoir jusqu'aux plus petits détails sur toi, sur moi, sur ma femme, sur mes pauvres frères. Elle savait bien des choses que je suis étonné qu'elle sût et elle en ignorait d'autres que j'aurais cru qu'elle savait. Par exemple elle ne savait pas que tu avais continué la harpe et elle a été dans le ravissement quand je lui ai dit comment tu en jouais. Elle voulait savoir si tu étais plus grande ou plus petite qu'elle et tu es plutôt plus grande, comment était ta tournure, comment tu te mettais, si tu prenais du tabac et sur ce que je lui ai dit que tu en prenais beaucoup elle m'a dit :

— Quant à elle, j'en suis bien innocente car je ne lui en donnais jamais...

... Elle est changée, très changée, mais parfaitement reconnaissable, elle est ferme sur ses jambes et se tient très droite. Elle est en bonne santé. Il lui manque une dent devant ce qui ne la défigure nullement. Sa voix est un peu altérée, mais elle dit que c'est un enrouement momentané et qu'il y a un peu de temps elle a joué aux proverbes comme à vingt ans. Elle a une grande assemblée tous les samedis... Elle avait, m'a-t-elle dit, une pension de Buonaparte de 6 000 francs qu'il lui avait donnée à condition qu'elle lui écrirait une lettre tous les quinze jours, ce qui était pour elle une croix insupportable et elle ne l'a jamais vu. A présent elle n'a plus rien que ses talents pour vivre. Comme elle m'avait écrit cela, je lui avais porté 2 000 francs dans ma poche qu'elle a bien voulu accepter et je lui ai dit que dès que je serais en jouissance de mes revenus, je lui ferais une pension et que je savais que c'était aussi ton intention et que tant que nous aurions quelque chose, elle ne manquerait pas (1)... »

La grande affaire de ce premier séjour à Paris sera cependant d'obtenir le recensement des biens Orléans vacants et la signature d'une ordonnance de mainlevée par le roi.

Celui-ci était reconnaissant à Louis-Philippe de son attitude depuis l'acte de soumission. Peut-être avait-il aussi le désir de se l'attacher par des « bienfaits » qui au demeurant revenaient aux Orléans. A l'un de ses courtisans qui lui faisait remarquer un jour : « Sire, prenez garde, le duc d'Orléans paraît en vouloir à votre couronne », le roi

---

(1) Lettre de Louis-Philippe à sa sœur Adélaïde, 24 mai 1814.

répondit : « Vous vous trompez, c'est tout au plus s'il en veut à ma liste civile. »

Quoi qu'il en soit, l'ordonnance de mainlevée du roi fut signée sans délai et l'abbé de Montesquiou, ministre de l'Intérieur, l'apporta dès le 19 mai au matin.

Elle s'appliquait immédiatement au Palais-Royal et à Mousseaux en attendant le texte définitif qui arrêterait le sort de tous les biens Orléans tant apanagers que patrimoniaux, dont les revenus nets étaient évalués à plus de 3 millions de francs de l'époque.

« ... L'abbé de Montesquiou désirant que j'aille en prendre possession tout de suite, je n'ai pas voulu y aller en voiture, afin d'éviter le train et les acclamations que cela aurait occasionnés. J'ai donc été à pied par le jardin au grand escalier que je commençais à monter lorsque la voix nasarde d'une vieille Parisienne nous a crié " on ne passe pas là ". J'ai été à l'autre escalier toujours avec le major Gordon demander l'administrateur du domaine, sans plus de succès, et alors il a bien fallu se résigner à aller à un troisième escalier qui m'était singulièrement pénible, celui de l'appartement de mon père, une autre vieille femme nous cria : " Messieurs, c'est tout en haut qu'on va au Domaine. " J'ai presque fondu en larmes en revoyant cela, et surtout en haut où le Domaine n'était pas encore, mais voyant ouvert le passage par où dans ma jeunesse, je passais de chez moi chez mon père, j'y passai et je rencontrai le concierge qui me reconduisit aux grands appartements, l'administrateur arriva, le receveur aussi pour me demander de le conserver et se mettre à mes ordres, lui et sa caisse, où il m'a dit qu'il n'y avait guère que trois à quatre cents louis que je lui ai dit de garder jusqu'à nouvel ordre. Il m'a remis l'état du revenu que donne le Palais-Royal qui est de 184 500 francs, c'est-à-dire environ 36 000 piastres, mais je m'en vais sur-le-champ réduire peut-être de moitié en faisant sortir les locataires qui sont dans le palais. Je n'ai pas pu pénétrer dans la chambre où nous sommes tous nés, toute cette aile étant louée, mais j'ai retrouvé tout le reste à peu près tel quel mais délabré. Une nouvelle salle dans le goût antique et semi-circulaire à colonnes éclairée par en haut, charmante et que j'ai immédiatement destinée à devenir la chapelle. C'était la salle du Tribunat. Elle est délicieuse et il n'y a rien au-dessus. Mon ancien appartement n'a subi d'autre changement que deux portes que Buonaparte est venu en personne y faire percer, apparemment dans un accès de folie. Le roi a ordonné qu'on me le fasse meubler du garde-meuble de la Couronne sur-le-champ, ainsi j'y serai dans peu. Toutes les grandes glaces des appartements ont été enlevées et incorporées par Buonaparte au garde-meuble de la Couronne, mais j'en ai demandé la restitution en exceptant pourtant celles qui se trouveraient employées dans les appartements du roi, cela est immense. Il y a dans le Palais-Royal un dépôt immense de chaises d'acajou, tables, secrétaires et meubles de toute espèce qu'on transportait en grande hâte, Dieu sait où, car outre que tous les palais du roi sont meublés avec une magnificence, il n'y a pas de quoi mettre une épingle dans son garde-meuble. J'ai fait représenter qu'après qu'on m'avait pris un mobilier immense, il me paraissait injuste qu'on m'enlevât ceux qui n'étaient chez moi que parce qu'on n'en savait que faire, et dont j'avais un très grand besoin, que néanmoins je m'en remettais entièrement au roi, et que s'il lui était agréable de les prendre, je serais bien fâché qu'il s'en privât. J'ai aussi demandé la superbe statue de Henri IV en marbre blanc plus grande que nature, et qui a été transportée au musée, et je n'aurai ni paix ni cesse que je ne l'aie réintégrée au Palais-Royal. Ah ma chère amie, que de sensations et de secousses successives!

PARIS REDÉCOUVERT

Je n'en peux plus, et outre cela la fatigue de recevoir 300 ou 400 personnes par jour, je t'assure que mes nerfs sont en mouvement comme un métier à faire des bas, et il est bon que tu ne sois pas ici dans ce premier moment, tu n'y tiendrais pas. En sortant dans un des passages, une femme s'est élancée hors d'une boutique et a presque déchiré mon habit en criant, ah je suis sûr que c'est lui, je veux vous voir, arrêtez, voilà le duc d'Orléans, alors il en arrivait une foule, criant, où est-il? où est-il? que nous le voyions! J'ai eu grande peine à m'éclipser par un autre passage et à éviter la scène, car l'enthousiasme du peuple de Paris pour les Bourbons est au-delà de toute description (1)... »

Le soir même il effectue la prise de possession de la maison de Mousseaux et de son parc.

Acheté par le père de Louis-Philippe en 1778 au fermier général Grimod de La Reynière, c'était alors un terrain en friche à l'extérieur des barrières de la capitale. Avec l'aide de Carmontelle, écrivain facile et charmant qui aimait jouer au paysagiste, il dessina un très beau parc bientôt surnommé la « Folie de Chartres (2) ».

C'était en effet un « pays d'illusion » qu'avait conçu Carmontelle avec rivière, îles, bassins, pyramide, obélisques, naumachie, tente tartare, temples grecs, pagode chinoise, jeux de bagues et balançoires, grottes, etc.

Une grande maison de plaisance faisait figure de petit château.

Confisqué par la Convention en 1794, Bonaparte l'affecta à l'archichancelier Cambacérès qui en trouva l'entretien fort lourd.

---

(1) Lettre de Louis-Philippe à Marie-Amélie, 19 mai 1814.
(2) Duc de Chartres étant le titre porté par le fils aîné de la branche Orléans.

LOUIS-PHILIPPE ET LOUIS XVIII

Louis-Philippe nous conte la suite de son histoire.

« ... Ce soir, j'ai été prendre possesion de Mousseaux. Quel délicieux endroit! Les arbres y sont devenus superbes. Tu en raffoleras. Il est très négligé et même gâté, mais il est charmant. C'est comme le jardin de Kew. Le vieux portier qui est à cette porte depuis quarante-deux ans et qui m'y a vu porter au maillot, m'a fixé en entrant, puis il m'a coupé par une allée et s'est mis sur mon passage sans rien dire. Je l'ai reconnu tout de suite malgré ses rides et ses cheveux gris et je lui ai dit :

— Est-ce vous, Fraud?

— Oui, c'est Fraud et c'est bien vous, et ce n'est pas seulement vous, c'est feu Monseigneur tout juste.

Il y avait beaucoup de monde qui se promenait dans le jardin, et cette gaieté qu'on ne voit qu'en France. Les uns dansaient des rondes en chantant, les autres chantaient en marchant. Quel changement de scène pour moi! C'est incroyable. Un gros homme passe à côté de moi, et me dit :

— Ah Monseigneur, pardonnez à un de vos compagnons d'armes de vous arrêter.

— Ah c'est vous, général Hédouville (1).

— Eh oui, c'est moi. Que vous êtes bon de me reconnaître, et que je suis heureux de vous revoir, et de vous revoir ici! Je vous ai suivi de cœur et d'âme dans tous vos malheurs.

---

(1) Le général comte Gabriel d'Hédouville, né en 1755, était capitaine au début de la Révolution. Maréchal de camp en 1793, chef d'état-major général des troupes républicaines engagées contre les royalistes en Anjou et en Bretagne, il dirigea l'arrestation de Stofflet et de Charette. Sénateur après le 18 Brumaire, ambassadeur à Saint-Pétersbourg en 1801, ministre plénipotentiaire près de la Confédération du Rhin.

En avril 1814, il fut parmi les sénateurs qui votèrent la déchéance de Napoléon et fut nommé pair de France par Louis XVIII. Il mourut en 1825.

PARIS REDÉCOUVERT

Mousseaux a été vendu, ma chère amie, mais l'acquéreur n'ayant pas complété le payement, Buonaparte l'a repris, et donné à Cambacérès et puis comme l'impératrice Marie-Louise le prenait dans une grande affection, et y allait presque tous les jours se promener, il venait encore de le reprendre à Cambacérès ou, comme disent les Parisiens, le Prince Cancan, et l'avait réuni au Domaine, à ce qu'on croit pour Marie-Louise, et ce caprice nous le rend. Un autre caprice de cet homme nous rend le Raincy. Il l'a racheté cet hiver pour un million de francs, et par conséquent nous l'avons aussi, mais il reste à payer sur cela 400 000.

J'irai le voir dimanche, on le dit abîmé, parce qu'il s'est livré dans le parc une des dernières batailles. Mais n'importe, cela se remet aisément. L'ancienne maison de Mousseaux n'existe plus, on en a bâti une autre beaucoup moins grande, mais très jolie surtout en dedans. Elle est un peu étouffée par les arbres qui ont grandi énormément, ce qui est facile à arranger. Mais quels lilas et quels faux ébéniers! Je ne me rappelle pas d'en avoir jamais vu de si beaux. Toutes les galeries et le jardin d'hiver n'existent plus (1)... »

Propriété des Orléans depuis que Louis XIV en avait fait don à son frère en février 1692, le Palais-Royal avait été profondément transformé par Philippe d'Orléans, le futur Philippe-Egalité.

Pressé par des besoins d'argent, il fit construire, de 1781 à 1784, sur les trois côtés de l'immense jardin qui s'étendait devant le palais, soixante pavillons de modèle uniforme, chacun avec trois arcades comportant au rez-de-chaussée des boutiques. Chaque arcade, c'est-à-dire la boutique et les étages situés au-dessus, fut vendue 50 000 livres. En

---

(1) Lettre de Louis-Philippe à Marie-Amélie, 19 mai 1814.

même temps Philippe d'Orléans remaniait le palais lui-même, construisant le pavillon ouest de la cour d'honneur et commençait la construction d'un théâtre qui devait devenir la Comédie-Française.

L'existence, sur la périphérie du jardin, de nombreuses boutiques, de tripots, d'excellents restaurants tels que le café de Chartres (plus tard le Grand Véfour) ou le Very, de cafés politiques ou littéraires : le café Foy qui occupait sept arcades, le café du Caveau, etc., d'hôtels meublés, de maisons de prostitution, donnait à l'ensemble du Palais-Royal une animation extraordinaire. Sous la Révolution, de nombreux commerçants vinrent s'installer sans aucun contrôle et aucun permis sous et au-dessus des arcades. Le jardin devint un centre d'agitation révolutionnaire et le Palais-Royal fut proclamé Palais-Egalité. Aux Jacobins succédèrent les Merveilleuses, les Muscadins et les agioteurs et sous le Directoire et le Consulat s'ouvrirent de nombreuses maisons de jeu (18 en 1804) (1). Le palais lui-même fut envahi par des occupants de fait et utilisé comme garde-meuble national. Quelque temps il fut protégé par la présence du Tribunat de 1801 à 1807, mais après la dissolution de cette assemblée, Napoléon l'affecta à la Bourse alors installée à l'église Notre-Dame-des-Victoires et au Tribunal de Commerce.

C'est donc un Palais-Royal vidé de ses meubles, mal entretenu et envahi d'occupants sans titres et de parasites que découvre Louis-Philippe ainsi qu'il le raconte à sa sœur :

« ... Parlons du Palais-Royal. J'espère que tu t'y trouveras bien logée. Ce ne sera pourtant pas dans les hauts qui sont dans un état déplorable, attendu que depuis vingt ans on n'a fait aucune réparation à ce malheureux

---

(1) On raconte que Blücher, en 1814, perdit en un soir 1 500 000 francs.

palais, et qu'on n'y a travaillé que pour le mutiler. Toutes les cuisines, offices, tous les rez-de-chaussée sont convertis en boutiques, en restaurateurs et autres cochonneries qui font un gros revenu mais que je m'en vais chasser graduellement, pas tous à la fois afin qu'ils ne crient pas trop fort et déjà j'ai fait donner congé à ceux dont il me presse le plus de me débarrasser et ils m'assassinent de pétitions pour rester.

... Cela est d'autant plus nécessaire que les chevaux du roi remplissent mes écuries et ses voitures mes remises et que littéralement je n'ai ni une cuisine ni une écurie.

... J'ai trouvé pour architecte du Palais-Royal un M. Fontaine (1) en sa qualité d'architecte de la couronne qui a fait tous les beaux travaux des Tuileries. Il était un des favoris de Buonaparte et cela ne m'étonne pas, car je le trouve très capable. Il a la Légion d'honneur. Il y a de très grandes difficultés pour rendre tout cela habitable commodément mais je crois pourtant que nous avons surmonté les principales et que nous allons arranger tout cela très bien et sans une grande dépense. La salle à manger est ce qui nous embarrasse le plus, parce que pour en avoir une à portée des cuisines et avec des dégagements elle se trouvera loin de tout. Je reprends mon ancien appartement. Amélie et les enfants auront l'ancien appartement de ma mère et le corps de logis du milieu, et toi tu auras partie du nouvel

---

(1) Pierre François Fontaine, architecte, membre de l'Académie des beaux-arts, né à Pontoise le 20 septembre 1762. Il participa aux travaux d'aménagement du château du prince de Conti à l'Isle-Adam, puis séjourna en Italie, pensionnaire à l'Ecole de Rome. Rentré en France au début de la Révolution, il travailla avec le célèbre marchand de meubles Jacob. Directeur des décorations de l'Opéra, il fut remarqué par Bonaparte et chargé sous l'Empire avec Percier de l'entretien et de l'embellissement des grands monuments publics : Versailles, les Tuileries, le Louvre, Saint-Cloud, Fontainebleau, Malmaison, etc. On leur doit l'arc de triomphe du Carrousel.

appartement de ma mère et de celui de mon père vers le jardin. Il faut sacrifier la charmante salle du Tribunat et nous ferons une chapelle derrière pour qu'elle soit accessible à toute la maison sans qu'on passe par nos appartements. Les appartements d'apparat seront splendides quant à la grandeur et à l'enfilade, mais il n'y a ni un meuble, ni un tableau, et la dépense de meubler cela fait frémir.
... M. Fontaine me dit que tout cela peut être prêt pour la Saint-Louis le 25 août (1)... »

Après le Palais-Royal et Mousseaux, Louis-Philippe poursuit les prises de possession de ses terres et les visite sans délai, en particulier la forêt de Bondy et le Raincy.

« ... J'ai été au Raincy l'autre jour. C'est le parc le plus délicieux que tu puisses imaginer. La maison n'est plus guère que le quart de ce qu'elle était, mais pourtant il y a bien encore plus de place que dans notre maison de Palerme, et nous y serons commodément. On en a emporté tous les meubles au garde-meuble de la Couronne, mais M. de Blacas m'a promis qu'on me les rendrait. J'y ai trouvé un vieux garde revêtu de notre livrée que le pauvre homme avait toujours conservée comme une relique. Il m'a suivi dans tout le parc, et marchait comme un Basque, quoique courbé en deux. La forêt est superbe et pleine de daims (2)... »

Pour gérer ces biens et aussi les autres domaines apanagers qui vont lui revenir, il constitue, comme la loi l'y oblige, un conseil d'administration dont le président est M. Henrion de Pensay, président du Tribunal de Cassation, « homme intègre d'une réputation irréprochable et de beaucoup de talent. C'est un choix que je me trouve heureux d'avoir pu faire et qui est universellement approuvé ».

L'autre membre important du Conseil est M. Bichet

(1) Lettre de Louis-Philippe à sa sœur Adélaïde, 24 mai 1814.
(2) Lettre de Louis-Philippe à Marie-Amélie, 30 mai 1814.

« ... qui était au service de notre Maison depuis l'année 1766 où mon grand-père l'avait fait son archiviste, et ensuite administrateur de ses domaines, fonctions qu'il a honorablement remplies jusqu'à la malheureuse année de 1793. C'est un de ces vieux simples comme on n'en trouve plus et qui aura ton approbation. Quand je lui ai dit que je le reprenais, il a commencé à trembler et à pleurer et ne pouvait plus parler et me répétait toujours : Ah Monseigneur, Monseigneur, je vous ai vu naître et je mourrai heureux puisque je me revois au service de la Maison d'Orléans! D'ailleurs c'est un trésor parce qu'il connaît tous mes biens, toutes mes forêts, tous les employés et qu'il est si expert sur tout cela que tous les gouvernements français l'ont successivement maintenu dans l'administration des forêts. J'ai dressé avec lui des procurations pour prendre sur-le-champ possession légale de tous mes biens non vendus dans les différents départements où ils se trouvent. A Orléans, à Montargis, à Villers-Cotterêts, à La Fère, à Chartres, à Nemours, enfin partout, et M. Bichet a été hier avec les notaires prendre possession légale du Palais-Royal, ce qui l'a mis dans le ravissement. Il a été ensuite à Mousseaux en faire autant et, ce matin, il est allé faire la même cérémonie pour le Raincy et la forêt de Bondy (1)... »

Il tient trois conseils dans la semaine, et définit une méthode de travail précise : relevé de tous les biens vacants, relevé de tous les revenus, travaux à faire, économies à réaliser. Les premières estimations montrent l'étendue du redressement à opérer sur des propriétés qui ont été très mal ou non gérées depuis vingt ans et aussi l'importance des travaux à entreprendre entre autres au Palais-Royal lui-même.

(1) Lettre de Louis-Philippe à Marie-Amélie, 30 mai 1814.

LOUIS-PHILIPPE ET LOUIS XVIII

« ... Ces Messieurs croyent qu'après cette semaine, ils pourront se passer de ma présence, mais cette année, nos forêts rendront peu parce qu'elles ont beaucoup souffert de la guerre et comme nous allons être obligés dans le commencement à de grandes dépenses, tant pour nous loger d'une manière quelconque, que pour monter notre maison sur un pied seulement décent, nous devrons avoir beaucoup d'ordre et d'économie pour ne pas nous embrouiller dans le commencement...

... Je m'occupe sans relâche de terminer les arrangements pour que nous puissions tous être logés au Palais-Royal à mon retour et que cela coûte le moins possible, et j'en viendrai à bout (1)... »

Le 3 juin, jour même de la première séance de son Conseil, il se réinstalle au Palais-Royal (2) et ne cache pas sa joie en écrivant à Marie-Amélie :

« ... Je t'écris ceci de la même chambre où j'écrivais quand j'avais dix-huit ans et je ne puis te dire la sensation que cela me fait éprouver. C'en est déjà une bien forte que de me revoir dans ma ville natale et dans la maison paternelle où Dieu sait que je ne m'attendais guère à revenir jamais. Ma sœur se ressouviendra sûrement de la chambre d'où je t'écris quand je lui dirai que c'est celle du coin qui donne d'un côté sur la place du Palais-Royal et de l'autre sur le lycée où M. de La Harpe faisait le fameux cours de littérature qu'il a depuis fait imprimer. La chambre de derrière où était ma bibliothèque et dont

---

(1) Lettre de Louis-Philippe à Marie-Amélie, 4 juin 1814.
(2) « Monseigneur le duc d'Orléans, premier prince du sang, habite le Palais-Royal depuis quelques jours. Hier à midi en sortant du palais il a été salué par les acclamations d'un grand nombre de personnes qui l'attendaient au bas du grand escalier. Son Altesse Sérénissime a paru sensible à cet accueil et a salué le public... » (*Journal des débats* du 7 juin 1814.)

elle doit se rappeler de même, est à présent ma chambre à coucher, parce que ma chambre à coucher d'alors où était le beau lit est à présent mon salon et la chambre qu'habitait M. Pieyre (1) est devenue ma salle à manger et j'y ai dîné ce soir (2)... »

Jusqu'au jour de son départ, Louis-Philippe va harceler tout son monde, son Conseil, le Mobilier royal, les artisans, l'architecte Fontaine et même son tailleur...

Il est arrivé à Paris avec son uniforme de général des armées napolitaines et s'est ainsi présenté au roi Louis XVIII, recueillant les sourires et les discrets quolibets de la Cour. Humilié, il se précipite chez le meilleur tailleur militaire et commande un uniforme de lieutenant-général et un autre de colonel-général des hussards à réaliser au plus vite :

« ... Je n'aurai pas avant mercredi mon uniforme de colonel-général des hussards, mais on dit qu'il sera magnifique. La pelisse gros bleu, fourrure noire, et le dolman et le pantalon blanc tout brodés en or, les bottes rouges et un tschako. Je suis lieutenant-général et je vais avoir, je crois, trois régiments, ainsi les uniformes ne me manqueront plus, et quand je retournerai à Palerme, I will show off amazingly (3)... »

Le tailleur se hâte, ce qui lui permet de recevoir, le 25 mai, les officiers des hussards dont le roi l'a nommé colonel-général. « ...Ils sont venus me complimenter par

---

(1) Pierre-Alexandre Pieyre (1752-1830), auteur de très nombreuses pièces de théâtre et de poèmes. Attaché à la personne de Louis-Philippe en 1786, il demeura auprès de lui jusqu'en 1792. Il publia des poèmes à la gloire du Directoire, de Bonaparte, de l'Empire, des Bourbons. Louis-Philippe qui avait pour lui beaucoup d'affection se l'attacha de nouveau en 1814 et en 1824 il devint secrétaire des commandements de Madame Adélaïde.
(2) Lettre de Louis-Philippe à Marie-Amélie, 4 juin 1814.
(3) Lettre de Louis-Philippe à Marie-Amélie, 19 mai 1814.

l'organe du prince de Savoie-Carignan, colonel du 6ᵉ, a very handsome young man (1)... »

Enfin le 29 mai, il étrenne à la Cour son uniforme de lieutenant-général français.

« Tu n'imagines point le succès que cela a eu, d'autant que les autres princes ne l'ont point encore endossé. Le maréchal Macdonald est venu à moi, radieux : " Ah, Monseigneur, m'a-t-il dit, quelle joie et quel honneur pour nous de revoir Votre Altesse, dans notre uniforme "; et tous les autres maréchaux et généraux présents me faisaient des compliments pareils ou au moins des révérences radieuses... »

« J'ai été faire ma cour à l'empereur Alexandre dans ce costume :

— Ah mon cher duc d'Orléans, m'a-t-il dit tout de suite en me tendant la main, que je suis aise de vous voir dans cet uniforme que je respecte et que j'honore, comme vous faites toujours bien les choses. Vous vous y entendez, et vous me charmez.

— Sire, si j'ai ce bonheur, il est bien réciproque, car Votre Majesté me transporte au-delà de tout ce que je peux lui exprimer... »

Et puisqu'il en est aux chiffons, il ajoute pour Marie-Amélie « ... Je te préviens que les queues des dames aux Tuileries sont d'une longueur inconcevable (2)... »

Ces beaux uniformes que Louis-Philippe s'est fait couper de manière si rapide, ne relèvent pas uniquement de l'anecdote et ne répondent pas seulement au désir de se débarrasser d'un uniforme étranger. En revêtant celui de lieutenant-général, il manifeste son attachement pour une époque dont il avait jadis adopté les principes et les idées,

(1) Lettre de Louis-Philippe à Marie-Amélie, 23 mai 1814.
(2) Lettre de Louis-Philippe à Marie-Amélie, 30 mai 1814.

celle de la fin du règne de Louis XVI et des premiers temps de la Révolution.

Cette fronde légère ne l'empêche pas de faire une cour assidue au roi. « ... J'ai accompagné le roi dimanche à la messe, c'était superbe, ce sont les acteurs de l'Opéra qui la chantent. Les actrices sont derrière des grilles (1)... » Le dimanche suivant, il y retourne encore. « ... J'ai accompagné le roi à la messe. Rien n'est plus beau que cette messe qui est chantée par tous les acteurs et actrices de l'Opéra et qui se célèbre avec une grande pompe et vous savez, Madame, que nulle part on n'entend la pompe et les cérémonies aussi bien qu'en France. Les terrasses et les jardins sont toujours remplis de monde qui fait retentir l'air des cris de " Vive le roi " dès que le roi paraît. Il s'arrête, salue le peuple et alors les chapeaux des hommes, les mouchoirs des femmes s'agitent en l'air et les cris redoublent jusqu'à la fureur " Vive le roi, vivent les Bourbons, vive notre ancienne famille! " Et ce mot vraiment français et même parisien d'une femme du peuple voyant le roi saluer la multitude : " Ah, on voit bien que celui-là est français, il est poli, en quinze ans de règne, l'autre ne nous a pas fait une seule révérence (2)... " ».

Il est tout ébloui de son nouveau rôle et décrit, avec des accents prudhommesques, les banquets officiels offerts par le roi : « J'ai dîné aujourd'hui aux Tuileries où étaient l'empereur d'Autriche, le roi de Prusse et tous les princes qui sont à Paris, et je t'assure que quelques-uns sont bien distingués. J'étais à table entre le duc de Brunswick et le duc de Weimar.... Madame la duchesse d'Angoulême a fait les honneurs à merveille (3)... »

---

(1) Lettre de Louis-Philippe à Marie-Amélie, 24 mai 1814.
(2) Lettre de Louis-Philippe à Mme de Saint-Laurent, 1er juin 1814.
(3) Lettre de Louis-Philippe à Marie-Amélie, 30 mai 1814.

LOUIS-PHILIPPE ET LOUIS XVIII

Tout en le tenant à distance, Louis XVIII le ménage et sait à l'occasion l'honorer. « ... J'ai eu l'honneur d'accompagner hier (4 juin) le roi au Corps législatif dans sa voiture. J'ai été comblé de ses bontés. Sa Majesté nous a récité dans la voiture le beau discours que tu trouveras dans la feuille ci-jointe que les crieurs publics ont vendu toute la journée sous mes fenêtres en disant " Voilà la Constitution française! Voilà le discours du roi aux représentants de la nation! Le roi l'a débité à merveille (1)... " »

Entre Louis XVIII, seul détenteur du pouvoir, et Louis-Philippe qui observe son exercice, aucune intimité intellectuelle ou politique. Même si en raisonnant ils aboutissent presque aux mêmes conclusions, c'est pour des raisons fondamentalement différentes.

Louis XVIII se résigne à admettre le nouveau et mauvais esprit du temps et à octroyer une Constitution à ses sujets auxquels il accepte de reconnaître des droits permanents.

Louis-Philippe appelle de tous ses vœux une Constitution libérale, une liberté personnelle mieux garantie. Il le souhaite par sagesse mais aussi par principe parce qu'il s'agit d'un des grands acquis de la Révolution, un progrès qui ne s'arrêtera plus.

Louis-Philippe comprend que Louis XVIII a choisi une voie assez libérale par prudence, pour rassurer l'opinion, pour se faire accepter par les Français qui ne toléreraient pas un retour à la monarchie absolutiste, mais il craint aussi que, dans l'esprit du roi, il ne s'agisse d'une habileté et d'une manœuvre pour répondre aux exigences d'un temps de transition (2).

---

(1) Lettre de Louis-Philippe à Marie-Amélie, 5 juin 1814.
(2) Louis-Philippe est conforté dans ce sentiment par l'attitude du comte d'Artois qui, le jour même où la Charte était promulguée, se déclara indisposé.

PARIS REDÉCOUVERT

C'est ce qui ressort clairement de son entretien avec le tsar Alexandre Ier dont il a laissé le bien curieux compte rendu :

« 18 mai 1814

Partie de ma conversation avec l'empereur Alexandre.

L'empereur :

— Je suis charmé de vous voir, j'en ai un vrai plaisir, car j'ai beaucoup entendu parler de vous, je puis dire que je vous connais.

— Je suis comblé de la bonté de Votre Majesté Impériale. J'ose lui dire, à mon tour, que je suis charmé de lui faire ma cour, qu'il y a bien longtemps que je l'ai vainement désiré et que je regarde comme un des moments les plus heureux de ma vie celui où je puis offrir l'hommage de ma reconnaissance et de mon admiration au Libérateur de l'Europe et au Restaurateur de notre Maison.

Sur cela l'empereur me serra le bras affectueusement, en me disant :

— J'en suis trop heureux, je ne désire que la paix et le bonheur du monde, je désire beaucoup celui de la France, nous avons commencé un bel ouvrage, il faut l'achever, il faut le consolider.

— Ah, Sire, c'est le premier vœu de mon cœur.

— J'en suis sûr, je vous connais mieux que vous ne croyez peut-être, j'ai tant entendu parler de vous, et voulez-vous que je vous dise par qui j'ai surtout appris à vous connaître : par l'armée française que j'estime, que j'honore, que j'aime, et vous êtes apprécié par cette brave armée comme vous le méritez. Ils m'ont tous parlé de vous et des campagnes que vous avez faites avec eux.

— Sire, Votre Majesté me confond par ces bontés, mes

campagnes ont été trop courtes pour mériter de fixer votre attention. Je n'ai cessé de désirer pouvoir la suivre dans les siennes et servir sous ses auspices la plus belle comme la plus juste des causes.

— Ah oui, c'est une belle cause, mais à présent il faut bien terminer ce qui est si heureusement commencé, il faut que les souverains s'adaptent aux circonstances, qu'ils gouvernent les hommes d'après leurs lumières actuelles et différemment de ce qu'on faisait autrefois, tout cela ne peut plus aller, il faut un système libéral, je connais votre façon de penser sur tout cela, je l'approuve entièrement, c'est la mienne, et il est bien nécessaire qu'on l'adopte ici et partout, il n'y a plus d'autre manière de mener les hommes que par des institutions libérales. Toutes ces vieilles idées, toutes ces vieilles formes ne peuvent plus aller. Il faut bien faire sentir cela au roi de France, vous devez y travailler. Je crois que quant à ce qui est de l'oubli du passé, de l'extinction des dissensions, il est bien persuadé mais je ne sais pas, il y a toujours une tendance à se rapprocher des vieilleries qui n'est pas ce qu'il faut.

— Ah, Votre Majesté le dit bien et je suis bien heureux de l'entendre de sa bouche. Il faut que la contre-révolution n'ait pas l'air d'être faite pour que la monarchie se consolide.

— Vous avez bien raison, c'est ce qu'il faut bien dire au roi, je ne peux pas entendre ce mot de contre-révolution, il n'est plus question de contre-révolution après vingt ans de bouleversements. Dites-moi franchement, là en toute confiance, sans gêne, est-ce que le roi a confiance en vous ?

— Sire, comment pourrais-je répondre à cette question, Votre Majesté sent que c'est au roi à y répondre.

— J'entends bien cela, mais je suis sûr que vous le savez, dites-le-moi.

— Sire, je ne sais vraiment que répondre, je n'ai encore vu le roi que devant cinq ou six personnes.

— Et il ne vous a parlé de rien d'important.

— Non, Sire.

— Justement, c'est comme cela, je souhaite beaucoup qu'il fasse tout ce que les circonstances exigent de lui, mais j'ai toujours des craintes. Et les autres? Je sais que le duc de Berry a de l'amitié pour vous, et il fait bien, il a de bonnes qualités.

— Il en a beaucoup, Sire, j'ai eu une longue conversation avec lui, je l'ai trouvé dans les meilleures dispositions et M. le comte d'Artois, j'ai eu aussi une longue conversation avec lui et je l'ai trouvé parfait.

— Ah, tant mieux, c'est un grand point, j'en suis charmé. C'est si important. Votre famille est restée à Palerme, on dit que vos enfants sont charmants.

— Votre Majesté a trop de bontés. Ma femme et ma sœur auraient bien désiré venir tout de suite à Paris, mais d'abord ma femme est grosse, c'est un bien long voyage et je ne savais pas si les routes seraient libres, ensuite je dois dire à Votre Majesté, puisqu'elle me témoigne tant de bontés et me met si parfaitement à mon aise, que je suis venu ici seul pour voir comment sont les choses, pour assister le roi de cœur et d'âme et tous mes moyens, s'il le désire, mais s'il ne le désire pas, pour me tenir tranquille, et ne m'occuper que de recouvrer mes propriétés et si je vois qu'on me soupçonne, ou qu'on gâte ses affaires, je compte m'en retourner à Palerme et me retirer de la bagarre, parce que si nous étions assez malheureux pour que la chose allât mal ici, je ne veux pas laisser à mes ennemis la possibilité de dire que c'est moi qui en suis cause.

— Et vous avez grande raison, vous devez travailler à

sauver la France, mais je sens toute la délicatesse de votre position et j'approuve fort ce que vous me dites. »

Avec l'empereur d'Autriche qu'il rencontre seul le 22 mai, l'entretien est moins confiant, mais reprend les mêmes thèmes.

Louis-Philippe, en s'exprimant ainsi auprès des deux empereurs, a révélé le fond de sa pensée : observer, ne pas gêner le roi, ne pas se compromettre, recouvrer sa fortune. Telle est sa ligne de conduite et il va s'y tenir strictement jusqu'en mars 1815.

Les relations se renouent sur un plan amical et même affectueux avec les autres membres de la famille royale : le comte d'Artois, le duc d'Angoulême et le duc de Berry.

Ce dernier, mécontent de l'accueil fait à Louis-Philippe par certains émigrés et représentants du faubourg Saint-Germain, lui prit le bras un jour au spectacle et s'écria tout haut pour être clairement entendu : « Y a-t-il quelqu'un qui ait le droit de se montrer plus difficile que le duc de Berry? »

CHAPITRE VI

VOYAGE EN ANGLETERRE ET RETOUR À PALERME
juin-juillet 1814

Le samedi 11 juin, Louis-Philippe rentre au Palais-Royal vers minuit, après avoir vu à l'Opéra en compagnie du duc de Berry « les Prétendus » et « Antoine et Cléopâtre » « ... J'ai soupé et à présent on soupe et on dîne très joliment chez moi au Palais-Royal, tout cela est bien arrangé, puis je suis parti à 1 h 1/2 », mais il revient « une petite distraction m'a fait retourner, j'avais oublié de l'argent. Cela m'a fait perdre une demi-heure et je ne suis parti qu'à deux heures. Je suis venu sans m'arrêter (à Boulogne), ni être connu, mais ici j'ai fait appeler le commandant de la place et je viens de louer un paquebot *le Superbe* avec lequel je partirai à trois heures, et c'est en attendant que je t'ai écrit ce peu de lignes (1)... »

En fait le « paquebot » qu'il a loué n'est qu'un petit cutter et les membres des deux familles de négociants qu'il a accepté d'embarquer avec lui ont le mal de mer :

« Le vent manque, la marée aussi, il y a de la mer et tout est malade. Nous désespérions d'arriver à Douvres et

---

(1) Lettre du dimanche 12 juin 1814, de Boulogne-sur-Mer, de Louis-Philippe à Marie-Amélie.

nous dérivions fort au nord-est lorsqu'il vint de la côte anglaise un bateau long et étroit avec quatre bons rameurs qui consentirent à nous porter à Douvres le major (Gordon) et moi pour 4 guinées (1)... »

Le cutter n'accostera à Douvres que le lendemain matin et il faudra encore attendre la marée pour débarquer le landau vert qui suit depuis Gênes. C'est seulement à onze heures du soir, le 14 juin, que Louis-Philippe arrivera à Londres où il se rend directement au palais de Kensington, résidence du duc de Kent. Après un court arrêt, tous deux repartent pour Castle Hill, propriété du duc de Kent aux environs de Londres.

« Arrivé à 1 h du matin, soupé, couché à 2 h du matin », lit-on dans son « Itinéraire ».

Au cours de ce voyage, Louis-Philippe est accompagné de son officier d'ordonnance, le major Gordon, et de deux des trois aides de camp qu'il vient de désigner, Camille de Sainte-Aldegonde et le colonel Athalin. Ceux-ci symbolisent l'esprit de tolérance et d'unité nationale que souhaite inspirer Louis-Philippe. Sainte-Aldegonde représente la tradition royaliste et Athalin celle de l'Empire. Louis-Marie Athalin avait trente ans en 1814. C'était un des plus brillants jeunes officiers généraux de l'Empire et Napoléon avait distingué son courage et ses talents en le faisant baron après la bataille de Dresde. Le troisième, le chevalier de Montmorency, ne prendra ses fonctions qu'un peu plus tard.

Ce voyage en Angleterre a un objet précis : défendre les intérêts de Ferdinand IV.

« Je me suis décidé à faire une course en Angleterre avant de venir chercher ma famille à Palerme afin d'essayer si je ne pouvais pas réussir à obtenir quelque réso-

---

(1) Itinéraire du duc d'Orléans depuis Palerme.

VOYAGE EN ANGLETERRE ET RETOUR À PALERME

lution favorable à Votre Majesté relativement à son rétablissement à Naples et avoir le bonheur de lui en apporter la nouvelle (1)... »

L'attitude de Marie-Caroline et du roi des Deux-Siciles, depuis qu'ils s'étaient réfugiés à Palerme en 1806, avait été si ambiguë parfois si hostile aux alliés anglais et autrichiens qu'elle avait entraîné de leur part une réaction de méfiance renforcée par la vive inimitié du capitaine général Lord William Bentinck pour les souverains siciliens.

Avant même que Marie-Caroline ne monte à bord de la frégate anglaise *Unity* le 14 juin 1813 pour partir pour l'exil, Bentinck avait quitté la Sicile le 27 mai pour l'île de Ponza où il allait rencontrer les émissaires de Murat. Le 2 juin il s'entretient avec ceux-ci : un marchand anglais, Robert Jones, et un fonctionnaire des Affaires étrangères, Nicolas Felice, qui présente à Bentinck une lettre du duc de Campochiaro, ministre de la Police. En échange d'une mise en possession définitive de son royaume, Murat offrait de se ranger aux côtés des alliés et d'agir contre Napoléon avec 40 000 hommes. Méfiant, Bentinck fait une contre-proposition : Murat restera à Naples jusqu'à ce qu'on lui trouve un territoire équivalent en Italie. En gage, les troupes anglaises occuperaient Gaète. Le 5 juin, Murat suspend les négociations trouvant trop dures les conditions mises par Bentinck. Il prétexte l'envoi à Vienne du prince Cariati chargé de proposer au gouvernement autrichien une alliance : il lui faut attendre la réponse avant de se lier avec l'Angleterre.

Bentinck rompt les entretiens non sans menacer Murat

---

(1) Rapport de Louis-Philippe à Ferdinand IV, Palerme, le 10 juillet. Record Office Foreign, vol. 64 Sicily. Ce rapport avait été remis en copie par Louis-Philippe à A'Court, successeur de Lord William Bentinck à Palerme, et transmis par celui-ci à Lord Castlereagh par dépêche du 26 juillet 1814.

en soulignant « qu'il doit faire toutes les réserves pour l'avenir (1) ». Dès le 6 juin, il fait voile pour Alicante où il va prendre le commandement des troupes alliées en Catalogne. Il informe le ministre des Affaires étrangères, Lord Castlereagh, des négociations qu'il a engagées avec Murat sous sa propre responsabilité. Le 28 juillet, le ministre lui fait savoir qu'il l'autorise à signer une convention avec le roi de Naples « dans les termes convenus (2) ».

Battu en Catalogne par le maréchal Suchet, Bentinck revient à Palerme le 4 octobre 1813. Il trouve le pays en ébullition et jugeant la situation dangereuse pour les positions anglaises, il dissout le Parlement et fait occuper les principales villes de Sicile par les troupes britanniques. Puis le 3 décembre, il abat ses cartes et se présente devant le vicaire général, le prince François, qui assure l'intérim de son père le roi Ferdinand IV. Il lui propose de céder la Sicile à l'Angleterre et de recevoir en échange Naples, une compensation territoriale prise sur les Etats de l'Eglise et un important versement financier. Stupéfait, le prince atermoie et fait demander des explications à Londres. Castlereagh désavoue immédiatement Bentinck mais ne le rappelle pas, laissant dès lors subsister un doute sur ses intentions réelles.

Pendant ce temps Murat poursuit ses négociations avec le gouvernement autrichien. Jouant le double jeu, il est auprès de Napoléon pendant la campagne de l'été 1813. Il charge héroïquement à la bataille de Dresde et recommence à la bataille de Leipzig, le 16 octobre. Pourtant le 7 octobre, il avait appris que Metternich lui garantissait sa couronne s'il se joignait aux alliés. Le 24 octobre, à Erfurt, il prend congé de l'Empereur, arrive le 4 novem-

---

(1) Lettre de Bentinck à Lord Castlereagh, 10 juin 1813.
(2) Lettre de Castlereagh à Bentinck, 28 juillet 1813.

bre dans sa capitale et reçoit Mier, l'ambassadeur d'Autriche à Naples.

Il propose d'attaquer les troupes françaises en Italie du Nord et de renoncer à la Sicile. En échange, il conserverait Naples et annexerait les Etats romains. Metternich lui envoie le général Neipperg et le 11 janvier 1814, l'Autriche et Naples signent un traité d'alliance. Murat renonce à la Sicile, conserve Naples, reçoit la promesse d'un territoire de 400 000 âmes pris sur les Etats romains et s'engage à entrer en guerre contre Napoléon. Le 3 février 1814, sans adhérer à l'alliance, Bentinck signe un armistice avec Naples.

Enfin, début mars, arrive le général-lieutenant Balachoff qui, au nom du tsar, annonce que la Russie a décidé d'adhérer au traité austro-napolitain.

L'abdication de Bonaparte en avril laisse les choses en l'état : Ferdinand IV à Palerme et Murat à Naples.

C'est dans ces conditions délicates et complexes que Louis-Philippe va s'attacher à plaider, à Paris et à Londres auprès des souverains alliés, la cause de Ferdinand IV.

Ses démarches vont contribuer à modifier l'attitude des puissances alliées et à hâter la chute de Murat. Sans elles, il est probable que l'attentisme défini par l'empereur d'Autriche François dans sa lettre au roi Victor-Emmanuel, « j'espère que le roi de Naples sera l'artisan de sa propre ruine (1) », serait demeuré la règle des gouvernements signataires du traité du 11 janvier 1814.

Son argument principal sera de souligner l'imprudence qu'il y avait à laisser si près de Napoléon, établi à l'île d'Elbe, Murat, installé à Naples, maître d'un royaume et chef d'une armée qu'il pouvait mettre à la disposition de

---

(1) Lettre de l'empereur d'Autriche François au roi Victor-Emmanuel, 29 juillet 1814.

l'ex-Empereur, lui donnant les moyens d'appeler l'Italie entière à l'insurrection et à l'unité.

Louis-Philippe effectue ses premières interventions à Paris, et d'abord auprès du tsar Alexandre.

Mettant à profit son entretien avec l'empereur de Russie le 18 mai il l'interroge sur sa position à l'égard de Ferdinand IV.

« ... Sire, Votre Majesté Impériale me témoigne tant de bontés que je m'enhardis à lui parler de ce qui concerne le roi mon beau-père qui se voit abandonné d'une manière cruelle relativement au royaume de Naples, et qui m'a chargé, si j'en trouvais l'occasion, de recommander ses intérêts à votre haute protection.

— Ah mon Dieu, je serais bien heureux de lui rendre service, nous n'avons encore rien pu conclure avec Murat, ainsi il pourrait peut-être y avoir du remède; mais je dois vous parler avec franchise, si votre beau-père n'est pas rétabli à Naples, c'est sa faute et je désire que vous lui mandiez cela de ma part.

— Votre Majesté veut que je le lui mande?

— Oui, parce que je m'intéresse au roi, et c'est une marque de mon intérêt que je lui veux donner, en lui faisant entendre des vérités peut-être désagréables, mais utiles. On ne se fie pas à lui à Naples, on craint une réaction, et nous ne voulons pas de cela. Nous voulons conserver l'armée napolitaine comme elle est à présent, c'est une bonne armée bien organisée et il ne faut pas gâter cela. Je dois le dire, et j'en suis fâché, mais les exécutions de 1799 ont fait un mal affreux au roi.

— Sire, le roi m'a dit peu de jours avant mon départ qu'il avait brûlé toutes les procédures relatives à cette malheureuse époque.

— Il a bien fait, mais ces procédures n'auraient jamais

dû être faites, et nous craignons toujours ce qu'il ferait, s'il retournait à Naples.

— Il m'a assuré, Sire, qu'il ne persécuterait personne, et qu'il laisserait tout comme il le trouverait.

— Eh bien, voulez-vous me répondre, vous, que cela sera comme cela ?

— Votre Majesté m'embarrasse, je la prie de penser que je suis le gendre du roi et que ce n'est pas à moi à répondre de ces choses-là.

— Non, non, je ne veux pas vous laisser échapper comme cela, vous m'avez dit ce que le roi vous a dit qu'il ferait, mais je veux savoir ce que vous croyez qu'il fera, j'exige que vous me le disiez.

— Eh bien, Sire, je crois que le roi supportera tous ceux qui se trouvent aujourd'hui à la tête de l'armée napolitaine, mais je doute qu'il les honore de sa confiance et de sa faveur, cependant si Votre Majesté daignait le lui conseiller, cela ne serait peut-être pas impossible.

— Ah, voilà la meilleure manière dont on puisse tourner la chose, mais cela ne suffit pas. Je ne sais que trop par expérience combien il est inutile de prêcher ces vieux souverains pour leur faire comprendre leurs véritables intérêts. Ils ne veulent pas changer leur vieux système de gouvernement qui est absurde. On ne mène plus les hommes en leur donnant la main à baiser, allons donc, il faut leur donner des institutions libérales. Voilà ce qu'il faut.

— Ah, Sire, quel délice pour moi d'entendre ces paroles sortir de la bouche d'un empereur de Russie, pardonnez-moi cet élan, Sire, mais je ne peux pas le retenir.

— Au contraire, vous me flattez infiniment, reprit l'empereur en me serrant la main, vous me faites le plus grand plaisir, mais je veux que vous mandiez tout cela à votre beau-père, n'y manquez pas.

— J'obéirai ponctuellement à Votre Majesté.

— Ah, continua-t-il avec un soupir, ces vieux souverains me désolent, et le roi de Sardaigne n'entend guère mieux tout cela, j'ai peur. Qu'est-ce que vous en pensez?

— Sire, je ne suis pas assez initié dans les intentions du roi de Sardaigne pour en rendre compte à Votre Majesté.

— Ah, fort bien, j'entends cela, mais ils sont de même partout, toujours, toujours leurs vieilles allures, et ils ne voyent pas qu'avec tout cela, au lieu de s'affermir sur leurs trônes, ils se font toujours détrôner. Dites-moi donc un peu ce que c'est toute cette affaire de Sicile, car on en parle si diversement.

— Sire, c'est encore une affaire bien délicate pour moi à traiter, parce que je n'ai pas vu la chose de la même manière que le roi, et que j'ai cru que les mesures que le roi regardait comme nécessaires à la conservation de son trône étaient précisément celles qui pouvaient le renverser.

— Mais, reprit l'empereur, il y avait avant tout ceci une Constitution en Sicile et le roi a voulu la renverser par des impôts mis de sa simple autorité, et cela a été l'origine de la chose.

— Oui, Sire, je vois que Votre Majesté est si bien instruite que ce que je dirais ne lui apprendrait rien.

— Qu'est-ce que c'est donc que le vicaire?

— Mais, Sire, c'est le prince héréditaire auquel le roi a conféré ce titre en lui remettant le gouvernement de la Sicile.

— Et le roi l'a fait vicaire, parce qu'il ne veut pas gouverner, ou comment cela est-il, car on fait tant d'histoires sur cela que je n'y entends plus rien?

— Sire, je ne peux pas expliquer quels sont les motifs qui ont déterminé le roi à ce parti-là.

— Je vous parle franchement, faites-en autant avec moi.

VOYAGE EN ANGLETERRE ET RETOUR À PALERME

— Sire, je ne le sais pas bien moi-même. Comme j'ai eu, sur les mesures à prendre dans ces affaires, des opinions qui n'étaient pas toujours conformes à celles de Sa Majesté, je n'ai pas une assez grande part à sa confiance pour savoir quels sont précisément ses motifs.

— Moi, je crois qu'il n'entend pas qu'en général les Constitutions raffermissent les trônes, mais dites-moi, le prince héréditaire l'entend-il au moins?

— Oh oui, Sire, et le prince héréditaire me le disait peu de jours avant mon départ de Palerme en faisant l'éloge des vues libérales de Votre Majesté.

— Je lui en suis obligé, mais dites-leur à tous que le principal obstacle à leur rétablissement à Naples est la crainte que nous avons de ce que le roi y ferait. Dites-le fortement, comme je vous le dis, je vous en charge particulièrement.

— Sire, je le ferai exactement (1)... »

Fixé sur les grandes lignes de la position russe, le duc cherche à faire préciser l'attitude française et surtout à obtenir une prise de position officielle.

Talleyrand lui exprime sans détour son soutien pour des motifs qu'il énumère et qui sont marqués par la logique et le bon sens, mais il souligne aussi les limites possibles de l'intervention française : « Voici en substance ce qu'il m'a dit : " Le roi désire vivement le rétablissement du roi, son cousin, à Naples et il a de grandes et fortes raisons pour cela. Il y a d'abord *le sentiment de l'injustice* avec laquelle Sa Majesté sicilienne est sacrifiée, ensuite il y a *le sentiment de l'intérêt* pour tout ce qui est Bourbon, qui est très fort dans le cœur du roi, et puis il y a *l'inquiétude* que donne au roi, avec raison, l'appui que nos révo-

---

(1) Compte rendu établi par Louis-Philippe de son entretien avec le tsar Alexandre Ier, 18 mai 1814.

lutionnaires de France se flattent de trouver dans l'existence de Murat sur le trône de Naples, par sa parenté et son voisinage de Bonaparte. Mais c'est de l'Angleterre et de l'Autriche que dépend principalement le rétablissement du roi à Naples et, par conséquent, c'est à Londres qu'il est plus important que Votre Altesse soutienne les intérêts de son beau-père; *car ici nous sommes pleinement persuadés; mais nous ne sommes qu'en seconde ligne et ce n'est pas notre bonne volonté qui peut à elle seule décider la chose quoiqu'il n'y ait peut-être rien que le roi désire plus vivement* (1)... " »

Louis XVIII répétera les mêmes arguments, lorsque Louis-Philippe viendra prendre congé de lui avant son départ pour Londres. Il lui confirmera son soutien, mais refusera de donner à La Châtre, notre ambassadeur en Angleterre, l'ordre d'effectuer une démarche officielle en faveur de Ferdinand IV. Il refusera même de remettre à Louis-Philippe « une petite lettre confidentielle et amicale » pour le Prince Régent. Mais il le charge d'un message oral : « ... Je m'en vais vous donner pour lui un message formel, quoique verbal, qui ne lui laissera pas de doute que cela ne vienne de moi. Dites-lui donc que c'est le chevalier de la Jarretière qu'il a reçu assis qui lui demande l'expulsion de Murat et le rétablissement du roi, son cousin, comme la plus grande preuve qu'il puisse lui donner de cette amitié et de cette fraternité qu'ils se sont promises (1)... »

En arrivant à Londres, le duc d'Orléans apprend que le Prince Régent se trouve à Oxford avec l'empereur de Russie et le roi de Prusse et qu'il lui faudra attendre quelques jours pour être reçu. Il obtiendra cependant le 16 juin

---

(1) Rapport de Louis-Philippe à Ferdinand IV, 10 juillet 1814.

un nouvel entretien avec le tsar Alexandre Ier revenu à Londres qui lui confirme son accord pour ne plus soutenir Murat mais le renvoie pour le reste au Prince Régent et à son gouvernement.

« Il m'a dit : " Mon cher Duc d'Orléans, quant à moi, je suis tout prêt; mais c'est d'ici que cela dépend. *J'ai rappelé Balachoff que j'avais envoyé à Naples et qui n'a rien conclu avec Murat. Je viens de lui défendre de rien conclure et je lui ai ordonné de se retirer à Rome. Il s'agit à présent de savoir ce que l'on veut ici. C'est de là que tout dépend* (1)... " »

Ce n'est que le 17 juin que Louis-Philippe rencontre le Prince Régent. Il lui développe à nouveau tous les arguments déjà invoqués auprès du tsar, de l'empereur d'Autriche, de Louis XVIII, il ajoute ceux que lui a suggérés Talleyrand.

« Je lui ai dit : " Monseigneur, le roi (Louis XVIII) sait que tous les ennemis des Bourbons de France regardent *l'existence de Murat sur le trône de Naples et son voisinage de Bonaparte à l'île d'Elbe comme leur point d'appui et il croit que, si le dégoût des Allemands, qui est grand en Italie, y faisait éclater des mouvements contre eux, que, si Murat et Bonaparte se mettaient à la tête de ces mouvements, s'ils proclamaient l'indépendance de l'Italie et son union sous un chef, il y aurait une secousse telle en France que son trône pourrait y être renversé et que l'Europe pourrait être replongée en un moment dans tous les maux dont elle vient de sortir.* "

Et il a bien raison, reprit le Régent. Je ne sais pas comment ils ont été fourrer Bonaparte à l'île d'Elbe et faire tous ces arrangements avec Murat. C'est détestable. Mais il faut avouer aussi que votre beau-père a mal mené

---

(1) Rapport de Louis-Philippe à Ferdinand IV, le 10 juillet 1814.

sa barque, et, de vous à moi, nous ne savons pas trop ce qu'il ferait s'il était à Naples (1)... »

Alors brusquement le Régent ouvre la négociation. Que peut offrir Ferdinand IV? Quels engagements peut-il prendre? Louis-Philippe peut-il s'en porter garant? La reine Marie Caroline est-elle définitivement écartée du pouvoir?

Il l'interpelle :

« Dites-moi un peu, qu'est-ce qui arriverait en Sicile si le roi était à Naples? Car il n'a pas été trop obligeant pour nous en Sicile et il nous importe beaucoup qu'il y ait là un gouvernement sur lequel nous puissions compter.

— Monseigneur, lui ai-je répondu, c'est précisément en donnant au roi votre assistance pour son rétablissement à Naples que vous pourrez vous garantir de tous les fricotages que vous avez eus en Sicile et que vous pourrez faire avec le roi tous les arrangements que vous désirez faire pour cela. Que vos ministres me disent ce que sont ces arrangements. Je vais retourner en Sicile. Je mettrai tout ce qu'ils m'auront dit sous les yeux du roi. Quoique je n'aie aucune autorisation de sa part pour les démarches que je viens faire ici, cependant je n'ai aucun doute que le roi ne soit enchanté de savoir d'une manière précise ce que l'Angleterre désire de lui et qu'il ne soit très disposé à s'y adapter.

— Eh bien c'est cela, me dit le Régent, voilà ce qu'il faut combiner... Je désire son rétablissement à Naples, car j'en sais la justice et l'importance...

— Eh bien! alors, lui dis-je, puisque vous le sentez, il faut vous mettre à la tête de cette affaire-là, et il faut la décider vous-même, comme vous avez décidé celle du rétablissement du roi de France...

— ... Dites tout cela dans les mêmes termes à mes

---

(1) Rapport de Louis-Philippe à Ferdinand IV, le 10 juillet 1814.

ministres... et puis voyez Metternich. Vous le trouverez bien disposé. Et puis comptez sur mon appui (1). »

Mais la position des ministres est beaucoup moins nette. Ils se défilent devant la perspective d'une décision claire. Lord Liverpool pousse l'humour jusqu'à suggérer avec un sourire que c'est à la France d'expulser Murat de Naples.

Répondant à l'exposé habituel du duc d'Orléans il lui dit très sérieusement :

« ... Il me semble que Votre Altesse considère l'Angleterre comme partie principale, et l'Angleterre ne se considère pas comme telle. Relativement à cette affaire, les puissances de l'Europe doivent être divisées en trois classes :

1. L'Autriche, qui est liée à Murat par un traité formel;

2. L'Angleterre et la Russie qui, ayant eu connaissance de ce traité avant sa conclusion et ayant approuvé qu'il se fasse, ont contracté une sorte d'engagement;

3. La France et l'Espagne qui, n'ayant contracté aucun engagement quelconque avec Murat, sont absolument maîtresses d'agir avec lui comme elles le voudront.

— Mylord, lui ai-je répondu, je ne peux pas souscrire à votre manière d'envisager les rapports de ces différentes puissances avec Murat.

1. L'Autriche a bien, il est vrai, conclu un traité avec Murat, mais un traité n'est obligatoire que quand la partie adverse en a rempli les conditions, et il me semble que Murat a évidemment enfreint le traité et joué double...

2. Je ne connais d'autre lien entre vous et Murat ni d'autre règle de conduite que l'armistice (conclu entre Murat et Lord William Bentinck), il est à trois mois de notice et par conséquent en donnant ces trois mois à Murat, vous ne manquerez à aucun devoir en allant ensuite le chasser de Naples. Ce n'est qu'envers l'Autriche que

(1) Rapport de Louis-Philippe à Ferdinand IV, le 10 juillet 1814.

vous avez contracté un devoir d'égards par la connaissance que vous avez eue de son traité ; mais si, comme je n'en désespère pas, l'Autriche désire se débarrasser de son traité et de Murat, alors vous ne pourrez plus hésiter, car il est clair que, d'après vos anciens arrangements et ceux de la Russie envers Sa Majesté sicilienne, vous êtes obligés de chasser Murat et de remettre le roi sur son trône.

Lord Liverpool ne nia rien de tout cela ; mais il revenait toujours à l'idée de rejeter sur la France et l'Espagne le soin d'expulser Murat et de rétablir le roi à Naples.

Alors, je lui dis : « Ecoutez, Mylord, je vous dirai franchement ce que je pense de cela. Vous vous rejetez la botte les uns aux autres parce que vous tous, si vous avez bien envie qu'on vous débarrasse de Murat, vous voudriez bien que cela se fît sans votre participation. »

Cette saillie le fit sourire, et il convint que je ne me trompais guère.

Alors, continuant, je lui dis que quelque vivement que je désirasse le rétablissement de mon beau-père à Naples, si le roi de France me faisait l'honneur de me consulter, je ne pourrais pas lui conseiller de l'entreprendre et de l'effectuer de concert seulement avec le roi d'Espagne, dans l'état actuel de l'Europe, parce que :

1. Le roi devait soigneusement éviter tout ce qui pourrait réveiller l'ancienne jalousie des autres puissances envers la Maison de Bourbon. L'union des deux rois Bourbons pour rétablir un troisième roi Bourbon pouvait produire cet effet ;

2. Parce que l'introduction d'une armée française en Italie exciterait encore bien plus cette jalousie, les puissances ayant déjà témoigné tant de crainte que la France ne s'immisçât dans les affaires d'Italie ;

3. Si c'était par l'assistance du roi de France ou du roi d'Espagne que le roi, mon beau-père, recouvrait le trône

de Naples, il en résulterait certainement que ces puissances deviendraient ses premiers alliés et cela pourrait opérer des changements dans les rapports de l'Angleterre et de la Sicile...

Lord Liverpool me demanda alors tranquillement comment je m'y prendrais si j'étais à sa place pour me débarrasser de Murat et rétablir le roi sans qu'on pût me reprocher de manquer à aucun engagement.

Je lui dis que j'enverrais l'ordre à Lord William Bentinck de se rendre devant Naples avec toutes ses troupes embarquées et de faire une déclaration à Murat, d'abord qu'il avait manqué à ses engagements envers les alliés, ensuite que les changements survenus en Europe et particulièrement en Italie et le voisinage de Buonaparte ne permettaient plus de le laisser sur le trône de Naples, qu'ainsi c'était à lui de choisir, ou de traiter d'une indemnité avec l'Angleterre et ses alliés, ou de se préparer à se défendre contre l'attaque qui serait faite contre lui.

Lord Liverpool me répondit que, malheureusement, Lord William Bentinck avait été trop vite en besogne avec Murat et... qu'il ne voyait qu'une seule indemnité qu'on pût offrir à Murat, c'étaient les Trois-Légations et que cela même le pape le réclamerait forcément.

Ah, Mylord, Dieu nous en délivre! m'écriai-je. Et je m'efforçai de lui faire sentir le danger de laisser Murat en Italie...

... Lord Liverpool revint d'une manière assez marquée sur l'idée de donner à Murat une indemnité pécuniaire et me dit : " Mais qui est-ce qui la payerait? "

Ma foi, Mylord, lui dis-je en souriant, les deux classes de puissances de l'Europe qui ont ou croient avoir des engagements directs ou indirects avec Murat.

Il convint que cela était juste; mais il ajouta qu'il serait juste aussi que Votre Majesté supportât une partie du fardeau...

... Je terminai cette longue conversation en conjurant Lord Liverpool de profiter du moment où tous les souverains et leurs ministres étaient réunis à Londres pour arranger définitivement une affaire d'une aussi grande importance, et j'y ajoutai que le gouvernement britannique me mettrait au comble de mes vœux s'il voulait bien me rendre le porteur de cette nouvelle au roi mon beau-père.

Lord Liverpool me dit qu'ils allaient conférer de tout cela (1)... »

Le duc d'Orléans eut plus de mal à obtenir un entretien du ministre des Affaires étrangères britannique, Lord Castlereagh. Ce dernier retarda l'entretien prétextant une indisposition de santé. En réalité, sachant qu'il allait être appelé à représenter l'Angleterre au futur congrès de Vienne, il souhaitait réserver la question soulevée par Louis-Philippe aux décisions du Congrès.

Le duc d'Orléans ayant, au bout de deux jours, le 19 juin, à peu près forcé sa porte, s'entendit répondre que « ... cela prendrait encore du temps... ».

« ... Mais je ne pus rien gagner que des expressions de son désir de voir Votre Majesté rétablie à Naples et de ses regrets des difficultés qu'il y avait à cela; mais qu'il ne fallait pas en désespérer, au contraire, qu'il me priait, quand je retournerai à Palerme, d'en donner l'assurance à Votre Majesté, mais point de certitude, parce que cette affaire n'était pas encore arrangée définitivement et qu'il ne pourrait m'en dire davantage, même quand je resterais plus longtemps à Londres (1)... »

(1) Rapport de Louis-Philippe à Ferdinand IV, le 10 juillet 1814.

VOYAGE EN ANGLETERRE ET RETOUR À PALERME

De son entretien avec le prince de Metternich, il ne tirera guère plus : « ... Il me fit un long détail des motifs qui avaient porté l'Autriche à traiter avec Murat, du chagrin que l'empereur et ses ministres en avaient eu et du désir qu'ils avaient que Votre Majesté pût recouvrer le royaume de Naples.
Mais il ajouta qu'il fallait attendre le Congrès et qu'il serait très dangereux de rien entreprendre en Italie qui pût y exciter des troubles; que l'Italie était très inflammable; que le souvenir de 1799 excitait une grande crainte du retour de Votre Majesté et que, pour qu'Elle fût rétablie à Naples, il faudrait d'une part qu'Elle inspirât plus de confiance aux peuples, et de l'autre que toutes les puissances se fussent accordées sur la marche à tenir envers Murat...
... Tout cela fut longuement discuté et développé, et, en résumé, il me parut que le prince de Metternich était assez bien disposé, mais qu'il était encore indécis et embarrassé sur les moyens... »
Louis-Philippe était un peu déçu de n'avoir pu arracher une décision. Il était en revanche plein d'espoir, car il était clair que les puissances alliées étaient décidées à écarter Murat du royaume de Naples et résignées au retour de Ferdinand IV.
Il s'agissait d'une question de délai, d'opportunité et de compensation. Ferdinand IV devrait payer le prix de Naples par des conditions qui réintégreraient son royaume dans le concert et les disciplines des puissances monarchiques alliées.
Après un dernier entretien avec le Prince Régent qui lui confie plusieurs messages pour Louis XVIII relatifs aux risques tenant à la présence de Bonaparte comme souverain de l'île d'Elbe et de Murat sur le trône de Naples, Louis-Philippe regagne la France le 27 juin 1814.

LOUIS-PHILIPPE ET LOUIS XVIII

Aussitôt arrivé à Paris, il se présente à Louis XVIII :

« ... Le roi a pleinement ratifié tout ce que j'avais dis sur l'idée de faire rétablir Votre Majesté (Ferdinand IV) à Naples par la France et l'Espagne. Il m'a dit que, si les puissances le préféraient, il était tout prêt à employer sa flotte de Toulon et une de ses armées à chasser Murat et à rétablir Votre Majesté, mais qu'il ne ferait rien qu'avec leur consentement et leur aveu, parce que son premier besoin, le premier besoin de la France, était celui de la paix; que Votre Majesté pouvait compter sur toute sa bonne volonté et sur son vif désir de Vous voir rétablie à Naples...

Le roi m'a de nouveau chargé de recommander à Votre Majesté de suivre le même système que lui-même suivait en France et m'a répété tout ce que j'ai eu précédemment l'honneur de mander à Votre Majesté. Il a ajouté qu'il n'avait pas voulu être roi par la grâce du Sénat, mais qu'il avait donné une Constitution à ses peuples, parce que c'était l'esprit de notre siècle et qu'il valait toujours mieux la donner que la recevoir.

Le roi m'a déclaré qu'il conseillait à Votre Majesté de se tenir fidèlement et strictement à l'alliance anglaise, parce que c'était celle qui était la plus avantageuse à votre Etat et qui pouvait être la plus utile à Votre Majesté.

Sur ce que j'ai dit au roi que Votre Majesté n'avait demandé la permanence des troupes anglaises en Sicile que pendant que Murat serait sur le trône de Naples, le roi m'a dit :

— Il a mal fait. Il aurait dû demander simplement qu'elles restassent en Sicile sans fixer de terme... Je conçois fort bien qu'il soit souvent pénible pour un souverain d'avoir chez soi une armée étrangère qui ne dépend pas de lui. Mais on doit toujours se soumettre à un moindre mal pour en éviter un plus grand, et le plus grand mal pour le roi, c'est de faire craindre aux Anglais qu'il ne veuille

VOYAGE EN ANGLETERRE ET RETOUR À PALERME

se débarrasser d'eux en Sicile, et surtout que son rétablissement à Naples les obligerait d'en sortir, car alors cela peut les déterminer à préférer d'y laisser Murat (1)... »

Le duc part le 3 juillet et « J'irai jour et nuit jusqu'à Toulon », écrit-il dans sa hâte de rejoindre Palerme. Louis XVIII a mis à sa disposition un vaisseau de ligne et le ministre de la Marine, Malouet, lui affecte le *Ville-de-Marseille* commandé par le contre-amiral L'Hermitte « et en outre un transport pour mes effets, mes gens et mes bagages ».

« ... je me figure déjà ta joye et l'état où vous seres toutes lorsque Monte Pellegrino (où se trouve l'observatoire naval) signalera il vascello francese et que vous verres le pavillon blanc. La mienne ne sera pas moindre. Mais depuis que j'ai quitté Palerme, j'éprouve continuellement de ces sensations-là et pourtant elles sont aussi vives que le premier jour, que sera-ce lorsque vous entendres les " Vive le Roi " de l'équipage (2). »

Le 14 juillet, le navire de guerre français entre lentement dans la rade de Palerme. La population en fête de la capitale sicilienne se rassemble au port, acclamant les Bourbons. Le roi Ferdinand IV est là avec son fils, le vicaire général, et sa fille Marie-Amélie tenant la main du petit duc de Chartres alors âgé de quatre ans.

Il débarque « ... fortifié, embelli, revêtu de l'uniforme de lieutenant-général français, entouré d'officiers de cette nation, ayant le pavillon blanc sur son canot...

... Le duc a aussitôt présenté au roi l'amiral L'Hermitte, chargé de l'amener ici, et ses deux aides de camp le comte de Sainte-Aldegonde et le baron Athalin (3) ... », note Marie-Amélie qui ajoute :

(1) Rapport de Louis-Philippe à Ferdinand IV, 10 juillet 1814.
(2) *Journal* de Marie-Amélie, note du 10 août 1814.
(3) Journal de Marie-Amélie.

LOUIS-PHILIPPE ET LOUIS XVIII

« ... Nous avons... déballé les ravissantes choses que le duc rapportait tant de Paris que de Londres... »

Mille colifichets de mode pour les dames, des jouets pour les enfants, des livres pour le roi Ferdinand, des caisses de vin pour Lord William Bentinck, et pour Marie-Amélie un ravissant tableau de Greuze.

CHAPITRE VII

DE PALERME À PARIS AVEC MARIE-AMÉLIE
août-septembre 1814

Louis-Philippe reste moins de deux semaines à Palerme avant de repartir pour Paris avec Marie-Amélie. Il sait qu'il ne doit pas demeurer longtemps loin de la capitale. Il ignore, mais pressent les intrigues qui se nouent contre lui à la Cour.

Talleyrand lui-même y prête la main. L'ancien ministre des Affaires étrangères de Napoléon, conscient de la fragilité de cette première restauration, craint la tentation d'une monarchie libérale et vraiment constitutionnelle que suggère la seule présence du duc d'Orléans. Dans ses Mémoires, il évoque la question insidieuse qu'il posa à Louis XVIII pendant l'absence de Louis-Philippe :

— Votre Majesté pense-t-elle que S.A.S. le duc d'Orléans revienne bientôt de Palerme ?

— Sans doute Son Altesse sera de retour dans un mois.

— Votre Majesté pense-t-elle que l'air de la France soit aussi bon à Son Altesse que l'air des Deux-Siciles ?

— Mon cousin est revenu en effet, dit le roi, en très bonne santé, mais je ne pense pas que l'air de Paris le fasse maigrir...

Talleyrand s'apercevant que le roi ne voulait pas comprendre, arrêta là ses suggestions.

Les quelques jours passés à Palerme sont consacrés à des séances de travail avec Ferdinand IV. Il s'agit de définir avec précision les démarches qui doivent être entreprises pour la restitution de Naples. La condition première est le soutien de l'Autriche, signataire imprudent de l'accord avec Murat, mais surtout de l'Angleterre demeurée malgré tout méfiante à l'égard des souverains siciliens. Louis-Philippe essaie de convaincre Ferdinand IV que l'alliance anglaise n'est pas seulement une affaire occasionnelle mais une nécessité politique générale. Au moment de son départ, il remet au roi une lettre à ce sujet, une sorte de testament politique qui clôt son séjour sicilien : « Sire, je pars, mais avant de m'éloigner de Palerme je crois de mon devoir d'exposer à Votre Majesté que la ligne de conduite politique qu'on lui a fait adopter est diamétralement contraire à ses intérêts. Votre royaume n'a pas de forces suffisantes pour pouvoir se soutenir sans un secours étranger et la Sicile ne peut être aidée que par l'Angleterre... Sire, je pars pour ne plus revenir dans ce pays. Vous pouvez en conclure qu'aucune raison d'intérêt personnel ne me pousse à vous soumettre ces conseils. Mais même de loin, je serais chagriné par la nouvelle des malheurs d'une personne à qui je dois tout et je ne pourrais faire moins que de partager avec ma femme que j'aime tant les larmes occasionnées par les malheurs de son père... »

Outre la politique, il y a aussi des fêtes nombreuses, des réceptions, d'ultimes promenades dans les environs de la ville. Le 21 juillet, un déjeuner officiel est offert en l'honneur du duc et de la duchesse d'Orléans par le commandant du *Ville-de-Marseille*. « ... Nous sommes montés à bord du vaisseau français le *Ville-de-Marseille*, nous avons été reçus par l'amiral, la troupe et les officiers sous les armes, au milieu des cris de Vive le Roi et Vive les Bourbons et au son de la musique de l'air *Vive Henri IV.* Papa et François avaient mis la cocarde blanche à leur chapeau... Nous avons fait honneur à un bon déjeuner à la fin duquel tous les invités ont bu à la santé du roi (Ferdinand IV) et lui à celle de Louis XVIII et de Henri IV (1)... »

Un problème cependant se posait. Le duc d'Orléans n'avait recensé à Paris que peu de revenus immédiatement disponibles à retirer des domaines qui venaient de lui être restitués. Ses voyages avaient entraîné d'importantes dépenses et il se trouvait presque sans ressources. La manière dont il s'en ouvre au nouvel ambassadeur d'Angleterre à Palerme A'Court et la façon dont ce dernier règle le problème éclaire de nouveau d'une lumière étrange les relations du duc d'Orléans et du gouvernement britannique.

L'ambassadeur écrit en effet sans hésiter à Lord Castlereagh :

« ... Le duc d'Orléans est actuellement très à court d'argent. On ne le remettra en possession effective de ses biens de France qu'au mois de janvier 1815. On ne lui a pas payé les arrérages de la dot de la duchesse, sous le prétexte qu'il faut, avant tout, se préoccuper de nous rembourser. J'ai donc, afin de reconnaître les services que le duc nous a rendus, cru pouvoir, moyennant la remise et l'obtention d'une garantie parlementaire suffisante, l'autoriser à se faire payer avant nous. Je vous envoie de plus, ci-joint, copie de sa lettre, qui me semble fort intéressante et de nature à vous permettre de vous rendre un compte exact de la nature des conseils que le duc d'Orléans a toujours donnés au roi et du concours qu'il n'a cessé de prêter, auprès de cette Cour, au gouvernement britannique. Vous m'approuverez, je l'espère, d'avoir profité de la pré-

---

(1) *Journal* de Marie-Amélie.

sente occasion pour reconnaître ses services sans causer pour cela de dommage ni préjudice à notre gouvernement et à ses intérêts (1)... »

Le bon vent s'était fait attendre, finalement, Louis-Philippe et Marie-Amélie montèrent à bord du *Ville-de-Marseille* le 26 juillet en fin de journée sous les acclamations de la foule venue une dernière fois saluer « Donna Amalia ». En 1831, le prince de Joinville visitant Palerme avec l'*Artémise* sera accueilli triomphalement : « E il figliuolo di donna Amalia. » A 2 heures du matin, le 27 juillet, le *Ville-de-Marseille* leva l'ancre.

Le voyage est lent. Les vents contraires vifs et ce n'est que le mardi 10 août 1814 que le vaisseau jette l'ancre devant le port d'Hyères où il cherche un abri contre la mauvaise mer.

« Nous avons passé la matinée sur le pont à lire les *Moniteurs*... après le dîner, la municipalité d'Hyères est venue nous saluer et nous offrir des fruits et nous dire qu'elle regrettait beaucoup de ne pouvoir nous accueillir dans sa ville, mais que nous étions obligés de faire dix jours de quarantaine. » Le maire, comme tout maire en présence d'une autorité gouvernementale, en profite pour essayer d'obtenir un petit avantage... « Le maire a porté la parole et terminé son discours en demandant au duc la décoration pour la municipalité et pour toutes les autorités constituées d'Hyères, ils étaient accompagnés de deux trompettes très criardes (2)... »

Le 12 août, la mer s'étant calmée, le *Ville-de-Marseille* se remet en route et se présente en fin de journée à l'entrée du golfe de Marseille.

---

(1) Voir les dépêches 4 et 6 des 23 et 24 juillet d'A'Court à Lord Castlereagh — Record Office, Foreign Office, Sicily, Vol. 64.
(2) *Journal* de Marie-Amélie, note du 10 août 1814.

DE PALERME À PARIS AVEC MARIE-AMÉLIE

« Toute la nuit, nous avons peu avancé, mais dans le calme, à l'aube, nous avons pris à bord un pilote et le matin nous nous sommes trouvés en face... du château fort d'If, situé à quelques lieues de Marseille. La matinée était belle mais tout à fait calme en sorte que les cinq canots ont été mis à la mer et nous ont remorqués et à midi, nous avons abordé heureusement sous le fort dit Notre-Dame de la Garde à trois milles de la ville. Nous ne pouvions voir celle-ci car nous nous trouvions dans une baie juste derrière le rocher sur lequel est bâti le fort. Mais nous apercevions une vallée couverte de jardins et de belles maisons de campagne et les deux forts d'If et de Notre-Dame de la Garde complétaient la beauté du paysage (1)... »

La quarantaine cependant est loin d'être terminée.

Depuis 1526, pour lutter contre la peste d'Orient, tous les navires venant des ports du Levant devaient aborder à Toulon ou à Marseille, et les passagers subissaient une quarantaine effectuée sous le contrôle sévère d'officiers de santé ou de gardes de santé en rade ou dans des lazarets. Tous y étaient soumis scrupuleusement. Bonaparte seul y avait échappé à son retour d'Egypte. « Nous n'avons pas tardé à recevoir la visite de la barque de santé, note Marie-Amélie. On nous a dit que le règlement de la quarantaine étant très sévère, la nôtre devait être de dix jours, mais qu'en la comptant à partir du jour où nous avons pris à bord, à Hyères, l'officier de santé, nous serions libres le 18 août et que nous pouvions préalablement débarquer demain matin au lazaret (1)... »

Le lendemain, dimanche 14 août, le duc et la duchesse d'Orléans, après avoir entendu la messe, déjeuné et remercié l'équipage, prirent place dans le canot de l'amiral L'Hermitte. « Nous sommes partis au bruit des salves du

(1) *Journal* de Marie-Amélie.

navire et des forts de la ville et aux cris de Vive le Roi, Vive les Bourbons, Vive le duc d'Orléans, nous sommes passés sous le fort Saint-Jean où ont été enfermés pendant deux ans les frères de mon mari et au bout d'une demi-heure nous avons débarqué au lazaret où nous ont reçus le préfet, M. d'Albertas, le maire et le chef de santé. Chacun d'eux nous a fait un discours, puis ils nous ont accompagnés à l'intérieur du lazaret qui est grand et bien distribué. Nous habitons une galerie à colonnes qui donne sur une cour et a vue sur la mer. Chacun de nous y a une chambre avec deux cabinets par-derrière pour les gens de service, le tout est bien aménagé et le mieux divisé qu'il est possible... Peu de temps après notre arrivée au lazaret, un brouillard très épais et humide est venu de la mer et pendant quelques minutes nous a caché la vue... »

L'isolement sanitaire étant strictement appliqué, Louis-Philippe dut se rendre à la grille pour négocier avec le commandant de la place et le commissaire de police la poursuite du voyage. Ce fut aussi l'occasion pour lui de rencontrer le consul américain, M. Catalini, qui avait tant aidé ses frères lorsqu'ils étaient emprisonnés au fort Saint-Jean.

De retour dans sa chambre, il se met à son bureau et écrit plusieurs lettres. L'une d'elles adressée à son beau-frère le duc de Genevois, fils aîné du roi de Sardaigne, contient quelques détails sur ce séjour :

« Dans le lazaret de Marseille le 14 août 1814.

Mon très cher frère,

Nous voici maintenant tous en France où il n'y a rien de nouveau depuis mon départ et où il me semble que tout va assez bien... nous sommes débarqués dans le lazaret où on nous parfûmes d'encens... nous sommes sous clef comme dans une prison. A cela près nous sommes fort bien. Nous sommes dans des chambres qui communiquent par une grande galerie ouverte, au bout de laquelle est la chapelle et nous avons une voiture pour nous promener dans l'enceinte (1)... »

Lundi 15 août, messe, puis une promenade qui se termine au petit port du lazaret « ... pour voir le superbe canot construit à Toulon pour l'impératrice Marie-Louise et qu'on a fait venir ici pour nous transporter à Arles. Il contient commodément 15 personnes et a une chambre et un cabinet avec vitres et persiennes... ».

Le jeudi 18 août, la quarantaine s'achève, tout est prêt pour le départ. Marie-Amélie fait une toilette « élégante » souligne-t-elle.

« ... L'amiral est arrivé avec tous ses officiers puis la députation de santé en corps pour nous féliciter et nous donner la pratique. A midi, le duc, nous deux et le petit sommes montés dans un carrosse ouvert, tandis que quatre autres carrosses étaient là pour la suite... à la porte du lazaret nous avons trouvé la municipalité... de là nous sommes partis lentement escortés par deux rangs de troupes de ligne, à pied, et de la garde municipale à cheval et au milieu d'une foule qui, dans la rue, comme des fenêtres, ne faisait que crier Vive le Roi, Vive les Bourbons, Vive le duc et la duchesse d'Orléans, etc. La plupart des fenêtres étaient ornées de bannières et de draps blancs. Nous avons parcouru ainsi un long trajet de la porte du lazaret à celle de la ville nommée la porte d'Aix, qui était toute ornée d'arcs de fleurs. Là nous avons trouvé le commandant-général de Muy à la tête des officiers et le préfet M. d'Albertas à la tête de toutes les autorités civiles, chacun de ces chefs nous a adressé un discours, le duc est descendu

(1) Lettre de Louis-Philippe au duc de Genevois, 14 août 1814.

et s'est mis en marche entouré de tout ce cortège. Nous avons continué en carrosse au milieu des cris de joie et des acclamations toujours croissants. La garnison des troupes tant de ligne que de la garde nationale faisait la haie dans toute la ville, les premières avaient un air triste et abattu et étaient très mal vêtues, les secondes faisaient une figure superbe et l'on voyait briller sur leurs visages la joie qu'elles ne pouvaient contenir. Nous sommes arrivés ainsi à l'église cathédrale. Là, nous sommes descendus et à la porte, le doyen du clergé nous a fait un long discours. Puis nous sommes entrés, l'église est petite et obscure. Elle ressemble à celles des monastères de Palerme, nous nous sommes agenouillés dans le chœur, à côté de l'autel et nous avons assisté au *Te Deum* et au *Domine salvum fac Regem*, chantés à grand orchestre. A peine la cérémonie était-elle commencée que deux des principaux messieurs accompagnés par le général de Jean et M. Raymond sont venus avec des bourses faire la quête pour les pauvres. Nous n'avions pas prévu ce cas et nous nous sommes trouvés très embarrassés, heureusement, M. Athalin est venu à notre aide. En sortant de l'église nous avons poursuivi notre route de la même manière, c'est-à-dire le duc à pied et nous en carrosse, toujours au milieu du même cortège et des mêmes cris de joie, jusqu'à la préfecture destinée à devenir notre habitation. Nous y avons été reçus par toutes les autorités militaires et civiles; en entrant dans le vestibule nous avons trouvé des dames des plus belles et des plus distinguées, toutes vêtues de blanc et les cheveux ornés de lis. Elles m'ont offert des fleurs... Je les ai remerciées, embrassées et invitées à venir chez moi demain matin. Ensuite nous sommes entrés dans une galerie et y avons reçu la municipalité qui nous a offert le régal en usage dans la ville et qui consiste en un produit du pays. Puis nous avons reçu successivement

DE PALERME À PARIS AVEC MARIE-AMÉLIE

l'état-major, les chefs de corps, les magistrats et les diverses députations et corporations... A 4 heures, nous sommes descendus, nous avons traversé un charmant petit jardin et sommes allés dîner chez le général de Muy, la table comptait trente couverts, tous des hommes et en majeure partie des militaires, il n'y avait de femmes que nous deux et nos deux dames. J'étais entre le préfet et le général. Pendant le repas nous avons joui de la musique militaire d'un régiment de ligne... A 7 heures, au théâtre. Celui-ci est de forme ronde et assez grand pour contenir trois mille personnes. Il diffère totalement de ceux d'Italie car il n'y a de loges fermées comme les nôtres que deux rangs par étage de chaque côté et une autre petite dans les angles, le reste est aussi divisé en loges. Mais les divisions ne dépassant pas la hauteur d'un siège ne se voient pas et par conséquent ont l'air d'une galerie entière en amphithéâtre ce qui offre un très beau coup d'œil. Le spectacle comprenait l'opéra de Grétry « Richard Cœur de Lion » et une charmante opérette de circonstance « les Héritiers » de Michaud, ils m'ont fait le plus grand plaisir... »

La grossesse avancée de Marie-Amélie ne permettait pas d'emprunter les routes souvent défoncées et mal entretenues depuis quelques années.

Le 22 août le duc et la duchesse d'Orléans embarquent donc sur une chaloupe qui, longeant de près la côte, s'engage dans l'embouchure du Rhône.

« ... Marie-Amélie n'aura ni cahot, ni poussière, ni chaleur pendant plus des deux tiers du chemin et ainsi elle fera le voyage sans s'en apercevoir (1)... »

Visite d'Arles, le 23 août, réception des autorités et transbordement sur un confortable coche d'eau. « ... Le

(1) Lettre de Louis-Philippe au duc de Genevois, 14 août 1814.

coche a soixante-dix pieds de long et est divisé en trois chambres avec des fenêtres latérales. Le pont est couvert par une tente qui fait salon et salle à manger par le beau temps. On ne marche pas la nuit mais on ne met que dix jours pour remonter d'Arles à Lyon. Nous ne pourrions pas aller aussi vite par terre (1)... »

Le coche était précédé par un bateau plat d'une dizaine de mètres « ... où sont les matelots, les gens, bagages, etc., et que traînent les chevaux le long du bord... ».

Avec des arrêts à Avignon, Valence et Vienne le convoi progresse lentement vers Lyon. Voyage magnifique et pittoresque. Le duc, écrit Marie-Amélie, est tout fier de me montrer « sa France (2) ».

Le fleuve est parcouru dans les deux sens par des embarcations de toutes sortes, péniches, radeaux de bois flotté, barcasses à voile, barques de pêcheur, esquifs à la bricole, coches, bateaux à rames ou halés par des chevaux, spectacle sans cesse renouvelé dans le cadre éclatant de la vallée rhodanienne. Parfois le coche croise des convois militaires silencieux et maussades ou criant « Vive l'Empereur ».

L'arrivée à Lyon a lieu le 4 septembre. Le maréchal Augereau, commandant la région militaire, qui avait reçu Napoléon à son départ pour l'île d'Elbe, était sur le quai pour accueillir Louis-Philippe et son épouse. Marie-Amélie le salua comme « une des vieilles renommées de nos guerres d'Italie ». Et tout le monde s'en fut chanter un *Te Deum* à la cathédrale avant d'aller loger au palais de l'archevêché. Le soir même, le duc d'Orléans et sa petite cour s'en allèrent au théâtre applaudir Mlle Mars qui jouait « les Fausses Confidences ». Le spectacle est suivi d'un

---

(1) Lettre de Louis-Philippe au duc de Genevois, 14 août 1814.
(2) Le récit détaillé de cette remontée du Rhône se trouve dans le *Journal* de Marie-Amélie, commenté par la duchesse de Vendôme. Plon, 1935.

souper au cours duquel le maréchal Augereau, oubliant les origines familiales de Marie-Amélie, l'entretient de ses campagnes d'Italie. « ... Il m'a parlé sans le moindre embarras de son séjour à Naples et m'a beaucoup amusée par ses récits pleins de verve et d'esprit. » Le lendemain, Louis-Philippe part directement pour Paris s'assurer que tout est prêt au Palais-Royal pour recevoir sa famille, tandis que Marie-Amélie se repose quelques jours à Lyon.

Ce n'est en effet que le 9 septembre qu'elle embarque de nouveau sur leur confortable coche pour remonter la Saône.

Louis-Philippe vient la retrouver deux jours plus tard après Mâcon. « A 4 heures, tandis que j'écrivais tranquillement, on a crié " Voilà Monseigneur " et en effet j'ai eu la joie d'apercevoir mon cher mari sur la rive. »

Il monte à bord pour trouver Marie-Amélie frigorifiée. Elle qui ne connaît que le climat chaud de la Sicile découvre les temps frais des automnes français. « ... Par un froid semblable à celui de janvier en Sicile, nous sommes descendus pour nous réchauffer en marchant pendant une demi-heure dans la campagne. »

A partir de Chalon-sur-Saône, atteint le 12 septembre, le voyage se poursuit par la route et la première étape est Beaune le 13 septembre. « ... Ville petite et jolie où nous avons été reçus avec les plus grandes acclamations... Le duc est descendu pour recevoir des compliments de toutes les autorités et passer la revue de la garde nationale. Ensuite nous avons continué à traverser de belles campagnes et belles routes, et à 5 heures (17 h) nous sommes arrivés à la petite ville de Nuits... »

Le lendemain, a lieu l'entrée officielle dans Dijon. « ... A 2 milles de la ville sont venus à notre rencontre les généraux Simon Jacquemar, Bouch et de Vance, à l'entrée des faubourgs le duc est descendu de voiture, a passé la revue du 23ᵉ régiment d'infanterie qui se trouvait là et est monté à cheval avec les généraux. Nous avons traversé une grande partie de la ville, qui est belle et renferme environ 24 mille âmes, nous sommes allés descendre chez le préfet, M. de Terray, où nous avons trouvé sa femme, une personne très aimable et très gentille (1)... »

A Dijon, Louis-Philippe va avoir l'occasion de présenter sa femme au comte d'Artois qui arrive d'Auxonne. Tandis que le duc d'Angoulême parcourt l'ouest de la France, le duc de Berry les provinces frontières de la Lorraine aux Alpes, Louis XVIII a invité son frère à se rendre en Bourgogne et à visiter la Champagne, le Lyonnais et la Provence. Voyages protocolaires destinés à rétablir un contact personnel entre les Français et leur famille royale, ces déplacements avaient été diversement accueillis.

Angoulême sut parler à une opinion inquiète et agitée, calmer les esprits échauffés et rappeler les ultras au calme. Berry avait surtout inspecté les places fortes. Petit et brusque, il s'était modelé un personnage rappelant de loin les allures napoléoniennes. Assez bien accueillies, ses visites étaient plutôt un succès.

Le comte d'Artois était lui au tout début du trajet qui devait le conduire jusqu'à Marseille. Le ministre des Finances, le baron Louis, connaissant ses faiblesses, s'était assuré qu'en aucun cas le frère du roi ne pourrait faire de dépenses ni de promesses de dépenses inconsidérées. Le comte d'Artois se promenait donc à travers les régions dévastées et les villes détruites telles qu'Arcis-sur-Aube, Brienne, Bar-sur-Aube en pleurant avec tous ceux qui avaient souffert dans leur chair, leur famille ou leurs biens, en compatissant aux souffrances et aux douleurs de chacun, promettant de faire connaître au roi leur triste

(1) *Journal* de Marie-Amélie.

situation. Pour taquiner cependant un peu le baron Louis, il promettait quelques dérogations fiscales, suggérait à tout un chacun de solliciter des exemptions d'impôts, des prêts et faisait même couper 120 000 arbres des forêts de l'Etat pour aider à la reconstruction des maisons détruites, aux émigrés il accordait des aumônes importantes. Limité sur le plan financier, le comte d'Artois distribuait en revanche généreusement les décorations : le lis par fournée de 500 à 600 à la fois, avec un large assaisonnement de Légions d'honneur et de croix de Saint-Louis.

Si le voyage du comte d'Artois en Champagne s'était finalement fort bien passé, la Bourgogne lui fut moins favorable. A Dijon, il refusa de recevoir l'évêque concordataire, traita de haut une noblesse de robe plutôt voltairienne, et rudoya le préfet qui ne cachait pas ses sentiments bonapartistes.

Malgré ce climat un peu tendu (1), le comte d'Artois est fort gai et accueille joyeusement ses cousins. Une vieille complicité amicale qui date de leur séjour en Angleterre le lie à Louis-Philippe : « ... Nous sommes partis pour aller au-devant de lui, raconte Marie-Amélie, en effet nous l'avons aperçu qui venait à notre rencontre. En nous voyant, il a changé de direction, a pris dans son carrosse le duc qui allait à pied, le duc nous a présentés à lui et il nous a reçus avec une grande cordialité. Monsieur (le comte d'Artois) est d'une taille moyenne, maigre, mais très bien fait. Le nez est aquilin, la bouche grande et montrant toujours les dents, les yeux bruns, les cheveux

---

(1) La suite du voyage du comte d'Artois ne fut guère heureuse, il laissa Lyon dans l'agitation et la division. A Valence, il y eut une petite manifestation, Avignon l'accueillit froidement et Marseille, qui avait beaucoup souffert de l'Empire et dont le port abritait 300 vaisseaux de commerce immobiles depuis douze ans, fut déçue de ne pas redevenir un port franc.

cendrés, Bourbon dans toute la physionomie. Des manières affables mais une grande timidité et une sorte de gêne dans toutes ses actions. Après les premiers compliments il m'a tendu la main et nous sommes montés dans son cabinet où nous sommes restés un moment à causer avec lui. Je lui ai présenté mes enfants avec lesquels il a joué aimablement, ensuite il est passé dans sa galerie pour recevoir plusieurs chevaliers de Saint-Louis. Il y avait là un grand nombre de personnes, entre autres Maret, duc de Bassano, un homme de haute taille, gros, d'une belle figure. Vers 6 heures nous sommes allés dîner, je me trouvais entre Monsieur et le préfet, la table comptait une trentaine de personnes, entre les autorités civiles et militaires, et parmi ces dernières, le général Bellière, homme d'esprit qui a beaucoup connu ma pauvre sœur Toto; et les personnes qui accompagnaient Monsieur, parmi lesquelles j'ai vu le duc de Maillé, le duc de Fitz-James, Charles de Damas, le comte de Bruge. Après le repas, Monsieur nous a conduits à la voiture où nous avons pris congé de lui, et il m'a laissée très satisfaite (1)... »

Marie-Amélie avait connu à Naples le duc de Berry, à Vienne le duc d'Angoulême. Mais c'était sa première rencontre avec le comte d'Artois dont la gentillesse et la bonté l'ont aussitôt charmée.

Le 15 septembre, le voyage reprend : « A peine sortis de Dijon nous avons trouvé des campagnes pierreuses comme en Sicile. Nous avons passé un joli village nommé Plombières et à midi nous sommes arrivés à la poste de Pont-Pany. » L'étape du jour est Avallon, atteinte à la nuit tombée. « ... La route étant mauvaise, nous étions bien secoués, puis nous sommes arrivés à la petite ville d'Avallon au milieu des tirs, des acclamations et au son de la

---

(1) *Journal* de Marie-Amélie. Toto, c'est-à-dire Marie-Antoinette. Sœur préférée de Marie-Amélie, duchesse de Genevois.

musique de la garde nationale... nous sommes descendus dans une auberge petite, mais jolie... » Parti d'Avallon le vendredi 16 septembre à 9 h 30, le convoi atteint Auxerre à 14 heures. « ... Et alors les campagnes sont redevenues belles et agréables... » A 21 heures « ... Nous sommes arrivés à Sens, belle ville assez grande, autrefois siège archiépiscopal, aujourd'hui désolée, ayant été exposée à toutes les horreurs de la guerre et saccagée pendant dix jours lors de la dernière campagne. Nous sommes descendus dans l'auberge *où Buonaparte s'arrêta lors de son retour précipité de l'armée à Fontainebleau et le duc et moi avons couché dans la chambre même où il dîna seul* de très mauvaise humeur (1)... ».

Avant de repartir le 17 au matin, Marie-Amélie et Louis-Philippe vont visiter « ... la superbe cathédrale, monument du XIIIe siècle. A l'extérieur elle est de pur style gothique, j'ai remarqué avec peine que toutes les statues qui l'ornent sont décapitées, ce qui probablement a été fait dans les fureurs de la Révolution; à l'intérieur elle est remarquable par ses peintures sur verre, inimitables dans les temps actuels; ce qu'il y a aussi de beau, c'est un autel où est représenté en marbre le martyre de saint Sabinien, un des apôtres des Gaules, la draperie qui l'orne est superbe (1)... ».

Le soir même, ils arrivent à Fontainebleau. Prévu pour être une étape de repos agrémentée d'une visite du palais et de promenades en forêt, Fontainebleau sera un triste souvenir pour Marie-Amélie. C'est là qu'elle apprendra la mort de sa mère. « Le matin, à mon réveil, le duc est entré dans ma chambre et, d'une voix entrecoupée, m'a dit qu'il avait une mauvaise nouvelle à me donner, ayant reçu une lettre de Léopold (le prince de Salerne, frère

---

(1) *Journal* de Marie-Amélie.

cadet de Marie-Amélie) m'annonçant que maman était malade. J'ai, hélas, aussitôt compris l'étendue de mon malheur, Dieu seul sait ce que j'ai éprouvé quand le duc m'apprit en pleurant que dans la nuit du 7 au 8 septembre une attaque d'apoplexie m'avait enlevé la meilleure, la plus aimée des mères! Les circonstances, le moment du terme de son existence, tout a servi à augmenter ma douleur. En un instant, j'ai perdu la plus chère des mères à laquelle je devais tout, la meilleure des amies, la plus fidèle et juste au moment où j'espérais la revoir et où elle aurait pu enfin jouir de jours meilleurs (1). »

Les mots qu'emploie ici Marie-Amélie reflètent la profonde affection qu'elle éprouvait pour sa mère. Cette tendresse et ce respect, nous en trouvons un reflet chez Louis-Philippe. Malgré ses oppositions et ses heurts avec la reine, il avait su reconnaître une grande générosité de cœur chez cette femme qui avait favorisé son mariage malgré tous ses ressentiments, dès qu'elle avait reconnu sa sincérité à l'égard de Marie-Amélie.

L'histoire n'a pas été très juste avec Marie-Caroline et la vie lui a été injuste à son terme. Intelligente, belle, passionnée, elle avait gouverné son mari et l'Etat de son mieux et parfois avec sagesse. Mais ses affrontements avec Bentinck étaient ceux de deux personnalités qui voulaient le pouvoir absolu. L'un devait céder. Bentinck l'emporta, mais pour peu de temps.

Réfugiée à Vienne, usée, malade, mentalement fragile, sa conviction d'être persécutée par tous avait trouvé un nouvel aliment dans le traité que le gouvernement de Vienne, le gouvernement de sa propre famille, avait signé avec Murat, lui garantissant le trône de Naples.

La chute de l'Empire n'avait pas consolé la reine des

(1) *Journal* de Marie-Amélie.

DE PALERME À PARIS AVEC MARIE-AMÉLIE

Deux-Siciles. Les alliés qui l'avaient chassée de Palerme lui paraissaient aussi hostiles que Bonaparte.

Elle espère pourtant en la France et se tourne vers Talleyrand. « Prince de Bénévent, lui écrit-elle, les événements étonnants et rapides qui viennent de rendre à la branche aînée des Bourbons et à celle d'Espagne le rang et les trônes de leurs ancêtres, n'ont pas encore eu d'influence sur celle des Deux-Siciles, bien que les malheurs et surtout la constance lui aient acquis des droits sacrés à l'estime, à l'équité des alliés, mais l'influence que la France va reprendre, à juste titre, en Europe nous est un garant qu'... elle soutiendra nos droits légitimes... »

Prudemment, Talleyrand lui répond : « Votre Majesté peut se confier en la pente naturelle des événements, en la sollicitude de l'auguste chef de la maison des Bourbons et aux maximes d'une bonne et sage politique... »

De plus en plus atteinte, elle sombre à l'approche de l'été dans une crise de dépression nerveuse.

« Rien ne me touche plus sur la terre, mon sort a été jugé et décidé le jour où j'ai été chassée comme une femme de théâtre et jetée hors de la Sicile... Ma vie est terminée en ce monde, je ne suis plus un objet d'intérêt que pour quelques vieilles femmes qui ne sortent jamais de chez elles et qui sortent pour voir le dernier des enfants de la grande Marie-Thérèse... Le Prater est dans son beau vert, tout en fleurs mais il n'y a plus rien de beau pour moi (1)... »

Dans la nuit du 7 au 8 septembre elle mourut d'un foudroyant transport au cerveau. Le prince de Salerne en informa le duc d'Orléans par un courrier qui ne put le rejoindre avant Fontainebleau. La nouvelle toucha pro-

---

(1) *Vie de Marie-Amélie* par Auguste Trognon, Paris, 1872.

fondément Marie-Amélie qui était très attachée à sa mère, malgré les erreurs politiques qu'elle lui connaissait. Elle « ... fut accablée et demanda qu'un jour au moins lui fût accordé pour donner seule un libre cours à ses pleurs... ».

L'arrivée imprévue de sa belle-mère qu'elle n'avait pas revue depuis le départ précipité de Sicile de la duchesse douairière d'Orléans avec M. de Folmont ne fut qu'une mince consolation. « ... Je l'ai trouvée telle que je l'avais laissée, même engraissée... »

En revanche une visite-surprise la distrait, celle des abbés de Saint-Phar et de Saint-Albin, « ... fils naturels du duc d'Orléans grand-père de mon mari, le premier est grand, gros, blond, très gai et un bon vivant dans toute l'acception du terme; le second est grand, brun, plus sage et plus sérieux... ».

Le 22 septembre Louis-Philippe et Marie-Amélie se lèvent tôt pour recevoir le préfet, M. de Plancy, les généraux et les officiers de la Vieille Garde que « j'ai tous remerciés de la part qu'ils ont prise à mon chagrin (1) ». Le départ pour Paris a lieu à 12 h 30 et Marie-Amélie a laissé un récit détaillé de cette ultime étape :

« ... La première poste se passe presque entièrement dans la forêt de Fontainebleau qui est vraiment superbe, et à 1 heure et demie nous sommes arrivés à Chailly. Ensuite nous avons traversé de belles campagnes toutes semées de villages, et à 2 heures et demie nous sommes arrivés à la poste de Pont-Lery. La campagne a continué à être très belle, nous avons vu de loin le château de Sainte-Assise où est mort le duc d'Orléans notre aïeul et qui appartient aujourd'hui à M. de Portalis et plusieurs autres beaux châteaux, parmi lesquels celui d'Atys (sic), et celui de Breaux. A 3 heures et demie nous sommes arrivés à la

(1) *Journal* de Marie-Amélie.

DE PALERME À PARIS AVEC MARIE-AMÉLIE

poste d'Eponne, gros et beau bourg. Toujours de belles campagnes, mais une pluie continuelle et la route si mauvaise que nous avons été obligés d'aller au pas, nous avons passé le village d'Arès où le général Andreossi a un magnifique château et à 5 heures nous sommes arrivés à la poste de Fromanteau. Nous y avons trouvé les poissardes (1) de Paris qui nous ont donné des fleurs. A la sortie de Fromanteau nous avons vu l'obélisque auprès duquel s'est arrêté Buonaparte en apprenant la capitulation de Paris. Bientôt après nous avons passé à droite Petit-Bourg, campagne appartenant à la duchesse de Bourbon, et à gauche les belles campagnes de Viry et de Savigny appartenant aux maréchaux Marmont et Davout. A 6 heures nous sommes arrivés à la poste de Ville Juif (sic), peu après nous avons passé le fameux château de Bicêtre et ensuite la Barrière et nous sommes entrés dans la promenade dite des Boulevards neufs. C'est une très longue allée double de grands arbres au milieu desquels passe la route. Nous avons vu de côté la magnifique maison des Invalides qui rappelle la grandeur de Louis XIV, puis le magnifique Palais-Bourbon ou du Corps législatif, nous avons vu de côté les Tuileries et l'immense colonnade du Louvre, chef-d'œuvre du chevalier Bernard. Nous avons passé le Pont-Neuf où l'on a replacé la statue de notre bon Henri IV et à 7 heures et demie nous sommes arrivés par la rue

---

(1) Les poissardes étaient une véritable institution sous l'Ancien Régime. Il s'agissait d'une des corporations des métiers de Paris qui regroupait les dames de la Halle. Leur vêtement poissé de tous les jours et leur langage ordurier n'empêchaient pas certaines d'entre elles de connaître l'aisance et même la richesse. Les jours de fête elles étalaient une lourde bijouterie d'or, des dentelles et des robes en soie aux couleurs les plus vives. Elles avaient le privilège en certaines occasions (naissance ou mariage dans la famille royale, le 1er de l'an, victoires militaires, etc.) d'aller féliciter le roi à Versailles. On leur offrait ensuite un grand banquet.

LOUIS-PHILIPPE ET LOUIS XVIII

Saint-Honoré au Palais-Royal où j'ai été surprise de voir des boutiques dans les cours et jusque sous la voûte au pied du grand escalier qui est rond à double volée et vraiment superbe; nous avons été reçus par le comte de Montmorency, par Raoul de Montmorency son neveu et un autre aide de camp du duc, par M. de Chabot et les deux abbés. Au haut de l'escalier, la duchesse de Bourbon, notre tante, est venue nous recevoir, elle est petite, bien faite, maigre, elle a des yeux bruns, très vifs, elle a soixante-quatre ans et paraît en avoir quarante, elle est toute cœur, vive, gaie et sans façons, nous sommes montés dans l'appartement que j'habiterai jusqu'à ce que le grand soit terminé, il est très joli mais bruyant; peu après nous avons dîné, ensuite le vicomte d'Agoust est venu me faire les compliments de la duchesse d'Angoulême et me dire qu'elle ne pourrait me recevoir le lendemain qu'à 3 heures parce qu'elle devait monter à cheval dans la forêt de Saint-Germain. Puis ma belle-mère est arrivée, quand elle et ma tante se furent retirées, j'ai fait le tour de la maison à l'intérieur, j'ai fait différentes choses et à 11 heures du soir je me suis couchée, remerciant Dieu d'être heureusement arrivée au terme de mon long voyage, mais stupéfaite de me trouver à Paris... »

CHAPITRE VIII

L'INSTALLATION À PARIS
septembre 1814

En cet automne 1814 Louis-Philippe retrouve un Paris bien différent de celui qui l'avait tant séduit en mai. A l'enthousiasme, aux acclamations, aux chants de « Vive Henri IV » ont succédé l'inquiétude et la morosité.

En quelques mois Louis XVIII malgré son intelligence et sa bonne volonté a échoué dans sa tentative d'amalgame, et de réconciliation des héritiers de la Révolution et de l'Empire et des fils de l'émigration. « La guerre était universelle, la réconciliation l'est pareillement », dira-t-il dans son discours du trône (1), sans être entendu.

Les luttes ont été trop âpres, les haines trop marquées, les intérêts trop atteints et les convictions trop solides de part et d'autre pour que le sens de l'unité nationale l'emporte sur les passions bornées.

Chaque camp se dresse contre l'autre avec vivacité puis avec violence.

Le premier corps à se rebeller contre les nouvelles institutions fut l'armée. Humiliée par la défaite et l'occupation, bouleversée par le départ de l'Empereur, inquiète

---

(1) 4 juin 1814.

de l'avenir, choquée par l'attitude des officiers émigrés revenus avec l'ennemi, elle se mit à ruminer une rage dont seul un grand écrivain comme Chateaubriand pouvait exprimer la force (1).

Louis XVIII s'efforça d'atténuer cette hostilité muette et provisoirement disciplinée en rendant honneur aux chefs de l'armée impériale. Mais il ne sut pas toucher le cœur de la troupe. Jugeant que les charges militaires et civiles devaient être dévolues au seul mérite, il se réserva en revanche le droit de choisir les éléments composant la garde de son palais et de sa personne. La garde impériale fut exilée en province et le roi se constitua une maison militaire considérable avec six compagnies de gardes du corps dont chaque garde avait rang d'officier, deux compagnies de mousquetaires rouges, une compagnie de gendarmes, des gardes suisses, des grenadiers à cheval, des gardes de la porte.

Entre les soldats de l'Empereur et ceux du roi l'hostilité éclate sans cesse. La morgue des uns se heurte à l'orgueil des autres. Chaque détail blesse. La fleur de lys qui remplace l'aigle est qualifiée de « punaise » dans les rangs. le peu de métier des jeunes gentilshommes est raillé. Ceux qui ont trop d'expérience au contraire sont accusés de l'avoir acquise contre les troupes françaises.

Plus grave encore, la diminution du budget de la guerre

(1) « Ces grenadiers couverts de blessures, vainqueurs de l'Europe qui avaient vu tant de milliers de boulets passer sur leurs têtes, qui sentaient le feu et la poudre, ces mêmes hommes privés de leurs capitaines étaient forcés de saluer un vieux roi, invalide du temps non de la guerre... Les uns, agitant la peau de leur front, faisaient descendre leur large bonnet à poil sur leurs yeux, comme pour ne pas voir, les autres abaissaient les deux coins de leur bouche dans le mépris de la rage; les autres à travers leurs moustaches laissaient voir leurs dents comme des tigres. Quand ils présentaient les armes, c'était avec un mouvement de fureur et le bruit de ces armes faisait trembler... »

L'INSTALLATION À PARIS

et la réduction de l'énorme corps de bataille français devenu inutile avec la paix, entraîna une diminution du contingent et du nombre des officiers. C'était passer de la gloire à l'ennui. Dix mille officiers furent placés en demi-solde et invités à se retirer dans leur province d'origine où ils allèrent porter leurs fureurs et leurs rancunes. Malheureusement les licenciements intervinrent au moment même où se constituait la Maison du roi, où se recrutaient les Suisses et où 4 000 Vendéens, anciens combattants de la guerre insurrectionnelle, étaient intégrés dans l'armée.

Ulcérée, l'armée bascule dans ses souvenirs et rumine ses aigreurs, tandis que plusieurs milliers de demi-solde réunis à Paris malgré la défense qui leur en est faite vont répétant qu'il faut jeter à la mer les émigrés et le roi avec.

Que l'Empereur réapparaisse et tous le suivront.

L'organisation coûteuse de la Cour avec ses titres et son cérémonial d'ancien régime échauffe les esprits et inquiète les libéraux. Voici que réapparaissent en effet le grand maître de France, les chambellans, le secrétaire des commandements, les gouverneurs des maisons royales, les gentilshommes de la chambre, le grand aumônier, les premiers aumôniers, les aumôniers de quartier, le grand écuyer de France, les écuyers cavalcadours, les pages du roi, le grand veneur, les hérauts d'armes, etc.

Autre sujet de friction, l'Eglise qui accueille triomphalement « le fils de Saint Louis » et part à la reconquête de son ancienne puissance. Soumise et silencieuse sous l'Empire, elle veut maintenant retrouver la place qu'elle occupait sous l'Ancien Régime et met son influence spirituelle au service du roi et son influence politique au service des tendances les plus marquées pour leur royalisme et leur antilibéralisme.

Les causes du trône et de l'autel se trouvent réunies dans une même défense et illustration, mais aussi confondues dans les critiques et attaques des voltairiens, des libéraux et des anticléricaux.

Des cérémonies expiatoires sont organisées pour réparer les crimes de la Révolution contre la religion, ou en souvenir de ses victimes, des missionnaires parcourent les régions déchristianisées, des associations pieuses se multiplient dont le zèle ressuscite des querelles que l'on croyait oubliées.

Nombreux également sont les prêtres qui montent en chaire et dénoncent le « vol » des biens de l'Eglise vendus comme biens nationaux. Ils se joignaient ainsi à toute une campagne qui s'organise pour obtenir la restitution des propriétés acquises pendant la Révolution dans les ventes nationales.

Les nouveaux propriétaires s'inquiètent. Certes la Charte garantit l'inviolabilité des ventes nationales mais les journaux royalistes attaquent violemment ces détenteurs « sans droits et sans moralité », ils réclament la restitution du bien « volé ». La loi protège peut-être ces propriétaires indus, mais l'opinion et la morale les flétrissent, écrit-on de tous côtés. Des comités cantonaux se forment avec les maires, les curés, les juges de paix pour réviser les ventes et les paiements en assignats. Le gouvernement les interdit, mais la pression morale sur les acquéreurs de biens nationaux demeure et leur inquiétude également, assez forte parfois pour conduire spoliés et spoliateurs à une nouvelle transaction.

Mais le plus souvent rien de tel ne se produit et les dépossédés — presque toujours des émigrés — lisent et scrutent la Charte du roi garantissant les propriétés nationales. Contre ce texte qui leur semble monstrueux d'injustice ils s'insurgent et s'exaspèrent. Pourquoi garantir la nouvelle propriété acquise vilement et à bas prix et non l'ancienne, celle des sujets fidèles? La noblesse, petite

L'INSTALLATION À PARIS

ou grande, émigrée ou non, vit avec la Restauration une sorte de rêve rétro. Elle oublie les événements des vingt-cinq dernières années et leur leçon. Elle saute en arrière d'un quart de siècle, veut ignorer la Charte du roi, « la chatte » du roi, ironisent-ils.

En province des gentilshommes campagnards réclament le rétablissement à l'église du banc seigneurial ou l'offrande du pain avant le maire. D'autres demandent le retour aux exemptions fiscales de jadis. Fidèles au roi ou ralliés à l'Empire, loyaux ou opportunistes, les membres de la noblesse en 1814 se retrouvent et se regroupent pour imposer leur place et leur rang. Sans droits juridiques ils rétablissent des privilèges de fait. Ils entrent en rangs serrés dans l'armée, peuplent les administrations préfectorales et financières à partir d'un certain niveau, occupent la plupart des emplois de la Cour, ceux du haut clergé, etc. 54 % des membres de la Chambre introuvable appartiennent à la noblesse et pour neuf départements la députation ne comprend que des nobles.

Une présence et des exigences aussi grandes ne pouvaient qu'indisposer. Certes le retour du roi a signifié le rétablissement de la monarchie mais non de l'Ancien Régime. Cependant l'opinion populaire, choquée par les attitudes de la Cour et de la noblesse, redoute la réapparition des dîmes, des privilèges, de la « féodalité ». La joie passagère de la paix ne compense bientôt plus le doute quant à l'avenir, la crainte des inégalités renaissantes, les difficultés de la crise économique et financière.

La bourgeoisie qui, sous l'Empire, dut céder le pas à l'armée, a accueilli avec faveur un régime d'ordre moral qui lui ouvre de larges perspectives d'influence et de richesse. Elle aussi pourtant se heurte dans sa fierté et ses intérêts à l'aristocratie de naissance et doit jouer un jeu subtil défendant à la fois les principes de l'égalité de droit pour s'opposer à la noblesse et usant de l'inégalité de fait pour s'imposer aux classes populaires.

Louis XVIII en fait cherche à concilier l'inconciliable, à faire coexister dans la tolérance trois sociétés différentes et hostiles qui s'opposent non seulement dans leurs intérêts mais dans leurs principes les plus fondamentaux, celle du passé avec sa structure monarchique traditionnelle, celle du présent avec son héritage de la Révolution et de l'Empire et celle de l'avenir qui porte la bourgeoisie industrielle et financière et qui trouvera son expression politique dans l'orléanisme.

Comment s'étonner dès lors que chaque acte politique du roi et de son gouvernement soit l'objet de contestations et des attaques les plus diverses.

Le combat commence dès le 13 mai 1814 avec la constitution du premier gouvernement de la Restauration. Tous les partis y trouvent des sujets de mécontentement. Les monarchistes ultras en découvrant Talleyrand aux Affaires étrangères, avec pour adjoint un protestant, M. de Jaucourt, ancien membre de l'Assemblée législative, aux Finances le baron Louis, ancien sous-diacre et haut fonctionnaire de l'Empire, à la Police Beugnot, préfet du Nord et comte de l'Empire. Les bonapartistes prirent pour une insulte la nomination à la Guerre du général Dupont, le capitulard de Bailén. Les modérés virent un mauvais présage dans la désignation du comte de Blacas comme ministre de la Maison du roi, de Dambray comme chancelier et de Ferraud, un ancien émigré, aux Postes. Tous enfin s'esclaffèrent en apprenant que l'abbé de Montesquiou avait été chargé du ministère de l'Intérieur et qu'il avait pris comme secrétaire général un protestant, M. Guizot. « Tranquillisez-vous, je ne veux pas en faire un pape », répondait-il à ceux qui critiquaient ce choix.

La charte rédigée à la hâte en six jours, du 22 au

L'INSTALLATION À PARIS

27 mai (1), car les souverains étrangers avaient hâte de quitter Paris, mais voulaient laisser la France « en ordre et avec une Constitution », recueillit presque autant de critiques.

Les ultras jugeaient stupéfiantes l'égalité devant la loi, l'égalité fiscale, la liberté de la presse dont pourtant ils devaient se servir sans réticence, la liberté de pétition et de culte. L'abbé de Rouzan monta en chaire pour affirmer : « Toute Constitution est un régicide. » D'autres trouvaient le roi bien imprudent et le taxaient de faiblesse parce que la confiscation était abolie, les juges déclarés inamovibles, la dette publique garantie et la noblesse d'Empire reconnue. Le fait d'avoir une Chambre élue, même par un petit nombre d'électeurs censitaires, semblait une audace révolutionnaire. « ... Au lieu de nous énerver à créer des collèges électoraux, déclarait le ministre de l'Intérieur, ne vaudrait-il pas mieux remettre au roi la nomination des députés ? Il les recruterait dans les listes de notabilités ainsi que le faisait le Sénat sous l'Empire... » Les Bonapartistes protestaient contre le drapeau blanc, substitué au tricolore. Les libéraux regrettaient de voir que la constitution « octroyée » par le roi établissait une monarchie constitutionnelle mais non parlementaire. Le roi détenait le pouvoir exécutif dans sa plénitude et avait l'initiative des lois. L'article 16 de la Constitution de la Ve République s'appelait alors l'article 14 et donnait au souverain le droit de faire « ... les règlements et les ordonnances nécessaires pour l'exécution des lois et la sûreté de l'Etat ». Le Parlement comprenait une Chambre élue par les électeurs de plus de trente ans, payant plus de trois cents francs d'impôts directs et une Chambre de pairs héréditaires dont le nombre pouvait être augmenté à volonté par le roi.

---

(1) Promulguée le 4 juin.

LOUIS-PHILIPPE ET LOUIS XVIII

Pour Louis XVIII, la charte était un traité de paix avec la nation et les Français, un compromis après l'expérience redoutable de la Révolution et de l'Empire. Il percevait aussi les fruits heureux de ce compromis. Telle qu'elle était, la Constitution française était avec l'anglaise la plus libérale d'Europe. Les ultras ne s'y trompèrent pas et leur porte-parole, le comte d'Artois, déclarait publiquement : « On l'a voulu, il faut bien en essayer, mais l'expérience sera bientôt faite et si, au bout d'une année ou deux, on voit que cela ne marche pas rondement, on reviendra à l'ordre naturel des choses... »

A peine les deux Chambres étaient-elles réunies qu'elles voulurent se distinguer des assemblées de l'Empire et manifester leur indépendance. Sans attendre que le vote du budget lui donnât l'occasion d'exprimer son esprit critique, la Chambre des députés se saisit d'un malheureux arrêté du directeur de la police qui avait interdit toute fête et tout travail le dimanche. Il fallut compromettre et faire disparaître l'arrêté dans les méandres d'une commission spéciale avant que libéraux et ultras ne se soient pris à la gorge. Les mêmes tensions réapparurent pour la loi sur la presse, l'inamovibilité des juges, la réforme de l'Université de France remplacée par dix-sept universités particulières, etc.

Tout devenait matière à conflit, à cabale, à dispute... en quelques mois le mécontentement était devenu général. La bourgeoisie pensait que cela « ne durerait pas ». La paysannerie se remit à haïr les nobles et les prêtres. L'armée avait de cœur suivi Napoléon à l'île d'Elbe, et s'en allait répétant qu'il fallait être « chouan, vendéen ou cosaque, ou anglais pour être bien reçu à la Cour ». L'avenir devenait synonyme d'incertitude.

Dans cet état de confusion politique, d'incertitude des esprits, Louis-Philippe fit preuve d'une extrême prudence. Il avait tout à perdre en prenant les apparences d'un chef

L'INSTALLATION À PARIS

de parti s'opposant au roi. Prince du sang, héritier du trône, pourquoi et comment contesterait-il la légitimité monarchique? Après vingt-deux ans d'exil, son premier souci était de jouir en paix de sa grande fortune. Mais il devait celle-ci au roi et il lui faudrait bien des années pour la mettre en ordre et la reconstituer. Enfin, dans ces premiers mois de la Restauration, il partageait les sentiments de Louis XVIII et soutenait sa politique : réconcilier les Français, rétablir l'unité nationale, asseoir un régime constitutionnel et un système de libertés individuelles proches de ceux dont bénéficiaient les Anglais.

Sa loyauté pour le roi continuait d'être sans faille. Il n'est guère douteux qu'à cette époque il fit part au roi de toutes les propositions et suggestions qui lui furent faites de s'approcher du pouvoir.

Pourtant à force de considérer sa situation comme délicate et d'en entretenir le roi et ses ministres, il la rendit telle.

Sa personnalité, son attitude, ses relations, sa qualité même d'héritier du trône attiraient à lui les bonapartistes qui ne voulaient plus des aventures de l'Empire, mais qui ne voulaient pas des excès des ultras, les libéraux, les monarchistes modérés, et tous ceux qui se trouvaient en mal d'avenir.

Malgré son silence, son nom était sur bien des lèvres. Entre les souvenirs de l'Empire et la paix du roi, il y avait place alors pour bien des sentiments dans le cœur des Français et Louis-Philippe y trouvait sa part.

N'encourageant personne, ne se découvrant jamais, agissant toujours en prince de la famille royale, il attirait pourtant à lui par le charme de son esprit, l'attrait de sa conversation, sa simplicité et ses façons presque bourgeoises, des hommes tels Laffitte, Benjamin Constant ou La Fayette dont l'opinion au départ était plus républicaine que monarchiste, ou des bonapartistes dont il affectait de rechercher la compagnie par amitié ou solidarité militaire. Bien des monarchistes trouvaient enfin en ce Bourbon si proche du trône un agrément bien éloigné des rigueurs de la Cour, des raideurs du duc d'Angoulême ou de la rudesse du duc de Berry.

Affectant d'ignorer les sentiments qu'il inspire, même s'ils le flattent en secret, Louis-Philippe refuse tout hommage imprudent et s'attache à n'être qu'un sujet loyal et déférent.

Louis XVIII, de son côté, l'observe, doute, écoute les insinuations qu'on lui glisse mais s'en tient à la ligne politique qu'il a choisie à son égard. Son cousin Orléans est l'héritier des Bourbons.

Il n'a aucun intérêt à affaiblir le trône. Par esprit dynastique, il convient de l'aider à résister à toute tentation en ce sens. En particulier en le rétablissant dans ses droits et sa fortune. Si un jour il y a faute, elle doit lui être imputable et non au roi.

Chacun jouant ainsi un jeu bien défini à l'avance, Marie-Amélie et Louis-Philippe, dès le lendemain de leur retour (1), se rendent aux Tuileries :

« ... A 2 heures et demie, nous sommes allés aux Tuileries, il n'y a rien de plus beau, de plus magnifique et de plus digne d'un souverain que ce magnifique palais, après avoir passé deux galeries nous avons été introduits par le duc de Pienne, gentilhomme au service, dans le cabinet du roi que nous avons trouvé avec M. de Blacas, celui-ci est sorti aussitôt, le roi nous a reçus avec une grande affabilité, nous a embrassés, Mademoiselle et moi, nous a fait asseoir aussitôt et s'est entretenu avec nous environ une demi-heure, me témoignant beaucoup d'intérêt tant

---

(1) 22 septembre 1814.

pour mon malheur que pour les affaires du roi mon père. Il est plus petit et plus gros que Butera, se tient mal sur ses jambes, a belle tête et des yeux bruns très vifs, prise beaucoup et est négligé dans ses vêtements, mais il est affable, d'une conversation très agréable, pleine d'esprit et de science, et surtout d'une mémoire merveilleuse (1)... »

Marie-Amélie eut très vite à la Cour et auprès de Louis XVIII une place à part. Propre nièce de Marie-Antoinette, le roi la considérait comme une vraie Bourbon, fille de roi. Appliquant strictement le protocole il faisait ouvrir pour elle les portes à deux battants dont l'un seulement était entrouvert pour Louis-Philippe. Inutile humiliation. La bonne grâce, la dignité, l'affabilité de la duchesse d'Orléans lui attirent amitié et respect de tous ceux qui l'approchent et la considération du roi : bien des petites difficultés, bien des froissements seront atténués par elle.

Avec Louis-Philippe, elle visite Paris et ses monuments, le donjon de Vincennes, l'Elysée-Bourbon, Notre-Dame, Saint-Eustache et aussi le Jardin des plantes.

Elle assiste aux revues militaires et même à une grande manœuvre entre Clichy et Neuilly représentant « une petite guerre avec plus de 16 000 hommes. Malheureusement, les cartouches ont tué un homme, blessé plusieurs autres et tué le cheval d'un banquier... cela rappelait trop les récents et douloureux événements que nous avons vécus et cela m'a beaucoup impressionnée (2) ».

L'impression n'est sans doute pas sans effet sur la naissance du petit duc de Nemours, cinq jours plus tard, le 25 octobre.

Le docteur Evrard ouvrit la porte de l'accouchée et cria : « La princesse est accouchée d'un prince. »

---

(1) *Journal* de Marie-Amélie.
(2) *Journal* de Marie-Amélie, 20 octobre 1814.

L'enfant est bientôt porté à travers les salons sur un coussin, exposé aux regards de tous.

Le lendemain, il est présenté au roi et baptisé par l'archevêque de Reims, Louis XVIII et la duchesse d'Angoulême lui servant de parrain et de marraine.

Témoignage amusant sur les usages de son époque, Marie-Amélie confie à son journal : « Le dixième jour après la naissance, je me suis levée, le treizième jour, j'ai mis mon corset et j'ai commencé à recevoir, le quatorzième jour le duc est revenu coucher avec moi, le dix-huitième, je me suis fait bénir dans ma chambre... le même jour je suis allée à la salle à manger. Le vingt-neuvième jour, je suis allée habiter mon nouvel appartement, le trente-deuxième, je suis sortie de la maison... »

Dès lors, Marie-Amélie et Louis-Philippe reprennent une activité mi-privée, mi-officielle : visites aux Tuileries, soirées au théâtre, passage au Salon qui expose les œuvres de Gros, de Gérard, de David et d'Ingres. Réceptions, dîners, bals, concerts se succèdent.

Le 17 décembre, elle parcourt les magasins pour acheter les cadeaux du jour de l'an (Noël se fête alors sans cadeaux) et le 24 décembre, « ... la nuit, à onze heures et demie, nous sommes allés à l'église Saint-Roch, notre paroisse où d'une petite tribune latérale, nous avons entendu la grand-messe de minuit célébrée avec grande solennité. Il y eut de nombreuses communions, presque toutes de femmes. L'église était pleine de gens qui ne pensaient qu'à se promener et tourner comme dans un spectacle public... »

Le Palais-Royal a aussi sa part de fêtes et de réjouissances. Mais Marie-Amélie et Louis-Philippe ont soin de ne point trop mélanger les invités ni dans leurs goûts ni dans leurs tendances politiques.

Il y a les soirées littéraires. Chateaubriand vient y lire avec succès *le Dernier des Abencérages*, mais lorsqu'il

L'INSTALLATION À PARIS

reviendra déclamer sa tragédie « Moïse » il se heurte à l'ennui poli de l'auditoire que l'affabilité de Marie-Amélie ne réussit pas à lui faire oublier.

Il y a les soirées musicales avec Madame Adélaïde à la harpe et Mme de Chastenay au piano.

Il y a les soirées anglaises où Louis-Philippe et Marie-Amélie reçoivent Wellington et Sir Charles Stewart, mais aussi l'historien Mackintosh, la tragédienne Siddons, à côté de la duchesse de Rutland et de Lady Charlemont. Viennent aussi nombreux les amis et connaissances avec lesquels Louis-Philippe s'est lié lors de son séjour anglais et qui ont repris leurs habitudes du siècle précédent de faire en Europe « sur le continent » *The Grand Tour* qui les conduisait, dans un ordre invariable, à visiter la France, les Etats Italiens, les lacs Majeur et Mineur, la Suisse et la vallée du Rhin. Paris était point de départ et de retour de ces voyages. Ville de fête, de distraction, de jeu, de mode et d'art, il attirait une foule diverse qui, dès mai 1814, se rua vers ses plaisirs et ses agréments. « Tout le monde à Paris » était le titre d'une chanson anglaise.

Il y a les dîners aristocratiques que Louis-Philippe demande au comte d'Artois de bien vouloir présider. Il viendra, accompagné des ducs de Maillé, de Rivière, de Fitz-James, de Coigny, de Serent, etc. Le dîner du 11 décembre 1814 par exemple « fut long et joyeux, on parla beaucoup, on mangea bien (1) ». La soirée commencée à 18 heures se termine à 22 heures par la partie de « hombre » (2) du comte d'Artois et un concert qui s'achève sur l'*hymne au roi* de Paer.

Il y a les dîners offerts aux grands dignitaires de

---

(1) *Journal* de Marie-Amélie.
(2) Jeu de cartes d'origine espagnole, fort à la mode à l'époque. Il se jouait à trois, deux des joueurs contre le troisième (l'hombre).

l'Empire, tel celui du 29 décembre 1814 auquel le duc et la duchesse d'Orléans invitent le maréchal Ney et son épouse, le maréchal et la maréchale Augereau, le maréchal et la maréchale de Gouvion Saint-Cyr, le duc et la duchesse de Plaisance, etc.

Il y a les réceptions militaires où l'on reçoit tout l'état-major de la garde nationale et celles où l'on accueille les représentants de la ville de Paris, le préfet, M. de Chabrol, en tête et qui arrivent tous « dans des carrosses blancs, aux armes de la ville de Paris et des livrées blanches galonnées... ».

Il y a les réceptions diplomatiques. La plus importante sera le dîner offert le 14 janvier à M. Narychkine, ambassadeur de Russie, au baron de Humboldt, ambassadeur de Prusse et au général Fagel, ministre de Hollande.

Il y a enfin les après-midi libres que Louis-Philippe ne consacre pas à son activité militaire et qu'il occupe à des entretiens d'affaires ou plus souvent à des conversations avec des hommes politiques et en particulier des libéraux : Benjamin Constant, Laffitte, La Fayette, etc.

En adoptant l'attitude la plus orthodoxe, sans rien dire, par les simples contacts qu'il entretenait, Louis-Philippe avait éveillé involontairement l'intérêt et les espérances de certains milieux politiques. L'orléanisme reprenait corps, renforcé d'une fraction des bonapartistes qui, par raison ou par réalisme, n'espéraient ni ne souhaitaient un retour de l'Empereur.

Lorsqu'il n'est pas en représentation, Louis-Philippe consacre une large partie de son temps à la vie de famille. Dès les premières semaines de séjour au Palais-Royal, des habitudes se prennent. Il surveille les leçons des uns, corrige les devoirs des autres, fait un peu de morale, jamais de religion. Demeuré plutôt voltairien, il laisse ce domaine à Marie-Amélie, qui est la bonté et la tendresse

L'INSTALLATION À PARIS

mêmes mais dont l'inquiétude maternelle accroît la dévotion naturelle. Dévote jusqu'à l'exaltation, elle assiste chaque matin à la messe en l'église Saint-Roch.

Les repas se prennent en commun et après celui du soir, on se réunit dans la grande galerie. Sur une table ronde est posée une lampe. Marie-Amélie, Madame Adélaïde, les dames d'honneur font cercle pour tricoter et coudre. Les enfants jouent, vont et viennent. Louis-Philippe marche de long en large et bavarde avec ses familiers : Rumigny, Oudard, Vatout et Alexandre Pieyre. Il aime séduire par sa conversation et il y brille en égrenant souvenirs et anecdotes ou en portant des jugements sur les faits du jour.

Il compose sa maison militaire et choisit comme aides de camp le général Albert qui avait fait toutes les campagnes depuis 1792 et venait encore de se distinguer à Lutzen et à Bautzen, le colonel Athalin, excellent officier du génie et professeur à Polytechnique, recommandé par le maréchal Ney, le colonel Camille de Saint-Aldegonde, ancien aide de camp du maréchal Ney, connu pour son courage et son esprit, Raoul de Montmorency, ancien officier d'ordonnance du maréchal Davout et enfin Thibault de Montmorency. Ainsi se trouvaient mêlées l'ancienne et la nouvelle France et réunie une équipe militaire de valeur, aimée et appréciée dans l'armée. Il en écartera le prince de Bauffremont, malgré l'insistance du prince de Talleyrand (1).

La maison civile comprenait les dames d'honneur de Marie-Amélie, la marquise de Nérac et la marquise de Dolomieu, et celle de Madame Adélaïde : Mme de Montjoye. Le chevalier de Broval a la haute main sur le

---

(1) Lettre de Jancourt à Talleyrand, 18 février 1815.

personnel et l'administration des propriétés d'Orléans.

Cela n'empêche pas Louis-Philippe de tenir lui-même ses propres comptes et de surveiller de près son chef cuisinier Chevet auquel il défalque sur ses mensualités le gibier tué sur ses chasses. Le même Chevet lui sert d'ailleurs d'intermédiaire pour la vente au commerce de son gibier en surplus.

A cette vie de famille ne vient guère se mêler la duchesse douairière d'Orléans. Les relations de Louis-Philippe et de sa mère étaient depuis bien longtemps tendues et complexes.

La duchesse douairière (née Bourbon-Penthièvre) avait connu dans les prisons révolutionnaires un député assez obscur, nommé Rouzet. Après le 9 Thermidor, elle emmena dans ses bagages d'exilée Rouzet auquel elle fit donner, arrivée en Espagne, le titre de comte de Folmont et qu'elle nomma secrétaire de ses commandements. Elle tomba peu à peu entièrement entre ses mains « et le comblait, dit Mme de Boigne, de soins exagérés et puérils jusqu'au ridicule ».

« Il était excessivement gourmand et elle s'inquiétait tout à travers la table de lui faire envoyer la langue d'une carpe ou la queue d'un brochet. Elle s'occupait de lui préparer sa partie, de le faire asseoir du côté où il ne venait aucun vent, « c'est la place de M. de Folmont », disait-elle et elle faisait lever quiconque s'y serait placé (1)... »

M. de Folmont en outre jetait l'argent par les fenêtres, en exigeait de la duchesse douairière qui se retournait vers Louis-Philippe et Madame Adélaïde. Ceux-ci vouaient Folmont aux gémonies, refusaient tout subside et le traitaient à peu de chose près d'escroc.

---

(1) Mémoires de Mme de Boigne.

L'INSTALLATION À PARIS

Dès son retour en France, ayant désigné Folmont comme son conseiller en affaires, elle assaille le roi et son fils de demandes de secours, de réclamations, d'exigences.

Louis XVIII, le 20 août 1814, signe finalement une ordonnance restituant à la princesse comme dans le cas de son fils tous les biens qui « n'ont pas encore été vendus ». Cette réserve l'affole. Elle n'en comprend pas la portée. Comme elle est couverte de dettes auxquelles s'ajoutent celles de Folmont, elle se voit acculée à la ruine et à la déchéance. Elle implore Louis XVIII, lui fait une scène très vive puis elle se retourne vers Louis-Philippe. Elle exige de lui l'exécution immédiate des clauses de son contrat de mariage et la livraison de son douaire.

Le 29 septembre 1814, elle lui écrit une lettre fort dure « La bonne intelligence dans les familles, mon fils, n'a pas de meilleure base que les affaires d'argent... »

Louis-Philippe, qui démêle difficilement l'écheveau de la succession de son père mort insolvable, prend une hypothèque sur ses terres et verse une rente à la princesse. Mais le débat se poursuit, affectueux et poli de la part du duc d'Orléans, pointu et acrimonieux de la part de la princesse.

« Tu n'auras pas oublié, lui écrit-elle, dans quel état j'étais quand tu es venu m'arracher à Mahon, me donner de folles espérances sur l'Angleterre... Ah, mon fils, comment pourrais-je me promettre que ta piété filiale égalera ma tendresse maternelle ? »

A la fin, elle se tourne une nouvelle fois vers le roi et lui demande justice de son fils qui l'abandonne « comme à la rue » et qui de son « palais asiatique cherche à poursuivre sa mère dans un humble réduit... ».

Louis XVIII la calme et la tranquillise, lui explique la

situation difficile de la succession (1), dissipe la légende des fonds secrets de Philippe-Egalité, placés à Londres et l'assure qu'elle pourra recouvrer une partie importante de ses biens.

Apaisée, la princesse se consacrera désormais sans arrière-pensée à Folmont dont elle recueillera aussi l'épouse légitime. Mais à force de soins et de satisfactions données à sa gourmandise, Folmont mourra et la princesse le fera inhumer à Dreux dans le caveau de famille. Elle le suivra bientôt, rendant à Dieu une existence qui avait été malheureuse et tourmentée, éclairée seulement par son amour pour Rouzet-Folmont. La succession s'en trouva simplifiée. Mais cette simplification était de peu d'importance au regard de la complexité de l'héritage.

Philippe-Egalité avait laissé 114 millions de biens patrimoniaux et 74 millions de dettes. En 1814 il ne restait plus que 12 millions d'actif et 30 millions de passif.

L'ensemble de la fortune Orléans avait trois origines :
— Les apanages donnés par Louis XIII à son second fils, le duc d'Orléans.
— Les apanages octroyés par Louis XIV aux enfants qu'il avait eus avec Mme de Montespan, le duc du Maine et le comte de Toulouse et revenus à la duchesse d'Orléans, née Bourbon-Penthièvre, mère de Louis-Philippe.
— Les biens patrimoniaux proprement dits qui résultaient des acquisitions faites au cours des temps par les Orléans avec leurs revenus.

En restituant aux Orléans l'ensemble de leurs biens apanagers ou non, Louis XVIII s'était montré extraordinairement généreux, transgressant à la fois la loi du 23 octobre 1790 qui avait supprimé les apanages et fait défense d'en créer à l'avenir et le règlement par lequel

(1) Le roi avait chargé le comte de Bruge d'étudier ce dossier.

L'INSTALLATION À PARIS

Philippe-Egalité avait fait abandon à la nation de tous ses biens patrimoniaux contre le règlement de ses énormes dettes et le versement d'une pension.

Sans la générosité de Louis XVIII, il n'y avait pas de succession Orléans.

Même ainsi sa composition était indéfinissable et Louis-Philippe et Madame Adélaïde décidèrent de ne l'accepter en ce qui concerne les biens patrimoniaux que sous bénéfice d'inventaire.

La loi faisait obligation au duc d'Orléans d'avoir un conseil d'apanage. En cet automne 1814, Louis-Philippe qui avait déjà désigné quelques mois plus tôt son président Henri de Pansey, l'un des présidents de la Cour de cassation, compléta le Conseil en lui adjoignant Borel de Bretizel, conseiller à la Cour de cassation, Amy, président de chambre à la Cour d'appel, et Colin, avocat. Il lui confiera bientôt aussi la gestion des biens patrimoniaux.

Mais ni Louis-Philippe ni le Conseil n'eurent le temps d'aller très avant dans l'examen de la succession. Les événements de mars 1815 allaient interrompre brusquement leurs travaux avant même d'avoir procuré quelques ressources régulières au duc d'Orléans.

Celui-ci s'était heureusement adressé, dès son arrivée à Paris, à un banquier habile pour gérer ses affaires et sa fortune : Laffitte. Dès que la menace d'un nouvel exil se profila à la mi-mars, il fit escompter par celui-ci et transférer en Angleterre à la banque Coutts pour 1 500 000 francs de traites garanties par les coupes de bois dans les forêts de son apanage. Il eut juste le temps d'en dresser l'acte à son retour de Lyon le 12 mars, avant de partir pour Lille.

Déjà en cette fin de 1814 et ce début de 1815, des signes de tension apparaissent que Louis-Philippe observe avec attention. L'intransigeance du clergé suscite de plus en plus d'incidents. Une tragédienne connue, Mlle Raucourt, étant décédée, son cercueil est présenté à l'église Saint-Roch, la paroisse du duc d'Orléans, pour une célébration de prière des morts. Le clergé refuse l'entrée de l'église. Aussitôt la foule s'ameute, force l'entrée, introduit le cercueil et occupe le saint lieu. Un ordre royal prescrit alors au curé de rendre à la disparue les honneurs religieux. Ces « prières forcées » témoignaient de l'exaspération des esprits contre les prédications violentes du clergé, son intransigeance, sa politisation.

Puis vint la cérémonie de translation des restes de Louis XVI et de Marie-Antoinette du cimetière de la Madeleine à la basilique de Saint-Denis. Malheureusement au lieu de demeurer une manifestation du souvenir, les royalistes à l'avance en firent une manifestation politique prenant à partie la Révolution et les révolutionnaires.

Le 21 janvier 1815, le temps fut mauvais et froid. Les incidents se multiplièrent. Un cheval s'abattit sous les risées de la foule, boulevard des Italiens. La troupe qui faisait la haie fredonnait « Bon voyage, monsieur Dumollet ». Le char funèbre, d'une trop grande hauteur, s'accrocha dans les lampadaires, provoquant des lazzis « Pourtant on l'avait raccourci ». Louis-Philippe, ayant passé la tête à la portière, fut joyeusement hué.

« Le temps, écrit le duc de Rovigo, la négligence de l'administration des cérémonies eurent bientôt mis tout le monde en gaieté. Chacun se répandit en railleries sur cette pompe funèbre, quelques voix même, saisissant le moment où les décorations du char s'engageaient dans un réverbère, firent entendre le cri « à la lanterne ». Il semblait qu'on eût pris à tâche de faire faire à la Cour tout ce qui offrait prise aux saillies (1)... »

(1) Rovigo, *Mémoires*.

L'INSTALLATION À PARIS

À la basilique de Saint-Denis, l'évêque de Troyes prononça un sermon d'une telle violence antirévolutionnaire que le maréchal Oudinot, qui avait tenu un des cordons du poêle, remarqua : « Il va falloir maintenant par expiation nous couper le cou les uns les autres... »

La diatribe était si vive que le gouvernement en interdit l'insertion au *Moniteur*. Mais les milieux ultras firent courir des rumeurs si inquiétantes que des officiers à la retraite, d'anciens révolutionnaires se barricadèrent chez eux par petits groupes décidés à se défendre. Carnot lui-même resta debout toute la nuit, prêt à s'esquiver à la première alerte.

Le procès du général Exelmans est un autre exemple de l'excitation des esprits. Il devait contribuer à exaspérer l'armée. Exelmans, fort lié avec Murat, encore roi de Naples, lui avait écrit que nombre d'officiers français iraient le rejoindre si son trône était menacé. Il n'y avait là rien de contraire à la discipline militaire, Murat étant un souverain reconnu par les puissances alliées. Il y avait en revanche un défaut de correction à l'égard du gouvernement royal qui avait fait preuve de bienveillance à l'égard d'Exelmans mais dont on connaissait le désir de voir Naples revenir au roi Ferdinand, réfugié à Palerme.

Le ministre de la Guerre, le maréchal Soult, plaça Exelmans en demi-solde et l'assigna à résidence à Bar-sur-Ornain, sa ville natale.

Exelmans contesta le fondement juridique de cette assignation et refusa de partir. Soult le fit arrêter et conduire à Soissons où Exelmans échappa à ses gardes. Il écrivit alors au ministre, proposant de se constituer prisonnier s'il pouvait comparaître devant un tribunal régulier. L'armée puis l'opinion s'émurent de l'affaire et prirent parti pour Exelmans qui était l'un des plus brillants officiers de l'armée.

Soult voulut l'inculper d'espionnage et de correspondance avec l'ennemi. L'énoncé de ces motifs fut accueilli par des éclats de rire ou des cris de fureur.

Renvoyé devant le conseil de guerre de la 16ᵉ division à Lille, pour être jugé comme espion, Exelmans se constitua prisonnier. Le 23 janvier 1815, presque sans délibérer, le conseil de guerre l'acquitta à l'unanimité et le libéra sur-le-champ.

Une fois de plus, le gouvernement, par maladresse, avait inutilement dressé l'opinion contre lui et s'était isolé un peu plus de l'armée. Cet isolement devenait tel que dans certains milieux militaires et bonapartistes, on en vint à songer sérieusement à un coup d'Etat destiné à chasser Louis XVIII.

CHAPITRE IX

LE COMPLOT FOUCHÉ EN FAVEUR DE LOUIS-PHILIPPE
janvier-mars 1815

L'ÉTUDE des complots est toujours incertaine. Rien n'apparaît de l'essentiel et il ne reste de réel que l'exécution. La préparation est environnée de mystère et la réalité est elle-même plus tard travestie par ceux qui s'en attribuent le mérite en cas de succès ou en effacent les traces en cas d'échec.

Le seul fil d'Ariane qui permette d'approcher la vérité pendant ces mois d'automne 1814 et d'hiver 1815 est entre les mains de Fouché qui participe à tous les complots.

Délégué en Italie avec de pleins pouvoirs par Napoléon au moment de l'effondrement de l'Empire, il n'arrive à Paris que le 8 avril 1814, trop tard pour participer au gouvernement provisoire. Mais il facilite la Restauration de Louis XVIII et se fait même le soutien du parti du comte d'Artois.

Sans hésiter il adresse même à Napoléon le 25 avril une lettre où il lui demande pour la paix de la France et de l'Europe de ne point rester à l'île d'Elbe et de se retirer en Amérique : « ... Dans cette mobilité actuelle des Nations un génie tel que le vôtre donnera toujours des inquiétudes et des soupçons aux puissants. Vous serez accusé sans être coupable, mais sans être coupable, vous ferez du mal. On dira que vous gardez toutes vos prétentions, on dira que le rocher d'Elbe est le point d'appui sur lequel vous placerez les leviers avec lesquels vous chercherez encore à soulever le monde... Aux Etats-Unis... vous recommencerez votre existence au milieu de ces peuples assez neufs encore, ils sauront admirer votre génie sans le craindre... »

Cette lettre fut communiquée au comte d'Artois avant même d'atteindre son destinataire si jamais elle fut expédiée.

Tant d'efforts n'eurent point de résultats immédiats et Fouché se trouva écarté du Sénat dont il faisait partie avant que cette institution ne fût transformée en Chambre des pairs.

Sans se décourager il accable de lettres et de réflexions le comte d'Artois, fréquente assidûment Blacas, Montesquiou, Vitrolles, tous hommes de confiance du roi, et Pozzo di Borgo.

A la demande des deux premiers, il rédige à la mi-juin 1814 un rapport au roi qui commence par un exergue « On ne gouverne pas avec des répugnances, avec des affections. » Le reste est hardiment du même ton. Fouché insiste sur les faiblesses que le régime révèle après quelques semaines de gouvernement. Les classes dirigeantes sont rebutées, elles auraient pu aisément être acquises, l'armée est aigrie et mécontente et une large partie de l'opinion adhère à ce sentiment alors que ce sentiment d'hostilité aurait pu être un sentiment d'affection. Désormais, une conspiration militaire peut être redoutée « ... On sait bien où on commence les réactions, mais on ne sait pas où on les arrête; elles entraînent tout, elles entraînent surtout la puissance souveraine. Les résistances ne deviennent sensibles et visibles qu'à l'instant où elles sont plus fortes que cette puissance même... »

Pour calmer les esprits, Fouché propose alors deux

LE COMPLOT FOUCHÉ...

remèdes : aider les passions politiques à trouver un débouché dans « l'arène des débats parlementaires et législatifs... » et indemniser les émigrés dont les biens ont été vendus d'autorité lors de la Révolution. « ... Une multitude de Français dévoués à tous les malheurs des Bourbons... ne peuvent rentrer dans les domaines qui ne sont plus les leurs sans exciter de violentes commotions et une guerre civile... eh bien qu'une imposition (permette)... de servir une indemnité à des indigences et à des infortunés si dignes d'être assistés (1)... »

Il adresse au tsar une note dans le même sens mais ajoute que si l'on veut fermer l'entrée de la France à Bonaparte, il faut le faire oublier et que ceci suppose d'éviter avec l'opinion « toute rupture, tout outrage, toute réaction ».

En juillet il en appelle de nouveau au comte d'Artois et lui recommande d'engager la dynastie dans une politique qui lui épargne le sort des Stuart « qui après avoir remonté sur le trône en étaient descendus par imprévoyance (2) ».

Il se rapproche de Talleyrand dans l'espoir de faire avancer ses affaires et tient avec lui de longues conférences (3). Mais en fait ses chances d'accéder à une haute fonction vont disparaître. La coterie qui entoure le duc d'Angoulême s'oppose à toute nomination le concernant au gouvernement et même à la police. Talleyrand va partir pour Vienne, Malouet, un de ses meilleurs alliés dans le ministère, meurt.

En septembre il fait donc retraite dans son château de Ferrières, joue au Cincinnatus, proclame que les Bourbons « n'en ont plus que pour six mois » et parle même de s'exiler en Angleterre.

Ecarté par les Bourbons, se sachant sans avenir auprès

---

(1) Louis Madelin, *Fouché*.
(2) Cette lettre fut imprimée et répandue en juillet 1814.
(3) Signalées par les bulletins de police d'août 1814.

de Napoléon, commence alors pour Fouché le temps des complots, et la recherche d'une troisième solution.

Il se rapproche de Murat — qui pourrait faire un prétendant acceptable — par l'intermédiaire du marquis de Saint-Idria, agent secret du roi de Naples à Paris. Il pousse Talleyrand à évoquer avec Metternich la possibilité d'un changement de régime en France et l'Autrichien dans les premiers jours de janvier 1815 le consulte « au cas où les Bourbons se rendraient impossibles quel gouvernement aurait plus de chances de s'établir : l'Empereur, son fils, la République ou le duc d'Orléans ? »

Réponse de Fouché : Pour l'Empereur tout dépendrait de l'attitude du premier régiment qu'il rencontrerait en débarquant; pour Napoléon II, « fût-il monté sur un âne et conduit par un paysan, il serait accepté par tout le monde ». Pour la République, elle est impossible et signifierait la guerre civile, si le mouvement patriote était trop fort le compromis pourrait être le duc d'Orléans.

En fait, il tâtonnait dans la recherche de la troisième solution sans rompre d'ailleurs avec Louis XVIII à qui il continuait d'envoyer bulletins et rapports secrets, s'efforçant surtout de faire organiser une défense contre le débarquement éventuel de Bonaparte à peine surveillé à l'île d'Elbe.

Un soir il fait venir le médiocre directeur de la police, d'André : « Allez dire à M. de Blacas, lui déclare-t-il, et dès ce soir que si nos côtes sont pendant quelques mois encore dans le même abandon, le printemps nous ramènera Bonaparte avec les hirondelles et les violettes... »

Aux yeux de Fouché, en effet, la menace d'un retour de Bonaparte ralliait aux Bourbons les modérés, les libéraux et même les anciens républicains. Cette menace écartée la troisième solution devenait possible. Peu importe le bénéficiaire. Il serait toujours temps de faire un choix entre

LE COMPLOT FOUCHÉ...

Napoléon II, le duc d'Orléans, Bernadotte, le prince Eugène, Murat...

En attendant, ses agents et lui-même s'infiltrent dans les différents complots et ils sont nombreux. Dans ses Mémoires, le duc de Rovigo note : « On conspirait partout, sur les bornes, au coin des rues et personne si ce n'est le ministère n'ignorait ce qui se passait... »

Par ses informateurs Fouché observant, conseillant, mais sans jamais apparaître directement, a connaissance de tous les complots. Le premier en date, de quelque importance, a pour personnage central le général Berton, assidu à la Cour du roi où il obtient d'utiles informations. A l'abri de cet extérieur très loyaliste (il est fait chevalier de Saint-Louis par le duc d'Angoulême lui-même), il réunit dans sa maison du 6, allée des Veuves, un groupe de conspirateurs composé d'officiers en activité et de demi-solde. La conjuration a pour objet d'affréter une frégate qui gagnera l'île d'Elbe et ramènera l'Empereur. Ce sera ensuite dans l'esprit de Berton un jeu d'enfant de soulever les unités militaires et de marcher sur Paris. Un banquier, M. Hainguerlot, dépositaire des fonds de Joseph Bonaparte, est prêt à financer l'opération. Celle-ci finalement échoue après le refus du maréchal Davout d'en prendre la tête. Il admoneste même les conjurés sur le caractère prématuré de leur action.

Plus sérieux et suivi avec plus d'intérêt par Fouché est, à la même époque (automne 1814), le complot visant à proclamer Napoléon II, la régence étant confiée à Marie-Louise et à un conseil de régence comprenant le prince Eugène, Talleyrand, Fouché et Davoust (1). Corvisart et Isabey furent chargés de pressentir Marie-Louise, Fouché

---

(1) D'après le journal de la reine Catherine de Wurtemberg, Laffitte, Carnot et Ney devaient aussi faire partie du conseil de régence, mais sans doute avaient-ils refusé de s'associer à ce projet.

écrivit au prince Eugène et Talleyrand, partant pour Vienne, devait approcher l'empereur d'Autriche sur ce projet et plus encore sur la nécessité de faire déporter Napoléon dans une île de l'océan Atlantique. La passivité de Marie-Louise et celle de son père laissèrent sans suite cette tentative.

C'est l'époque où Fouché fit proposer à Louis XVIII par un de ses affidés une solution plus radicale pour régler le problème de Bonaparte : son assassinat. L'assassin était déjà recruté paraît-il, mais Louis XVIII se récria, furieux et scandalisé, à l'idée que ce meurtre d'Etat pourrait lui être prêté (1).

Louis-Philippe, lui, est encerclé de conjurations dont il ignore le détail, mais qu'il pressent.

De jour en jour, les rapports de police dévoilent des complots qui le concernent, qui le désignent même comme devant remplacer le roi. On ira jusqu'à évoquer un coup d'Etat précédé d'un enlèvement à l'occasion d'une représentation au théâtre de l'Odéon à laquelle devait assister Louis XVIII.

Le silence du duc d'Orléans qui « ... caresse toutes les opinions et ne néglige aucun moyen de se les rendre favorables... », captant ainsi bien des sympathies, le désigne tout naturellement à la succession de la branche aînée.

Chaque fois pourtant qu'il sera approché, le refus de s'associer à un complot sera spontané et définitif.

En septembre 1814, « des intrigants s'étaient présentés chez M. le duc d'Orléans pour lui offrir la couronne, il refusa de céder à leurs instances réitérées et les menaça s'ils persistaient de les dénoncer au roi (2) ».

(1) Mémoires du duc de Rovigo.
(2) « Une curieuse note sur Ney en 1815 », Revue de l'Institut Napoléon, 1955.

LE COMPLOT FOUCHÉ...

Louis-Philippe estimait tenir sa légitimité de son sang et de son rang, frapper le roi était porter atteinte directement à cette légitimité.

Cette prudence décevait à la fois Talleyrand qui disait de lui « c'est un prince mou et sans caractère » et Fouché qui remarquait « nous n'en ferons rien, comment espérer prendre quelque empire sur un Bourbon qui n'a ni maîtresse ni confesseur ? ». Il ne désespérait pourtant pas tout à fait et allait préparer un nouveau complot en sa faveur.

En attendant, il devait surveiller un projet de soulèvement sans objectif politique précis de la garde et de certaines garnisons du Nord et de l'Est, en particulier de Metz. A la fin d'octobre 1814, on arrêta une trentaine d'officiers en demi-solde et de gardes soupçonnés de vouloir assassiner le roi et sa famille (1), seul le duc d'Orléans devait être épargné.

Lord Liverpool décida de rappeler Wellington, ambassadeur d'Angleterre à Paris pour prévenir tout enlèvement et toute prise d'otage.

« Il n'est pas douteux, écrit-il le 4 novembre, qu'un mouvement menace d'éclater à Paris. Dans cette prévision le roi doit prendre des précautions. La principale serait que les membres de la famille royale ne restassent pas tous ensemble à Paris, car le but des conspirateurs étant d'en finir avec la dynastie, ils ne tenteront rien si les Bourbons sont dispersés. Le salut d'un seul sera la sauvegarde de tous (2)... »

Non moins intéressant pour l'ancien ministre de la Police de Napoléon est un complot civil et presque légal qui devait éclater à la réouverture des Chambres et s'expri-

---

(1) Wellington à Castlereagh, lettre du 3 novembre 1814. Dispatches Supplement IX.
(2) Liverpool à Castlereagh, 4 novembre.

mer ouvertement au Corps législatif. Il regroupait à la Chambre tous ceux qui voulaient garantir définitivement les acquis de la Révolution sur le plan individuel et de la sécurité des biens matériels et la réalisation des promesses de la Charte. Le projet des conjurés prévoyait une mise en demeure du roi et, en cas de refus, son remplacement par le duc d'Orléans. Le débarquement de Napoléon ne permit pas à ce plan de se développer. Ce n'était cependant pas le plus dangereux de ceux qui se préparaient.

Il en existait deux autres plus sérieux. Celui des bonapartistes et celui de Fouché lui-même. Bien entendu comme d'habitude ce dernier était au courant des manigances bonapartistes ayant ainsi que l'écrivait Napoléon « ... son vilain pied dans les souliers de tout le monde... ».

Le complot bonapartiste avait en réalité deux facettes : militaire et civile.

Le projet militaire était d'une simplicité biblique. Un des régiments du midi de la France se mettait en route pour Paris, ralliait en chemin les régiments de ligne et la garde, chassait les Bourbons et remettait sur le trône Napoléon. Entre-temps, en effet, une puissante escadre partie de Toulon était allé « enlever » l'Empereur à l'île d'Elbe et l'avait ramené en France.

Le chef de cette conspiration fut à l'origine Davout, mais devant l'incompétence des organisateurs et l'absence de moyens financiers (1), il se retira du complot au début de 1815, le laissant ainsi sans chef et sans avenir : « Il en donnait pour raison la légèreté des chefs et la certitude que la Cour avait des soupçons. C'était s'y prendre un peu tard, son nom avait encouragé tous

---

(1) Hainguerlot devait verser une première avance de 100 000 F qu'il ne remit jamais.

les autres, les moyens d'exécution lui avaient été soumis et il les avait approuvés. Il reculait donc par couardise car on ne pouvait supposer un repentir dans le cœur d'un tel homme (1)... »

Les traces du complot continuent d'effleurer cependant dans bien des unités. Le ministre de la Guerre, le maréchal Soult, signalait une fermentation des esprits, en particulier dans les régiments de la garde. Les villes de garnison recevaient la visite d'officiers et de sous-officiers en demi-solde qui venaient déguisés distribuer des cocardes tricolores et annoncer la prochaine arrivée du « Père la Violette » ou du « Petit Caporal » qui paraîtrait bientôt « sur la Seine pour chasser à coups de fourche ces prêtres et ces émigrés qui avaient insulté la gloire nationale ».

A défaut de coup de force, les esprit étaient préparés à un ralliement en cas de débarquement de l'Empereur. Ce travail systématique entrepris sur la troupe explique son attitude en mars 1815 et l'accueil enthousiaste fait à Napoléon.

Le complot civil allait en bénéficier. A la différence du complot militaire, il ne visait pas à forcer la main à l'Empereur, mais à tout préparer pour son arrivée lorsqu'il aurait pris lui-même la décision d'agir.

Ceux qui avaient adopté cette position et il s'agissait des hommes les plus sûrs et les plus fidèles de l'Empereur, Bassano, Lavalette, Vicence, Rovigo, Cambacérès, écoutaient les officiers passionnés qui s'adressaient à eux. Mais sans les décourager, ils évitaient de s'engager et surtout d'engager Napoléon. Toute imprudence, tout acte prématuré risquait à leurs yeux d'aggraver sa situation et d'entraîner sa déportation au loin. Il fallait attendre

---

(1) Mémoires de Lavalette (t. II).

aussi que les esprits aient mûri plus encore et que l'on soit sûr de voir l'armée basculer.

Au début de 1815, il sembla au duc de Bassano que le moment était venu d'informer l'Empereur en détail de la situation intérieure du pays et de le laisser juge de l'opportunité d'une action.

A la mi-janvier, il choisit pour cette mission un auditeur au Conseil d'Etat, M. Fleury de Chaboulon, qui l'avait approché à plusieurs reprises en vue d'être chargé d'une mission auprès de l'Empereur.

M. de Bassano lui fit promettre d'exposer strictement et impartialement la situation politique française, l'état de l'opinion publique, l'exaspération de l'armée, les inquiétudes des classes moyennes et des acquéreurs de biens nationaux, la renaissance de l'esprit républicain et surtout la menace d'un coup de force au bénéfice du duc d'Orléans que semblait patronner Fouché.

Il lui interdit de formuler un avis quant à un débarquement afin de laisser l'entière responsabilité de la décision à l'Empereur.

Fleury de Chaboulon partit aussitôt, passa par l'Italie mais ne put arriver à l'île d'Elbe avant la mi-février, étant tombé malade en route.

Il trouva Napoléon fort au fait de la situation française par la lecture des gazettes et en particulier du *Journal des débats* et aussi de ce qui se tramait à Vienne grâce au fidèle Méneval et à Mme de Brignole, une des dames d'honneur de Marie-Louise.

Fleury de Chaboulon délivra le message de M. de Bassano. Quand il eut terminé, l'Empereur lui posa une dernière question :

— Concluez, M. de Bassano me conseille-t-il de m'embarquer et de descendre en France ?

— M. de Bassano m'a très précisément chargé de vous

dire, Sire, qu'il ne donnait aucun conseil et que je devais m'en tenir aux faits seuls (1).

Napoléon n'insista pas, mais le message de M. de Bassano avait achevé de le décider.

Plusieurs faits l'incitaient en effet à agir. Le non-versement des subsides qui lui étaient dus et qui lui interdirait bientôt d'entretenir sa petite armée, le refus de laisser Marie-Louise le rejoindre, la menace d'une déportation aux Açores ou aux Canaries, l'abdication toujours possible de Murat lui retirant le soutien d'une partie de l'Italie, l'état d'esprit en France, enfin et surtout la menace d'un coup de force portant le duc d'Orléans sur le trône et lui retirant dès lors les plus grandes chances de réussir son retour, concordaient pour lui faire adopter un parti immédiat.

Le 16 février 1815 il fit entrer le brick *l'Inconstant* dans la dorse, pour réparation. En fait, pour le faire repeindre à l'imitation d'un navire anglais. Le 1er mars il débarquait à Golfe-Juan.

En arrivant à Paris il dira à Talma : « Ce n'est pas Louis XVIII que j'ai détrôné, c'est le duc d'Orléans », et à des généraux qui le félicitent, il ajoutera : « Ce n'est pourtant pas Louis XVIII que je suis venu détrôner. » Avec le général Lamarque il sera plus précis : « Le duc d'Orléans pourrait convenir à ceux qui ont fait la Révolution. Il leur ferait dans le premier moment des concessions et leur offrirait des garanties qu'il ne pourrait pas violer impunément puisque ceux qui l'auraient élevé pourraient l'abattre (2)... »

Enfin à Cambacérès qui lui fait remarquer qu'il aurait peut-être dû attendre la fin du congrès de Vienne et que les

---

(1) Voir *Mémoires sur la vie privée de Napoléon en 1815*, par M. Fleury de Chaboulon.
(2) *Souvenirs du général Lamarque*.

souverains alliés se soient dispersés pour débarquer, il rétorque : « Oui, n'est-ce pas, et que l'armée eût proclamé le duc d'Orléans que l'Europe aurait reconnu (1). »

Un mois plus tard, en rédigeant le « nouvel acte additionnel aux constitutions de l'Empire », il fera préciser par l'article 67 l'interdiction du rétablissement des Bourbons et « d'aucun autre prince de cette famille ».

A Sainte-Hélène et à de nombreuses reprises, il reviendra sur la nécessité où il s'était trouvé de débarquer sans attendre, le complot Fouché-Orléans risquant de lui retirer la plupart de ses chances politiques d'avenir.

Et c'est en effet ce complot qui va maintenant se déclencher. Le débarquement à Golfe-Juan date du 1ᵉʳ mars. La nouvelle en arrive à Paris le 5 mars dans l'après-midi, mais est tenue secrète.

Fouché l'apprend néanmoins le soir même, à une réception chez la princesse de Vaudemont-Lorraine, d'un des ministres du roi. Il décide aussitôt de déclencher son propre coup d'Etat. Il lui faut gagner ou accepter le retour de Napoléon dont il n'attend personnellement rien de bon.

Il n'a même plus le choix du bénéficiaire. Le retour de Bonaparte exclut ses proches auxquels il avait pensé : le prince Eugène, Napoléon II, Murat, etc. Il ne reste que le duc d'Orléans qui n'est au courant de rien en principe...

Rentré chez lui il convoque aussitôt à sa résidence de l'hôtel Cerutti le général Henry Lallemand, un des principaux chefs du complot et sans mentionner le débarquement de l'Empereur, l'informe de la découverte de la conjuration qui les lie, des mesures rigoureuses d'arrestation qui allaient être prises et de la nécessité de déclencher sans délai le plan prévu, c'est-à-dire la mise en marche des troupes du Nord sur Paris.

(1) Marquis de Noailles, *le Comte Molé — Mémoires.*

LE COMPLOT FOUCHÉ...

Le 7 mars au matin Lallemand est à Lille. Il informe le général Drouet d'Erlon de la situation et obtient de lui le déclenchement de ce que M. Morin, chef de la première division de la police générale de la Restauration, qualifiera de « vaste et puissante conjuration (1) ».

Le complot Fouché était connu de nombre de bonapartistes qui n'en approuvaient pas les objectifs mais ne le dévoilèrent pas : Davout, Bassano, Rovigo, Lavalette, etc.

Un seul bavard, le général Quesnel, fut soupçonné d'avoir trop parlé. On trouva son corps flottant dans la Seine le 4 mars près de Saint-Cloud.

Les hommes choisis par Fouché pour diriger son coup de force étaient sûrs et expérimentés :

— Les frères Lallemand, c'est-à-dire le général baron Henry Lallemand, adjoint au général Drouet d'Erlon, et son frère, le général baron François Lallemand, qui avait accompagné Bonaparte en Egypte, en Autriche, en Espagne et commandait en 1815 les troupes du département de l'Aisne;

— le général comte Drouet d'Erlon, fils de l'aubergiste qui avait fait arrêter Louis XVI à Varennes, commandant

(1) « Une vaste et puissante conjuration, que j'appellerai civile, absolument étrangère à Bonaparte, et qui avait même pour objet de lui fermer l'entrée en France, se tramait contre la famille royale. Cette conspiration était conduite par Fouché. Ses détails me furent dévoilés ainsi que les mouvements des corps militaires marchant sur Paris. On me fit connaître les noms des personnes qui devaient s'emparer temporairement de l'autorité. Le succès de cette révolution audacieuse paraissait si sûr, qu'on ne m'imposa même pas l'obligation d'en faire un mystère. Je pensai donc pouvoir en conférer avec M. Dandré, directeur général de la police. Il reçut de moi cet avis avec un grand air d'insouciance et le négligea entièrement... Depuis M. Dandré, à qui j'ai cru pouvoir reprocher son inertie, sa faiblesse, s'en est excusé en m'expliquant que, seulement directeur de cette partie, il n'avait pas l'entrée au conseil, et que ses derniers rapports, adressés au roi sous le couvert de M. de Blacas, avaient été retrouvés tous, sans même avoir été décachetés. » (M. Morin, *Révélations* publiées en 1830, p. 78-79.)

de la garnison de Lille et de la division militaire du Nord ;
— le général comte Lefebvre-Desnouettes qui venait de faire toute la retraite de Russie aux côtés de l'Empereur et commandait les chasseurs à cheval de la Garde impériale devenue royale.

A ces noms il faut encore ajouter ceux des demi-solde, tels le général Berton ou le général Chouart ancien sous-officier aux cuirassiers et qui allant droit au but s'esclaffait : « Moi tout ça m'est bien égal pourvu que le gros cochon s'en aille... » Le gros cochon étant le roi.

A Lille le général Drouet d'Erlon réunit le 8 mars ses officiers, leur explique qu'une insurrection vient d'éclater à Paris et qu'il a reçu l'ordre de se porter sur la capitale par marches forcées. Sans méfiance les unités de la division du Nord se mettent en marche. Pendant ce temps les deux généraux Lallemand et le général Lefebvre-Desnouettes se rendent à Cambrai, mettent en état d'alerte leurs régiments respectifs et se dirigent sur La Fère où se trouve un important arsenal d'armes, de canons et de munitions. Arrivés le 9 au soir devant celui-ci, les Lallemand reportèrent au lendemain matin leur assaut. Ils devaient rencontrer une résistance inattendue et reprendre le 10 mars la route de Noyon à la rencontre des régiments de Drouet d'Erlon. Mais ne trouvant personne ils continuèrent leur route sur Compiègne où Lefebvre somma le 6ᵉ régiment de chasseurs de se joindre à lui. Les hommes étaient en train de seller leurs chevaux lorsqu'un officier d'état-major de Drouet d'Erlon arriva à bride abattue annoncer à Lefebvre que Drouet et ses troupes avaient rencontré en route le maréchal Mortier envoyé d'urgence à Lille par Louis XVIII. Le maréchal avait fait arrêter sur-le-champ Drouet et toutes les unités étaient en cours de repli en direction de Lille. Lefebvre et les frères Lallemand n'eurent que le temps de s'enfuir à travers la forêt.

Louis-Philippe d'Orléans, duc de Chartres en 1792, en uniforme de lieutenant-général de la Convention. *(Giraudon)*

« Le gouverneur en jupons », Félicité du Crest de Saint-Aubin, comtesse de Genlis. « Le duc d'Orléans a reçu une éducation excellente. On l'a élevé en homme et il le doit à une femme. » *(Giraudon)*

Louis-Philippe, duc de Valois, à l'âge de cinq ans, à l'époque où son précepteur était le chevalier de Bonnard. *(Giraudon)*

Le duc de Chartres, à quatorze ans, et son père à un rendez-vous de chasse, en 1787. *(Giraudon)*

Louise-Marie Adélaïde de Penthièvre, duchesse de Chartres. La mère de Louis-Philippe, à vingt-cinq ans. *(Giraudon)*

Louis-Philippe Joseph, duc de Chartres puis duc d'Orléans. Il se fit appeler Philippe-Egalité et mourut sur l'échafaud. *(Giraudon)*

A Spa, en 1787 : pour célébrer la guérison de leur mère, les enfants organisèrent une fête pastorale. A gauche, la duchesse d'Orléans et Madame de Genlis ; près de l'autel, les ducs de Beaujolais, Montpensier, Chartres, et leur sœur, Madame Adélaïde ; à l'extrême-droite, Paméla Syms, la fille adoptive de Madame de Genlis. *(J. da Cunha/Plon)*

A Valmy, le 20 novembre 1792 : première victoire des armées républicaines. « Il se battit à la tête de nos braves. » *(B.N.)*

Le 6 novembre, à Jemmapes : « A dix-neuf ans, Louis-Philippe attaqua les Autrichiens, pénétra dans leurs redoutes et s'empara à la baïonnette de leur artillerie. » *(B.N.)*

Le comte de Provence, futur Louis XVIII et frère puîné de Louis XVI. *(Giraudon)*

A Mons, occupée le 7 novembre 1792, Louis-Philippe refuse de porter les armes contre sa patrie. *(B.N.)*

Ferdinand Ier succéda à son père dans le royaume des Deux-Siciles, en 1759 sous le nom de Ferdinand IV. Dépouillé du Royaume de Naples en 1798, réintégré l'année suivante et détrôné par Napoléon Ier en 1806, il ne garda que la Sicile jusqu'en 1815. *(B.N.)*

Marie-Charlotte Louise de Lorraine, archiduchesse d'Autriche, fille de François Ier et de Marie-Thérèse, sœur de la reine Marie-Antoinette. Mariée à Ferdinand IV, elle fut appelée la Reine Marie-Caroline. Elle fut « Ma chère Maman » pour Marie-Amélie. *(B.N.)*

Marie-Amélie, née le 26 avril 1782, morte à Claremont en 1866. « Mon visage est long, j'ai les yeux bleus, ni petits, ni grands, mais vifs, le front très haut, pas beaucoup de cheveux mais d'un blond doré, le nez aquilin, la bouche d'une moyenne grandeur mais agréable..., le menton rond et avec une jolie petite fossette, le cou long... » *(Hachette)*

En 1812, à Palerme. Le duc d'Orléans, la duchesse et leurs enfants, Ferdinand et Louise. *(Giraudon)*

Lord Bentinck, fils du duc de Portland, nommé ambassadeur d'Angleterre en Sicile, fut le chef des armées de ce pays. *(B.N.)*

Hartwell : résidence assignée par le Régent à Louis XVIII, pendant l'exil de ce dernier en Angleterre. *(B.N./Plon)*

ENTRÉE DANS LA VILLE DE PARIS,
De sa Majesté Louis XVIII Roi de France et de Navarre, le 4 Mai 1814.

DÉPART DU ROI LE 20 MARS 1815.

(B.N./Plon)

RETOUR DU ROI LE 8 JUILLET 1815.

N./Plon)

« Il était le roi partout..., jamais son infortune ne lui arracha la plus petite concession, sa hauteur croissait en raison de son abaissement. » (Louis XVIII vu par Chateaubriand.) *(Giraudon)*

Murat. « A peine se fut-il avancé dans l'intérieur du pays qu'il fut cerné, pris, traduit devant une commission militaire, condamné à mort et fusillé le même jour. » (13 octobre 1815.) *(B.N.)*

DÉPART DES TROUPES ÉTRANGÈRES.

Bon voyage, MM. les Prussiens, n'y revenez plus au même prix.

Le parc Mousseau, aujourd'hui parc Monceau, appartenait à Louis-Philippe. *(B.N.)*

Louis-Philippe et sa famille en barque à Neuilly. *(Giraudon)*

Le Palais-Royal, résidence parisienne de Louis-Philippe et le foyer des mécontents pendant le règne de Louis XVIII. *(Hachette)*

ASSASSINAT DE S.A.R. M⁹ʳ LE DUC DE BERRI.

13 février 1820, au sortir de l'Opéra et au moment où S. A. disait adieu à sa jeune Épouse, qu'il venait de conduire à sa voiture, le nommé Louvel s'approche du Prince, et le frappe d'un poignard. Je suis assassiné dit-il et il tombe évanoui.

Naissance du duc de Bordeaux, le 29 septembre 1820. *(Plon)*

Louis XVIII sur son lit de mort, le 16 septembre 1824. *(B.N./Plon)*

LE COMPLOT FOUCHÉ...

Le duc d'Orléans était informé de l'existence d'un complot en sa faveur. Il avait repoussé plusieurs avances précises qui lui avaient été faites. Il ne pouvait ignorer que certains participants au complot Fouché disaient ouvertement qu'on saurait bien le forcer à accepter la couronne. N'avait-il pas reçu un billet anonyme : « Nous le ferons sans vous, nous le ferons malgré vous, nous le ferons pour vous. »

En fait, il semble que dans les derniers jours de février il ait reçu des détails précis sur les participants, l'objectif et la mise en œuvre du complot de Fouché lui-même. Ce dernier sans avouer qu'il était l'auteur de la conjuration avait sondé le duc d'Orléans sur ses intentions et ses réactions devant le fait accompli du renversement des Bourbons. Ne vaudrait-il pas mieux alors « se prêter de bonne grâce qu'avoir la main forcée ou être obligé d'aller en exil (1) » ?

Craignant d'être compromis dans ce complot dont il saisissait toute l'importance puisque Fouché lui en parlait mais dont il ne percevait pas la consistance exacte, Louis-Philippe décida d'en rendre compte à Louis XVIII. « Le duc d'Orléans dans sa dernière entrevue avec le roi avait révélé à ce prince les espérances coupables que des conjurés militaires fondaient sur lui dans le Nord et les insinuations qui lui avaient été adressées pour qu'il favorisât ces trames au moins par son silence. Nul ne sait jusqu'à quels détails s'étaient expliquées ces révélations (2). »

Le roi semble n'avoir su que penser sur le moment de la confidence de Louis-Philippe. Il y avait tant de complots... mais il en tiendra compte quelques jours plus tard en apprenant le 5 mars le débarquement de Napoléon.

---

(1) *Les d'Orléans au tribunal de l'Histoire*, Cazeau de Vautiboult.
(2) *Histoire de la Restauration*, Lamartine, t. III.

LOUIS-PHILIPPE ET LOUIS XVIII

Il décidera le soir même d'envoyer Louis-Philippe à Lyon où il sera surveillé de près par le comte d'Artois, et le maréchal Mortier à Lille avec les pleins pouvoirs et le commandement général de toutes les troupes du nord de la France.

Après l'échec du complot de La Fère, Fouché s'était dégagé de la conjuration sans difficulté dans cette période trouble, coupant tous les fils qui pouvaient le relier aux autres conjurés : il joue à la fois le roi et l'Empereur. Blacas le consulte, puis le chancelier Dambray. Le comte d'Artois le 15 mars lui propose une entrevue qui durera deux heures. Les événements ultérieurs et les rumeurs qui coururent alors donnent à penser que c'est au cours de cet entretien que Fouché proposera au comte d'Artois de travailler pour le roi tout en feignant de servir Bonaparte. Il pourra ainsi complètement l'informer, protéger les royalistes, et enfin écarter l'Empereur lorsque viendra l'heure inévitable de la défaite. Dans l'immédiat il suggère un rapide départ qui épargne une indigne capture.

« Monseigneur, sauvez le roi, je me charge de sauver la monarchie », aurait-il conclu à l'issue de l'entretien (1).

Au même moment il prendra contact avec Napoléon.

Le 20 mars au soir il pénètre dans le cabinet de celui dont depuis onze mois il a recommandé la déportation ou l'assassinat. Il lui présente le complot du Nord comme son œuvre et sa contribution au retour de l'Empereur. Il ne quitte ce dernier que bien avant dans la nuit, chargé pour la quatrième fois du ministère de la Police générale (2).

Mais il nous faut maintenant revenir au 5 mars et retrouver le duc d'Orléans au Palais-Royal. Le dîner vient

---

(1) Mémoires de Fouché.
(2) Gaillard, un des seuls et plus anciens amis de Fouché, s'inquiète en apprenant la nouvelle. Il est persuadé que le « Corse » va utiliser

LE COMPLOT FOUCHÉ...

de s'achever, M. de Blacas se fait annoncer de la part du roi et c'est ici que commence ce « Journal de 1815 » rédigé par Louis-Philippe alors que les Cent-Jours ne se sont pas encore écoulés. Il cherche à se laver des soupçons du roi, des princes, des royalistes, des bonapartistes et des républicains qui pour des raisons opposées s'interrogeaient sur son loyalisme et sa bonne foi.

Ce journal dans l'esprit de Louis-Philippe est le témoignage de sa fidélité au roi, à ses propres idées et à la nation. Mais comme cette réalité n'est pas évidente, elle explique bien des silences et des omissions de ce curieux mémoire justificatif.

Fouché puis s'en débarrasser même « tragiquement ». Il vient le réveiller au petit matin et lui rappelle les jours de Thermidor : « Vous rappelez-vous ce mot de Robespierre aux Jacobins : il faut qu'avant quinze jours la tête de Fouché ou la mienne tombe sur l'échafaud ? — Oui, répond le duc d'Otrante à moitié réveillé, mais souvenez-vous de ma réponse : je ramasse le gant ! et quinze jours après Robespierre était mort. »

EXTRAIT

DE

MON JOURNAL

DU

MOIS de MARS,

1815.

A TWICKENHAM,
DE L'IMPRIMERIE DE G. WHITE.

1816.

JE me détermine à faire imprimer un extrait de mon Journal du mois de Mars 1815. Mon objet n'est pas de le publier en ce moment, mais d'avoir la possibilité de faire cette publication, s'il arrivait jamais que les circonstances l'exigeassent. Il m'importe d'être toujours prêt à présenter les faits tels qu'ils se sont passés, et à détruire par leur simple exposition, les insinuations calomnieuses par lesquelles on cherche à les dénaturer. Si ces insinuations sourdes devenaient des accusations directes, je répandrais des exemplaires de cet extrait de mon Journal, et je dirais au public, *Lisez moi, et jugez nous.*

LOUIS PHILLIPPE D'ORLÉANS.

JOURNAL.

MARS, 1815.

Le 5 Mars 1815*, à onze heures (1) du soir, j'étais encore dans le sallon du Palais Royal, lorsqu'on annonça que M. de Blacas (2) était dans mon antichambre, qu'il ne voulait pas entrer, et demandait à me parler. Je sortis aussitôt, et il me dit d'un air mystérieux, et à voix basse « Le Roi voudrait « voir Monseigneur immédiatement. » (3) « Je vais, » lui répondis-je, « mettre mon uniforme, et me rendre « chez le Roi. » — « Non, » me dit-il, « cela n'est « pas nécessaire, le Roi vous demande comme vous « êtes, et si vous le permettez, j'aurai l'honneur de « vous mener dans ma voiture. » — « Quoi, » lui dis-je, « en frac, aux Thuileries! cela va faire une « histoire dans tout Paris. » — « N'importe, » reprit-il. « Mais qu'est-ce que le Roi me veut donc à cette « heure ci, avec cette presse. » — « Le Roi se réserve « de le dire lui même à Monseigneur; mais je peux « le lui dire d'avance, Buonaparte est en France. » — « En France? » — « Oui, en France, cela est « certain; cela sera public demain, mais le Roi prie « Monseigneur de n'en pas parler. » (4) Je rentrai

5 Mars. M. de Blacas vient me chercher de la part du Roi.

Il m'apprend que Buonaparte est en France.

(*) Les notes de M. Michel Poniatowski se trouvent pp. 515 à 538.

aussitôt dans mon sallon, où ma conversation mystérieuse avait déjà répandu de l'inquiétude; je dis à haute voix à ma femme que j'allais sortir un moment, et que je reviendrais dans une demie heure.

Je partis avec M. de Blacas qui me raconta, chemin faisant, que cette nouvelle était annoncée par cinq dépêches télégraphiques qu'on avait reçues de Lyon depuis deux heures après midi; (1) que Buonaparte n'avait que très peu de monde avec lui : selon un rapport, mille hommes, selon un autre, quatorze cents. (2) — « N'importe, » lui dis-je, « le danger « est immense. » — « Le Roi, » reprit-il, « ne l'envi-« sage pas ainsi, et vous le trouverez très calme. » (3) « Tant mieux qu'il soit calme, » lui répliquai-je, « mais tâchez qu'il ne se fasse pas illusion. » — « Je vois, » me dit-il, « que cette nouvelle vous fait « une très grande impression. » — « Oh très forte, » lui répondis-je, et nous arrivâmes aux Thuileries. Nous traversâmes la salle des Gardes, où les Gardes du Corps couchés sur des matelas par terre, ouvraient les yeux avec étonnement, pour me voir passer à cette heure là, et en frac. J'entrai tout de suite chez le Roi avec M. de Blacas.

Ma Conversation avec le Roi. S.M. me notifie son intention de m'envoyer à Lyon avec Monsieur.

Le Roi avait alors depuis quelques jours, un léger accès de goutte qui était pourtant assez fort pour l'empêcher de marcher et de quitter son fauteuil (4). Il me dit dès que je fus devant lui, — « Eh bien, « Monsieur, Buonaparte est en France. » — « Oui, « Sire, » répondis-je, « et j'en suis bien fâché. » — « Ah j'aimerais autant qu'il n'y fût pas, mais puisqu'il « y est, il faut espérer que ceci sera une crise heu-« reuse qui nous en débarassera. » — « Je le souhaite, « Sire, mais je crains que si une fois, les troupes se « joignent à lui, cela ne fasse boule de neige; il « faudrait n'envoyer à sa rencontre, que des troupes « qu'on fût certain de pouvoir faire tirer sur lui, « car si les premières troupes tergiversent, cela devien-

« dra grave. » — « Oh, j'espère que non, » reprit le Roi, « c'est le Général Marchand (1) qui se porte « sur lui avec la garnison de Grenoble d'un côté, « et de l'autre le Général Mouton (2) avec la Garni- « son de Valence, parcequ'il parait que de Digne où « nous savons qu'il était arrivé le 8 Mars, il marchait « sur Gap. » — « Sire, » lui répondis-je, « je ne sais « rien de la Garnison de Grenoble, mais pour celle « de Valence, Votre Majesté ne doit pas y compter « du tout, car je l'ai vue; et je suis persuadé que « le 4ᵉ Régiment d'Artillerie à cheval dont environ « un tiers est formé des débris de l'Artillerie de « la Garde Impériale, ne fera rien contre Buonaparte, « et probablement se joindra à lui. » — « J'espère « que non, » reprit le Roi, « mais il me semble que « vous voyez la chose en noir, il ne faut pas se « décourager; voyez si j'ai l'air découragé. » — — « J'admire le sang froid de Votre Majesté, et je « suis bien heureux de la voir si calme. J'avoue « que quant à moi, je trouve la crise un peu forte. » — « Oh, nous en viendrons à bout, et il faut prendre « des mesures pour cela. J'envoye mon frère à « Lyon, (3) j'envoie le Duc de Berri à Besançon, et « j'écris au Duc d'Angoulême (*), de se rendre à « Nîmes; vous je vous destine à aller à Lyon, sous « mon frère. » — « Sire, » lui répondis je, un mou- « vement de Nîmes à Besançon me paraît bien vaste; « et Votre Majesté croit-elle prudent d'envoyer ainsi « tous les Princes sans aucunes troupes? » — « Je fais « marcher des Troupes en même tems, mais il faut « que mes Princes se montrent. » — « Mais, Sire, « ne serait-il pas plus naturel de commencer par « réunir des troupes sur certains points, pour s'assu- « rer de leur esprit et de leurs dispositions? Par

---

(*) M. le Duc et Mᵐᵉ la Duchesse d'Angoulême étaient partis pour Bordeaux, peu de jours avant qu'on eût connaissance du débarquement de Buonaparte.

« exemple, je crois que je pourrais être plus utile à
« Votre Majesté en m'occupant à réunir un Corps
« de troupes entre Lyon et Paris à tout évènement. »
— « Point du tout, » me dit le Roi en m'interrom-
« pant assez séchement (1), vous serez beaucoup plus
« utile avec mon frère, qui vous donnera à com-
« mander une division ou un Corps, enfin quelque
« chose, comme il voudra. » — « Et Votre Majesté
« n'est pas inquiète de rester ainsi seule à Paris;
« car enfin dans l'état où Elle est, sans pouvoir bouger
« de ce fauteuil, il me semble qu'il serait bien desi-
« rable qu'Elle gardât auprès d'Elle un des Princes,
« et je serais bien heureux, si Elle daignait me donner
« cette destination. » — « Je vous suis fort obligé, »
me dit le Roi, « mais je n'ai besoin de personne,
« et il vaut mieux que vous alliez à Lyon : je ne
« dis pas que vous partiez ce soir, mais graissez vos
« bottes, et revenez me voir demain matin. »

Je me rends chez Monsieur; ma conversation avec lui.

De chez le Roi, je me rendis chez Monsieur qui
se préparait à partir dans la nuit. Je m'efforçai de
convaincre Monsieur, de la mauvaise disposition des
troupes envers le Roi, et quoiqu'il n'en parût pas
entièrement persuadé, cependant il en était inquiêt,
et il me dit, — « Eh bien, si les troupes ne veulent
« pas marcher droit, je rassemblerai des Gardes
« Nationales, j'en suis Colonel Général, et j'en aurai
« dix mille, s'il le faut. » — « Je doute, » lui dis-je
« que vous en ayez beaucoup dans le Lyonnais et
« le Dauphiné. » — « Oh j'en aurais en Dauphiné, »
reprit-il, « j'ai été très bien reçu à Grenoble (*),
« même avec beaucoup d'enthousiasme. » — « Cela
« peut bien être, » lui dis je, « mais ne vous faites
« pas d'illusions; Buonaparte avec ses mille hommes
« de vieille Garde, ne sera pas arrêté par dix mille

(*) Monsieur avait parcouru ces Départemens quelques mois auparavant.

« hommes de Garde Nationale. En outre, prenez
« garde en appellant les Gardes Nationales de ne
« pas donner de la jalousie aux troupes de ligne. »
Monsieur parut sentir la vérité de ce que je disais,
mais il était pressé de partir, croyant que son départ
en imposerait et ferait beaucoup d'effêt. (1) Il partit
donc peu d'heures après, et je retournai au Palais
Royal, où je passai une nuit bien triste et bien
agitée.

Le lendemain matin 6 Mars, (2) je revis M. de
Blacas qui m'apprit que le Roi allait convoquer les
chambres. Il me montra en même tems l'état des
troupes qu'on dirigeait sur Lyon, au nombre d'environ 30,000 hommes. Quelques unes venaient de
Phalsbourg et de Lorraine, et d'autres du Limousin;
je trouvai ce déployement énorme, et je revins à
suggérer à M. de Blacas l'idée de former plutôt des
petits Corps d'Armée, des troupes qui seraient dans
les meilleures dispositions, au lieu de les exposer à
marcher isolément, et de les diriger comme on faisait,
à l'aventure, sur Lyon où Buonaparte pouvait arriver
avant elles. Je représentai à M. de Blacas qu'à
Lyon, je serais absolument inutile au Roi et à Monsieur, puisqu'il n'y avait aucunes troupes; que d'ailleurs le second qu'il fallait donner à un Prince n'était
pas un autre Prince, mais un Maréchal. Il me répondit qu'il y avait en effet un Maréchal désigné pour
accompagner chaque Prince, que le Maréchal Gouvion
de St Cyr (3) était désigné pour Monsieur, le Maréchal Macdonald (4) pour M. le Duc d'Angoulême,
et le Maréchal Ney pour M. le Duc de Berri. J'aurais
pu lui demander quel était le Maréchal que le Roi
me destinait, car il était peu flatteur pour moi qu'on
ne désignât aucun Maréchal pour m'accompagner,
tandis qu'on en donnait un à chacun des autres
Princes que le Roi envoyait en mission; mais je me
contentai de représenter à M. de Blacas que, placé

6 Mars. Dispositions pour s'opposer à Buonaparte : leur inefficacité.

auprès de Monsieur, entre lui et un Maréchal, il arriverait nécessairement que je serais inutile, ou que j'entraverais le Commandement, ce qui ne me convenait, ni d'une manière, ni de l'autre, et que je ne pouvais pas me persuader qu'il convînt au Roi de me réduire à n'être en réalité qu'un *Aide-de-Camp de Monsieur.* — « Oh sûrement pas, » me dit M. de Blacas, « Monsieur employera Monseigneur d'une « manière convenable. » — « Mais à quoi voulez vous, « qu'on m'emploie, mon cher Comte, s'il n'y a pas « de troupes ? » M. de Blacas me répéta qu'elles arriveraient. Alors, voyant que je ne gagnais rien par cette chaîne d'argumens, quelque bons qu'ils me parussent, j'en essayai une autre ; je lui parlai de la position du Roi, et de l'impossibilité où il était alors de quitter son fauteuil, et de veiller lui même à l'exécution de ses ordres. Je lui représentai qu'il pouvait être suffoqué d'un moment à l'autre, par la goutte remontée ou par une apoplexie, et qu'il était de la plus haute importance qu'il gardât auprès de lui au moins un des Princes. J'ajoutai que, s'il ne me jugeait pas digne de cette confiance, du moins il retînt M. le Duc de Berri ; et que dans tous les cas, comme je desirais n'être employé qu'à ce qui serait réellement utile, je voudrais être dispensé de cette désagréable et inutile mission d'aller à Lyon sous Monsieur (1) ; « Il faut absolument », lui dis-je, « que le Roi se forme au plus vite un petit Corps « d'Armée disponible, qui remédie aux défauts de « l'organisation et de la composition de la Maison « du Roi (2) ; car ne vous y trompez pas, mon cher « Comte, quels que soient le dévouement au Roi et « le courage des individus qui la composent, cette « troupe là est, militairement parlant, hors d'état de « soutenir le choc d'aucune partie de l'Armée qui « se décidera à l'attaquer. » — M. de Blacas convenait que la Maison du Roi manquait d'infanterie, dont, disait il, la formation avait été retardée par les difficultés qu'il y avait eu à rétablir les Gardes Françaises; mais il ne se persuadait pas de ce que je lui disais, que cette cavalerie composée de *soldats-officiers* ne pouvait ni faire une campagne de deux jours, ni résister au choc d'aucune cavalerie composée de *soldats-soldats*, et organisée et dressée d'après les principes modernes. Ce fut en vain que, pour remédier à ces inconvéniens (que je voyais bien qu'on n'avait jamais sentis), j'offris de m'efforcer de former au Roi un Corps d'Armée aussi complet que le tems et les circonstances le permettaient encore; il me répondit qu'il pensait que je n'obtiendrais pas du Roi de ne pas insister sur mon départ pour Lyon, parceque Monsieur avait demandé au Roi sa parole de me faire partir et de m'envoyer à lui, et que le Roi la lui avait donnée. — « Avec de telles « mesures, mon cher Comte, » lui dis-je, « je crains « bien que nous ne trouvions personne qui veuille « se battre contre Buonaparte. » — « Oh, je ne crains « pas cela, » reprit vivement M. de Blacas, « vous « verrez un immense parti se déclarer pour le Roi. » — « Je le souhaite, mon cher Comte, » lui répliquai-je, « mais j'en doute. »

J'allai ensuite chez le Roi qui me dit dès qu'il me vit, « Eh bien, vos bottes sont elles graissées ? » — Je répondis, qu'elles l'étaient toujours quand il s'agissait de son service. — « En ce cas là, » me dit le Roi, « partez pour Lyon le plutôt que vous « pourrez; vous y trouverez mon frère qui est parti « cette nuit, et il vous dira ce que vous aurez à y « faire. » — Je réitérai alors au Roi tout ce que j'avais dit le matin à M. de Blacas, sur l'inutilité et l'inconvenance de m'envoyer ainsi à Lyon; mais ce fut en vain, c'était un parti pris irrévocablement, et je ne retirai d'autre fruit de tout ce que je dis au Roi que la satisfaction de lui avoir fait un tableau

Je vais chez le Roi; S.M. me donne définitivement l'ordre de partir pour aller rejoindre Monsieur à Lyon.

véritable de l'état des choses, et celle de lui avoir fait connaître la répugnance que j'avais pour la triste commission qu'il m'imposait. Mes observations sur la nécessité que le Roi gardât un des Princes auprès de lui, eurent plus de succès, car le départ de M. le Duc de Berri pour Besançon fut d'abord suspendu, et ensuite tout-à-fait contremandé. (1)

<small>7 Mars. Je pars pour Lyon.</small>

Je retournai au Palais Royal, faire tous mes préparatifs de départ, et je partis pour Lyon, le 7 Mars (2) à onze heures du matin, avec tous mes Aides de Camp qui étaient au nombre de six; savoir, le Lieutenant Général Baron Albert, les Maréchaux de Camp Comte Thibaut de Montmorency et Vicomte de Chabot, les Colonels Baron Atthalin et Comte Camille de St Aldegonde et le Chef d'Escadron Baron Raoul de Montmorency.

<small>8 Mars. Je rencontre à Pougues, le Duc de Tarente qui allait à Lyon.</small>

Le 8 Mars, pendant que je m'étais arrêté pour déjeuner à Pougues sur les bords de la Loire, je fus rejoint par le Maréchal Duc de Tarente, (3) qui venait de Bourges, le chef-lieu de son Gouvernement, où il s'était rendu peu de jours avant, pour en faire les honneurs à M. le Duc et à Mme la Duchesse d'Angoulême, à leur passage en allant à Bordeaux. Il me dit qu'il avait reçu la veille, la nouvelle du débarquement de Buonaparte, par le courier qui la portait à M. le Duc d'Angoulême à Bordeaux, qu'il avait expédié sur le champ à toutes les troupes de son Gouvernement, l'ordre de se porter sur Lyon, conformément à ce que le Ministre de la guerre lui avait mandé, et qu'ayant reçu l'ordre de se rendre à Nismes auprès de M. le Duc d'Angoulême, il s'en allait à Lyon, parceque c'était la route de Bourges à Nismes. Je lui proposai de passer dans ma voiture, afin que nous pussions causer ensemble de tous ces évènemens, chemin faisant, et je regardai comme une bonne fortune, d'avoir rencontré ce Maréchal pour qui j'ai toujours conservé beaucoup d'estime et

d'amitié, depuis le tems où nous avons servi ensemble. (1) Il ne voyait pas la chose aussi en noir que moi, et ne désespérait pas qu'on pût arrêter la marche de Buonaparte : cependant il pensait que le parti que prendraient les premières troupes qui se trouveraient en sa présence, était de la plus grande importance; que si elles voulaient agir, il était probable qu'il serait promptement abandonné par ses propres Gardes dont le grand objet était de rentrer en France; mais que si elles n'agissaient pas, et surtout, si elles se joignaient à lui, l'affaire deviendrait très grave, sans que pourtant il la crût absolument désespérée, parcequ'il resterait encore des moyens; mais il ne me cacha pas qu'il craignait moins le défaut de moyens, que la maladresse avec laquelle on les employerait.

A Nevers, (2) et surtout à Moulins, nous fûmes accueillis par beaucoup de cris de *Vive le Roi*, de la part du peuple; mais des dragons que nous rencontrâmes sur la route, étaient évidemment dans une autre disposition, et depuis Moulins jusqu'à Lyon, le peuple ne paraissait pas favorable au Roi et aux Bourbons. Plus on approchait de Lyon, plus cette disposition était sensible, et j'avais déjà eu occasion de la remarquer, l'été dernier à Roanne et à Tarare, lorsque j'y avais passé en me rendant en Sicile, pour y chercher ma famille. *Dispositions des habitants sur notre passage.*

Comme nous devions passer la nuit dans nos voitures, le Maréchal Macdonald quitta la mienne à Moulins pour retourner dans la sienne, où il était plus à son aise, et nous continuâmes notre route pour Lyon séparément.

J'arrivai à Lyon le 9 Mars à quatre heures du soir. Je fus frappé en traversant le long fauxbourg de Vaise, de l'air morne, abattu et même agité des habitans. J'allai droit à l'Archevêché où logeait Monsieur. Je trouvai sous les fenêtres, un groupe de *9 Mars. J'arrive à Lyon, ma conversation avec Monsieur.*

LOUIS-PHILIPPE ET LOUIS XVIII

peuple qui criait *Vive le Roi*, continuellement,(1) et demandait que Monsieur parût sur le balcon pour l'y applaudir.

Dès que j'entrai dans le cabinet de Monsieur qui était comme à son ordinaire, en uniforme de Garde Nationale avec le Cordon bleu pardessus l'habit, « Eh bien, Monsieur, » me dit-il, « qu'est-ce que vous « dites de tout ceci? » — « Mais Monsieur, je ne « sais rien, j'arrive, et je demande des nouvelles. » — « Ah! les nouvelles, elles ne sont pas jolies. » — « Qu'est-ce qu'il y a donc? » — « Ma foi, il y a « que Buonaparte est entré à Grenoble (2) dans la « nuit du 7 au 8, il y a trouvé 130 pièces de canon « toutes prêtes, des munitions de toute espèce, je ne « sais combien de fusils, et ce qu'il y a de pis, c'est « que toutes les troupes qui étaient dans le Dauphiné, « sont passées de son côté, et à Vienne, mon Régiment « d'hussards, ces petits Messieurs que vous aviez « trouvés si jolis, (*) viennent aussi d'en faire « autant. » — « En ce cas là, » lui dis-je, « il sera « devant Lyon ce soir ou demain matin. » — « Il ne « tardera pas, » reprit Monsieur, « à être devant Lyon « ou dedans, car si vous voulez que je vous le dise, « nous n'avons pas un canon ici, pas un fusil, pas « une balle, pas une cartouche, pas un grain de « poudre, et ce qui est pis que tout, pas un écu. » — « Voilà votre position, Monsieur? » — « Ah, la « voilà au naturel. » — « Elle n'est pas gaie, » repris-je, « puisque d'un côté, Buonaparte a tous les moyens « d'attaque, et que de l'autre, vous n'en avez aucun « pour lui résister et vous défendre, cette affaire ci « ne peut pas être longue; et il me semble qu'il ne « vous reste autre chose à faire que de tâcher d'emmener avec vous les Troupes qui sont ici, et de vous

---

(*) J'avais vu ce régiment à Vienne au mois de Septembre précédent, et j'en avais été fort content.

« replier avec elles. » — « Comment, » me dit-il alors, « quitter ainsi la seconde ville du Royaume? « Mais pensez vous à l'effêt que cela ferait dans toute « la France, au découragement que cela répandrait? » — « Ma foi, Monsieur, j'ai beau penser à tout cela, « cela ne vous fournira pas des moyens de défense, « et vous n'en avez pas; cela n'empêchera pas qu'il « n'ait cent trente pièces de canon et que vous n'en « ayez pas une. » — « J'en ai fait venir d'Auxonne, « du canon. » — « Ah mais d'Auxonne, repris-je, « si vous ne l'avez pas fait venir en poste, il servira « peut-être à Buonaparte, mais à vous, il ne vous « servira à rien. » — « Il ne vient pas en poste, » reprit Monsieur, « mais je viens de faire une procla- « mation, un appel aux Gardes Nationales et je crois « qu'elle fera quelqu'effet. » Alors Monsieur me donna à lire cette proclamation dans laquelle je remarquai cette phrase, « *Braves Lyonnais, le frère* « *de votre Roi est venu vous confier sa personne,* « *pour partager avec vous la gloire et les dangers de* « *la défense de votre ville.* » — « Ah Monsieur, » lui dis-je, « ne faites pas afficher cela, s'il en est tems « encore. » — « Et pourquoi donc, » me dit-il? — « Mais à cause de cette phrase là, car il est clair « qu'il peut y avoir beaucoup de dangers pour nous « dans Lyon; mais pour de la gloire, je crois pouvoir « vous répondre qu'il n'y en aura point à recueillir. » — « J'en suis bien fâché, » me dit-il, « mais elle est « affichée partout à présent, et il n'y à plus à en « revenir. »

Dénuement total des moyens de défense à Lyon.

Le Comte Roger de Damas (1) qui depuis peu, avait remplaçé le Maréchal Augereau dans le Gouvernement de Lyon, entra dans le cabinet de Monsieur et se joignit à notre conversation. Il apportait des nouvelles de Buonaparte dont on venait d'apprendre l'arrivée à Bourgoing. Je lui demandai, ce qu'il pensait de la disposition de la garnison de Lyon, qui

Dispositions des troupes.

était composée de deux Régimens d'Infanterie, le 20ᵉ et le 24ᵉ et du 13ᵉ de Dragons. Il me répondit qu'il la croyait très médiocre. Monsieur lui répliqua, « Cependant ils m'ont fort bien reçu à la revue « que j'en ai passée. » — « Ah Monsieur, » reprit M. de Damas, « quelques cris de *Vive le Roi*, isolés « comme cela, ne me persuadent point de leurs dispo- « sitions, et la compagnie d'élite des Dragons vous « a littéralement fait la grimace. Monsieur, je vous « l'ai dit dans le moment même. » — « Oui, c'est « vrai, vous me l'avez dit. » — « Eh bien, Monsieur, « je vous le dis de même, la disposition des Troupes « se gâte à chaque instant : il me revient de tous « les côtés des propos terribles. » — « Mais, Monsieur, » dis-je alors à M. de Damas, « qu'est-ce que « vous croyez donc que nous pouvons faire pour « défendre Lyon, car pour moi je ne le vois pas ? » — « En vérité, » me répliqua-t-il, « je serais bien « embarrassé de le dire, mais on m'avait fait espérer « que vous aviez amené le Maréchal Macdonald, et « celui-là pourrait donner de bons conseils à Monsieur. » Je lui répondis que je l'avais quitté à Moulins, et qu'il ne tarderait pas à arriver, mais qu'il me semblait que tous les Maréchaux réunis ne défendraient pas une ville sans aucuns moyens quelconques de défense, contre un enemi qui avait de très grands moyens d'attaque. M. de Damas le pensait comme moi, et en convenait; mais il était ainsi que Monsieur, partagé entre la crainte de partir trop tôt et celle de partir trop tard, et Monsieur se décida à attendre l'arrivée du Maréchal Macdonald, avant de prendre aucun parti et de donner aucun ordre.

Je sortis du cabinet de Monsieur, et je chargeai un de mes Aides-de-camp de retenir les chevaux qui m'avaient amené de Savigny (la dernière poste) car je prévoyais qu'un départ subit était inévitable, et je craignais que la précipitation ne fût si grande, que le service de Monsieur n'absorbât tous les chevaux de poste, et ne m'exposât à en manquer. En effet ils étaient déjà tous retenus pour cet objet.

J'eus la visite de corps des officiers de la garnison; leurs physionomies n'annonçaient pas des dispositions bien favorables aux Bourbons; cependant il y en eut parmi ceux qui me connaissaient, qui me témoignèrent le plaisir qu'ils avaient de voir autour de moi parmi mes Aides-de-camp, des officiers qui avaient servi avec distinction dans leurs rangs, et le chagrin qu'ils avaient eu de ne voir que des émigrés autour de Monsieur. — « Ah, on ne peut pas s'en étonner, » dit un d'entr'eux, « quand on a vu rappeller un de « nos Maréchaux qui était Gouverneur de Lyon, pour « le remplacer par un émigré qui ne nous fait pas « même la grâce de porter la Légion d'Honneur. »

<small>Je reçois la visite de corps des officiers de la garnison.</small>

Pour gagner la garnison, (1) Monsieur avait fait distribuer aux soldats, je crois, un écu par tête, et cette gratification qui n'avait pas fait grand effêt, avait pourtant achevé de vuider sa bourse que d'autres largesses au peuple, avaient déjà presqu'épuisée; ensorte qu'il ne lui restait plus de quoi payer sa dépense, et encore moins des troupes, s'il parvenait à en emmener à sa suite. Il envoyait de tous les côtés, à la Banque, chez le Receveur, chez les négocians, tout le monde trouvait des prétextes pour ne pas lui envoyer d'argent, et il était à cet égard dans une perplexité qui faisait vraiment peine à voir. On lui en faisait espérer pour le lendemain à neuf ou dix heures du matin; mais j'avoue que ce délai me paraissait, ou une manière de colorer un refus, ou un piége pour le retenir, et le livrer de la sorte à Buonaparte, dont je pensais que les troupes entreraient dans Lyon le lendemain à la pointe du jour.

A six heures du soir, j'allai avec Monsieur, chez M. de Damas où on lui avait préparé un grand diner qui fut fort triste. Monsieur attendait toujours le

<small>Arrivée du Duc de Tarente.</small>

Maréchal Macdonald, sans lequel il ne voulait prendre aucun parti. Il n'arriva qu'à neuf heures du soir, et ce ne fut qu'alors que nous sûmes qu'un essieu cassé à sa voiture était la cause de son retard. Il était attendu avec d'autant plus d'impatience, que tout le monde sentait la nécessité de sortir promptement d'une manière ou de l'autre, de la position où nous étions à Lyon.

Aussitôt que le Maréchal fut arrivé. Monsieur l'emmena dans le cabinet de M. de Damas où il m'appela, et fit entrer les Lieutenans Généraux qui se trouvaient présens, savoir le Général Brayer qui commandait à Lyon sous M. de Damas, le Général Digeon, (1) le Général Parthonneaux, et le Général Albert mon Aide-de-camp. Le Maréchal voulait avoir en outre le Commandant du Génie et celui de l'Artillerie, mais quand je l'informai qu'il n'y avait à Lyon ni fortifications, ni canons, il me répondit gaiement, — « Ceci va simplifier beaucoup la « défense de la place. — Deux pièces de trois, sans avant-train, que les Autrichiens avaient abandonnées à Lyon, composaient tout le matériel d'artillerie qu'on pouvait opposer à celui que Buonaparte avait trouvé à Grenoble. Le Maréchal qui cherchait tous les moyens possibles d'arrêter Buonaparte devant le pont de Lyon, voulait à tout hasard y placer ces deux pièces, mais M. de Damas lui apprit que malheureusement, il n'y avait pas même un seul boulet dans Lyon, et que d'ailleurs ces pièces étaient hors de service.

Nous restâmes trois heures dans ce cabinet, et il serait également long et inutile de raconter ce qui s'y passa. Le Maréchal se persuada promptement, et persuada à Monsieur, qu'il n'y avait d'espoir de défendre Lyon qu'en dégoutant Buonaparte de s'y présenter, et que pour cela, il fallait obtenir des troupes de Lyon de tirer sur celles de Buonaparte, si elles voulaient forcer le passage du pont, et que si on ne pouvait pas obtenir cela des troupes, ce que les autres Généraux regardaient comme impossible, il fallait au moins obtenir d'elles de quitter Lyon, et de se replier sans se joindre à Buonaparte.

On consulta les Colonels qui déclarèrent qu'ils ne croyaient pas qu'on pût faire tirer leurs troupes, qu'il était très douteux qu'on pût les faire sortir de Lyon, et que si on l'essayait pendant la nuit, il était certain qu'il en resterait une partie considérable dans la ville.

Alors, il fut convenu qu'on ordonnerait aux troupes de se réunir le lendemain matin à six heures, sur la Place Bellecour, que le Maréchal irait les pérorer, sans Monsieur et sans moi, pour voir ce qu'il pourrait en faire, et que nous réglerions nos mouvements ultérieurs en conséquence. *Il est ordonné à la garnison de se réunir le lendemain matin.*

Après ce conseil, je m'en allai avec le Maréchal à l'hôtel d'Europe où nous devions loger l'un et l'autre. Nous y passâmes la nuit avec quelqu'inquiétude, car nous savions qu'on n'avait pas pu fermer la barricade du pont de la Guillotière, qui était hors de service. On n'y avait suppléé par aucun autre obstacle, et par conséquent rien ne nous mettait à l'abri d'une surprise. Avant mon arrivée, Monsieur avait donné l'ordre de couper le pont, mais lorsqu'on eut commencé les travaux, le peuple s'y opposa, et on abandonna ce projet. (1)

Pendant toute la nuit, il vint à Lyon des émissaires de Buonaparte, et même des officiers des troupes qui s'étaient réunies à lui, et ils eurent des communications avec la garnison de Lyon qui était réunie en conciliabules dans toutes les parties de la ville. Le Maréchal fut informé de ce qui se passait, par plusieurs Généraux et officiers, dont quelques uns avaient formé le projet de l'entrainer avec eux et de le mener à Buonaparté; ils le lui firent entendre, mais le *Communications des émissaires de Buonaparte avec la garnison.*

Maréchal rejetta très nettement ces insinuations, avec toute la loyauté et la fermeté de son caractère. Cependant il fut convaincu par une multitude de rapports, qu'il n'y avait plus rien à faire, et que la garnison de Lyon se déclarerait pour Buonaparte aussitôt que lui ou ses troupes se présenteraient.

10 Mars. Le poste de la Verpalière est obligé de se replier.

Le 10 Mars (1) à cinq heures du matin, nous fûmes informés que M. de Damas, neveu du Comte Roger, Gouverneur de Lyon, que son oncle avait placé avec quelques dragons à la Verpalière, à peu-près à moitié chemin de Lyon à Bourgoing, avait failli être pris, que cependant ses dragons ne l'avaient pas abandonné, et qu'ils étaient revenus à Lyon avec lui, qu'il n'y avait pas eu une amorçe brûlée, ni un coup de sabre donné, mais que Buonaparte était en marche avec ses troupes, et qu'on devait l'attendre à Lyon d'un moment à l'autre. En même tems, un Adjudant de Place vint rendre compte au Maréchal qu'il n'y avait encore que fort peu de troupes réunies, et qu'il était à craindre qu'on ne pût pas parvenir à rassembler la garnison pour la grande Parade qui devait avoir lieu à six heures du matin. — « Ceci est décidément une mauvaise affaire, » me dit alors le Maréchal, « vous êtes très exposé ici, et très inutilement ; le plutôt que vous en partirez, sera le mieux. Il faut faire partir Monsieur au plus vite, puis je verrai ces troupes, je leur parlerai leur langue, je verrai si je peux en faire quelque chose, mais je crains bien qu'il ne soit trop tard. » — Mon opinion personnelle était entièrement conforme à celle du Maréchal, et nous sortîmes sur le champ ensemble pour aller chez Monsieur lui faire sentir la nécessité de quitter Lyon. Tout était fermé à l'Archevêché, quand nous y arrivâmes. Comme je connaissais l'appartement, je secouai un peu rudement la porte du sallon de Monsieur, qui s'ouvrit, et je trouvai deux officiers de ses Gardes, couchés

Le Duc de Tarente m'engage à partir.

Nous allons chez Monsieur.

sur des matelas par terre, qui étaient déjà un peu choqués de la manière brusque dont nous nous étions introduits, lorsqu'ils me reconnurent et s'écrièrent à la fois, « Ah mon Dieu, Monseigneur, qu'est ce qu'il « y a donc? » — « Rien, » leur dis-je, si ce n'est que « le Maréchal et moi, nous voudrions parler tout de « suite à Monsieur. » — Malheureusement ils n'avaient pas la clef de la chambre à coucher, qui était chez le Comte François Descars Capitaine des Gardes du Corps de Monsieur, et ce qui était encore plus malheureux, ils ne savaient pas où logeait le Comte François. Nous fûmes donc obligés d'attendre quelque tems, et à la fin, on trouva un valet de chambre qui avait la clef de la garde-robe de Monsieur, par où nous pénétrâmes dans sa chambre à coucher. Il était profondément endormi, dans un lit dont les rideaux étaient fermés; je les entr'ouvris, et je lui dis que le Maréchal et moi, nous voudrions lui parler de choses importantes et pressées. Je commençais à lui en rendre compte, lorsque le Maréchal perdit patience, et lui dit en m'interrompant — « Mais Monsieur, levez « vous donc, ceci n'est pas une plaisanterie; Buona- « parte arrive peut-être dans ce moment ci, au faux- « bourg de la Guillotière, il faut faire appeler vos « gens tout de suite, faire mettre vos chevaux, et « partir, car vous n'avez pas un moment à perdre. » — Monsieur se leva tout en disant toujours, — « mais « qu'est-ce que c'est donc que tout cela? » « Qu'est-ce « que vous venez donc me dire? » — et il commença à s'habiller, pendant que nous le mettions au fait du triste état des choses. Le Comte Roger de Damas arriva aussi pour confirmer à Monsieur ce que nous lui disions, et il ajouta qu'on lui avait fait rapport que déjà des hussards de Buonaparte avaient pénétré dans le fauxbourg de la Guillotière, mais qu'étant allé jusqu'au pont pour s'en assurer, il avait lieu de croire que cela était faux. Monsieur s'apperçut

Conversation avec Monsieur.

Le Maréchal presse Monsieur de partir.

enfin que le départ était devenu absolument nécessaire, il fit rassembler tout son monde, et ordonna de mettre ses chevaux. Le Maréchal pensant que la présence de Monsieur ne retiendrait pas les troupes, et qu'elle nuirait plutôt à l'effêt qu'il voulait encore essayer de produire sur elles, insista pour que Monsieur partît sans l'attendre (1), et le laissât seul tenter ce dernier effort. Monsieur s'y étant déterminé, je lui dis « Puisque Monsieur va partir, je suppose « qu'il n'a plus besoin de moi, et par conséquent « qu'il trouve bon que je parte immédiatement. » Monsieur me répondit avec assez d'humeur, « Eh bien « Monsieur, partez, si cela vous fait plaisir, » puis il ajouta, « mais où allez vous aller! » — « Ma foi, « Monsieur, je m'en vais à Paris. » (2) — « Oh, » reprit Monsieur, « je crois que vous trouverez des troupes « à Roanne, et alors il faudrait les y arrêter, et vous « y arrêter aussi pour attendre de mes nouvelles. » « Eh bien, Monsieur, » lui dis-je, « je verrai ce qu'il y « aura à Roanne, et si je puis y faire quelque chose, « je m'y arrêterai bien volontiers. Je suppose que, « si je rencontre des troupes entre Lyon et Roanne, « je dois leur ordonner de la part de Monsieur de « rebrousser chemin et de se rendre à Roanne? » — « Sans doute, » me dit Monsieur, (3) et alors prenant congé de lui, je m'en retournai avec le Maréchal à l'hôtel d'Europe.

<small>Monsieur se décide à partir, et ordonne ses chevaux.</small>

Une partie des voltigeurs qui composaient la Garde d'honneur qu'on m'avait donnée, avait déjà arraché les cocardes blanches et les avaient jettées dans la boue. Ils ne prirent pas les armes pour nous, sans cependant témoigner de mauvaise humeur. Je montai en voiture, et je partis à sept heures et demie.

<small>Je pars immédiatement.</small>

Ce qui s'est passé à Lyon après mon départ, m'a été raconté par le Maréchal Macdonald, lorsque nous nous sommes revus à Paris. (4) Il alla voir les troupes et les harangua sans effet. Il fit venir chez lui tous les Officiers, et les pérora en détail sans plus de succès Ils ne lui répondirent que par l'énumération de tous leurs griefs contre le Roi et les Bourbons. Après ces inutiles tentatives, le Maréchal se porta au pont de la Guillotière, dont la barricade avait été enfin réparée et fermée, et il s'y trouvait encore lorsque les troupes de Buonaparte y arrivèrent. Il leur parla avec vivacité, mais sans produire aucune impression sur elles, et pendant qu'il parlait, les soldats étaient occupés tranquillement à démolir la barricade, et ils étaient assistés dans ce travail par les soldats de la garnison de Lyon chargés de la défense du pont. Ils répondaient à tout ce que le Maréchal leur disait, — « Tout cela est bel et bon, « Monsieur le Maréchal, mais vous qui êtes un si « brave homme, vous devriez bien tout simplement « quitter les Bourbons, et vous joindre à nous, nous « vous mènerions à l'Empereur qui serait charmé de « vous revoir. »

Ce dialogue singulier dura jusqu'à ce que le Maréchal vit arriver derrière lui la colonne d'Infanterie de la garnison de Lyon qui s'avançait vers le pont par divisions dans le plus grand ordre, mais, à ce qu'il m'a dit, avec des cris prodigieux de *Vive l'Empereur*. Il n'eut que le tems de mettre son cheval au grand galop, et sortit du pont au moment même où y arrivait la tête de la colonne dont le front étant plus large que le pont, eut empêché le Maréchal d'en sortir, si la colonne y était entrée avant qu'il ne s'en fût retiré. Les hussards de Buonaparte se jetèrent immédiatement dans Lyon, et poursuivirent le Maréchal à travers les rues, et jusques à quelques lieues sur la route de Tarare. (1)

Pendant que tout cela se passait, je continuais ma route. Je rencontrai à quatre ou cinq lieues de Lyon le 72ᵉ Régiment d'infanterie de ligne qui s'y rendait, conduit par le Général Simmer. (2) Dès que

<small>Rencontre du 72ᵉ Régiment d'Infanterie, à quelques lieues de Lyon.</small>

le Général sut que c'était moi, il forma son Régiment en bataille au bord du chemin, et me fit rendre les honneurs militaires. Je passai devant le front sans entendre un seul cri de *Vive le Roi,* et ce silence, joint à l'air maussade qu'avaient les soldats, m'apprenait assez quelle était leur disposition. Cependant conformément aux intentions de Monsieur, je donnai de sa part au Général Simmer, l'ordre de rétrograder vers Roanne. Il me répondit, que le Régiment avait déjà beaucoup marché dans cette matinée, qu'il était très fatigué, et qu'il allait le cantonner dans le village où nous nous trouvions. Je compris parfaitement par la mine et par le ton du Général Simmer quelles étaient ses intentions et celles du 72ᵉ Régiment, mais lui ayant ainsi notifié l'ordre de Monsieur, j'allais continuer ma route, lorsqu'il s'approcha de ma voiture, en ouvrit la portière, et me dit, « Monseigneur, « je ne sais pas quand je vous reverrai, ni si je vous « reverrai jamais, mais je veux avoir eu la satisfaction « de vous assurer pour ma part, et pour celle d'un « grand nombre de mes camarades auxquels vous « avez fait, ainsi qu'à moi, l'accueil le plus flatteur, « au Palais Royal, que jamais dans aucun cas, nous « ne vous confondrons avec ces B..... d'émigrés qui « ont perdu les Princes vos parens. » Après ce discours très significatif, (1) et dont j'eus à peine le tems de le remercier, il referma la portière, et je partis aussitôt.

A Tarare, comme à Roanne où j'arrivai le soir, je trouvai les habitans réunis dans la rue. Sans se porter à aucun excès quelconque; ils paraissaient inquiets et agités, et ne dissimulaient guères leurs dispositions envers le Roi et les Bourbons. Je rencontrais à chaque instant des Officiers Généraux qu'on envoyait de Paris à Lyon, comme si des Généraux étaient une force réelle, mais je ne trouvai aucune troupe à Roanne, ni aux environs. Je me décidai donc à continuer ma route pour Paris, et j'écrivis à Monsieur une lettre que je vais transcrire. Je chargeai le Sous-Préfêt de la lui remettre, dans le cas où il passerait à Roanne. J'ai su depuis qu'il y avait passé peu après moi.

« *Roanne, 10 Mars, 1815.*

« Monsieur,

« Personne de la maison de Monsieur, ni aucun
« courier ne m'ayant rejoint depuis Lyon, quoique
« j'aye été mené très doucement, je présume que
« vous avez pris une autre direction. Il n'y a ici
« aucunes troupes quelconques, de manière que je ne
« vois pas ce que j'aurais à faire en y restant. Je
« n'ai rencontré en route que le 72ᵉ Régiment d'infan-
« terie très près de Lyon. J'ai notifié au Général
« Simmer, l'ordre de Monsieur de se replier sur
« Roanne, mais je doute beaucoup que cet ordre soit
« jamais exécuté.

A Roanne, j'écris à Monsieur.

« Dans cet état de choses, je me décide à continuer « ma route sur Paris, et à tout hasard, je laisse cette « lettre au Sous-Préfet pour en instruire Monsieur et « le prier de recevoir, &c. &c.

« P.S. J'ai rencontré sur la route une quantité de « Généraux très empressés de rejoindre Monsieur, et « de savoir des nouvelles; je me suis contenté de leur « conseiller d'en attendre de Monsieur. »

J'arrivai à Paris le 12 Mars dans la matinée. J'appris qu'on continuait à faire circuler dans Paris des contes absurdes pour étourdir le peuple, et lui cacher les progrès et les succès de Buonaparte. (1) On avait même été jusqu'à faire arriver un courier dans les cours du Palais Royal, avec la nouvelle d'une victoire imaginaire qu'on supposait que j'avais rem-

12 Mars. J'arrive à Paris.

portée. On croyait qu'en berçant ainsi le peuple d'illusions, et en s'efforçant de lui persuader que le Roi l'emporterait sur Buonaparte, on le déterminerait à de plus grands efforts en faveur des Bourbons. Malheureusement, il en résultait un effet contraire ; le public était trop bien informé pour s'y méprendre, et connaissait toute l'étendue du danger, tandis que le Roi et sa cour se nourrissant d'illusions, fermaient les yeux sur leur position, et soupçonnaient même quiconque ne partageait pas leur sécurité. (1)

Je vais aux Thuileries.

J'allai aux Thuileries aussitôt après mon arrivée, faire ma cour au Roi, et lui rendre compte, tant de mon voyage, que des motifs de mon retour. Je trouvai chez le Roi, M. le Duc de Berri qui m'apprit que le Roi l'avait nommé Commandant en Chef de l'Armée, en l'absence de Monsieur à qui ce Commandement était destiné.

Conversation avec le Roi.

Je débutai par me plaindre (2) au Roi de la figure qu'on venait de me faire faire à Lyon, qui me paraissait aussi peu analogue à la dignité et à l'honneur des Princes, qu'aux intérêts de sa couronne. Je lui rappelai la répugnance que j'avais témoignée pour ce voyage avant de l'entreprendre, ce dont le Roi me dit qu'il se rappellait très bien, ajoutant *que je n'y avais été que comme un homme qu'on pousse par les épaules.* « Sire, » lui répliquai-je, « Votre « Majesté peut décider actuellement qui de nous se « faisait illusion, et s'il n'eût pas mieux valû employer « les Princes à réunir des troupes, que de les envoyer « sans aucuns moyens de défense, dans la seconde « ville du Royaume, qu'ils ne pouvaient pas sauver, « et dont la perte devenait encore plus marquante « par leur présence. » — « Enfin, » me dit le Roi, « tout cela pouvait être très vrai, mais il ne sert plus « à rien d'en reparler aujourd'hui. » — « Que Votre « Majesté me pardonne, cela sert beaucoup, pour « moi du moins : car d'abord, cela prouve que ma

« répugnance pour aller à Lyon, ne provenait pas de
« tiédeur pour votre service, ainsi que plus d'une
« personne aura probablement essayé de le repré-
« senter à Votre Majesté; mais qu'elle provenait de
« la conviction que c'était une mauvaise mesure pour
« vos intérêts et pour ma réputation. J'ôserai dire
« ensuite, que le sacrifice que j'ai fait au Roi en lui
« donnant cette marque de mon obéissance et de mon
« dévouement, contre mon opinion, doit interdire
« désormais tout soupçon sur mes motifs, lorsque je
« me permettrai d'examiner, avant de me charger
« d'aucune commission dont le Roi voudrait encore
« m'honorer, si j'ai l'espoir et les moyens d'y réussir. »
— « C'est toujours très juste, » me dit le Roi, « et
« je ne vous en empêcherai jamais. » — « Sire, »
repris-je alors, « je sais pas si Votre Majesté voit dans
« toute son étendue le danger de sa position, mais
« je crains bien que la perte de Lyon ne soit celle
« du Royaume. » — « Ah cela, c'est un peu fort, »
me dit M. le Duc de Berri en m'interrompant, et le
Roi ajouta : « c'est aller trop loin, il y a encore bien
« des moyens. » — « Sans doute, Sire, » repris-je,
« mais ce n'est pas malheureusement par le nombre
« de ses soldats que Votre Majesté doit évaluer ses
« forçes, c'est par la disposition individuelle des
« troupes; et le succès de Buonaparte me parait si
« avancé à présent que je crains qu'il ne soit trop
« tard pour la changer (1). — « Vous voyez trop en
« noir, » me dit M. le Duc de Berri, « les troupes
« sont encore en général très bonnes. Le Maréchal
« Oudinot (2) nous mande de Metz, que celles de
« son gouvernement, et la vieille garde en particulier,
« sont dans la meilleure disposition; il les a réunis,
« il leur a parlé, il leur a dit, *que ceux d'entre vous
qui veulent être parjures à leurs sermens, sortent des
rangs, et je les enverrai à Buonaparte; et il n'est sorti
personne.* » (3) « Cela est très satisfaisant, » lui répon-

dis-je, « mais croyez cependant qu'il ne faut pas trop y compter. » Le Roi termina la conversation en me disant qu'il allait voir ce à quoi il pourrait m'employer, et qu'il le ferait avec plaisir. (1)

<small>Je témoigne au Roi le désir de faire partir ma femme et mes enfans.</small>

Avant de sortir de chez le Roi, je lui parlai de l'inquiétude que me causaient mes enfans, et de la difficulté qu'il pourrait y avoir à les faire partir, si on attendait le dernier moment qui serait nécessairement une bagarre; mais le Roi ne parut point partager mon inquiétude, et la crainte de m'attirer une défense mortelle m'empêcha d'insister. (2) De retour au Palais Royal, j'entrepris de déterminer ma femme à partir avec mes enfans, ce qui ne fut pas facile à cause de la répugnance qu'elle avait à se séparer de moi, et à quitter la France. J'éprouvais de mon côté beaucoup de peine, d'être obligé d'insister sur cette séparation, mais à la tournure que prenaient les affaires, j'attachais une grande importance à ce que ma femme et mes enfans fussent immédiatement transportés en lieu de sûreté, parcequ'étant débarrassé de toute inquiétude à cet égard, je me trouvais plus maitre de mes mouvemens, et plus à portée d'agir selon les circonstances. Je représentai à ma femme, combien il était plus essentiel que jamais, qu'elle ne se séparât pas de ses enfans, et qu'elle veillât sur eux, lorsque nous étions forcés de les envoyer en pays étrangers. Elle le sentit, et se résigna, mais ce fut avec la plus grande affliction. Puisque cette séparation devait avoir lieu, il valait mieux l'effectuer sans hésiter davantage. Je me décidai à faire partir le soir même ces objets si précieux pour moi, et à les envoyer directement en Angleterre, comme étant le pays où ils trouveraient la plus grande sûreté. (3) Je pensais aussi que si, comme je ne le prévoyais déjà que trop, il devenait nécessaire de m'expatrier encore une fois, ce serait de même en Angleterre que je trouverais l'asyle le plus honorable, et le plus

<small>Je détermine ma femme à partir, pour l'Angleterre avec mes enfans.</small>

conforme à mes desirs de ne jamais me mêler des affaires de France, qu'en France et avec mes compatriotes. Le long séjour que j'y avais fait précédament m'avait procuré l'avantage d'y être connu : je savais qu'on y rendait justice à mes principes et à ma conduite, et que si quelques fois le Gouvernement force des étrangers à s'en éloigner, au moins n'essaye-t-on jamais dans cette terre de liberté, d'obliger ceux qui se tiennent tranquilles, à faire ce qui répugne à leurs principes et à leurs sentimens.

Ma sœur se décida à rester au Palais Royal, aussi longtems que cela serait possible, et en effet elle n'en partit qu'au dernier moment, puisqu'elle n'a quitté Paris que trois ou quatre heures avant le Roi. C'était une satisfaction véritable que de garder ma sœur auprès de moi, lorsque les circonstances et la sureté de mes enfans, me forçaient à faire partir ma femme avec eux; et j'y trouvais le double avantage que la présence de ma sœur, rendait le départ de ma femme moins marquant, et que si j'étais obligé de m'éloigner subitement, ma sœur pourrait rester assez longtems après moi au Palais Royal pour y terminer mes affaires. _{*Ma sœur se décide à rester.*}

Il ne s'agissait donc plus que d'arranger le départ de ma femme et de mes enfans de manière à ne point faire d'esclandre dans Paris. N'ayant pas informé le Roi de ce projet de départ, je ne pouvais pas demander moi-même les passeports et l'ordre de fournir des chevaux de poste sans lequel on n'en donnait ni à Paris, ni sur la route : je m'adressai donc pour les obtenir à un étranger qui était personnellement très attaché à ma femme. Les passeports des ministres étrangers furent accordés sans difficulté, ils furent même donnés en blanc. Mais l'ordre pour les chevaux de poste qu'il fallait demander aux Ministres du Roi, fut refusé à l'étranger qui avait bien voulu se charger de toutes ces demandes, parcequ'on soup- _{*Difficultés du départ de ma femme.*}

LOUIS-PHILIPPE ET LOUIS XVIII

çonna que cet ordre pourrait nous servir, quoiqu'il ne fût demandé ni pour ma femme, ni pour mes enfans. Il alla parler à M. de Blacas avec qui il était asssez lié, et tâcha de lui persuader qu'il serait convenable, et même dans les intérêts du Roi, de mettre mes enfans en lieu de sureté. Il n'y réussit pas; M. de Blacas lui dit nettement que le Roi ne voulait pas qu'ils partissent, et cet étranger (qui n'avait assurément aucune envie de m'indisposer contre M. de Blacas, ni de m'aigrir contre le Roi, et les Princes mes ainés) me dit en m'informant de ce refus, que loin que je dûsse regarder la sureté de mes enfans comme une considération qui déterminât le Roi à les laisser partir, il devait ne pas me cacher qu'aux Thuileries, on était plus qu'indifférent à leur égard. Il ajouta même qu'on regardait leur existence plutôt comme un embarras que comme un avantage, qu'on ne se préterait à rien par considération pour eux, et que si on croyait que je pusse parvenir à les faire partir sans demander un ordre pour les chevaux de poste, ou sans qu'on s'aperçut des préparatifs, on prendrait certainement des mesures pour m'en empêcher.

<small>Le Roi s'y oppose.</small>

Cet avis me fit redoubler de précautions pour cacher le départ projetté, et ce ne fût que le soir qu'on en commença les préparatifs dans notre intérieur.

<small>Arrangemens du départ.</small>

Ma femme ne pouvant partir seule, je proposai à mon ancien ami le Comte de Grave de l'accompagner dans ce triste voyage. Il y consentit dans l'instant, et s'en alla faire ses arrangements qui furent terminés en deux heures. Il avait déjà bien voulu se charger, depuis quelques tems, de surveiller l'éducation de mon fils ainé, en attendant que je pûsse faire des arrangemens définitifs à cet égard, et il ajouta, sans hésiter, cette nouvelle preuve d'attachement à toutes celles qu'il m'avait déjà données.

JOURNAL

Une dame qui connaissait des employés de l'administration de la poste, se chargea d'obtenir des chevaux, en les demandant pour elle même. Comme on ne lui connaissait pas de relations avec nous, et que d'ailleurs elle ne demandait que trois chevaux, elle les obtint sans difficulté. Elle les fit venir à trois heures du matin dans sa cour, où j'avais envoyé d'avance une voiture sans armes ni chiffres, et assez grande pour contenir ma femme, ses quatre enfants, le Comte de Grave, la nourrice de mon fils cadet et une femme de chambre. Le valet de chambre allemand de mon fils ainé et un palefrenier anglais devaient voyager sur le siége. (1) Il fut convenu que Mme la Comtesse de Vérac, (2) dame d'honneur de ma femme, ne l'accompagnerait pas, afin de ne pas trop augmenter le nombre déjà considérable des voyageurs, mais qu'elle irait le rejoindre dans peu de jours, comme le lui faisait desirer l'attachement, dont elle nous a donné tant de marques en d'autres circonstances.

Tous ces arrangements réussirent à merveille. A deux heures et demie du matin, dans la nuit du 12 au 13 Mars, je fis venir à la porte d'un des escaliers du Palais Royal, un fiacre dans lequel ma femme et mes enfans se rendirent chez la dame qui avait pris des chevaux de poste, d'où ils partirent immédiatement pour Calais, et arrivèrent heureusement en Angleterre. *13 Mars. Ma femme part secrettement.*

Avant de partir, ma femme écrivit au Roi la lettre suivante, que je remis le lendemain matin à Sa Majesté.

« Sire,

« Je suis partie, emportant dans mon cœur le « souvenir de vos bontés pour moi. Croyez que le « seul amour maternel a pû me faire décider à ce « sacrifice si cruel de laisser un mari bien aimé, *Lettre de ma femme au Roi.*

257

« une sœur, des parens chéris, exposés à tous les
« dangers, et vous, Sire, que je chéris comme un
« père, auquel je souhaite tant de succès et de pros-
« pérités. Mon cœur est navré, tourmenté, déchiré,
« mais j'ai crû que mon devoir, même envers Votre
« Majesté était de sauver ces chers, et innocens enfans,
« les uniques rejettons de notre famille. Puisse Dieu
« exauçer nos vœux, vous soutenir sur votre Trône
« aux pieds duquel je serai si heureuse de venir vous
« renouveller l'hommage de mon tendre et respec-
« tueux attachement!

« Sire!
&c………

(Signé)   Marie Amélie.
Paris, ce 12 Mars, 1815.

<small>Je la présente à Sa Majesté.</small>   En présentant cette lettre au Roi, je lui dis, « Sire,
« je viens demander pardon à Votre Majesté d'avoir
« fait partir ma femme et mes enfans pour l'Angle-
« terre sans votre permission, mais leur présence ici
« dans les circonstances actuelles, me causait trop
« d'inquiétude pour les y laisser, et j'ai pensé que
« je ferais mieux de les faire partir secrettement, afin
« que cela fît le moins d'éclat possible. » — « Vous
« avez été un peu pressé, » me dit le Roi, « mais
« cela ne fait pas grand-chose, et je vous pardonne
« volontiers. » J'informai le Roi en même tems que
ma sœur était restée, ce qu'il approuva, et S.M. daigna
me promettre que, si je devais m'absenter de Paris,
il veillerait sur elle, et la ferait avertir à tems de
tout ce qui pourrait l'intéresser.

Je reprends à présent mon récit, sur lequel j'ai
anticipé pour rapporter, sans interruption, ce qui
était relatif au depart de ma femme et de mes enfans

pour l'Angleterre. J'en étais resté au moment, où je suis sorti de chez le Roi le 12 Mars, après lui avoir rendû compte la triste campagne que j'avais faite à Lyon.

Peu de tems après mon retour au Palais Royal, j'y reçûs la visite de M. Dandré (1), Directeur Général de la Police. Il me dit qu'il venait s'informer à moi, s'il était vrai que deux de mes gens eussent crié *Vive l'Empereur,* en courant la poste devant ma voiture, à mon retour de Lyon. Je lui répondis qu'il m'était revenû que le courier de l'Administration des postes qu'on m'avait donné pour commander mes chevaux sur la route, avait annoncé au peuple de Tarare et de Roanne, que Buonaparte allait entrer à Lyon, et qu'il ne tarderait pas à être parmi eux; mais, que je croyais qu'il s'en était abstenu depuis ce que je lui en avais fait dire à Roanne, et que de cette ville à Paris, je m'étais apperçû que le peuple ignorait les progrès de Buonaparte. J'ajoutai que si M. Dandré avait d'autres données sur quelques uns de mes gens, il était bien le maitre de les faire arrêter, ou de les interroger, comme il voudrait. Il ne trouva pas que cela en valût la peine, et passant à un sujet de conversation plus important, « Votre « retour à Paris, » continua-t-il, « a fait sur le public « une sensation bien forte. » — « En quoi, » lui dis-je? — « En plus d'un genre, » me dit-il, « et je « ne veux pas vous cacher que je crois nécessaire « que vous partiez de Paris le plutôt possible, et « que je presse beaucoup pour cela. » — « Je ne sais « pas, » lui répondis je, « en quoi il peut vous paraître « avantageux que je parte de Paris; quant à moi, « cela m'est égal. J'ai témoigné au Roi que j'étais « prêt à le servir, et à me charger de tout ce que je « croirais pouvoir exécuter, mais que je ne voudrais « pas être replacé dans une position aussi fausse, que « celle où je me suis trouvé à Lyon. C'est à présent

Conversation avec le Ministre de la Police.

« au Roi, à voir ce qu'il veut faire de moi, et j'attends « ce qu'il en décidera. »

Après la visite de M. Dandré, j'eus celle de M. de Blacas; mais avant d'en parler, il faut nécessairement que je rappelle les évènements publics qui étaient arrivés en mon absence, tant pour l'intelligence de cette conversation et de mon récit, que pour prouver qu'il n'y avait point de conspirations véritables, ni dans l'armée, ni dans le public, en faveur de Buonaparte; quoique ces mêmes évènemens ayent parû prouver le contraire aux Thuileries et ailleurs.

Récit des mouvemens du Nord.

Le Général Drouet Comte d'Erlon (1) qui commandait à Lille la 16ᵉ division militaire, interprétant, m'a-t-on dit, une lettre du Ministre de la Guerre (le Maréchal Soult, Duc de Dalmatie), fit faire à une partie des troupes qui composaient les garnisons de son commandement, un mouvement qui les rapprochait de Paris, où il parait qu'on voulait déjà former une armée, pour couvrir la Capitale. Aussitôt que le Maréchal Mortier, Duc de Trévise, Gouverneur de cette division, eut connaissance de cet ordre, dont il ne lui fut rendu compte que le lendemain matin, il dit au Comte d'Erlon qu'il avait fait une *bêtise*, et lui enjoignit de rappeler les troupes au plus vite. Le Comte d'Erlon expédia en effet un contr'ordre, en vertu duquel les troupes rentrèrent dans leurs garnisons respectives, aussi tranquillement qu'elles en étaient sorties (*). Le Régiment des Chasseurs Royaux (les Chasseurs de la Garde Impériale) qui était parti de Cambrai, en vertu du premier ordre, fut le seul qui ne soit pas rentré sur le champ dans

---

(*) Je rapporte ces faits qui me sont étrangers, tels qu'ils m'ont été racontés, et sans prétendre répondre de l'exactitude de ce récit.

sa garnison, en recevant le contr'ordre. Il parait que le Général Lefébvre Desnouettes, qui commandait ce corps, ne voulait pas l'exécuter. Il parait en outre que ce Général essaya d'entrainer dans le mouvement des Chasseurs Royaux, d'autres régimens de troupes à cheval et d'artillerie qui se trouvaient à Noyon et à la Fère; mais qu'étant arrivés jusqu'auprès de Compiègne, et se voyant seuls, les Chasseurs Royaux prirent d'accord avec leurs officiers, la détermination de retourner à Cambrai, où le Général Lyons, Commandant en second, les reconduisit. Lefébvre Desnouettes décampa avec ceux des officiers de son corps qui s'étaient le plus compromis, et quelques officiers d'artillerie de la Fère qui s'étaient joints à sa folle entreprise.

Je doute que ces mouvemens fussent combinés, et qu'ils fussent le résultat d'une conspiration, parcequ'ils sont trop décousus pour cela. Si le mouvement ordonné par le Comte d'Erlon, avait été lié à une conspiration qui devait éclater plus tard, Lefébvre Desnouettes aurait été sûr d'avoir une meilleure occasion peu de jours après, et n'aurait pas tenté cette pointe sur Paris. Je crois que s'il y avait eu réellement une conspiration, le Général Lefébvre, au lieu de se séparer de ses Chasseurs qui avaient manifesté leurs dispositions, et qui avaient même déjà arraché les fleurs de lys de leurs sabretaches, aurait entrepris de faire traverser la France à son Régiment, et d'aller joindre Buonaparte dans le Midi. Il est certain qu'il aurait pû exécuter ce mouvement avec un régiment comme le sien, fort de 600 Chevaux, qui était une des meilleures troupes légères qu'il y ait jamais eues. Mais tout cela n'a été qu'un coup de tête du Général Lefébvre, lequel se voyant en marche sur Paris, a tenté une pointe qui aurait certainement réussi, si elle avait été concertée avec les autres garnisons, et surtout avec les troupes qu'il devait ren- *Mon opinion à ce sujet.*

contrer, telles que les Chasseurs de Berri (6ᵉ régiment) qui se trouvaient à Noyon, et les cuirassiers de France (Garde Impériale comme les Chasseurs). Ces derniers étaient de même partis d'Arras, et y sont rentrés sans difficulté, en recevant le contr'ordre. Une autre preuve que ce mouvement n'était ni concerté, ni prémédité, c'est que les Grenadiers et les Chasseurs à pied de la Garde qui étaient à Metz et à Nancy, n'auraient pas manqué de faire un mouvement sur Paris, en combinaison avec celui des troupes du Nord, car il est probable qu'ils étaient également dévoués à Buonaparte; et il est certain qu'ils avaient eu plus de moyens de connaitre ses intentions et ses projets, par ceux de leurs camarades qui étaient récemment revenus de l'Isle d'Elbe. Il n'est pas douteux que s'ils l'avaient tenté, personne n'aurait pû s'opposer à leur marche. Enfin la plus forte preuve que ce mouvement des garnisons du Nord, pour lequel le Général d'Erlon a été arrêté, n'avait rien d'hostile en lui même, c'est que trois jours après, il fut ordonné par le Roi, en même tems que celui des garnisons de l'Est. Ces dispositions furent la suite de la résolution que le Roi avait prise de rassembler une Armée à Melun, sous les ordres de M. le Duc de Berri, pour couvrir Paris, et s'opposer à celle à la tête de laquelle Buonaparte venait du Midi.

Ce mouvement inattendu des garnisons du Nord, et surtout celui des Chasseurs Royaux, avait causé une très grande frayeur à Paris, où l'on se croyait menacé d'être placé entre deux feux. Les soupçons qui en résultèrent, fortifiés par le défaut total de moyens de défense à Lyon, et par la prise de Grenoble, où Buonaparte avait trouvé toutes les ressources qu'on supposait, sans raison, que le Ministre de la Guerre Duc de Dalmatie, y avait accumulées pour les mettre à sa disposition, avaient élevé un tel cri dans le public contre ce Ministre que la chambre des Pairs le dénonça au Roi. Il donna sa démission, et fut remplacé par le Duc de Feltre, la veille du jour où je suis revenû de Lyon, c'est-à-dire, le 11 Mars.

Je reviens à ma conversation avec M. de Blacas, le 12 Mars. Je lui parlai d'abord du voyage de Lyon, et après avoir épuisé ce sujet, il m'entretint des mesures qu'on allait prendre pour la défense de Paris (1). Elles consistaient à réunir sur le champ une armée à Melun, où l'on faisait déjà des approvisionnemens. M. le Duc de Berri devait commander cette Armée en chef, ayant pour second le Duc de Tarente. M. de Blacas me dit en outre, qu'on dirigeait déjà sur Melun, toutes les troupes que, dans le commencement, on avait fait marcher sur Lyon. Je fis observer à M. de Blacas que Melun paraissait peu propre à un dépôt d'approvisionnemens, parceque c'était un endroit tout ouvert; il en convint, mais il me répondit qu'il n'y en avait point d'autre aux environs de Paris, ce qui est assez vrai. Je lui suggérai Vincennes, comme le lieu le plus facile à mettre à l'abri d'un coup de main, et le plus commode pour un dépôt, par son enceinte et ses bâtimens. Il le trouva trop près de Paris, et désirait que la bataille se livrât plus loin. « Vous pourriez, » lui dis-je, « livrer votre bataille, aussi loin, ou aussi « près que vous voudriez, quoique vos magasins et « vos dépôts fussent à Vincennes, ou plus en arrière. « Il ne s'agit jamais que de quelques charrois de « plus ou de moins, et cela n'importe guères dans « une affaire comme celle ci, qui sera nécessairement « très courte. Mais j'ai de grands doutes sur cette « bataille, mon cher Comte, je ne peux pas vous le « cacher. D'abord je doute que les troupes veuillent « tirer. » — « Ah, » me répondit-il tout de suite, « c'est là la question; mais j'espère qu'elles tireront, « et qu'elles seront entrainées par la Maison du Roi

« qui tirera certainement. D'ailleurs, il est probable
« que le Maréchal Ney (*) aura déjà décidé de la
« question. Si ses troupes ont tiré, celles-ci tireront
« aussi. » — « Sans doute, » lui dis-je, « mais nous
« ne savons pas qu'elles ayent tiré, et il est au moins
« possible qu'elles ne tirent pas. Or, c'est pour ce
« cas que je voudrais que le Roi se préparât, car, ne
« vous y trompez pas, outre qu'il est douteux que la
« bataille se livre, il n'est pas clair que vous la
« gagniez, si elle a lieu. Une bataille n'est jamais
« une chose sûre, surtout contre Buonaparte. On
« croit éviter ce danger par des retranchemens, mais
« si Buonaparte vous trouve dans une bonne position,
« il vous tournera, et vous obligera d'en sortir pour
« le combattre ; ou, ce qui est encore plus probable,
« il vous y laissera, changera sa route, et arrivera à
« Paris pendant que vous l'attendrez à Melun. »
M. de Blacas insistait toujours sur ce que tout dépen-

(*) Le Maréchal Ney qui était Gouverneur de la Division
Militaire où se trouve Besançon, avait pris le commandement
en chef des troupes qu'il devait d'abord commander sous M. le
Duc de Berri. On a dit qu'en partant de Paris, il avait promis
au Roi de lui ramener Buonaparte *dans une cage de fer*, et
peut-être s'en flattait-il alors. Je suis porté à le croire, parce
que, s'il regardait l'entreprise de Buonaparte comme extravagante
(ce que bien des gens ont pensé dans le premier moment), il
est clair qu'il aurait été très brillant pour lui, d'être celui qui
l'eut fait échouer. En arrivant à Besançon, il s'empressa de
rendre compte au Ministre de la Guerre que la disposition des
troupes n'était pas bonne ; mais lorsqu'il apprit ensuite que,
toutes les troupes du Dauphiné s'étaient jointes à Buonaparte,
que Grenoble lui avait ouvert ses portes, qu'il y avait trouvé
d'immenses ressources, qu'il avait pris Lyon sans coup férir,
que la garnison s'était jointe à lui, malgré les efforts de Monsieur et du Maréchal Macdonald, et qu'il n'y avait plus rien
qui pût l'arrêter jusqu'auprès de Paris, alors il regarda le Roi
comme perdû, et Buonaparte comme sûr du succès, ce qui le
détermina à se déclarer pour lui. Je donne cette explication, sur
laquelle je puis me tromper, comme une des raisons qui me
font croire qu'il n'y a pas eu de conspiration, et qu'il n'est
pas nécessaire, comme on le prétend, qu'il y en ait eu, pour que
ces évènemens ayent pû arriver

drait d'engager les troupes, et qu'une fois le combat commencé, il y aurait une telle supériorité de forces du côté du Roi, que le succès serait certain. Il ajoutait qu'il serait très impolitique de faire aucunes dispositions, qui indiquassent de la part du Roi, l'intention de quitter Paris, parce qu'il pensait qu'en perdant Paris, le Roi perdrait toute sa force. Je pensais bien aussi que ce serait un coup terrible pour lui; mais comme je ne partageais pas les illusions qu'on se faisait sur la possibilité de défendre la Capitale, je ne partageais pas non plus la crainte que l'on avait de décourager les partisans du Roi, en admettant *la possibilité que le Roi fut contraint de quitter Paris*, et en s'occuppant des mesures à prendre pour que dans ce cas, Sa Majesté pût se retirer dans une autre partie de la France, et ne fût pas obligée d'en sortir.

Il est vraiment affligeant de se rappeler à quels pauvres moyens, on avait recours pour soutenir l'opinion publique, et faire des partisans au Roi. J'ai déjà parlé des faux bruits et des fausses nouvelles. On chercha aussi à inspirer de la terreur. On essaya dans ces derniers jours, ce dont le Roi s'était sagement abstenû jusqu'alors, on fit des arrestations, (1) mais ces arrestations, et surtout celles qu'on manqua (de ce nombre fut celle du Duc d'Otrante) (2) firent plus de mal que de bien au Gouvernement, et n'intimidèrent personne. <small>Arrestations dans Paris.</small>

On s'efforça d'exciter de l'enthousiasme pour la cause du Roi, et on n'eut pas plus de succès. L'enthousiasme est sans doute un grand moyen, peut-être le plus grand de tous, quand il est sincère, et qu'il est le résultât des passions et des opinions des hommes; mais il faut avoir une connaissance approfondie de ces passions et de ces opinions, et combiner adroitement avec elles son système et ses mesures, pour parvenir à exciter un véritable enthousiasme; tandis que de l'enthousiasme fait à froid; des transports de loyauté et d'amour, qui ne correspondent, ni avec le caractère, ni avec les idées des générations actuelles, n'entraînent pas plus la masse, qu'ils ne la trompent. Cette affectation d'abandon et de dévouement, de la part de ceux qui sont prêts à chanter la palinodie, n'empêche personne de songer à ménager le nouveau Gouvernement qui va s'établir, et d'éviter de se compromettre, en défendant celui qui va s'écrouler. Ces vaines tentatives pour exciter de l'enthousiasme, ne servent qu'à jetter du ridicule sur ceux qui les font; et en France plus qu'ailleurs, il faut réussir dans ses entreprises, ou ne pas se mêler d'en faire.

Des cris isolés de *Vive l'Empereur* s'étant fait entendre dans quelques parties de Paris, des bandes de sept à huit personnes tout au plus, se répandirent dans les rues, et traversaient sans cesse les cours et le jardin du Palais Royal, en poussant des cris violens de *Vive le Roi*, afin d'étouffer les cris opposés, et d'intimider ceux qui les faisaient entendre. Un malheureux qui avait, dit-on, crié *Vive l'Empereur* dans la cour des Thuileries, y fut assommé à coups de parapluyes, et resta mort sur la place. Au bout de deux ou trois jours, le Roi eut la sagesse de faire défendre ces promenades et ces cris, qui ne faisaient aucune impression, et n'en imposaient à personne sur le véritable état de l'opinion publique.

Formation des Volontaires Royaux.
On ouvrit des régistres (1) dans les anti-chambres des Thuileries, où se faisaient inscrire ceux qui voulaient entrer dans les corps de Volontaires Royaux que formaient M. de Viomesnil et autres. Vincennes devait être le lieu de leur réunion; mais l'Armée de Melun avait déjà disparu, le Roi avait quitté Paris, et Buonaparte y était arrivé, avant que ces corps eussent pris aucune consistance. On doit cependant en excepter le corps des Elèves de l'Ecole de Droit qui accompagna la Maison du Roi dans sa retraite,

et qui sortit de France avec Monsieur et M. le Duc de Berri.

Je causai longuement avec M. le Duc de Berri sur les illusions que je croyais qu'il se faisait, ainsi que bien d'autres, relativement à la position de Melun, et à la possibilité d'y arrêter la marche de Buonaparte. Il me disait qu'on comptait beaucoup sur la Maison du Roi (*), et qu'on levait des Corps de Volontaires pour suppléer à l'infanterie dont elle manquait. J'avais d'autant plus d'avantages pour combattre cette opinion, que je m'étais entretenu tout l'hiver avec M. le Duc de Berri, des inconvéniens de l'organisation vicieuse et gothique de la Maison du Roi, et des dangers qui pouvaient en résulter pour la Monarchie, dans le cas où les circonstances obligeraient le Roi à recourir à elle pour sa défense. Il croyait que ces Volontaires Royaux ne seraient pas seuls; qu'ils n'étaient destinés qu'à engager le combat, parce qu'on craignait que les troupes de ligne de l'Armée de Melun et de la garnison de Paris, ne voulûssent pas tirer les premières, et ne se missent à parlementer avec celles de Buonaparte, si on les mettait d'abord en contact avec elles. Il ajoutait que le projet était de mettre l'Armée Royale sur deux lignes. La Maison du Roi, les Volontaires Royaux et Gardes Nationales, ainsi que les Suisses et généralement les troupes qu'on croyait être sur de faire tirer contre celles de Buonaparte, devaient être placées en première ligne; la seconde ligne devait être composée de toutes les troupes de Ligne par lesquelles on se flattait de faire achever la victoire, après que la première ligne l'aurait suffisamment ébauchée en engageant le combat. Je n'avais aucune confiance

Mes observations à M. le Duc de Berri.

(*) La Maison du Roi était alors composée d'environ cinq mille hommes de cavalerie (tous Officiers!) et il n'y avait d'autre infanterie que les Cent-Suisses et les Gardes de la Porte, qui ne faisaient guères que trois cents hommes.

dans le choc de cette première ligne, composée de troupes toutes nouvelles, contre les vétérans de l'Armée française, conduits par Buonaparte.

M. le Duc de Berri convenait que ce que je disais serait vrai, si c'était en plaine qu'on voulût se battre; mais qu'on ferait sur une position (*), des retranchemens quelconques, des parapets derrière lesquels toutes ces troupes de nouvelle levée, se battraient aussi bien que des vétérans. Je répliquais à cela que, si on fortifiait une position, il en résulterait de deux choses l'une; ou que Buonaparte essayerait d'enlever la position, ou que la trouvant trop forte, il prendrait le parti de la tourner. S'il l'attaquait et qu'il fut repoussé, il était incontestable que l'avantage serait immense; mais je pensais qu'il avait trop d'expérience pour faire cette attaque, à moins d'avoir la certitude d'enlever la position, ou d'être joint par les troupes qui devaient la défendre. Dans le cas où il se déterminerait à la tourner, l'Armée retranchée se trouverait dans l'alternative de se laisser tourner, et de laisser Paris découvert, si elle restait dans sa position, ou de la quitter pour aller disputer l'entrée de Paris à Buonaparte sur sa nouvelle direction; ce qui ramenait toujours à une bataille en plaine, dont on ne pouvait guères espérer le succès. On rejettait absolument l'idée que Buonaparte *ôsât* tourner la position, et marcher sur Paris par le flanc, avant d'avoir battû l'Armée Royale, parce qu'on ne croyait pas qu'il *ôsât* se mettre entre cette armée et Paris; mais j'avoue que j'avais une plus grande opinion de *l'audace* de Buonaparte, et parconséquent on ne me persuadait pas.

La mauvaise opinion que j'avais du résultât de ces positions, m'exposait sans cesse au soupçon de vouloir

---

(*) Il était question d'abord de celle de Melun; mais celle d'Essonne fut préférée dans les derniers jours.

semer le découragement. Il m'était facile de m'appercevoir qu'on me prenait pour un *Allarmiste*, et qu'on croyait que je cherchais à représenter la cause du Roi, comme plus désespérée qu'elle ne l'était réellement. Cela ne m'empêchait pas de manifester franchement mon opinion, à ceux auxquels il pouvait être utile de la faire connaitre. J'indiquais de même à chaque époque, les seuls moyens qui me paraissaient encore praticables; mais les illusions dont on se nourrissait, ne permettaient jamais de peser, peut-être même d'écouter mes suggestions.

J'attendais avec impatience que le Roi prit un parti à mon égard. M. de Blacas à qui j'en parlai, me dit que le Roi paraissait disposé à me donner un Commandement dans l'Est ou dans le Nord, mais qu'il ne s'était encore décidé à rien; et il me demanda en même tems, si j'avais quelque préférence pour l'un ou l'autre de ces Commandemens. Je lui dis que je n'avais pas de prédilexion, mais qu'avant de rien accepter, j'examinerais ce qui me serait offert, pour ne pas être exposé à faire une seconde campagne comme celle de Lyon. Il me répondit que rien n'était plus juste, et ajouta qu'il croyait qu'un Commandement dans le Nord me conviendrait le mieux. M. de Blacas me propose le Commandement de l'Est ou celui du Nord.

Le lendemain 13 Mars, M. le Duc de Berri me parla dans le même sens; il me répéta que le Roi était disposé à me donner un Commandement dans le Nord, et me demanda si je l'accepterais. Je lui dis que cela me conviendrait assez, et alors il me proposa d'aller tout de suite avec lui, en faire la demande au Roi; mais en le remerciant de cette marque d'amitié, je lui témoignai que je n'étais pas pressé, et que je ne voulais pas demander au Roi d'emploi particulier.

J'allai faire ma cour au Roi, et je le vis en particulier. Il ne me parla pas du Commandement dans 13 Mars. Conversation avec le Roi au sujet de ma tante.

le Nord, et parconséquent je n'en parlai pas non plus. Je voulais m'acquitter auprès du Roi, de la commission que m'avait donnée Mme la Duchesse de Bourbon ma tante. Elle avait été précédemment lui demander conseil, sur ce qu'elle devait faire dans le cas où il serait obligé de quitter Paris et la France, et le Roi s'était borné à lui dire *qu'elle fît tout ce qu'elle voudrait.* Elle m'avait aussi consulté sur ce point, et je lui avais conseillé de rester en France, où je ne pensais pas qu'elle eut de risques à courir, tandis que je ne voyais pas de ressources pour elle au dehors. Il me semblait que, puisque depuis la confiscation de ses biens jusqu'à la restauration, elle avait joui constamment d'une pension que lui faisait le Gouvernement français, quelqu'en fut le chef, il était probable qu'elle la recouvrerait, et je doutais beaucoup qu'elle obtint des secours ailleurs. Je savais que cet avis était conforme à l'opinion de ma tante, mais elle tenait à recevoir du Roi, une approbation préalable de ce qu'elle desirait faire, et c'était ce qu'elle m'avait demandé de tâcher de lui obtenir. J'en parlai donc à Sa Majesté qui d'abord ne prit pas trop bien la chose, et me dit que comme j'étais son neveu, je n'avais qu'à la conseiller. Je lui représentai que quoique je fusse le neveu de Mme la Duchesse de Bourbon, il était son Roi et le Chef de sa Maison, et qu'ainsi il me paraissait que dans un cas semblable, c'était à lui bien plus qu'à moi, à donner des conseils à Mme la Duchesse de Bourbon. J'ajoutai que je ne m'étais pas refusé à communiquer mon opinion à ma tante ; mais qu'elle tenait avec raison à connaitre celle du Roi, et à savoir si Sa Majesté approuverait qu'elle restât en France dans l'hypothèse de son départ. Je racontai alors ce que j'avais dit à ma tante, et le Roi en l'approuvant, me fit une réponse qui me frappa beaucoup, et que je n'oublierai jamais. Il me dit, « Vous avez raison,

« et malheureusement, si j'étais forcé à sortir de
« France, je ne sais pas trop ce qui arriverait de
« nous tous, car ce ne serait pas cette fois ci, comme
« la première. On a crû la première fois qu'il n'y
« avait pas eu de notre faute. Mais aujourd'hui,
« ce serait bien différent; et on nous dirait, *vous y
« êtes retournés, et vous n'avez pas sû vous y
« tenir.* »

Le 14 Mars (1), je revis M. de Blacas, qui me parla de nouveau du Commandement dans le Nord, et je compris par la manière dont il s'exprima, que ce Commandement me serait bientôt offert.

Le Duc de Feltre (2) vint au Palais Royal dans la matinée du lendemain, et me dit en entrant, qu'il était chargé par le Roi de m'offrir un Commandement. « Voyons, » lui dis-je, « ce dont il s'agit. » — « Le voici, » me dit-il; « le Roi compte réunir un « Corps d'Armée derrière la Somme; je ne veux pas « vous tromper par de l'exagération, ce Corps ne « sera que de sept à huit mille hommes. Sa Majesté « voudrait que Votre Altesse partît sur-le-champ pour « Amiens, afin d'en prendre le Commandement. Au « reste, ce Commandement ne sera pas limité à ce « seul Corps, et vous aurez sous vos ordres tout ce « qui est aujourd'hui sous ceux du Maréchal Duc « de Trévise (3), qui sera lui même votre second « dans ce Commandement, si cela vous est agréable. » — « Parfaitement, » répondis-je; « je me réserve seu-« lement d'arranger avec vous quelques points de « détail. » — « Je ferai tout ce qui dépendra de moi, » répliqua-t-il, « mais avant de nous en occup-« per, il faut vous donner quelques explications. « Les troupes dont il s'agit étaient destinées à former « la gauche de l'Armée de M. le Duc de Berri; nous « voyons à présent qu'elles arriveront trop tard, et « d'ailleurs nous ne sommes pas bien sûrs de leurs « dispositions. Votre Altesse aura beaucoup à faire

15 Mars. Le Duc de Feltre m'offre le Commandement du Nord de la part du Roi.

« sur ce point là, et Elle pourra y être très utile.
« Je ne dois pas vous cacher que nous avons de
« mauvaises nouvelles des troupes que nous atten-
« dions de Metz (*). Le Maréchal Oudinot qui les
« commande, a été obligé de s'arrêter, à cause de la
« disposition où elles sont. Celles du Nord me parais-
« sent pas gangrénées, mais Votre Altesse en faisant
« tous ses efforts pour les attacher à la cause du Roi,
« devra éviter avec soin de ne pas trop les rappro-
« cher les unes des autres, avant de s'être bien
« assurée de leurs dispositions; car si elles sont, ou
« deviennent mauvaises, il faudra les séparer, et les
« empêcher d'avoir des communications entr'elles, afin
« de ne pas s'exposer au danger qu'elle exécutent le
« projet que d'Erlon et Lefébvre Desnouettes avaient
« conçu, de se porter sur Paris. Cela serait fatal,
« et il faudrait l'empêcher à quelque prix que ce
« fût. » — « Je sens tout cela parfaitement, » lui
dis-je; et je lui demandai s'il m'avait apporté un
état de ces troupes et de leur emplacement. — « Non, »
me répondit-il, « mais en rentrant chez moi, je m'en
« occupperai, et d'ailleurs, je vais vous envoyer le
« Maréchal Mortier qui viendra vous en rendre
« compte, et prendre vos ordres. » Il m'expliqua
que le premier projet ayant été de porter ces troupes
sur Melun, elles avaient été mises en marche dans
la direction de Soissons et de Château-Thierry, et
que lorsqu'on avait changé de projet, elles avaient
reçu l'ordre de s'arrêter partout où elles se trouveraient, ensorte que je les trouverais éparpillées sur
la route. Je lui représentai que d'après ces dispositions, il me semblait préférable d'aller à Péronne
au lieu d'Amiens, puisque Péronne était le point

(*) Parmi ces troupes étaient les Grenadiers et les Chasseurs à pied de France, qui avaient fait partie de la vieille Garde Impériale, et sur lesquels on avait d'abord tant compté.

central de toutes les routes des Places fortes, et de celles où se trouvaient les troupes, tandis qu'Amiens en était écarté, et ne m'offrait pas les mêmes facilités de communications. Le Duc de Feltre ne vit point de difficulté à ce changement, et convint que Péronne valait mieux qu'Amiens. Il y trouva même un autre avantage, c'est qu'à Péronne, je serais plus rapproché des Cuirassiers et Chasseurs de France (Garde Impériale) avec lesquels le Roi desirait que j'eusse au plus vite des communications. Il me dit alors qu'il avait amené avec lui un officier d'Etat-Major, qui avait été envoyé près de ces corps pour savoir quelles étaient leurs dispositions après la pointe du Général Lefébvre Desnouettes, et qui en était revenu dans la nuit. Il ajouta, « Si vous le permettez, il vous en « rendra compte lui même. Je vais passer là dedans, « et le faire entrer, afin qu'il soit seul avec vous, et « qu'il vous parle sans gêne, » et en même tems, il se leva pour sortir. J'essayai inutilement de le retenir, en l'assurant que sa présence ne pouvait causer aucune gêne, et que je préférais qu'il restât; mais il insista, fit entrer l'officier, et sortit. Cet officier que je ne connaissais pas, me dit qu'il avait vû les Chasseurs Royaux à Noyon et à Cambrai, et qu'il avait vû aussi les Cuirassiers Royaux à Arras; qu'il s'était mis en relations avec les officiers, et qu'il avait causé avec les soldats; qu'il était vrai qu'ils étaient mécontens, qu'ils avaient crû que le Roi les aurait pris pour sa Garde, et que leur orgueil avait souffert de ce qu'il ne l'avait pas fait; qu'ils paraissaient desirer que le Roi envoyât un des Princes pour les commander, afin que ce Prince en apprenant à les connaitre, pût en donner au Roi l'opinion qu'ils croyaient mériter; qu'il ne devait pas me cacher, qu'ils lui avaient manifesté le desir que le choix du Roi tombât sur le Duc d'Orléans, et qu'il ne doutait pas que si j'y allais, je ne fusse très satisfait de ces

Rapport d'un officier d'Etat Major sur l'esprit des Chasseurs Royaux.

corps qui étaient composés d'hommes superbes, bien disciplinés, d'une bravoure éprouvée, et enfin, pour me servir de son expression, *de vieilles moustaches,* dont la détermination aurait une grande influence sur celle des autres troupes, et dont par conséquent, il serait essentiel de gagner l'affection. Cet officier étant sorti, le Duc de Feltre rentra, et me dit : « Eh « bien, qu'est-ce que vous dites de son rapport? « En êtes-vous content? » — « J'en suis très content. « Je souhaite seulement que j'aye autant de facilités « et de moyens de gagner ces corps, qu'il veut me « le persuader. J'en doute, et je regrette que nous « nous y prenions si tard, cependant je suis prêt « à l'entreprendre. Mais avant tout, il faut que « je connaisse les intentions du Roi; quelles sont « elles? Qu'est-ce que Sa Majesté veut que je fasse? « M'avez vous dressé des instructions? » — « Je m'en « suis bien gardé, » reprit-il; « je viens de vous « communiquer tous les éclaircissemens que nous « pouvons vous donner aujourd'hui, et vous serez « guidé pour le reste par votre jugement, et par « les ordres ultérieurs que le Roi pourra juger à « propos de vous transmettre. » — « C'est fort bien, » répliquai-je, cela me laisse la faculté d'agir selon les « circonstances, et cela me suffit. » Nous convînmes en outre, que mes lettres de service me donneraient *le Commandement de toutes les troupes stationnées dans les départemens du Nord,* afin que j'eusse pleine latitude, et que mon Commandement s'étendit autant que les circonstances le rendraient nécessaire. Il fût pareillement entendû, que je commanderais en chef, partout où je ne rencontrerais pas un des Princes mes ainés. Le Duc de Feltre se réserva de prendre les ordres du Roi sur la demande que je lui fis, d'être autorisé à donner la croix de St. Louis et la décoration de la Légion d'Honneur; prérogative qui ne m'avait jamais été accordée, quoique les Princes

Suite de ma conversation avec le Duc de Feltre.

mes ainés en eussent constamment joui. Le Roi me l'accorda le jour même, ainsi que le porte la lettre que m'écrivit le Duc de Feltre, en m'envoyant mes lettres de service.

J'aurais voulu entretenir immédiatement le Duc de Feltre, d'autres dispositions relatives à mon Commandement; des fonds affectés à ce service; des approvisionnemens de toute espèce qui seraient à ma disposition, et aussi du choix des Officiers Généraux : mais il me *demanda grâce*, c'est ainsi qu'il s'exprima, en m'observant qu'il n'était rentré au Ministère que depuis trois jours, et qu'il était accablé d'affaires. Il me donna sa parole, que tout cela s'arrangeait à ma satisfaction, et me pria instamment de ne pas différer mon départ, en disant que le Roi desirait beaucoup que j'allasse voir les troupes, et qu'il trouvait urgent que je partisse, sans délai.

Je lui répondis que je partirais aussi promptement que le Roi le voudrait : « Mais, » lui dis-je, « j'ai « encore une question à vous faire, à laquelle il est « de la plus grande importance que vous répondiez « d'une manière positive, car votre réponse sera « nécessairement toujours présente à ma pensée dans « l'exercice de ce Commandement, et elle sera à « beaucoup d'égards, la boussole de ma conduite. « Si Buonaparte arrive à Paris, où le Roi se retirera-« t-il ? » — « Ma foi, Monseigneur, » me répondit le Duc de Feltre, « la confiance du Roi en moi, n'a « pas été jusqu'à me le dire. » — « Comment, mon « cher Duc, » repris-je, « vous n'avez pas demandé « cela au Roi ? Vous n'avez pas fait décider une « question d'où dépendent autant de mesures secon-« daires, très importantes à prendre d'avance ? » — « Non, » me répéta-t-il; « je ne sais pas si le Roi « a pris quelque détermination à cet égard; mais ce « que je sais, c'est que je n'en ai pas connaissance. » — « Cependant, » repris-je, « vous sentez bien qu'il

« est indispensable que je sache, si c'est dans l'éten-
« due du Commandement que le Roi daigne me
« confier, qu'il compte se retirer ; car alors il y aurait
« des mesures, des précautions à prendre, et il serait
« essentiel que je connûsse les intentions du Roi. »
— « Je le comprends, » me dit le Duc de Feltre ;
« mais il ne parait pas facile de faire expliquer
« le Roi sur cela. » — « Eh bien, » lui répondis-je,
« puisque son Ministre ne peut pas me le dire,
« je vais le lui demander moi même, car il faut
« que je sache à quoi m'en tenir à cet égard. »
— « Votre Altesse fera très bien de le demander
« au Roi, mais je crois que le Roi attache tant de
« prix à la conservation de Paris, qu'il sera difficile
« de le déterminer à fixer ce qu'il fera en le quittant. »
— « Mais, mon cher Duc, » repris-je, « je ne puis
« cependant pas croire que vous vous fassiez assez
« d'illusions, pour ne pas prévoir que d'ici à peu de
« jours, cette mesure pourra devenir inévitable, et il
« me semble que ce que le Roi aurait de mieux à
« faire, serait d'ajourner les deux chambres et de
« les envoyer dans une des Places de Flandre, à
« Lille par exemple, qui est la principale, et où le
« Roi irait ensuite les rejoindre, si le cas l'exigeait.
— « Ah Monseigneur, » s'écria le Duc de Feltre,
« Votre Altesse ne sait pas ce que c'est qu'une
« translation comme celle là. Nous l'avons essayée
« l'année dernière avec le Gouvernement de Buona-
« parte, quand nous avons voulu nous transférer à
« Blois, et nous faisions une queue de voitures, qui
« couvrait la route depuis Paris jusqu'à Vendôme.
« Cela est impraticable, » ajouta-t-il ; « il faut tâcher
« de défendre Paris et d'y tenir, car il est impossible
« d'aller ailleurs. »

Conversation avec le Roi au sujet de mon Commandement.

Je n'insistai pas d'avantage ; il me quitta, et je sortis immédiatement pour me rendre aux Thuileries. Lorsque j'entrai chez le Roi, ses yeux se fixèrent sur les miens avec une curiosité inquiète, et je crus m'apperçevoir qu'il craignait que je ne vinsse m'excuser de me charger du Commandement qu'il me donnait. Mais aussitôt que le Roi eut compris que je l'acceptais, sa physionomie devint aussi gracieuse qu'elle l'était peu d'abord.

Je commençai par observer au Roi, ainsi que je l'avais déjà fait remarquer au Duc de Feltre, qu'il valait mieux que j'allasse en première instance à Péronne qu'à Amiens; et le Roi l'approuva, en me recommandant cependant *d'éclairer Amiens,* et de me tenir au fait de ce qui se passait de ce côté là. Je lui répondis que ne connaissant pas les troupes, n'étant sûr d'aucunes, et me défiant généralement de leurs dispositions envers le Roi, je craindrais que celles que je plaçerais sur la route d'Amiens pour *l'éclairer,* ne remplissent pas cet objet, et ne devinssent un obstacle dans l'occasion. J'ajoutai que le meilleur moyen de se tenir au fait de ce qui se passait de ce côté, serait de stationner à Amiens un officier de confiance, chargé de donner des nouvelles, et autorisé à expédier en cas de besoin une estafette ou un courier, ce que le Roi approuva.

J'ignorais alors absolument que ce fût par cette route que le Roi se retirerait, et peut-être le Roi l'ignorait-il encore lui même. Deux personnes qui devaient l'une et l'autre connaitre les projets du Roi, m'avaient communiqué chacune une version différente sur ce qu'il ferait, dans le cas où il quitterait Paris. Suivant l'une, il devait se retirer dans la Vendée, ou à Bordeaux, si toutefois cette Ville restait attachée à sa cause, ainsi que Madame la Duchesse d'Angoulême en donnait l'espérance. L'autre me dit que le Roi irait en Normandie, et de là vers Granville, afin de se retirer à Jersey, s'il était forcé de quitter la France. Ces deux versions me paraissaient croyables l'une et l'autre par beaucoup de raisons,

<small>Versions différentes sur les projets du Roi en cas de départ.</small>

et surtout parcequ'elles se rattachaient également aux projets favoris des Thuileries sur l'intérieur, puisque Granville rapprochait des Chouans, de même que Bordeaux rapprochait de la Vendée, où le Roi venait d'envoyer M. le Duc de Bourbon pour en prendre le Commandement. Ces détails expliquent pourquoi je ne fus pas plus frappé dans le moment, de la recommandation que me fit le Roi *d'éclairer Amiens,* et de me tenir au fait de ce qui se passait de ce côté.

Le Roi appuya fortement, comme l'avait fait le Ministre de la Guerre, sur la nécessité de ne pas trop rapprocher les troupes les unes des autres, afin d'éviter la propagation des nouvelles; et d'empêcher que les communications trop faciles, ne portassent les troupes à se réunir contre le Roi, et à seconder les opérations de Buonaparte en marchant sur Paris en même tems que lui.

<small>Je demande au Roi quelles sont ses intentions.</small> Je vins enfin au point principal, et je dis au Roi : « Sire, en me chargeant de ce Commandement, il est « indispensable que je sache ce que Votre Majesté « fera dans le cas où Buonaparte arriverait à Paris. » Le Roi me regarda alors avec une sorte d'étonnement, et me répondit : « Il ne faut pas seulement « faire cette supposition là. » — « Mais, Sire, » lui répliquai-je, « Votre Majesté pense-t-Elle qu'on dit « qu'il est aujourd'hui à Autun ? Pense-t-Elle à ce « qu'Elle a eu la bonté de me dire hier, qu'il y avait « eu des mouvemens en sa faveur, à Macon, à « Tournus et à Chalon-sur-Saône, et que les employés « de Votre Majesté avaient dû y cesser leurs fonc- « tions ? » — « J'y pense très bien, Monsieur, » me dit le Roi, « et même, je puis vous dire de plus, « qu'il y a eu un mouvement semblable à Dijon, car « je viens d'en recevoir la nouvelle; mais tout cela « ne fait pas qu'il arrive à Paris. » — « Non, Sire, » repris-je, « cela est très vrai. Je souhaite de tout

« mon cœur qu'il n'y arrive pas, mais quant à moi,
« je crois qu'il y arrivera; car, comme j'ai déjà eu
« l'honneur de le dire au Roi, l'Armée de Melun
« ne m'inspire pas grande confiance. » — « Je le
« sais, » me dit le Roi, « depuis le commencement
« vous avez toujours vû en noir; mais s'il arrive,
« il arrivera : j'ai soixante ans; à mon âge, on prend
« son parti, et on attend. » — « Mais, Sire, » repris-je,
« j'espère que Votre Majesté ne compte pas me dire
« qu'Elle restera ici, si Buonaparte y arrive? » —
« Pour quoi pas, » reprit le Roi? — « En vérité,
« Sire, » répliquai-je, « je savais qu'on fait circuler
« un fort triste bon mot, sur la supposition que le
« Roi avait dit à quelqu'un, qu'il ne quitterait pas
« son fauteuil aux Thuileries, quelles que pussent
« en être les conséquences; mais je ne pouvais pas
« me persuader que Votre Majesté voulût le réa-
« liser. » — « Et quel est ce bon mot, » me dit le
Roi? — « Sire, c'est qu'*alors la victime serait plus
« grande que le bourreau.* J'espère que Votre Majesté
« ne se donnera pas cette terrible satisfaction. » —
« Nous n'en sommes pas là, » me répondit le Roi.
— « Certainement, Sire, » répliquai-je, « mais il serait
« essentiel de s'en occuper d'avance, afin de pouvoir
« prendre des mesures, qui deviennent impraticables
« dans le dernier moment, et il me semble qu'il
« est déjà bien tard. » Cependant, voyant que je
ne pouvais pas obtenir du Roi de me donner aucun
ordre sur ce point, je n'insistai pas davantage. Je lui
parlai alors des rapports, que les malheureuses circonstances du moment, pourraient établir entre lui
et les Puissances étrangères, et je saisis cette occasion de lui manifester mon opinion sur le mal qu'il
ferait à sa cause, en appellant leurs Armées pour la
soutenir.

Le Roi me répondit qu'il le sentait parfaitement;
mais qu'il était persuadé que si Buonaparte réussis-

Le Roi répond vaguement sans me donner d'ordres.

Je parle au Roi des Armées étrangères.

sait, les Armées étrangères entreraient en France tout de suite. « Je conçois, » répliquai-je, « que cela doive « arriver; mais si cette invasion avait lieu, il me « semble qu'il serait d'une grande importance pour « le Roi, non seulement de ne pas s'en mêler, mais « de marquer qu'il ne s'en mêle pas. C'est ma « manière de voir. » — « Et je ne m'en éloigne pas, » reprit le Roi. — « Ainsi, Sire, » lui dis-je, « Votre « Majesté m'autorise à rassurer les troupes à cet « égard; car le Roi n'ignore pas les bruits qu'on a « fait circuler, et qu'il me parait essentiel de pou-« voir démentir. Je prie donc Votre Majesté de « m'autoriser à déclarer positivement, qu'Elle m'a « défendu d'admettre aucunes troupes étrangères, et « que c'est par les Français qu'Elle veut être défen-« due et maintenue sur son trône. » — « Vous le « pouvez très fort, » me dit le Roi; « il n'y a rien « dans ce que vous dites là, qui ne s'accorde avec ce « que j'ai toujours dit. »

<small>Le Roi me défend de les admettre, et m'autorise à faire connaître cette défense.</small>

Le Roi me demanda ensuite quand je comptais partir, ajoutant qu'il desirait que ce fut immédiatement. Je répondis que j'étais prêt, et que je partirais aussitôt que le Ministre de la Guerre m'aurait expédié mes lettres de service, ce qui serait probablement dans la soirée.

Après que je fus rentré au Palais Royal, j'eus la visite du Maréchal Mortier, Duc de Trévise, qui m'apporta l'itinéraire suivant lequel les troupes avaient été mises en marche, et leur emplacement au moment où le mouvement avait été arrêté. Il fût charmé que j'eusse fait substituer la destination de Péronne à celle d'Amiens, dont ainsi que moi, il n'avait pas conçu l'objet. Nous convînmes qu'il ferait en sorte de se trouver à Péronne, en même tems que moi.

<small>15 Mars. Dons du Roi aux Princes. Explications à ce sujet.</small>

M. de Blacas vint me voir ensuite. Il m'annonça que le Roi lui avait ordonné de me remettre une somme de cinq cents mille francs, pour les frais de mon voyage à Lyon, et ceux du Commandement dont je me chargeais, et que si je voulais envoyer chez lui une personne de confiance, il lui en ferait délivrer l'ordonnance : il me prévint en même tems, que cette somme serait payée en argent, parceque tout l'or qu'on avait pû trouver à Paris, ayant été acheté pour le Roi et pour les autres Princes, auxquels le Roi avait déjà remis des sommes assez considérables, on ne pouvait plus s'en procurer qu'à un prix excessif. En effet, j'en achetai le lendemain à 80 pour 100 de prime.

Comme la soirée du 13 Mars s'écoulait sans que je reçusse mes lettres de service, je crus devoir m'informer auprès du Ministre de la Guerre, de la cause de ce retard. Le Duc de Feltre ne me l'expliqua pas clairement, et me dit seulement que cela n'avait rien de pressé. Sur ce que je lui témoignai quelqu'étonnement de l'apparence de contradiction qu'il y avait entre ce qu'il me disait le soir, et ce qu'il m'avait dit le matin, il me répondit : « Je dois dire « à Votre Altesse, que, malgré tout ce qu'on peut « lui avoir dit sur mon activité, je suis très pares- « seux; et je ne serais pas étonné que je ne pusse « pas encore lui expédier ses lettres de service dans « la journée de demain, et même, il se pourrait qu'elle « ne les eut qu'après demain. » — « Cela m'est assez « indifférent, » lui dis je, « et il me suffit que le « Roi soit informé du motif qui m'empêche de « partir ce soir, comme il me l'avait ordonné. » Je quittai le Duc de Feltre, assez étonné du résultat de ma visite. *Mon départ est retardé.*

Le 16 Mars (1), M. de Brézé, Grand Maitre des Cérémonies, vint de très bonne heure au Palais Royal, m'annoncer de la part du Roi, que Sa Majesté irait aux Chambres à deux heures, pour tenir une Séance Royale; il ajouta que le Roi croyait qu'il ne me *16 Mars. On me notifie que le Roi va aux Chambres.*

trouverait plus, parceque j'avais dû partir la veille au soir. J'expliquai à M. de Brézé, que je n'attendais que mes Lettres de service, et que je serais parti, si le Ministre de la Guerre me les avait expédiées ; mais que si le Roi voulait que je l'accompagnasse aux Chambres, je retarderais mon départ jusqu'au soir. M. de Brézé m'ayant répondu qu'il n'avait pas d'ordres précis du Roi sur ce que je devais faire, je me décidai à aller moi-même m'assurer des intentions de Sa Majesté. Je me rendis aux Thuileries à l'heure où je savais que le déjeûner du Roi était terminé, et je lui dis que je venais lui demander la permission de le suivre aux Chambres, où j'avais appris par M. de Brézé, qu'il devait aller à deux heures ; que j'espérais par conséquent, que Sa Majesté trouverait bon que je ne partisse que le soir. Le Roi l'approuva entièrement : mais, en me disant qu'il desirait que je l'accompagnasse aux Chambres, il me témoigna que son intention était que je partisse aussitôt après la séance. Je rappellai au Roi qu'en partant, je laissais ma sœur seule au Palais Royal ; je lui dis que je la recommandais de nouveau à sa protection spéciale, et que si le Roi quittait Paris, je le suppliais d'en faire avertir ma sœur à tems, pour qu'elle pût partir sans difficulté. Le Roi me le promit, en ajoutant néanmoins qu'il n'était pas question de son départ (1).

Je vais prendre les ordres du Roi.

A deux heures, je me rendis chez le Roi. Nous attendîmes longtems, avant que le Roi parût. Alors nous nous mîmes en marche, et le grand-escalier des Thuileries retentit encore fortement des cris de *Vive le Roi!* au moment où la foule apperçût Sa Majesté. Le Roi étant dans le fond de sa voiture avec Monsieur, et M. le Duc de Berri était sur le devant avec moi (2).

J'accompagne le Roi dans sa voiture.

Le Roi portait pour la première fois ce jour là, la plaque de la Légion d'honneur. Il eut la bonté de me le faire remarquer, en me la montrant du doigt, et en me disant; — « Monsieur, voyez vous cela? » — « Oui, Sire, » lui répondis-je, « je la vois « avec grand plaisir. Il est vrai que j'aurais préféré « la voir plutôt; mais enfin, Sire, *vaut mieux tard que jamais* (1). » Si j'avais manifesté au Roi toute ma pensée, je lui aurais dit, que c'était lors de son entrée dans Paris, le 3 Mai 1814, qu'il aurait du se décorer de la plaque de la Légion d'honneur, et s'associer franchement à la gloire de l'Armée, car alors elle y aurait été sensible; tandis qu'après tous les dégoûts qu'on lui avait donnés, il était absurde de rien espérer d'une concession aussi tardive, surtout, lorsque les circonstances du moment devaient la faire envisager, plutôt comme un aveu de faiblesse, que comme un changement de système.

Le Carousel, les Quais, le Pont Royal étaient occupés par de la cavalerie et de l'infanterie de Ligne, parmi lesquels on n'entendait que quelques cris isolés de *Vive le Roi!* Le peuple (2) qui était derrière les troupes, y suppléait par des cris assez soutenus; mais je remarquai dans le trajet, des intervalles de silence, ce que je n'avais pas observé le 4 Juin 1814, lorsque j'avais suivi le Roi à l'ouverture des Chambres, pour la publication de la Charte Constitutionnelle. Cette froideur qui me semblait si manifeste, ne frappait pas M. le Duc de Berri. Il paraissait au contraire, enchanté de la disposition qu'il croyait voir dans les troupes, et s'en réjouissait hautement. « Ah, » disait-il, « comme ceux ci se battront : comme ceux là se battront! » et quand je lui montrais des pelotons entiers où on n'entendait pas un seul cri de *Vive le Roi*, et où on ne voyait que les mines refrognées et de mauvaise humeur, malgré les copieuses distributions d'eau de vie et d'argent, qui avaient été faites préalablement, il me répondait avec sa bonhommie ordinaire : « Oui, ceux

Détails sur le trajet.

« là rechignent un peu ; mais c'est égal, la masse les
« entrainera. »

Le Roi ne faisait pas beaucoup d'attention à ce qui se passait dans les troupes et dans le peuple. Il paraissait très occupé du discours qu'il allait prononcer aux Chambres, et nous le récita tout haut dans la voiture, comme le 4 Juin, il nous avait récité celui de l'ouverture. Il fut accueilli dans la salle avec acclamation (1), et les Chambres manifestèrent même de l'enthousiasme, au moment où le Roi jura l'observation de la Constitution. Monsieur parla après le Roi, et jura aussi d'observer la Constitution ou de la maintenir ; je ne me rappelle pas exactement le mot dont il se servit (2).

Séance Royale.

Après la séance, le Roi s'étant retiré dans la salle où il attend ordinairement que le cortège soit mis en ordre, appella sucessivement les Maréchaux Ducs de Tarente et de Trévise, et les embrassa, après leur avoir fait compliment très flatteur, sur leur conduite à Lyon et à Lille.

Le Roi embrasse les Maréchaux Mortier et Macdonald.

Au retour, j'eus de même l'honneur d'accompagner le Roi dans sa voiture, et après avoir pris congé de lui et des autres Princes, je rentrai au Palais Royal, où je trouvai mes Lettres de service, dont voici la copie, ainsi que celle de la lettre que le Ministre de la Guerre m'écrivit, en me les envoyant.

Mes lettres de service.

« LETTRES DE SERVICE,
« *Ministère de la Guerre,*
« LOUIS par la grâce de Dieu, Roi de France et de Navarre.

« Ayant à désigner un Commandant en Chef,
« pour être employé en cette qualité, au Comman-
« dement des troupes stationnées dans les départe-
« mens du Nord, a fait choix de son très cher et

« bien amé Neveu le Duc d'Orléans, Lieutenant Géné-
« ral de ses Armées.

« Il est en conséquence ordonné aux Officiers-
« Généraux, aux Officiers d'Etat-major, à ceux de
« l'Artillerie et du Génie, aux Inspecteurs aux revues,
« aux Commissaires Ordonnateurs et Ordinaires des
« Guerres, aux Commandans des Corps, et à tous
« autres qu'il appartiendra, de le reconnaître et faire
« reconnaître en la dite qualité, par ceux étant à leurs
« ordres.

« Fait à Paris, le 16 Mars 1815.

« Le Ministre Secrétaire d'Etat de la Guerre,

(Signé) « Duc de Feltre. »

« Paris, le 16 Mars 1815.
« *Ministère de la Guerre,*
« 1ᵉ *Division,* — *Etats Majors.*

« Monseigneur,

« D'après les ordres du Roi, j'ai l'honneur
« de faire connaître à Votre Altesse, que l'intention
« de Sa Majesté est, que Votre Altesse Sérénissime
« parte sans délai, pour aller prendre le Comman-
« dement en chef des troupes stationnées dans les
« Départemens du Nord; M. Le Maréchal Duc de
« Trévise en conservera le Commandement, sous les
« Ordres immédiats de Votre Altesse.

« Par les mêmes dispositions, le Roi autorise Votre
« Altesse à décerner en son nom, les décorations de
« l'Ordre Royal et Militaire de St. Louis et de la
« Légion d'honneur, à ceux des Officiers, Sous-Offi-
« ciers et Soldats sous ses ordres, qui par leur conduite
« et leurs services, lui paraîtront avoir droit à ces
« récompenses; Sa Majesté se réservant toutefois la
« confirmation des dites nominations.

Lettre du Ministre de la Guerre.

« J'ai l'honneur d'adresser à Votre Altesse Séré-
« nissime ses lettres de service; je la prie de me
« désigner les Officiers qu'Elle veut avoir à son Etat-
« major.

  « Je suis avec respect,
    « Monseigneur,
      « de Votre Altesse Sérénissime,
    « Le très humble et très obéissant Serviteur,
    « Le Ministre Secrétaire d'Etat de la Guerre.
      (Signé) « Duc de Feltre. »

17 Mars. J'arrive à Péronne.

Je prévins aussitôt le Duc de Trévise, que je partirais le soir même pour Péronne. J'y arrivai le 17 Mars dans la matinée, et le Duc de Trévise me suivit de près (1). Il me fit sur-le-champ reconnaître dans la Division (la 16ᵉ Division Militaire), par un Ordre du jour, et j'adressai moi même aux troupes ce qui suit :

  « Soldats,

Ordre du Jour.

   « Honoré de la confiance du Roi, je viens vous
« rappeller combien il importe au bien du service
« de Sa Majesté, et au salut de notre patrie, que
« vous déployiez contre ses ennemis intérieurs, cette
« même loyauté et cette même énergie, que vous
« avez constamment déployées contre ses ennemis
« extérieurs. C'est ainsi que vous soutiendrez l'hon-
« neur du nom français, déjà si exalté par nos vic-
« toires, par les victoires de cette brave Armée, à
« laquelle je m'honore d'appartenir. J'ai la ferme
« confiance, et j'aime à vous la témoigner, que, fidèles
« au serment que vous avez prêté au Roi, c'est à
« vous que la France devra encore son salut, et sa
« préservation de tous les maux dont elle est
« menacée. »

Il n'y avait à Péronne et aux environs que trois

Régimens de cavalerie, et point d'infanterie; savoir : le 3ᵉ de Chasseurs à Cheval (Dauphin), les 3ᵉ et 4ᵉ de Lanciers (Dauphin et Monsieur) ; j'envoyai chercher les Colonels, qui vinrent chez moi avec les officiers. Je retins à diner les Colonels et les Chefs d'Escadron, et je leur annonçai que je verrais leurs Regimens le lendemain matin. En m'entretenant avec eux, je m'apperçûs avec étonnement, qu'ils étaient peu instruits de ce qui se passait, et des progrès de Buonaparte. Je les trouvai en général bien disposés; mais ils me dirent que, quoique leurs soldats fussent très soumis, les nouvelles qu'ils apprenaient successivement, faisaient un si grand effet sur eux, qu'ils ne pouvaient pas répondre de ce qui arriverait, s'ils se trouvaient en contact avec des troupes qui eussent arboré la cocarde tricolore, et reconnû Buonaparte, dont le nom avait encore un effêt magique sur tous les Militaires Français (1). *(Conférence avec les Chefs de Corps.)*

J'appris en outre, que la solde de la plupart de ces troupes était arrièrée, que les troupes murmuraient beaucoup de ce retard, et que les marches et les contremarches qu'on leur avait fait faire depuis quinze jours, dans les boues de Flandres et de Picardie, avaient augmenté leur mécontentement. Je fis venir le Commissaire des Guerres, qui me rendit compte que la caisse du District de Péronne ne pouvait fournir qu'un très faible secours. Je tâchai d'y suppléer, en lui donnant une autorisation pour demander à tous les Receveurs des Districts voisins, les fonds qu'ils avaient en caisse, quoique j'eusse lieu de craindre que cette opération ne fut lente, et que le résultat n'en fut insuffisant. *(La solde des troupes est arrièrée.)*

Je questionnai ensuite le Commissaire sur les moyens de subsistances. Il me répondit qu'il y en avait fort peu à Péronne, et qu'il n'y en avait pas davantage à Amiens; en sorte que je ne voyais pas, comment je ferais vivre les 7 000 hommes, qui devaient *(Il n'y a ni argent, ni vivres.)*

être cantonnés derrière la Somme. J'expédiai sur-le-champ une estafette au Duc de Feltre, pour lui faire connaitre l'état où je trouvais les choses, et lui représenter combien il était urgent dans un moment aussi critique, de pourvoir à la paye et à la subsistance des troupes (1).

<small>J'assigne aux troupes de nouveaux cantonnemens.</small>

J'ordonnai ensuite le mouvement rétrograde de toutes les troupes, qui s'étaient avancées jusqu'à Noyon et Soissons, et je les fis cantonner à St Quentin, Péronne, Bapaume et Albert. J'envoyai les Dragons à Lihons, et un Régiment de Lanciers à Braye et Corbie, avec ordre de porter un détachement à Amiens, où j'eus soin de placer en même tems un Officier d'Etat-major, ainsi que le Roi me l'avait recommandé.

Conformément aux ordres du Roi, j'assignai les cantonnemens de manière à disperser assez les troupes pour qu'elles ne pussent, ni communiquer facilement entr'elles, ni concerter aucune entreprise, en évitant pourtant de les éloigner au point de ne pas pouvoir les rassembler promptement, si on le jugeait nécessaire.

<small>Mon opinion sur l'état des choses.</small>

J'avoue qu'à cette époque, leur réunion me paraissait plus dangereuse qu'utile, et j'étais fortifié de plus en plus dans cette opinion, par les nouvelles que je recevais successivement de la marche de Buonaparte, de ses progrès, et parceque j'étais convaincu que le Roi serait dans l'impossibilité de défendre Paris avec l'Armée de Melun (2). Je pensais que si le Roi ne pouvait pas défendre Paris avec l'Armée de Melun, je pourrais encore moins défendre la Somme avec la mienne, qui, même en lui supposant le zèle qu'elle n'avait pas, aurait été trop faible pour résister; elle manquait d'ailleurs d'artillerie (*),

---

(*) Avant de quitter Paris, je fis à cet égard des observations au Ministre de la Guerre. Il me dit qu'il pensait que l'Arsenal de Douay pourrait me fournir tout le matériel dont j'aurais

d'argent, de provisions et d'équipages. Je prévoyais donc que le moment approchait, où il n'y aurait plus de possibilité de se maintenir en France, qu'en se renfermant dans les Places, qui par leur nature, offraient plus de moyens de contenir les troupes, d'arrêter ou au moins de retarder leur défection, et de rester en mesure de profiter des chances que les évènemens pourraient présenter.

Ces considérations générales me portèrent à m'occuper spécialement des Places. Il fallait atteindre deux objets : l'un, celui de les maintenir dans l'obéissance du Roi, l'autre, celui d'en faire des points de ralliement pour les troupes, qui ne reconnaîtraient point en France d'autre Gouvernement que celui du Roi, et qui voudraient soutenir sa cause. J'appris qu'il ne restait d'autres troupes à Lille et à Valenciennes, les deux Places les plus importantes de la frontière du Nord, que des dépôts insuffisans pour en faire le service ordinaire, et que même les Gardes Nationales et les Canonniers volontaires, en état de faire le service, en étaient retirés pour l'armée de Melun. La première mesure que je devais prendre, était donc de jetter quelques troupes dans ces Places. Je le devais d'autant plus, qu'il circulait des bruits très nuisibles à la cause du Roi, par lesquels on faisait

Dénuement de Lille et de Valenciennes.

---

besoin; mais qu'il ne fallait pas compter sur celui de la-Fére, qui avait été entièrement épuisé pour approvisionner l'Armée de Melun. Il ajouta qu'il m'engageait à faire moi même une tournée dans les Places, pour prendre connaissance des ressources qu'elles pourraient m'offrir.

J'appris à Douay, qu'en vertu d'ordres successifs et réitérés, toute l'artillerie de campagne qui se trouvait disponible dans l'Arsenal de cette Place avait également été dirigée sur Melun, et que de semblables ordres avaient été expédiés dans les autres Places de mon Commandement. Le 19 Mars, je pris sur moi de suspendre l'exécution de ces ordres; mais l'épuisement était déja tel, que je parvins à peine à organiser une batterie de campagne à Douay, et même elle ne pouvait être rendue disponible qu'au bout de quelques jours.

craindre, que les intentions de Sa Majesté ne fussent d'appeler les troupes étrangères à son secours, et de leur confier la garde de quelques unes de nos Places : le rassemblement des troupes stationnées dans la Belgique faisait de jour en jour, prendre plus de consistance à ces bruits. Le Roi m'avait autorisé à les démentir; et il me paraissait essentiel, pour l'honneur personnel du Roi et pour ses vrais intérêts, qu'il fut au dessus du soupçon d'avoir voulu livrer nos Places aux Etrangers. Indépendamment de toutes ces considérations, mon honneur et mes principes me traçaient une ligne de conduite, dont j'étais décidé à ne pas m'écarter. J'adoptai donc la proposition que me fit le Duc de Trévise, de renvoyer trois bataillons d'infanterie à Lille, et un autre à Valenciennes.

J'y envoye quelques bataillons.

Le retour de ces trois bataillons à Lille est devenu depuis un motif d'attaques, et une source de calomnies contre le Duc de Trévise, et parconséquent contre moi, qui en ai signé l'ordre. Je viens de déduire les motifs qui m'ont déterminé à le donner, et ils me paraissent suffisans pour le justifier pleinement; mais on a dit que le retour de ces troupes à Lille, avait entravé l'exécution des projets que le Roi avait sur cette Place. Je suis persuadé qu'il n'en avait aucun. Quiconque aura lu ce qui précède, doit sentir que je ne devais même pas penser qu'il en eût; car s'il en avait eu, il aurait fallu qu'il me les confiât, ou qu'il choisit un autre Commandant auquel il crut pouvoir les confier; puisque dans tous les cas, la coopération du Commandant était nécessaire à l'exécution des projets quelconques, que le Roi pouvait avoir. Au reste, non seulement ni le Roi, ni ses Ministres ne m'avaient rien dit qui indiquât des projets sur la Flandre, mais ils avaient même repoussé cette idée, lorsque je la leur avais suggérée (1). On se rappellera que j'avais demandé au Ministre de la Guerre, de quel côté, et en quel lieu, le Roi

Dissertation sur cette mesure.

comptait se retirer, dans la supposition que l'approche, ou l'arrivée de Buonaparte, le forçerait à quitter Paris, et qu'il m'avait répondu, *que la confiance du Roi en lui, n'avait pas été jusqu'à le lui dire;* qu'en outre, j'avais représenté à ce même Ministre, les avantages que je voyais à ce que le Roi s'assurât d'une Place, pour sa retraite en cas de besoin, et que j'avais proposé d'envoyer d'avance les Chambres à Lille, ce que le Ministre avait regardé comme *impraticable*; qu'enfin j'avais été au Roi lui même, pour lui demander ce qu'il comptait faire, et l'engager à prendre des mesures efficaces, pendant qu'il en était encore tems. Mais on se souviendra aussi que, loin que le Roi m'eut donné sur Lille, ou sur d'autres Places des Départemens du Nord dont il me confiait le Commandement, aucun ordre pour y préparer sa réception, en cas de nécessité, tout ce qu'il m'avait dit (sans en excepter la recommandation *d'éclairer Amiens,* qui n'était pas sur la route directe de Lille, ni sur celle des Places de Flandre), devait me porter à croire que quand il quitterait Paris, il se dirigerait d'un autre côté. J'en étais tellement persuadé, qu'en sortant de chez le Roi, j'allai trouver le Maréchal Macdonald qui, comme Commandant en second de l'Armée de M. le Duc de Berri, avait quelques moyens de faire entendre son opinion aux Thuileries, pour l'engager à faire sentir au Roi, combien il serait impolitique qu'il se retirât dans la Vendée ou au milieu des Chouans, et combien il serait préférable qu'il s'enfermât dans une Place, avec une garnison qui voulût s'attacher à sa cause, surtout s'il pouvait y emmener les Chambres. Le Maréchal le pensait comme moi : il m'assura qu'il avait déja fait les remontrances les plus fortes, contre le projet de se retirer dans la Vendée, et qu'il avait toujours insisté sur la nécessité de prendre des mesures pour s'assurer des Places, afin que le Roi pût s'y

[marginal note: Le Roi et ses Ministres avaient rejetté le projet de se retirer à Lille.]

retirer et se maintenir en France; mais il ajouta que ses idées n'étaient pas goûtées aux Thuileries, et que celle de se préparer une retraite à Lille ou dans une autre place, n'avait pas eu plus de succès.

<small>Le Roi ne s'était arrêté à aucun projet.</small> Les détails qui me restent à donner, achèveront de prouver que le Roi n'avait aucun projet sur la Flandre, avant son départ de Paris (1). On m'a dit qu'il se serait retiré dans la Vendée, s'il n'avait pas craint que les Lanciers Royaux, commandés par le Général Colbert, n'interceptassent cette route, et que c'était la nouvelle, vraie ou fausse, de leur insurrection, qui l'avait fait renoncer à ce projet, et l'avait décidé à prendre la route d'Abbeville. Ce que je sais positivement, c'est que le Roi n'a pris qu'à Abbeville la résolution de se rendre à Lille; et j'ai lieu de croire, que le bon accueil qui m'avait été fait en Flandre et particulièrement à Lille, a fortement influé sur cette détermination. Je crois aussi que cette mesure, dont le Roi aurait pu retirer les plus grands avantages, n'a échoué, que par le défaut total de préparatifs, et par quelques circonstances fâcheuses du moment. Ceci se développera mieux dans la suite de mon récit.

<small>18 Mars. Départ de Péronne.</small> Je partis de Péronne le 18 Mars, pour visiter les Places de Cambray, Douay, et Lille. J'avais le projet de revenir ensuite par Arras, et de parcourir mes Cantonnemens derrière la Somme, ce que les circonstances ne m'ont pas permis de faire (2). A peu de distance de Péronne, je passai en revue les trois Régimens de cavalerie, qui étaient rassemblés sur la route de Cambray. Le Colonel du 3ᵉ de Chasseurs à Cheval, qui occupait la droite de la Ligne, débuta par un cri de *Vive le Roi*, très bien articulé, qui ne fut pas répété par son Régiment. Le 3ᵉ et le 4ᵉ de Lanciers furent moins silencieux, et firent entendre quelques cris de *Vive le Roi*. Après avoir passé devant le front de ces trois Régimens, qui ne for-

maient ensemble qu'environ six cents chevaux, je fis réunir les Officiers en cercle, et je leur adressai une courte harangue, qu'ils accueillirent assez bien. Je leur témoignai d'abord, la satisfaction que j'éprouvais à me retrouver au milieu de mes anciens camarades, et de cette brave Armée Française, dans les rangs de laquelle je me glorifiais d'avoir fait mes premières armes; mais que plus je m'en glorifiais, plus je me flattais que ce ne serait pas en vain, que je ferais un appel à leur patriotisme, à leur attachement aux véritables intérêts de la France, et enfin à la foi du serment de fidélité qu'ils avaient prêté au Roi. Je leur dis que je venais les engager à se rallier autour du Roi, et à concourir de tous leurs moyens à repousser l'agression de celui, qui après les avoir tant de fois conduits à la victoire, avait sacrifié ses braves compagnons à son ambition démesurée, et compromis les plus chers intérêts de la France, par l'extravagance de ses entreprises. Je m'efforçai de leur faire sentir le peu de confiance que méritaient les promesses de Buonaparte, en leur rappellant combien de fois il avait manqué à ses engagemens les plus sacrés. Je m'attachai particulièrement à les convaincre, qu'il les avait dégagés de toute obligation envers lui, par cette abdication solennelle au mépris de laquelle il revenait cependant aujourd'hui, les entraîner à méconnaitre leurs devoirs envers la France et envers le Roi. Enfin, je fixai leur attention sur les maux qui allaient de nouveau fondre sur la France, si tous les bons Français ne se ralliaient pas, pour s'opposer au rétablissement d'un Gouvernement et d'un système, qui rappelleraient infailliblement sur notre malheureuse Patrie, les forces réunies de toute l'Europe, dont elle avait déja été accablée en 1813 et 1814.

Sur la présentation des Colonels, j'accordai quelques décorations de la Légion d'honneur. Je vis

Discours aux troupes devant Péronne.

LOUIS-PHILIPPE ET LOUIS XVIII

ensuite défiler les trois Régimens, et immédiatement après, je montai en voiture avec le Duc de Trévise, et nous partîmes pour Cambray.

Arrivée à Cambray.

L'accueil qu'on me fit à Cambray, fût très différent de celui que j'avais reçu à Péronne, où le peuple m'avait témoigné autant d'indifférence et de froideur que les troupes. Les habitants de Cambray ayant été prévenus de mon arrivée, se portèrent en foule à ma rencontre, en criant sans cesse, *Vive le Roi, Vivent les Bourbons*. A quelque distance de la Ville, je trouvai le Général Lyons, Commandant des Chasseurs Royaux, avec une Garde d'honneur de ce Régiment. Je montai à cheval, et je me rendis avec le Maréchal de Trévise sur la grande place, pour y

Revue des Chasseurs Royaux et du 21ᵉ de Ligne.

passer en revue les Chasseurs Royaux et le 21ᵉ Régiment d'Infanterie de ligne. L'enthousiasme que le peuple manifestait, ne put altérer le phlegme des troupes qui gardèrent le silence. Cependant les Chasseurs Royaux témoignèrent moins d'humeur que je ne m'y serais attendu. Je remarquai que, quoique presque tous eussent arraché les Fleurs de Lys de dessus leurs sabretaches, quelques uns d'entr'eux avaient encore le Lys à la boutonnière, et que tous les officiers le portaient exactement.

Je n'ai jamais vû un plus beau Régiment, ni des hussards plus lestes et plus militairement tenus : leur habillement n'était pas frais; mais je fus étonné de le trouver encore en aussi bon état, quand j'appris qu'ils n'avaient reçu ni habillement, ni équippement, depuis la Restauration, et que tout ce que je voyais, avait fait la campagne qui l'avait précédée. Les Mamelouks défilèrent à la tête du Régiment; ils portaient le Croissant sur leurs Turbans. Je leur demandai s'il y en avait encore parmi eux, qui fussent venus d'Egypte, mais ils me répondirent qu'ils étaient tous français. Pendant que ce Régiment défilait devant

Réflexions.

moi, je réfléchissais sur la faute énorme que le Roi

avait faite, de ne pas s'être entouré dès son arrivée, des troupes de la Vieille-Garde, et de n'avoir pas profité de la disposition où elles étaient à cette époque. Quelle différence, si au lieu de leur témoigner, en toutes occasions, l'éloignement qu'on avait pour elles, on se fut appliqué franchement à se les attacher! De pareilles troupes dévouées à la cause du Roi, lui auraient été bien plus utiles que les Gardes du Corps et les Mousquetaires.

Les cris non interrompus de la foule qui couvrait la place, et qui m'enveloppait de toutes parts, ne me permirent pas de parler aux Officiers; je ne les appellai donc pas au cercle, et je leur donnai rendez-vous à l'Evêché, aussitôt que le Régiment serait rentré dans ses Quartiers.

Lorsque le Général Lyons me les présenta, je commençai par leur faire quelques complimens, sur la réputation militaire de leur Corps, et sur le plaisir que j'avais à le voir. Je leur répétai à peu près ce que j'avais dit aux troupes de Péronne, et j'y ajoutai, que je me plaisais à trouver dans la fidélité avec laquelle ils avaient servi Napoléon, tant qu'il avait été leur chef et celui de la France, un gage de celle avec laquelle de braves soldats comme eux, serviraient le Roi Louis XVIII (quels que fussent d'ailleurs leurs sentimens personnels) contre tous ses ennemis intérieurs et extérieurs. Je témoignai ensuite quelques regrêts de ne pouvoir pas m'arrêter plus longtems à Cambray, pour voir le Régiment plus en détail; le Général Lyons me proposa de le réunir dans la cour du Quartier, et j'acceptai avec plaisir sa proposition. Je pérorai ensuite les officiers du 21ᵉ de ligne, à peu près dans le même sens, et je reçus la visite des Corps Administratifs et de la Garde Nationale. *(Discours aux Officiers.)*

Pendant que j'étais encore à Cambray, il y arriva une Compagnie de Canonniers volontaires de la *(Arrivée de Canonniers Lillois, se rendant à Melun.)*

Garde Nationale de Lille, qui se rendait à Paris avec ses piéces de campagne, conformément aux ordres qui avaient été envoyés dans les Places, de faire partir sur le champ pour Paris, toutes les Compagnies de Canonniers de Garde Nationale. C'est ainsi que par une inconséquence inouie, on dirigeait isolément sur Paris, toutes les ressources qui pouvaient devenir si précieuses ailleurs. On éprouvait cependant déjà, les terribles effets de la faute qu'on avait commise dans le principe, en envoyant isolément à Lyon, et en quelque sorte au devant de Buonaparte, tous les moyens par lesquels on se flattait de l'arrêter; car il est douteux que sans l'accession de ces moyens, il eut pu marcher sur Paris; et il est au moins certain que sa marche eut été plus lente. Mais on n'avait pas profité de cette leçon, quelque forte qu'elle fut; et le 18 et le 19 Mars (1), tandis que Buonaparte était à Joigny, à Montereau, et que l'Armée de Melun se joignait à lui en détail, l'aveuglement du Gouvernement était encore tel, qu'à tout instant, des dépêches télégraphiques accéléraient l'expédition de ce qui avait été ordonné pour Melun et pour Paris, et qui cependant ne pouvait plus servir qu'à Buonaparte. Je ne m'étonne pas que bien des gens ayent vu de la trahison dans de pareilles mesures; mais quant à moi, je n'y ai vu qu'un zèle mal entendu, un défaut de plan et une incohérence dans les opérations, qui devaient tout perdre, comme cela est effectivement arrivé. Il me semble que ceci présente de nouvelles preuves bien fortes, que le Roi n'avait pas formé d'avance le projet de se rendre à Lille; car dans ce cas, il n'en aurait pas fait sortir la partie la plus solide et la plus utile de la Garde Nationale.

<small>Le télégraphe accélère le départ des Gardes Nationales des Places.</small>

Les Officiers de cette Compagnie de Canonniers vinrent prendre mes ordres, et me demandèrent si je croyais qu'ils arriveraient encore à tems pour la bataille de Melun : c'était le 18 Mars, ils venaient de Douay ce jour là, et ils ne pouvaient parconséquent partir de Cambrai que le lendemain. Je fus un peu embarrassé de cette question, parceque d'une part, je ne comptais pas sur la bataille de Melun, et que de l'autre, je calculais que Buonaparte serait à Paris avant eux, puisqu'ils ne pouvaient y arriver que le 22. Je savais que Buonaparte avait été le 16 à Auxerre, et je ne doutais pas qu'il ne fut devant Melun ou même à Paris avant le 22, ce qui est effectivement arrivé. Je répondis donc à ces officiers, le plus vaguement que je pus, en leur disant qu'ils arriveraient toujours à tems pour montrer leur zèle, et faire preuve de leur dévouement pour le Roi et pour la France; que d'ailleurs, je ne pouvais rien changer à leurs ordres, et que de bons Français comme eux, devaient les suivre sans s'embarrasser des évènemens. J'écrivis sur-le-champ au Ministre de la Guerre pour lui représenter, combien il était impolitique de dégarnir ainsi les Places de leurs Gardes Nationales; et pour lui faire sentir que cette mesure ne pouvait présenter aucun avantage, puisqu'il paraissait impossible qu'elles arrivassent à tems pour le choc de Melun, si toutefois, ce choc avait lieu. Je lui observai, que si Buonaparte succombait, ces Gardes Nationales seraient au moins inutiles, tandis que c'était surtout dans le cas contraire, que leur absence des Places deviendrait un très grand mal; et qu'alors il arriverait nécessairement, ou qu'elles tomberaient dans ses mains avec toute leur Artillerie, ou que, rebroussant chemin en désordre, elles sèmeraient l'effroi sur la route et à travers le pays.

Représentations à ce sujet au Ministre de la Guerre.

    L'Evêque de Cambray me donna un grand diner, auquel tous les chefs de Corps furent invités. Je partis immédiatement après, emmenant toujours le Maréchal de Trévise, avec qui je m'entretenais chemin faisant, des premières campagnes que nous avions faites ensemble dans l'Armée du Général Dumouriez.

LOUIS-PHILIPPE ET LOUIS XVIII

J'arrive à Douay.

Il était presque nuit lorsque j'arrivai à Douay. Le Commandant, les Généraux, le Maire, les Municipaux, et une foule considérable, m'attendaient sur le glacis de la Place. Le Maire eut de la peine à se faire entendre au milieu des cris de *Vive le Roi, vivent les Bourbons, à bas le Tyran, à bas!* qui retentissaient de toutes parts. Enfin il obtint un moment de silence, et parvint à lire sa harangue, qui était fort énergique. Je lui répondis de ma voiture, en adressant en même tems ma réponse au peuple et aux Militaires qui m'entouraient. Je leur témoignai d'abord, combien j'étais sensible à l'attachement qu'ils manifestaient pour le Roi et pour les Bourbons, et combien j'aurais de plaisir à en transmettre l'expression à Sa Majesté. Je leur dis ensuite que le Roi m'avait envoyé dans les Départemens du Nord, avec le brave Maréchal que j'avais à mes côtés, pour prendre toutes les mesures qui pouvaient assurer à la France et au Roi, la conservation de cette précieuse barrière, et les préserver du malheur de retomber sous le joug de Buonaparte. Ici je fus interrompu par des cris terribles, « *Oui,* « *oui, oui, à bas le Tyran, vive le Roi, vivent les* « *Bourbons, point de Buonaparte!* »

Ma réponse aux harangues.

Je descendis de voiture avec le Maréchal de Trévise, pour entrer à pied dans la ville; la foule se pressait tellement autour de nous que nous faillîmes être étouffés, en passant les ponts-levis et les voûtes. Nous trouvâmes heureusement dans l'intérieur de la ville, des chevaux que le Général Lahure, Commandant de la Place, nous avait fait préparer, et nous fîmes notre entrée à cheval, précédés par une Compagnie de Gardes Nationales assez bien armés, mais la plupart sans uniforme. Nous marchions entourés de quelques drapeaux blancs, au milieu des cris d'une foule immense, à la lueur des torches et des flambeaux, ce qui donnait à notre cortège un aspect assez

Accueil qu'on me fait à Douay.

singulier. Toutes les fenêtres étaient ornées de drapeaux, les femmes agitaient leurs mouchoirs, ou applaudissaient et mêlaient leurs cris à ceux de la foule. Nous fûmes ainsi conduits à la principale Place de la Ville, où le 19ᵉ Régiment d'Infanterie de Ligne était sous les armes, ainsi que ce qui restait d'Artillerie à cheval à Douay. Le 19ᵉ cria *Vive le Roi* très franchement; et même quelques soldats me saluèrent en agitant leurs Schakos. Je fus très frappé de cette réception, et elle me donna plus d'espoir que je n'en avais eu jusqu'alors, d'empêcher les Places de reconnaitre l'autorité de Buonaparte, et de les maintenir, ainsi que leurs garnisons, dans l'obéissance du Roi. Le Maréchal de Trévise partageait cette espérance, et me disait que je trouverais Lille dans la même disposition que Douay. Il m'assurait que cette disposition était celle de tout le département du Nord, et de celui du Pas de Calais; mais quant aux troupes, il ne me dissimulait pas, que les promenades qu'on leur avait fait faire hors de leurs garnisons, les avaient mécontentées, et que leur esprit avait été gâté, tant par le dégoût qu'elles en avaient éprouvé, que par le contact qui en était résulté entr'elles et les habitans des départemens de l'Aisne et de la Somme, dont l'esprit était, en général, très différent de celui des deux autres.

Aussitôt que je me fus rendu à la maison qu'on avait préparée pour moi, j'y reçus la visite de toutes les Autorités, de la Cour Royale, des Tribunaux, des Généraux, et des différens Corps d'Officiers. Je leur témoignai à tous successivement, combien j'étais sensible à l'accueil qui m'était fait à Douay par les troupes et par les habitans. Je leur dis que cet accueil, et le bon esprit dont je les voyais animés, me fortifiaient dans l'espérance que j'avais conçue, de sauver la France dans le département du Nord, en opposant la résistance des Places fortes, au Gouvernement qu'il

Je reçois les visites de Corps.

Discours que je leur adresse.

n'y avait que trop lieu de craindre que Buonaparte ne parvint à établir à Paris. J'ajoutai que c'était là l'objet qui m'amenait parmi eux, et celui pour lequel le Roi m'avait investi de sa confiance, dans le Commandement qu'il lui avait plû de me donner : que le Trône du Roi était le Palladium qui pouvait seul, dans la crise actuelle, sauver la France de tous les maux dont elle était menacée; que tous les petits intérêts particuliers, tous les mécontentemens personnels, devaient se perdre dans le grand intérêt de sauver la Patrie, en défendant cette précieuse barrière qui nous était confiée, contre tous les ennemis, soit intérieurs, soit extérieurs. Je leur dis aussi, que je n'ignorais pas que la malveillance avait déjà cherché à répandre le bruit, que le Roi voulait introduire des troupes étrangères dans nos Places; que j'étais chargé spécialement par le Roi, de démentir tous les bruits de cette espèce et de les assurer, que c'était *par eux* et *avec eux* que le Roi voulait défendre nos Places. Je m'attachai ensuite à leur développer le plan que j'avais formé, et dont j'attendais les plus grands avantages pour la France, pour le Roi, et particulièrement pour les habitans des Places, et pour les garnisons qui se décideraient à le suivre. Je leur dis que ce plan consistait, à ne reconnaître d'autre Gouvernement en France que celui du Roi, et parconséquent, à refuser l'entrée de nos Places à tous les agens ou émissaires qui pourraient venir de Napoléon, aux troupes françaises qui ne seraient pas sous l'obéissance du Roi, ainsi qu'à toutes les troupes étrangères quelconques. Je m'engageai alors solemnellement envers eux, à m'opposer à l'introduction d'aucune troupe étrangère dans nos Places, et je leur dis, que je serais le premier à faire tirer sur elles l'artillerie de nos remparts, si elles entreprenaient d'y pénétrer de force. Je m'efforçai de leur faire sentir combien il serait à la fois glorieux et avantageux pour eux, de concourir à l'exécution d'un plan qui assurerait à la France l'intégrité de cette frontière, et qui préserverait ces Places et leurs habitans, des chances et des malheurs de la guerre, surtout si, comme je croyais pouvoir le leur annoncer, l'Europe entière était décidée à se réunir de nouveau contre notre malheureuse Patrie, dans le cas où elle retomberait sous le joug de Buonaparte. Je terminai en leur disant, que je venais de leur faire connaitre le système que je voulais suivre, que je comptais sur eux pour son exécution, et que de mon côté, je leur donnais l'assurance de les assister de tous mes moyens, et de me dévouer entièrement à cette noble entreprise.

Pendant que je leur parlais, j'avais observé sur leurs physionomies l'impression et les progrès que je faisais sur eux, et je sentais bien que j'avais obtenû un résultât favorable. La conférence particulière que j'eus ensuite avec tous les Chefs, confirma cet apperçu. Elle fût très satisfaisante, et j'y fus efficacement appuyé et assisté par le Maréchal de Trévise. Il insista fortement sur la nécessité d'adopter et de suivre le plan que j'avais indiqué, et contribua beaucoup à y rallier tous les Chefs, qui me donnèrent, à cet égard, les assurances les plus positives. *Impression qu'il produit sur eux.*

Vers le soir, une seconde Compagnie de Canonniers volontaires de la Garde Nationale de Lille arriva à Douay, marchant sur Paris. J'avais d'autant plus d'envie de la faire rétrograder, que j'apprenais qu'il ne restait presque point de canonniers de ligne à Lille, et qu'il n'y en avait pas assez à Douay, pour qu'il fût possible d'en envoyer dans les autres Places. Si je n'avais suivi que mon propre mouvement, j'aurais renvoyé sur-le-champ cette compagnie, étant bien persuadé qu'elle ne pourrait pas arriver à Paris, avant que l'affaire ne fût décidée d'une manière ou de l'autre; mais, quand on m'informa qu'on avait encore reçu de Paris dans la journée (c'était le *Arrivée à Douay de la seconde Compagnie de Canonniers Lillois.*

18 Mars), une dépêche télégraphique, pour accélérer leur départ et leur marche, je ne crus pas devoir prendre sur moi, de les arrêter et de les renvoyer à Lille, et je les laissai continuer leur route vers Paris.

Le 19 Mars, après avoir reçu les dames de Douay, j'assistai à une Messe Militaire dans l'Eglise de St Pierre avec le Maréchal et tous les Généraux. Je me rendis ensuite à l'arsenal, que je trouvai fort épuisé par les envois qui avaient été faits à l'Armée de Melun. J'y fis cependant des dispositions qui devaient me donner dans quatre jours à Lille, une batterie de campagne, et en même tems, si c'était possible, une demie Compagnie d'artillerie à cheval, indépendamment de celle qui était prête, et qui allait partir pour Paris. Comme il importait que cette organisation n'éprouvât aucun retard, je donnai l'autorisation nécessaire, pour appliquer à ce service un fond de 30,000 francs, qui était destiné à un autre usage. Je partis ensuite pour Lille, ayant toujours dans ma voiture le Maréchal duc de Trévise.

Je retrouvai en traversant les villages, le même enthousiasme qui s'était si fortement manifesté à Douay, et les paysans accouraient de tous côtés aux bords de la route, pour crier *Vive le Roi, Vivent les Bourbons, à bas le Tyran!* A Pont-à-Marque, je rencontrai une troisième compagnie de canonniers de Lille qui se rendaient à Paris; mais pour cette fois, je perdis patience, et je lui donnai l'ordre de retourner immédiatement à Lille.

J'arrivai à Lille entre trois et quatre heures après midi. Le Lieutenant-Général Dufour, Commandant de la Place, m'attendait sur le glacis avec toutes les Autorités : un grand nombre d'habitans étaient sortis de la ville, et je fus accueilli aux cris de *Vive le Roi*. Les dépôts d'infanterie et celui du 12° Régiment de Cuirassiers, qui étaient réunis sur le glacis, paraissaient aussi de fort bonne humeur, surtout les Cuirassiers. Je montai à cheval, ainsi que le Maréchal Mortier, et nous entrâmes dans la ville, qui comme celle de Douay, était tapissée de drapeaux blancs et de Fleurs de Lys. Lille étant une ville très populeuse, il y avait une foule immense dans toutes les rues que nous traversions et dans celle qui y aboutissaient : l'exaltation du peuple contre Buonaparte s'y manifestait de la manière la plus énergique. Les trois bataillons que j'avais renvoyés à Lille, y arrivèrent presqu'en même temps que moi, en sorte que je reçus la visite de leurs officiers avec celle de tous les autres Corps de la garnison et de toutes les autorités; cela fût fort long. J'y vis avec étonnement une députation des officiers à demie solde du département du Nord, qui par suite des dernières mesures, avaient été réunis à Lille, pour être employés dans les Corps de Volontaires Royaux qu'on cherchait alors à former dans toute la France. Ils me dirent qu'ils venaient seulement en députation, parce qu'ils étaient trop nombreux (ils étaient plus de mille) et qu'il n'y avait pas de salle assez grande pour les contenir tous ; mais qu'ils me priaient de les passer en revue le lendemain à la Citadelle, ce que je leur promis, et ce que je fis en effet. Il me semble que si le Roi avait eu le projet de se retirer à Lille, on n'aurait pas choisi cette place importante, pour en faire le dépôt d'un aussi grand nombre d'officiers, sur la bonne disposition desquels on n'avait aucune raison de compter. Je haranguai tous les Corps d'officiers, et comme ce que je leur dis, était à peu près la même chose que ce dont j'ai rapporté la substance, je m'abstiendrai de le répéter ici. Je crus m'appercevoir que mes discours faisaient impression, et qu'ils étaient, en général, bien accueillis par les officiers.

Visites de Corps; harangues.

J'eus ensuite des conférences particulières avec les Généraux et les Colonels, dans lesquelles je leur développai ce que je n'avais fait qu'indiquer, et je

Conférences avec les Généraux et les Colonels.

Explication avec le Général Dufour.

fus très satisfait de leurs dispositions. J'en eus une sérieuse avec le Lieutenant-Général Dufour, que j'avais connu autre fois, lorsqu'il commandait le 1ᵉʳ Bataillon du Pas de Calais dans l'Armée du Nord, en 1792. On m'avait donné sur lui des préventions défavorables ; je savais qu'il s'était rendû suspect et désagréable aux habitans de Lille. Je le lui dis franchement, et j'ajoutai que les opinions étaient libres, que je ne lui demandais pas, si c'était par inclination ou contre son opinion, qu'il servait le Roi ; mais que je lui demandais, de me dire sincèrement, si c'était le Roi, ou Buonaparte qu'il voulait servir ; parceque j'étais venû à Lille pour soutenir et servir le Roi contre Buonaparte, et qu'il m'importait de savoir si je pouvais compter sur lui ; que par conséquent il fallait qu'il optât, et qu'il s'en allât, si ses intentions ne s'accordaient pas avec les miennes. Je l'assurai que s'il voulait se retirer, il pouvait partir sans aucun risque, et que loin d'en être offensé, j'estimerais sa franchise ; mais que s'il restait, il devait entendre distinctement que c'était le Roi qu'il devait servir contre Buonaparte, et qu'après qu'il m'en aurait donné sa parole, je me fierais à lui entièrement. Il me la donna sans hésiter, en me disant qu'il servirait le Roi fidèlement et franchement, tant qu'il n'associerait pas les étrangers à sa cause ; que comme il avait entendû ce que j'avais dit à cet égard de la part du Roi, et qu'il ne craignait pas que je lui demandasse l'introduction des troupes étrangères dans nos Places, ce à quoi aucune considération humaine ne le ferait jamais consentir, il me promettait de suivre aveuglément mes ordres, et me donnait sa parole d'honneur que je pouvais compter entièrement sur lui.

Telles étaient les dispositions et les craintes que me manifestèrent la plupart des officiers. Je ne rapporte ces détails que pour faire connaître l'esprit dont ils étaient animés, et la marche que j'ai constamment suivie dans mes rapports avec eux; car ma conversation avec le Général Dufour n'eut aucunes suites, puisque déjà le Ministre de la Guerre l'avait rappellé à Paris et remplacé par le Lieutenant-Général Marquis de Jumillac, qui arriva à Lille le 21 Mars au matin.

J'écrivis au Roi pour lui faire connaitre succintement mes opérations, dont je rendais journellement un compte détaillé au Ministre de la Guerre. Je ne puis douter que la plupart de ces lettres ne soient tombées dans les mains de Buonaparte, et il est assez singulier qu'il n'en ait fait imprimer aucune, quoiqu'il ait publié celles des autres Princes.

Les lettres que j'adressais au Ministre de la Guerre, se croisèrent avec celle qu'il m'écrivit en date du 19 Mars. Elle est écrite de sa main, et c'est la seule que j'aye reçu de lui. On verra si elle m'indiquait ce que le Roi comptait faire, et surtout, si je pouvais en conclure que Sa Majesté viendrait à Lille; la voici :

« Monseigneur, »

« Monsieur de Chabot (*), aura dit à Votre
« Altesse Sérénissime quel était l'aspect des affaires
« ici. Il devient plus fâcheux à chaque instant, et
« menace d'une Révolution. La défection journa-
« lière des troupes en est la cause. J'envoye par
« estafette à Votre Altesse une lettre de Mademoi-
« selle. Elle lui parle peut-être des intentions du
« Roi que j'ignore même pour moi, dans toute leur
« étendue. Le Corps de Ney a joint Buonaparte;
« celui d'Oudinot est en partie gangréné. Ce serait

Lettre du Ministre de la Guerre.

(*) Un de mes Aides-de-camp que j'avais laissé à Paris, avec ordre d'en partir quelques jours après moi.

« une grande affaire que de conserver la Picardie au
« Roi. Votre Altesse prendra conseil des circons-
« tances, et avant tout, elle remplira ses devoirs
« envers le Roi. Je suis désolé de lui donner de telles
« nouvelles. Je ne suis pas sur un lit de roses.

     « Je suis avec respect,
      « Monseigneur,
« Paris, le 19 Mars 1815.
       « de Votre Altesse Sérénissime,
    « Le très humble et très obéissant Serviteur,
     « Le Ministre de la Guerre,
       (Signé) « Duc de Feltre. »
« S.A.S. Mgr le Duc d'Orléans,
   « à Péronne ou à Cambray. »

Réflexions sur cette lettre.

Il est évident par la date de cette lettre et par son contenu, que le Ministre sentait l'impossibilité que le Roi restât à Paris (1) ; et on doit conclure de deux choses l'une ; ou que le Ministre ne voulait pas me confier le secret de ce que Sa Majesté comptait faire, (ce que je ne crois pas) ; ou que lui même ne le savait pas, comme il le dit, (ce dont je suis persuadé). J'ai déjà dit que je pensais que le Roi n'avait décidé qu'au dernier moment, quelle serait la route qu'il prendrait, et où il irait. J'aurai occasion de donner encore d'autres détails, qui ajouteront à la probabilité de cette conjecture. Au reste, il est évident, que si le Ministre du Roi ne connaissait pas ses intentions, ma sœur devait encore moins les connaître. Elle avait fait sa cour au Roi une seule fois depuis mon départ, et sa Majesté ne lui en avait rien dit.

Quant à l'indication très vague qui m'était donnée, de défendre la Picardie, si je le pouvais, j'observerai que la Picardie étant un pays ouvert et dépourvu de Places fortes, ne pouvait être défendue que par une Armée, et que je n'en avais pas; car, en supposant que les troupes cantonnées derrière la Somme, voulussent se battre contre celles de Buonaparte, ce qui n'était pas probable, elles ne montaient pas en tout à sept mille hommes, et elles n'avaient ni artillerie, ni munitions ; tandis que Buonaparte avait une Armée bien organisée de trente-cinq à quarante mille hommes, dont la détermination n'était pas douteuse, et qui était abondamment pourvue d'artillerie et de tout ce dont elle avait besoin.

La lettre du Duc de Feltre, et les nouvelles positives qui me parvinrent de la dissolution du Camp de Melun, me déterminèrent à ordonner à toutes les troupes de quitter leurs cantonnemens, et de rentrer sur le champ dans leurs garnisons respectives. Cet ordre ramena à Lille le 12ᵉ de Cuirassiers ; le retour de ce Régiment me permit de faire sortir le 4ᵉ de Lanciers, pour aller occuper Pont-à-Marque, Orchies et St Amand, et pour observer la frontière. J'eus soin en même tems, de donner l'ordre au Colonel de se replier sur Valenciennes, Douay et Lille, dans le cas où les Armées étrangères entreraient en France.

Je fais rentrer les troupes dans leurs garnisons.

Le 19 Mars au soir, j'allai à la comédie avec le Maréchal, le Préfêt (Baron de Siméon), le Maire (Comte de Brigode) et les Généraux. J'y fûs reçu avec beaucoup d'acclamations. Plusieurs personnes m'adressèrent du parterre et même des loges, des questions sur les nouvelles du moment, sur l'état des choses à Paris et sur la marche de Buonaparte, don le nom n'était jamais prononcé sans être accompagné d'imprécations contre lui, et suivi de vœux pour le Roi. L'impatience et le bruit augmentèrent à tel point, que je crûs devoir faire ce que je n'avais jamais fait de ma vie ; je me levai et je parlai de ma loge au public, pour satisfaire sa curiosité. Je profitai de cette occasion pour faire connaitre mes projets aux habitans de Lille. Je fis un appel à leur patriotisme, à leur loyauté, à leur attachement pour le Roi, et je leur demandai de m'assister dans la noble entreprise de défendre nos Places contre les ennemis, quels qu'il fûssent, de la France et du Roi. Je leur développai alors en peu de mots, le plan qui a déjà été suffisamment expliqué dans ce qui précède, et comme je m'attendais d'un moment à l'autre, à recevoir la nouvelle que Buonaparte s'était emparé de Paris, je tâchai de les y préparer, afin d'éviter qu'elle ne leur causât un découragement, qui aurait pu rendre impossible, la résistance que je voulais entreprendre de faire dans les Places. Ma harangue fut accueillie par beaucoup d'applaudissemens et de marques d'approbation (1). Le lendemain de mon arrivée à Lille, le 20 Mars, je chargeai le Maréchal de faire connaitre mes intentions à tous les Commandans des Places de la Division. A cet effet, il expédia sur-le-champ dans chacune de ces Places, un Officier d'Etat-major porteur de l'ordre suivant.

« ORDRE DU 20 MARS 1815.

<small>20 Mars. Instruction aux Commandans des Places.</small>

« D'après les ordres de S.A.S. Mgr le Duc d'Orléans, « Commandant en Chef les troupes stationnées dans « les départemens du Nord. »

« Il est ordonné à Messrs ———
« employés à l'Etat-major de la 16e Division Mili-
« taire, de partir sur-le-champ de Lille, pour se rendre
« dans les Places de Bergues, Dunkerque, Grave-
« lines, Calais, Boulogne, Ardres, St Omer, Aire,
« Béthune, Arras, Douay, Cambray, Bouchain, Valen-
« ciennes, Condé, Maubeuge, Le Quesnoy, Avesnes
« et Landrecy. »

« Chacun d'eux préviendra les Commandans des « Places auxquels il est envoyé, de s'entendre sur-le-« champ avec les Commandans de l'Artillerie et du

« Génie, et les Autorités locales, pour qu'elles soient
« mises promptement à l'abri d'un coup de main,
« et approvisionnées pour trois mois. L'Ordonnateur
« de la 16ᵉ Division Militaire et Messrs les directeurs
« du Génie et de l'Artillerie, donneront au surplus
« des ordres à ce sujet. »

« Chacun des officiers d'Etat-major ci dessus dési-
« gnés préviendra les Commandans des Places où il
« est envoyé, qu'ils ne doivent obtempérer à aucun
« ordre qui n'émanerait pas directement du Roi, par
« l'intermédiaire de son Ministre de la Guerre, ou de
« S.A.S. Mgr le Duc d'Orléans; qu'ils doivent refuser
« obéissance à tout Gouvernement autre que celui du
« Roi, et qu'ils ne doivent pas permettre qu'aucune
« troupe étrangère, sous quelque prétexte que ce
« soit, y soit admise. Il recommandera qu'on main-
« tienne partout la plus grande union entre les
« habitans et les Garnisons : toutes les opinions doi-
« vent céder au cri pressant de la Patrie; tous les
« Français doivent éviter avec soin les horreurs de
« la guerre civile, en se ralliant autour du Roi, et
« de la Charte Constitutionnelle. »

« Copie du présent Ordre sera remise à chacun de
« Messrs les Commandans de Place. »

« Au Quartier Général, à Lille, le 20 Mars 1815.

(Signé) « Le M^AL Duc de Trévise,
« *Approuvé,*
(Signé) « Louis Philippe d'Orléans. »

Le Maréchal m'ayant informé qu'il n'y avait point d'Officiers-Généraux chargés du Commandement des Places de Dunkerque et de Cambray, je nommai provisoirement sur sa proposition, le Général Vichery au Commandement de Dunkerque, et le Général Thévenot à celui de Cambray. Je leur donnai des instructions dans le sens de l'ordre ci-dessus; et je chargeai spécialement le Général Thévenot de surveiller avec soin, mais avec beaucoup d'égards, les Chasseurs Royaux, afin de ne pas être prévenu par eux, et d'avoir le tems de les envoyer en cantonnement au Catelêt, dans le cas où ils formeraient le projet de s'emparer de la Place, ou de se déclarer pour Buonaparte.

Après avoir donné ces ordres, j'allai visiter les fortifications et la Citadelle de Lille, les magasins, les dépôts d'Armes, &c. et je passai le reste de la journée en conférences, tant avec le Maréchal qu'avec le Préfet et le Maire, sur les mesures que nous pouvions prendre, pour empêcher que l'autorité de Buonaparte ne s'établit dans Lille et dans les Places (1). Je m'efforçai en vain de faire exercer la surveillance active, que les circonstances où nous nous trouvions, semblaient exiger. Nous manquions entièrement de moyens de Police (*). Le Maréchal voulut y suppléer par une Police militaire : il ordonna à cet effet à tous les Colonels de lui faire, tous les soirs, un rapport sur la disposition des officiers et soldats de leurs Régimens, et enjoignit de même aux Commandans de la Place et de la Citadelle, de l'informer exactement de tout ce qui se passait.

Mesures de surveillance.

Communications télégraphiques.

Pendant que je visitais les fortifications, le télégraphe de Lille reçut une communication de celui des Thuileries; mais elle fut interrompue, dès les premières syllabes, sans que le Directeur en comprit le motif. Il était alors onze heures du matin. Le Roi était parti dans la nuit, ce que je ne pouvais pas savoir : la dépêche était au nom de Buonaparte, et elle avait été interrompue par la précaution que

---

(*) Je ne pus jamais parvenir, malgré mes demandes réitérées, à obtenir un rapport exact du nombre et des noms des étrangers qui se trouvaient à Lille, ainsi que de ceux qui y arrivaient.

le Roi avait prise en partant, de faire casser deux
télégraphes de chaque ligne. Ceux de la ligne de
Lille furent brisés au moment même, où les individus
qui s'étaient déjà emparé des Thuileries, nous infor-
maient à Lille du départ du Roi, et de la prochaine
arrivée de Buonaparte (1). La précaution du Roi
ne fit que retarder les communications ; car les
employés des télégraphes mis hors de service, se
procurèrent aussitôt des chevaux, pour porter rapidement les messages entre les télégraphes encore
existans ; en sorte qu'au lieu de transmettre les messages de Paris à Lille en cinq minutes, ils les trans-
mettaient en cinq heures. Au moyen de cet arrange-
ment, je reçûs à cinq heures du soir, une dépêche
télégraphique à peu près dans ces termes :

« L'Empereur rentre dans Paris, à la tête des troupes
« qui avaient été envoyées contre lui. Les autorités
« militaires et civiles en sont prévenues, pour qu'elles
« n'obéissent plus à d'autres qu'aux siens, et que le
« Pavillon tricolore soit immédiatement arboré (2). » *Message au nom de Buonaparte.*

Aussitôt que j'eus connaissance de ce message,
j'enjoignis au Directeur du télégraphe de ne le transmettre nulle part, et de ne plus répéter aucun signal,
sans mon ordre ; mais il me répondit que le mal
était fait, et que le message était déjà arrivé à Boulogne. Je dis alors au Maréchal de prendre les
mesures nécessaires, pour empêcher le télégraphe de
communiquer aucune nouvelle de Paris (3). Il y
envoya immédiatement une Garde, afin qu'il n'y
entrât plus personne, et il le fit démonter, pour plus
de sureté. Quoique le télégraphe de Lille fut para-
lysé par cette mesure, cependant celui de Paris conti-
nua à faire des communications (4).

Cette nouvelle acheva de me déterminer à ne plus
m'occuper que de la conservation des Places, et je
crus devoir ne pas différer à visiter moi même les
principales, et particulièrement Valenciennes. Je par-

21 Mars. Je vais à Valenciennes.

tis de Lille dans la nuit, avec le Maréchal Duc de Trévise, et j'arrivai le 21 Mars (1), sur les neuf heures du matin, à Valenciennes, où je fus reçu par le Lieutenant-Général Dubreton qui y commandait (*). Je le trouvai dans de très bonnes dispositions, et je fus également content de celles que les troupes mani-

Revue de la Garnison.

festèrent. Je parlai aux officiers, comme je l'avais fait dans les autres garnisons, et j'eus lieu d'espérer que je serais bien secondé à Valenciennes, tant par le troupes que par les habitants, qui me parurent animés du même esprit que j'avais remarqué dans tout le Département du Nord.

Je revis Valenciennes avec plaisir. J'y avais été en garnison pendant huit mois, en 1791 et 1792, avec le 14ᵉ Régiment de Dragons (Chartres) dont j'étais alors Colonel. J'y avais même exercé les fonctions de Commandant de la Place, parceque, par suite de l'émigration des Officiers, je me trouvais déjà le plus ancien Colonel de la garnison, quoique je n'eusse que dix huit ans. Après avoir passé en revue les troupes de la garnison, visité les fortifications, et pris connaissance des ressources de la Place, je conférai avec les Généraux et les Chefs de Corps, et je fis quelques dispositions relatives à Valenciennes et aux Places voisines. Je chargeai ensuite le Général Dubreton de veiller à l'exécution de ces mesures (**), et je remontai en voiture avec le Maréchal de Trévise, pour retourner à Lille (2). J'aurais bien

---

(*) Le Général Dubreton dont il est ici question, s'était acquis une réputation brillante par la défense de Burgos, en 1812.

(**) En parcourant Valenciennes, je passai devant la Maison que j'habitais en 1791 avec mon frère le Duc de Montpensier, qui était alors simple Sous-Lieutenant dans mon Régiment. Je ne pus résister à la tentation d'y entrer pour la revoir, et mon apparition imprévue avec les autorités Civiles et Militaires qui m'accompagnaient, causa à la Dame qui y demeurait, une grande frayeur que je me hâtai de dissiper, en lui expliquant quel était l'objet de ma visite.

voulu visiter aussi Condé, Maubeuge et les autres Places, mais nous jugeâmes, le Maréchal et moi, qu'il pouvait être dangereux de rester absens de Lille plus de quelques heures, et nous nous hâtames d'y retourner.

En revenant à Lille le 21 Mars au soir, j'y trouvai ma sœur qui était arrivée dans la journée, avec la Comtesse de Montjoye sa dame d'honneur. Ce fut une grande consolation pour moi, de la voir dans un lieu où, du moins pour le moment, elle était en sureté (1). *Je retourne à Lille. J'y trouve ma sœur.*

Le Roi m'ayant promis avant mon départ, de faire avertir ma sœur à tems, dans le cas où il deviendrait nécessaire de quitter Paris, elle avait attendu cet avertissement jusqu'au dernier moment : mais lorsqu'elle apprit le 19 Mars au soir, que l'Armée de Melun s'était jointe à Buonaparte, et que rien ne pouvait plus l'empêcher d'arriver le lendemain à Paris; quand elle fut en outre informée que tout le monde partait, et qu'on se préparait à abandonner les Thuileries, elle n'attendit pas davantage l'avertissement du Roi, et partit. Elle sortit de Paris dans une voiture attelée de quatre chevaux que j'avais eu la précaution de lui laisser, afin qu'elle eut la faculté de se mettre en route, quand elle le voudrait; car je savais que dans ces momens de confusion, où chacun ne pense qu'à soi, il devient très difficile et quelques fois impossible, de se procurer des chevaux de poste (*). Ma sœur quitta le Palais Royal, le *Détails relatifs au départ de ma sœur.*

(*) Mme la Princesse Louise de Condé ayant attendu que le Roi, selon sa promesse, lui donnât avis de son départ, fit chercher des chevaux de poste, aussitôt qu'elle l'eut reçu; mais il était trop tard. On lui répondit à la poste, qu'on ne donnait plus de chevaux *sans un ordre du Gouvernement Impérial*, ce qui la mit dans l'impossibilité de quitter Paris, avant l'entrée de Buonaparte. Ce ne fut que sept jours après, qu'elle put enfin partir, au moyen des passeports que le Duc d'Otrante lui accorda.

19 Mars dans la soirée. Quelques heures après son départ, M. de Blacas s'y rendit pour avertir ma sœur, de la part du Roi, que Sa Majesté quitterait Paris dans la nuit. M. de Blacas m'a dit à Lille, qu'il était chargé de remettre en même tems une ordonnance de cent mille francs à ma sœur, à qui cependant, elle n'est jamais parvenue (*). Des ordonnances pour la même somme, ont été remises à Mme la Duchesse de Bourbon et à Mme la Princesse Louise de Condé; mais elles n'ont pas été payées.

A mon retour à Lille, je ne trouvai aucune nouvelle du Roi, et j'étais dans une grande perplexité à cet égard, lorsque je reçus dans la nuit du 21 au 22 Mars, la lettre suivante de M. de Blacas, à laquelle je fis immédiatement une réponse, qu'il m'a dit n'avoir jamais reçue.

« Monseigneur,

22 Mars.
Lettre
de M. de
Blacas.

« Le Roi me charge de prévenir Votre Altesse
« Sérénissime que Sa Majesté est arrivée à Abbeville,
« aujourd'hui à six heures, après avoir quitté Paris
« à minuit; qu'elle est suivie par tous les Corps de
« sa Maison, qui vient le rejoindre avec Monsieur
« et M. le Duc de Berri. Sa Majesté attendra proba-

(*) Il est à remarquer que pendant tout le tems que le Roi est resté sur le trône, ma sœur n'a reçu aucun secours de la munificence Royale, quoique le Roi n'ignorât pas qu'elle ne possédait absolument rien; puisque d'une part, elle ne recevait pas de pension de ma mère, et que de l'autre, la portion de la succession de mon père à laquelle elle avait droit, était réduite à rien. J'ai déjà observé dans une note précédente, que les biens libres de la succession de mon père qui se trouvaient encore dans la main de l'Etat, à l'époque où ils nous ont été restitués, étaient bien inférieurs à la masse des dettes non liquidées, et que parconséquent, cette succession était insolvable. Avant la Révolution, toutes les Princesses du sang, mariées ou non, jouissaient d'une pension de cinquante mille francs, que le Roi leur faisait; mais depuis la Restauration, le Roi n'avait pas jugé à propos de rétablir cet ancien usage.

« blement que sa Maison soit rassemblée ici, pour
« prendre une détermination définitive. »

« Le Roi m'a ordonné d'envoyer un courier à Mon-
« seigneur pour l'instruire de sa marche, et pour
« prier Votre Altesse Sérénissime, de lui faire savoir
« dans quelle disposition se trouve l'Armée sous ses
« ordres, quelle est précisément sa force, jusqu'à quel
« point elle peut y compter, où sont placées les
« troupes sous ses ordres, quelles Places elles occu-
« pent, en un mot, la situation de l'Armée et des
« Places qui l'avoisinent, ainsi que l'esprit public qui
« régne dans ces Places.

« Je suis, avec le plus profond respect,
« de Monseigneur,
« Le très humble et très obéissant Serviteur,

(Signé) BLACAS D'AULPS. »

« Abbeville, le 21 Mars 1815, à dix heures du Soir. » (*)

« P.S. J'ai eu l'honneur de passer hier chez Made-
« moiselle, elle était sortie; j'ai sû depuis qu'elle

(*) C'est par erreur que M. de Blacas a daté sa lettre du 21 Mars : elle a certainement été écrite le 20; car il avait quitté Abbeville *le 21 à midi*, et d'ailleurs il serait impossible que cette lettre fut arrivée à Lille le 22 à deux heures du matin, si elle était partie d'Abbeville le 21 à dix heures du soir. En outre, il est dit dans le récit officiel, publié à Gand le 14 Avril, que le Roi est arrivé le 20 Mars à cinq heures du soir à Abbeville, où il a été rejoint par le Maréchal Macdonald, le 21 à midi, et que le rapport de ce Maréchal détermina le Roi à s'éloigner davantage de Paris, à aller s'enfermer dans Lille, et à envoyer l'ordre à sa Maison Militaire de l'y rejoindre par la route d'Amiens. Ce n'est donc qu'alors que ces résolutions ont été prises, et cependant dans ce même récit officiel, on voudrait faire un tort au Duc de Trévise, et par conséquent à moi, de ne pas les avoir devinées. Quant au retard de la lettre de M. de Blacas (elle avait été vingt-six heures à me parvenir), il était occasionné par un détour qu'avait fait celui qui me l'a remise. C'était un Officier de la Louveterie, qui probablement ne connaissait pas bien les routes. Il parait qu'il s'est de nouveau perdu en s'en retournant, car M. de Blacas m'a dit de ne l'avoir jamais revû.

« avoit été rejoindre Votre Altesse Sérénissime.
« Le Roi se porte très bien. »

Voici la réponse que j'adressai à M. de Blacas, par le même courier qui m'avait apporté sa lettre :

« Lille, le 22 Mars 1815, à trois heures et demie du matin.

<small>Ma réponse à la lettre de M. de Blacas.</small>

« Je reçois, mon cher Comte, votre lettre du 21
« à dix heures du soir, et je me réjouis de tout mon
« cœur, de savoir le Roi en bonne santé, et hors
« du danger immédiat. Je ne sais pourtant encore
« que répondre à la question que vous me faites,
« relativement à la disposition et au nombre des
« troupes sous mes ordres. Je les ai dirigées sur
« leurs garnisons respectives. Il parait que les Cui-
« rassiers Royaux n'ont pas exécuté l'ordre de rentrer
« à Arras, et je crains que cet exemple ne soit suivi
« par d'autres. Je ne puis assez me louer du Maré-
« chal Duc de Trévise, qui manifeste la plus grande
« fidélité pour le Roi, et qui prend d'aussi bonnes
« mesures que les circonstances le permettent. Il
« tient à tous le meilleur langage, et déploye vrai-
« ment un très beau caractère. L'esprit des habitans
« de cette ville est excellent et très prononcé en
« faveur du Roi; mais vous ne savez que trop, mon
« cher Comte, combien il est difficile de donner une
« opinion sur celui des troupes. Nous avons été in-
« quiétés cette nuit, par des rapports défavorables sur
« leurs dispositions, et je ne sais encore que vous en
« mander. Je tâcherai demain d'acquérir à cet égard
« des notions plus exactes; et j'en aurai le moyen, en
« observant l'effet que produira sur elles, la nou-
« velle du départ du Roi, et celle de l'entrée de
« Buonaparte dans Paris. Je ne suis pas sans crainte
« à cet égard; mais je suis bien sûr du zèle du

« Maréchal, et je vous prie d'assurer le Roi que je
« ne m'y épargnerai pas non plus. Quant à la force
« de l'Armée, je n'ai pas encore pû me procurer
« les états de situation des différens Corps; je ne
« m'en suis pas spécialement occupé, sentant que sa
« force dépend plus de son esprit que de son nombre.
« Elle était à Péronne, de quatorze Bataillons et
« vingt-six Escadrons, très faibles, et ne formait guères
« qu'un total de sept mille hommes : quant à de
« l'artillerie, il n'y en a point : attendu que toute
« celle qui était disponible à Douay, a été dirigée
« sur Paris, d'après les ordres exprès et réitérés du
« Roi. Depuis que j'ai sû le départ, j'ai expédié
« des ordres pour faire rétrograder tout ce qu'on
« pourrait en attraper; mais j'ai bien peur qu'il ne
« soit trop tard. J'ai ordonné de préparer à Douay
« deux batteries mobiles; celle que j'attendais hier
« au soir, n'est pas encore arrivée à présent. Quant
« à l'esprit public des Places du Département du
« Nord, je le crois bon; mais tout dépend des
« Commandans. Pénétré de l'importance de leur
« situation, je m'efforce de leur faire sentir toute
« l'étendue de leurs devoirs. Veuillez, mon cher
« Comte, me faire savoir où je vous adresserai les
« détails ultérieurs. Veuillez aussi mettre aux pieds
« du Roi, mes respectueux hommages, et recevoir
« l'assurance de toute ma considération.

(Signé) « LOUIS PHILIPPE D'ORLÉANS. »

P.S. « Je vous remercie bien relativement à ma
« sœur. Elle est arrivée cette nuit; et Dieu sait
« combien il me tarde de la savoir en lieu de
« sureté! »

Il me semble que la lettre de M. de Blacas, est
une preuve irréfragable que le Roi n'avait pas formé

d'avance le projet de se retirer à Lille, et une forte présomption qu'il n'avait arrêté aucun plan de retraite, jusqu'au moment fatal, où il a été forcé de quitter la Capitale. Le récit des mouvemens du Roi, après son départ m'en fournira encore d'autres.

<small>Précis des mouvemens du Roi, après son départ de Paris.</small>

Le Roi, en partant de Paris, dans la nuit du 19 au 20 Mars, se rendit en poste à Abbeville, et dirigea sur ce point tous les Corps de sa Maison. On ne prit aucune mesure pour m'informer du départ du Roi, et de la direction qu'il prenait. Ce ne fut même que par les agens de Buonaparte que j'appris que le Roi avait quitté Paris, quoiqu'il eut été si facile et si simple de me transmettre les ordres du Roi, dès le 19 Mars, par ce même télégraphe (*), qui notifiait le 20 à onze heures du matin, et la fuite du Roi, et les ordres de Buonaparte. On aurait pû du moins m'envoyer un courier, au moment où le Roi montait en voiture; mais on n'y pensa seulement pas. Rien n'était disposé à Abbeville pour la réception du Roi et de sa Maison, et on n'y avait pas fait plus qu'ailleurs, de préparatifs de défense; en sorte que le Roi y était à peine arrivé, qu'on reconnût l'impossibilité d'y tenir, et que toutes les destinations furent changées. Quatre ou cinq heures après son arrivée à Abbeville, le Roi me fit écrire, le 20 Mars à dix heures du soir : « *que Sa Majesté « attendrait probablement à Abbeville que sa Maison « s'y fut rassemblée, pour prendre une détermination « définitive.* » Le lendemain, sans attendre la réponse aux questions qu'il m'avait fait faire, le Roi partit pour Lille, et envoya ordre à sa Maison de s'y rendre par la route la plus directe. Il fit informer en même

---

(*) Il est à remarquer que le 19 Mars, le Ministre de la Guerre m'écrivait encore, sans m'annoncer le départ du Roi, et me disait même qu'il ignorait ses intentions; et que le même jour, le télégraphe continuait à accélérer le départ de l'Artillerie et des Gardes Nationales des Places.

tems tous ses Ministres, et les Ministres étrangers accrédités auprès de sa Personne, qu'il établissait à Lille le siége de son Gouvernement (1).

Le Roi arriva à Lille presqu'à l'improviste, le 22 Mars vers midi. J'étais à déjeûner avec le Maréchal Mortier, lorsqu'on lui remit un billet, par lequel le Maréchal Macdonald (qui accompagnait le Roi) l'informait que Sa Majesté arriverait à Lille, une heure après son billet. Le Maréchal se concerta aussitôt avec le Préfêt et avec le Maire, pour faire préparer une maison au Roi, et il fut convenu que le Roi serait logé chez M. de Brigode, dont la maison était belle et bien meublée. Le Préfêt fût informé en même tems, que le Roi venait fixer à Lille, le siége de son Gouvernement, et qu'on devait y attendre sa Maison. Ces nouvelles ne tardèrent pas à circuler dans toute la ville, et produisirent le plus mauvais effêt, surtout sur les Militaires, qui manifestèrent à cette occasion la plus grande animosité contre la Maison du Roi.

J'avais ordonné une grande Parade de la garnison pour le même jour à midi, et je décidai que les troupes borderaient d'abord la haie pour l'entrée du Roi, et que je ne les passerais en revue qu'après son arrivée.

J'avais fait fermer les Portes de la Place, afin de remédier au défaut de Police, et d'empêcher l'introduction des émissaires de Paris, autant que je le pouvais. Une heure fut fixée à chaque Porte, pour l'entrée et la sortie des gens de la campagne, afin que cette mesure n'interrompît pas les marchés.

Lorsqu'on vint m'avertir que le Roi arrivait, je montai à cheval avec le Maréchal de Trévise, et nous allâmes au devant du Roi par la Porte de Béthune. Nous trouvâmes le Maréchal de Tarente à l'entrée du faubourg, à pied avec un seul Aide-de-Camp : il paraissait extrêmement inquiet, et fut

22 Mars. Le Roi arrive à Lille.

Réception du Roi, à Lille.

enchanté de nous voir; car il ne savait à quoi attribuer la fermeture des Portes, et il en était d'autant plus allarmé, que des gens officieux lui avaient dit, que la garnison était soulevée en faveur de Buonaparte, que c'était elle qui avait fermé les portes, et que nous étions prisonniers le Maréchal et moi. En sorte que, comme il le disait lui même, *il ne savait pas ce qu'il allait faire du Roi*. Nous le fimes monter sur un de nos chevaux, et nous l'emmenâmes avec nous au devant de Sa Majesté, que nous rencontrames à peu de distance de là.

Le Roi avait dans sa voiture le Prince de Poix, le Duc de Duras et le Comte de Blacas (1) : Trois ou quatre voitures, et quelques hommes à cheval formaient toute sa suite. Il s'était réuni beaucoup de monde auprès de la Porte, et le Roi entra à Lille au milieu des acclamations d'une foule considérable, qui suivit sa voiture jusqu'à la maison où Sa Majesté devait descendre. Mais on n'entendit pas un seul cri de *Vive le Roi* parmi les troupes qui bordaient la haie; les soldats, les armes présentées, observaient un morne silence et tenaient les yeux fixés par terre, sans regarder la voiture du Roi. Le Roi fut très frappé du contraste que présentait ce silence avec les cris du peuple, et en fit lui même la remarque après être entré dans son cabinet.

Je reçois une lettre du Prince d'Orange.

Pendant que j'accompagnais la voiture du Roi, un Adjudant de la Place me remit mystérieusement une lettre, et me dit qu'un Officier Anglais qui l'avait apportée, attendait ma réponse hors des Portes, et demandait à entrer dans la ville. Je renvoyai aussitôt l'Adjudant de la Place faire mes excuses à cet Officier, et lui témoigner combien je regrettais que les circonstances où nous nous trouvions à Lille, ne me permissent pas de l'y faire entrer, comme j'aurais été fort aise de le faire en toute autre occasion. En même tems, je le fis prier d'attendre dans le faubourg, jusqu'à ce que j'eusse pris les ordres du Roi, avant de répondre à la lettre qu'il m'avait apportée. Cette lettre était du Prince Héréditaire d'Orange, et je vais la rapporter ici :

« Bruxelles, ce 21 Mars 1815.

« Mon Prince,

« Apprenant que Votre Altesse Royale se trouve « à Lille, je n'ai pas voulu manquer de lui commu- « niquer que je fais faire des mouvemens à l'Armée « Alliée dans ce pays; mais nous nous tiendrons « strictement sur la défensive, et respecterons le ter- « ritoire français, à moins que Sa Majesté le Roi « de France aye besoin ou desire notre assistance; « dès lors nous serons prêts à épouser sa cause. « Si Votre Altesse Royale desirait me parler, je suis « prêt à me rendre sur la frontière pour l'y ren- « contrer; mais dans toutes les circonstances, je la prie « de toujours compter sur moi, comme sur un des « plus fidèles Alliés de Sa Majesté Louis XVIII.

Lettre du Prince d'Orange.

« J'ai l'honneur de me dire, avec tous les sentimens « dus à Votre Altesse Royale,
    « Son très dévoué serviteur et Cousin,
(Signé)   « Guillaume, Prince Héréditaire d'Orange. »

Aussitôt que le Roi fût entré dans son Cabinet, je lui présentai cette lettre, en lui demandant ce que Sa Majesté m'ordonnait d'y répondre. Le Roi me dit qu'il fallait y penser, et que puisqu'il était arrivé à Lille, je n'y commandais plus. « Eh bien, Sire, » lui dis-je, « je vais écrire au Prince d'Orange, que « Votre Majesté étant arrivée à Lille, je n'y com- « mande plus, et que c'est Elle qui se charge de « répondre, ou de faire répondre à sa lettre ? » —

Je prends les ordres du Roi, au sujet de cette lettre.

« Cela n'est pas si pressé, » me dit le Roi, et il appela M. de Blacas qui dit qu'avant tout, il fallait prendre copie de cette lettre. Pendant qu'on la copiait, il s'engagea une conversation sur l'état des choses, et sur ce qu'il y avait à faire dans le moment actuel : mais la lettre étant revenue, je réitérai ma prière au Roi, pour que Sa Majesté daignât me donner ses ordres; je représentai que cela pressait, et que l'Aide-de-Camp du Prince d'Orange attendait ma réponse dans le faubourg, parceque je n'avais pas crû prudent de le faire entrer dans la Place, ce que le Roi avait approuvé. Cependant, comme la chose traînait en longueur, et que la garnison m'attendait sur l'Esplanade depuis trois quarts d'heure, je priai le Roi de me permettre d'aller la passer en revue, espérant qu'à mon retour, je trouverais le Roi décidé sur la réponse à faire au Prince d'Orange. Le Roi y consentit, et je sortis avec le Maréchal de Trévise pour me rendre à l'Esplanade, où je passai la revue dont je donnerai les détails.

Je retournai ensuite chez le Roi qui n'avait encore pris aucun parti. La discussion qui s'engagea de nouveau, et que je vais rapporter, me fit desirer encore plus de me borner à ce que j'avais d'abord proposé au Roi, et je me déterminai à le supplier de trouver bon que je fisse simplement au Prince d'Orange, la réponse suivante. Le Roi l'approuva, et chargea M. de Blacas de faire une réponse officielle en son nom.

« Lille, ce 22 Mars 1815, à trois heures après midi.

« Mon Prince,

Ma réponse au Prince d'Orange.

« J'ai reçu la lettre que Votre Altesse Royale « m'a fait l'honneur de m'écrire le 21 Mars. Je la « supplie d'abord de vouloir bien m'excuser, si j'ai « retenu son Parlementaire pendant près de trois

« heures, hors de la ville, et j'espère qu'Elle le fera,
« quand elle saura que ce tems était employé à
« l'entrée du Roi dans la Place, et à recevoir ses
« ordres.

« Je n'ai pas manqué de mettre la lettre de Votre
« Altesse Royale sous les yeux du Roi, qui me charge
« de lui témoigner combien Sa Majesté y est sensible,
« et combien elle en est touchée; mais, comme la
« présence du Roi à Lille fait que je n'y commande
« plus, je ne puis pour le moment, que témoigner
« à Votre Altesse Royale toute ma sensibilité pour
« la communication qu'Elle a bien voulû me faire,
« et l'assurer de toute ma reconnaissance pour les
« sentimens qu'Elle manifeste à l'égard du Roi, dans
« cette cruelle circonstance. Le Roi me charge
« d'annoncer à Votre Altesse Royale qu'Elle ne tar-
« dera pas à recevoir une communication officielle
« de sa part.

« J'ai l'honneur d'être, avec tous les sentimens dus
« à Votre Altesse Royale,
    « Mon Prince,
        « Votre bien dévoué serviteur et cousin,

    (Signé)   « Louis Philippe d'Orléans. »

Il y avait déjà plus de trois heures que j'avais reçu la lettre du Prince d'Orange, lorsque je fis enfin cette réponse. En sorte que je ne fus pas surpris d'apprendre que l'Aide-de-Camp qui l'avait apportée, avait perdu patience, et qu'il était parti, après avoir attendu fort longtems dans le faubourg. J'envoyai ma réponse à Tournay par un officier.

J'ai cru devoir raconter sans interruption, tout ce qui était relatif à la communication qui m'avait été faite par le Prince d'Orange. Je reviens à présent à la conversation qui eut lieu chez le Roi, aussitôt après son arrivée à Lille; je rapporterai ensuite ce qui s'est passé à la revue de la garnison.

<small>Discussions dans la Chambre du Roi.</small>

Cette conversation eut lieu dans la chambre à coucher du Roi, où il avait fait entrer les trois Maréchaux, le Prince de Wagram, le Duc de Trévise et le Duc de Tarente, ainsi que le Comte de Blacas et moi. Le Roi s'adressant au Duc de Trévise et à moi, nous demanda ce que nous pensions de l'état des choses à Lille, de la disposition des troupes et des habitans, et si nous croyions qu'il fût en sureté dans la Ville de Lille. Je répondis le premier, et comme je connaissais parfaitement l'opinion du Duc de Trévise, qui était conforme à la mienne, je dis à Sa Majesté que nous pensions que l'état des choses à Lille était très précaire; qu'en général, la disposition des habitans était favorable pour le Roi et hostile envers Buonaparte; mais que cette population n'était pas capable de beaucoup d'efforts, et que le Roi ne devait pas compter sur une coopération bien active et bien efficace de leur part. Quant aux troupes, je dis au Roi qu'il avait lui même remarqué leur silence, et que quoiqu'elles n'eussent pas encore pris un parti définitif en faveur de Buonaparte, cependant il était toujours à craindre qu'elles ne s'y déterminassent, et que par conséquent, il m'était impossible de dire au Roi, qu'il était en sureté à Lille. — « Mais vous n'y voyez pas de danger immé-« diat, » reprit le Roi? — « Non, Sire, » répondit le Duc de Trévise, « le danger n'est pas immédiat; mais « il peut le devenir d'un moment à l'autre : l'esprit « des troupes ne me permet pas de répondre d'elles; « cependant je réponds que dans ce moment ci Votre « Majesté ne court aucun danger, et qu'Elle n'en « courra aucun, tant que j'aurai une goutte de sang « dans les veines. »

Alors M. de Blacas demanda s'il ne serait pas possible de faire sortir les troupes, et de faire garder la Place par la Garde-Nationale de la ville, en attendant l'arrivée de la Maison du Roi.

Je représentai qu'il pourrait être difficile de faire sortir les troupes de la Place; que je doutais même qu'on put les y déterminer, à moins qu'elles ne fussent en même tems relevées par d'autres troupes françaises; car sans cela elles croiraient qu'on ne voulait les éloigner, que pour livrer la Place aux troupes étrangères. Je rappellai au Roi ce que je lui avais dit à Paris, sur les bruits qui circulaient à cet égard, et je lui fis remarquer le danger qu'il pourrait y avoir, à adopter des mesures qui leur donneraient de la vraisemblance. Je ne lui cachai pas que j'avais trouvé ces soupçons établis parmi toutes les troupes que j'avais visitées; que partout j'avais été obligé de les combattre, et que j'étais convaincu qu'on ne gagnerait rien sur l'esprit des Militaires, si on ne s'attachait pas, avant tout, à leur inspirer de la confiance, et à les rassurer sur ce point. Quant à l'idée de confier la défense de la Place à la seule Garde-Nationale, j'observai que c'était une illusion de croire que Lille pût être défendue par sa Garde-Nationale seulement, et que cette erreur était d'autant plus forte, que cette Garde-Nationale était très affaiblie par le départ de deux de ses Compagnies d'Artillerie et d'un grand nombre de volontaires, qui avaient été dirigés sur le Camp de Melun. J'ajoutai que la Garde-Nationale de Lille n'était que de douze cents hommes, dont quatre cents seulement étaient habillés; que par conséquent, elle ne pouvait dans aucun cas, suffire à la garde d'une Place aussi étendue et aussi considérable que Lille (*), et que cette considération, jointe à toutes celles que j'ai déjà rapportées

---

(*) Lille avait toujours en tems de paix, une garnison de sept à huit mille hommes, et il en faut au moins quinze mille pour la défendre contre un siège régulier.

et que je tâchai de développer au Roi, m'avait déterminé à y envoyer trois bataillons d'Infanterie et un Régiment de Cavalerie. Je profitai de cette occasion pour informer le Roi, que si je n'avais pas pris sur moi d'arrêter et de faire rétrograder, en opposition directe à ses ordres, les deux dernières Compagnies d'Artillerie Lilloise, Sa Majesté n'aurait pas trouvé un seul canonnier de Garde-Nationale dans la Place.

Je crus ensuite devoir faire connaître au Roi que son arrivée à Lille (1), loin de dissipper les inquiétudes qu'on avait conçues sur la sécurité des Places, avait fait craindre que le Roi ne voulut y introduire une garnison étrangère, et que ce soupçon qui faisait fermenter les têtes, avait sûrement été une des causes du mauvais accueil que les troupes lui avaient fait.

Les Maréchaux de Tarente et de Trévise appuyèrent fortement ce que je disais. Le Roi convint de la nécessité de rassurer les esprits au sujet des Places, et nous chargea positivement de démentir tous les bruits qui pouvaient allarmer sur ce point, en nous assurant que l'idée d'introduire des troupes étrangères dans les Places, était bien loin de lui.

Après avoir essayé de convaincre le Roi, qu'il y aurait de grandes difficultés à faire sortir la garnison, et beaucoup de dangers à le tenter, j'entrepris de lui démontrer l'impossibilité de suppléer à l'insuffisance de la Garde Nationale pour garder la Place, et la défendre contre quelqu'attaque que ce fût, par l'introduction de la Maison du Roi, introduction à laquelle les troupes de ligne s'opposeraient certainement, soit qu'elles restassent dans la Place, soit qu'on parvînt à les en faire sortir. Je dis au Roi que sa Maison était l'objet de l'aversion de l'Armée; que j'ignorais s'il en était instruit, mais qu'il était de mon devoir de le lui dire. Il me dit qu'il le savait, et qu'il ne concevait pas d'où provenait cette antipathie. Je répliquai qu'elle provenait de l'organisation et de la composition de cette Maison, ainsi que de beaucoup d'autres causes, dont je priai le Roi de me dispenser de faire l'énumération. Je lui rappellai seulement, que cette aversion de l'Armée de ligne pour la Maison du Roi, avait existé de même sous Louis XV, et sous Louis XVI, et qu'elle devait être bien plus forte, dans les circonstances où il se trouvait (*).

Enfin, pour ne laisser aucune objection sans réplique, je fis la supposition que la Maison du Roi arrivât à Lille, et je dis que dans ce cas, il me semblait impossible qu'elle formât une garnison suffisante, pour une Place d'un aussi grand développement; car, sans parler des pertes que nécessairement elle aurait faites pendant la route, je ne croyais pas que toute la Maison du Roi se composât de plus de cinq mille hommes effectifs, dont quatre mille de Cavalerie. J'observai que la presque totalité de cette Cavalerie était des *Officiers soldats,* dont il serait difficile de tirer parti pour un service actif. On me répondit que les Princes amenaient, outre les Corps de la Maison du Roi, un Régiment Suisse, les Etudians de l'Ecole de Droit et quelques Volontaires Royaux. Cette réponse ne fit que me confirmer dans mon opinion, et ne me persuada pas que la réunion de tous ces Corps pût former une garnison capable de défendre Lille.

Pendant le cours de cette discussion, les Maréchaux, ainsi que je l'ai déjà dit, manifestèrent souvent qu'ils partageaient mes opinions. Le Maréchal Mortier dit

---

(*) Le Maréchal Macdonald rappella à cette occasion à Sa Majesté que le premier mot qu'il lui avait dit à Compiègne, lors de la Restauration, avait été : « Sire, prenez la Vieille-« Garde pour votre Garde, et ne faites pas de Gardes du « Corps. »

au Roi, que si les Gardes du Corps paraissaient à Lille, ou seulement sur les glacis de la Place, il ne doutait pas que la garnison ne se soulevât, et que le Roi pouvait être sûr que toutes les troupes de Ligne saisiraient avec plaisir une occasion d'en venir aux mains avec sa Maison. Il alla même jusqu'à déclarer qu'il croyait nécessaire à la tranquillité de la Place, que le Roi donnât une assurance qu'il n'y ferait pas venir sa Maison.

Je crois que le Roi se trouva fort embarrassé, après nous avoir entendus. Il paraissait sentir la force de nos raisons, et probablement il commençait à regretter de n'avoir pas fait plus d'attention à la prière que je lui avais adressée, dès mon retour de Lyon, pour l'engager à se préparer des moyens de résistance ailleurs qu'à Paris, et à s'assurer au moins d'une Place, s'il ne pouvait pas parvenir à en conserver plusieurs. Mais il n'était pas question de revenir sur le passé dans des circonstances semblables, où il s'agissait de sauver la France et le Roi ; aussi, quand il nous demanda ce que nous croyons qu'il pouvait faire, je lui répondis, que ce qu'il venait d'entendre, devait lui prouver qu'il ne pouvait pas rester à Lille ; qu'il ne fallait pas qu'il y fît venir sa Maison, et que je croyais que le meilleur parti qu'il eut à prendre, était de se retirer dans Dunkerque. M. de Blacas approuva l'idée de Dunkerque ; mais ce ne fût que le soir après le diner, que ce projet fût discuté en détail.

Revue de la garnison. Après cet entretien, je priai le Roi, ainsi que je l'ai déjà dit, de me permettre d'aller passer en revue les troupes qui m'attendaient sur l'Esplanade. Je m'y rendis immédiatement avec le Maréchal Mortier. Les troupes me reçurent fort bien ; et ces mêmes soldats, qui deux heures auparavant, n'avaient pas crié une seule fois *Vive le Roi.* firent alors entendre ce cri très franchement. On peut induire delà, que

JOURNAL

ces troupes n'avaient pas encore pris un parti définitif, et que le silence du matin provenait de la crainte que la Maison du Roi, et peut-être les troupes étrangères, ne vinssent à la suite de Sa Majesté. Après avoir parcouru le front de la ligne, je revins sur mes pas, en m'arrêtant successivement au centre de chaque Régiment, où j'appellai les Officiers en cercle. J'ai déjà donné la substance de mes discours aux troupes; je me dispenserai donc de rapporter ici ce que j'adressai à chacun de ces Corps. J'ajoutai à tout ce que j'avais dit précédamment, que le Roi venait de me réitérer textuellement l'ordre de leur donner l'assurance, qu'aucune troupe étrangère ne serait admise dans nos Places, et que c'était *avec eux et par eux* que Sa Majesté comptait conserver à la France cette précieuse barrière. J'insistai plus fortement que je ne l'avais fait jusqu'alors, sur l'étendue des maux qui accableraient la France, si elle retombait sous le Gouvernement de Buonaparte, et je leur fis connaitre par l'ordre exprès du Roi, la déclaration du Congrès de Vienne en date du 13 Mars; mais je m'apperçus qu'ils ne croyaient pas à l'authenticité de cette pièce. Ils avaient même l'air d'être piqués qu'on pût les croire assez simples pour en être dupes (*).

Avant de faire rentrer les troupes, je décernai au

(*) Rien ne peut mieux faire connaître la défiance et l'incrédulité des troupes, que la réponse que me fit un Chef de Corps, à qui je recommandais d'assurer ses officiers que le Roi n'avait aucune intention de faire entrer des troupes étrangères dans les Places. « On ne vous conte cela, » me dit-il, « que pour se « servir de vous pour nous le persuader; mais vous n'êtes pas « émigré, vous avez servi avec nous; vous n'êtes pas, et vous « ne serez jamais dans leur secret. Si cela se termine par une « guerre étrangère, comme vous voulez nous le faire croire, « vous verrez si le Roi, sa Cour et ses Emigrés ne veulent « pas faire entrer des troupes étrangères dans nos Places. »

nom du Roi quelques décorations, et je fis exécuter, sous mes yeux, plusieurs évolutions. Je retournai ensuite rendre compte au Roi de la manière dont la parade s'était passée.

<small>Je mène ma sœur chez le Roi.</small>

Dans le courant de l'après-midi (1), je menai ma sœur faire sa cour à Sa Majesté, et à six heures, je me rendis chez le Roi, où je dinai, ainsi que les Maréchaux, les Généraux, le Préfet, le Maire et beaucoup d'autres personnes. J'étais à table à côté du Roi. On annonça le Général Ricard qui arrivait avec des dépêches de Monsieur. Le Roi lût la lettre de Monsieur; et demanda au Général Ricard, s'il savait quelqu'autre langue que le français? — « Sire, » répondit-il, « je parle italien. » — « Eh bien, » lui dit le Roi en italien, « racontez moi dans cette langue, « ce que vous avez à me dire. » Alors le Général Ricard lui rendit compte de la situation, dans laquelle il avait laissé les Princes et la Maison du Roi, à Grandvilliers.

<small>Arrivée du Général Ricard.</small>

<small>Le Roi nous communique une lettre de Monsieur.</small>

Aussitôt après le dîner, le Roi passa dans sa chambre à coucher, et y appella de nouveau, les trois Maréchaux, M. de Blacas et moi (2). « Messieurs, » nous dit-il, « je vais vous lire une lettre de mon frère « que je viens de recevoir, et vous me direz ensuite « votre avis. » Dans cette lettre Monsieur informait le Roi, que sa Maison avait été tellement fatiguée par la première journée de marche (*), qu'il désespérait presque, de pouvoir lui faire continuer sa route : que dans cet embarras, il avait envoyé M. de Castries à Dieppe, pour y préparer tous les bâtimens de transport qu'il serait possible de rassembler; qu'il allait s'y porter lui même, en y conduisant tout ce qui serait en état de suivre, et qu'il

---

(*) Cette journée avait été de quatorze lieues, et la Maison du Roi l'avait faite au grand trot, en accompagnant la voiture de Sa Majesté qui allait en poste.

s'embarquerait à Dieppe avec autant de troupes que les transports pourraient en contenir. Monsieur ajoutait, qu'avant de s'embarquer, il licencierait le reste de la Maison du Roi pour n'en pas compromettre les individus; mais qu'en les dispersant, il prendrait des mesures pour qu'on pût retrouver les hommes au besoin. Après cette lecture, le Roi nous fit observer qu'à l'époque où Monsieur avait écrit cette lettre, il n'avait pas encore reçu l'ordre qui lui avait été expédié d'Abbeville, de se rendre à Lille avec la Maison du Roi; et que ce que Monsieur lui écrivait, lui faisait craindre qu'il ne fût plus en son pouvoir d'exécuter cet ordre.

Le Général Ricard confirmait ce que Monsieur mandait au Roi. Son opinion était que Monsieur n'aurait pas pu exécuter l'ordre de conduire la Maison du Roi à Lille, et qu'il aurait été forcé de continuer sa retraite sur Dieppe. Il ne dissimula pas qu'il y avait eu des symptômes de mécontentement dans la Maison du Roi; et il parla d'un bruit qui s'était répandu, que Buonaparte avait envoyé de la cavalerie pour la poursuivre, quoique ce bruit lui parût sans fondement. Rapport du Général Ricard.

Il s'agissait de conseiller le Roi sur le parti qu'il convenait de prendre dans cette circonstance. Sa Majesté m'ayant demandé mon opinion, je commençai par lui rappeler ce qui avait déjà été dit dans la matinée, pour lui démontrer qu'il était impossible qu'il restât à Lille. Je lui dis ensuite, que je ne pensais pas que sa détermination dût dépendre de ce que ferait sa Maison; que la lettre de Monsieur et le rapport du Général Ricard, que nous venions d'entendre en détail, me portaient à croire que Monsieur n'aurait pas pu exécuter l'ordre que le Roi lui avait expédié d'Abbeville de se diriger sur Lille, et qu'il se serait retiré sur Dieppe, comme il l'avait annoncé; que dans ce cas, le Roi ne devait plus Mon opinion sur ce que le Roi doit faire.

compter sur sa Maison; mais que si Monsieur avait commencé le mouvement sur Lille, je ne voyais aucune difficulté à lui expédier l'ordre de conduire la Maison du Roi sur un autre point, si Sa Majesté se décidait à ne pas la faire venir à Lille. Je pensais donc qu'il fallait se borner à la discussion des questions suivantes :

1° Le Roi peut-il rester à Lille, ou doit-il se transporter ailleurs?

2° Quelles sont les mesures à prendre dans l'une et l'autre de ces deux hypothèses?

Je commençai par examiner, s'il était possible que le Roi restât à Lille et y établit le siége de son Gouvernement. J'observai que Lille renfermait une nombreuse population, et que par suite du grand développement des ouvrages de son enceinte, elle ne pouvait être défendue et maintenue sous l'obéissance du Roi, que par une force militaire bien organisée, et pourvue de moyens de subsistance pour elle et pour les habitans. Je m'étais déjà efforcé de prouver, dans la discussion précédente, que la Garde-Nationale de Lille était trop faible, non seulement pour défendre cette Place, mais même pour en faire le service, et qu'elle ne pourrait opposer aucune résistance à la plus légère tentative, faite par des troupes entreprenantes. La lettre de Monsieur et le rapport du Général Ricard devaient élever de grands doutes sur la possibilité que la Maison du Roi arrivât jamais à Lille; mais en supposant qu'elle y arrivât, je croyais avoir démontré que cette force, réunie à celle de la Garde-Nationale, ne formerait pas même la moitié du nombre de troupes nécessaire pour tenir dans Lille; car l'arrivée de la Maison du Roi ne produirait qu'un renfort de trois ou quatre mille hommes, composés à la vérité, de sujets fidèles et dévoués, mais la plupart *Officiers*, peu habitués à la fatigue, et incapables de soutenir le service continuel et pénible qui serait nécessaire pour la garde d'une aussi grande Place. Je répétai ce que j'avais dit tant de fois à Paris, sans être parvenu à le persuader, que l'amalgame des troupes de Ligne avec la Maison du Roi ne se ferait jamais, et qu'il fallait opter entr'elles; que, par conséquent, il fallait renoncer à faire entrer des troupes de Ligne dans la composition de la garnison, si la Maison du Roi devait en faire partie; et je déclarai qu'il me paraissait impossible de former une garnison capable de défendre Lille, si les troupes de Ligne en étaient exclues. Je fis sentir au Roi que ce n'était pas dans des circonstances telles que celles où nous nous trouvions, qu'on pouvait former cette garnison d'élémens décidément favorables à sa cause, et que pour y parvenir, il aurait fallu s'y prendre d'avance, ainsi que je l'avais inutilement suggéré à mon retour de Lyon; mais je n'insistai pas davantage sur un point, qu'il était devenu inutile de discuter. Je me contentai de dire au Roi qu'il fallait surtout voir les choses telles qu'elles étaient, et partir de là, pour combiner les conseils que le Roi nous ordonnait de lui donner. Or il me paraissait évident, 1° que la Maison du Roi ne pouvait, dans aucun cas, entrer à Lille; 2° que le Roi ne pouvait pas y former d'autre garnison que celle qui y était; 3° que dans cet état de choses, le Roi n'était pas en sureté à Lille. Je savais que l'arrivée du Roi, la crainte que Sa Majesté ne voulut introduire des troupes étrangères dans la Place, les propos peu discrets qui s'étaient tenus sur ce point, jusque dans l'antichambre du Roi où je les avais entendus *, l'antipathie des troupes pour la Maison

---

(*) J'y avais entendu dire tout haut en présence de cinquante personnes, en parlant du mauvais accueil que les troupes avaient fait au Roi : « Puisque ces Messieurs font la moue, il n'y a qu'à « envoyer un courier à Tournay, faire baisser le pont-levis, et « introduire dans Lille vingt bataillons anglais qui les mettront « à la raison. »

du Roi et en général pour les personnes qui composaient sa Cour, avaient opéré d'une manière très fâcheuse sur les esprits, déjà ébranlés par les nouvelles de Paris. Je priai le Roi de remarquer, que Lille contenait une population de plus de soixante mille habitans, qu'aucune précaution n'avait été prise pour assurer leur subsistance, que nous n'y avions aucun moyen de police civile ou de surveillance militaire, et que la presse des circonstances ne nous laisserait probablement pas le tems de les organiser. Après avoir soumis au Roi toutes ces considérations, j'ajoutai, qu'il me paraissait inutile de discuter, si le Roi devait essayer de rester à Lille, puisque la force des choses rendait impossible qu'il y restât; et que j'étais bien convaincu qu'il n'y avait aucun avantage à le tenter, parcequ'en définitif, le Roi n'y resterait pas. Je terminai en l'assurant que je croyais desirable pour le succès de sa cause, autant que pour sa sureté personnelle, qu'il en partit immédiatement et se rendit à Dunkerque.

Je passai ensuite à l'examen de la seconde question que je m'étais proposée. Dès le matin, j'avais dit au Roi que je croyais qu'il devait se retirer à Dunkerque. Je lui représentai que même quand il pourrait rester à Lille, je lui conseillerais encore de préférer Dunkerque, parce qu'il y trouverait des avantages que Lille ne pouvait jamais lui présenter. Comme Dunkerque était un port de mer, sa situation donnerait au Roi la faculté de communiquer librement, et sans intermédiaire, avec toutes les côtes de France et avec toute l'Europe. Il lui suffirait pour cela, d'avoir une petite Marine sous son Pavillon, toujours prête à transporter partout où il voudrait, sa Personne, ses agens, ses troupes ou simplement ses ordres. Cette liberté de communications me paraissait de la plus grande importance pour le Roi, surtout dans la supposition qui devenait chaque jour plus probable, que les Armées Alliées fussent sur le point d'entrer en France; à Dunkerque, non seulement le Roi n'était pas dans leur ligne d'opérations, mais il se trouvait entièrement séparé d'elles et hors de leur dépendance. Enfin si le Roi réussissait, comme je le croyais, à s'établir à Dunkerque, il aurait l'immense avantage de ne pas sortir de France et de pouvoir y attendre les évènemens, quels qu'ils pussent être, sans encourir le reproche d'avoir participé à l'invasion des Puissances étrangères, et à tous les maux qui devaient en résulter. J'observai qu'en restant à Lille, le Roi ne pourrait jamais jouir de cette indépendance, puisque cette Place serait nécessairement cernée par les Alliés dès leur entrée en France, et que ses agens et ses ordres ne pourraient plus arriver à leurs destinations que par l'intermédiaire des Alliés, ce qui les décolorerait aux yeux des Français. Il était essentiel que la Place où le Roi s'enfermerait, fut facile à défendre avec une faible garnison. Dunkerque présentait cet avantage; car quoique cette Place soit petite, elle est cependant très forte, et sa position avancée aurait toujours rendu très difficile pour Buonaparte d'en entreprendre le siége, avant d'avoir envahi la Belgique, et par conséquent de s'être exposé au choc des Armées qui bordaient alors la frontière. J'ajoutais à ces considérations, qu'il n'y avait à Dunkerque qu'une garnison très faible, (environ quatre cents hommes d'infanterie), que la disposition des habitans en faveur du Roi n'était pas douteuse, que par conséquent, le contact de la Maison du Roi avec cette garnison ne serait point à craindre, et qu'il n'y aurait aucune difficulté à ce que le Roi se servit de sa Maison pour se maintenir dans cette Place. Il était d'ailleurs probable, que si le Roi s'assurait de Dunkerque, Bergues (dont la garnison n'était pas de deux cents hommes), Gravelines, peut-être même

Calais et Ardres, suivraient l'exemple de Dunkerque et resteraient sous l'obéissance du Roi. La réunion de ces Places formerait déjà un petit Royaume fort difficile à attaquer et d'une grande importance; et je pensais que cette possession d'une portion de la France, donnerait au Roi une grande force aux yeux de la Nation et de l'Armée, et beaucoup de consistance auprès des Alliés. On pouvait, en outre, espérer que l'exemple de ces Places en entraînerait d'autres. Je proposai au Roi de me laisser à Lille avec le brave Maréchal qu'il m'avait donné pour second, et je lui dis que si je parvenais à prolonger l'état d'incertitude où était encore la garnison de Lille, je présumais que Douay et Valenciennes resteraient aussi en suspens : mais je ne lui dissimulais pas, que je croyais que les choses avaient été trop loin et qu'il était trop tard, pour que je comptasse sur le succès.

J'ajoutai à toutes ces raisons, qu'il était douteux que les trésors du Roi, qui étaient à Calais, pussent arriver à Lille, tandis qu'il n'y avait aucune difficulté à les transporter à Dunkerque, où le Roi pourrait les embarquer ou en disposer, comme il le jugerait à propos.

Je conseille au Roi de se rendre à Dunkerque, et d'y envoyer sa Maison Militaire.
Enfin, je conclus en disant au Roi que mon avis était :

1° Que le Roi expédiât sur-le-champ à sa Maison Militaire l'ordre de se rendre à Dunkerque.

2° Que le Roi partit immédiatement pour Dunkerque en se faisant précéder par le Maréchal Macdonald, et que Sa Majesté me laissât à Lille avec le Maréchal Mortier.

J'ai tâché de réunir tous les argumens que j'ai employés pour motiver mon opinion dans le cours de cette discussion, qui fut très longue, car elle dura cinq heures; mais dans laquelle, à la vérité, on s'est souvent écarté du sujet principal. Il ne fut fait aucune objection solide au plan que je venais d'exposer. Les Maréchaux et M. de Blacas l'approuvèrent, et le Roi parut disposé à l'adopter. La seule objection que je me rappelle, fût que le Général Vandamme habitait Cassel par où le Roi devait passer, « Eh mon Dieu, » s'écria le Maréchal Mortier, « qu'est-ce que Vandamme peut faire au Roi? Le « Roi le fera arrêter par deux Gendarmes, s'il en a « envie. Il n'y a point de garnison à Cassel, les « habitans sont tous pour le Roi. Vandamme n'a ni « poids, ni consistance dans le pays, et se trouvera « très heureux que le Roi ne s'occupe pas de lui. « La disposition du peuple sur toute la route de Lille « à Dunkerque est favorable au Roi. Il n'y a que « vingt-cinq lieues à faire sur une des plus belles « routes de France, et je réponds que Sa Majesté « arrivera à Dunkerque sans courir le moindre dan- « ger, et sans éprouver aucune difficulté. »

Le Roi prit enfin son parti. Il expédia à Monsieur l'ordre de conduire sa Maison à Dunkerque. Il ordonna au Maréchal Macdonald de partir dans une demi-heure (il était alors minuit), et passant dans son sallon, il y annonça qu'il venait de prendre la résolution de se rendre à Dunkerque, et fit ordonner ses chevaux de poste pour une heure du matin. Puis, s'adressant au Maréchal de Trévise et à moi, il nous dit d'aller nous reposer pendant une heure, et de revenir au bout de ce tems, pour l'accompagner jusque hors de la Place, où nous rentrerions ensuite.

Le Roi se décide à partir pour Dunkerque.

Nous retournâmes à l'hôtel du Gouvernement, et je me jettai sur mon lit sans me déshabiller, après avoir ordonné de seller mes chevaux à une heure moins un quart. Mais à minuit et demie, je vis entrer dans ma chambre un des Secrétaires de la suite du Roi, qui me dit : « Le Roi me charge de « prévenir Monseigneur qu'il ne se dérange pas cette « nuit, parce que Sa Majesté ne part plus; Elle vient

Le Roi change d'avis et reste à Lille.

« de faire décommander ses chevaux de poste. » Je ne m'attendais pas à cette nouvelle, cependant je la reçus sans en être surpris, et je me contentai de lui dire : « Voulez-vous bien en informer le Maréchal « de Trévise? » — « Le Roi, » me répondit-il, « m'a « ordonné de l'en prévenir aussi, » et il s'en fût. Un moment après, le Maréchal entra dans ma chambre, et me dit d'un air très étonné : « Mais « qu'est ce que c'est donc que tout cela? Voilà le « Roi qui ne part plus! » — « Je n'y entends rien, » lui dis-je. — « Mais comment, » reprit-il, « abandon-« ner en un quart d'heure un plan adopté après « cinq heures de discussion! Un plan dont il devait « attendre les plus grands avantages, sans qu'il « l'exposât à aucun inconvénient! En vérité, je crois « qu'il faudrait retourner chez le Roi, et lui faire « quelques représentations, ou savoir au moins, ce « qui cause un changement de résolution aussi subit « et aussi extraordinaire. » — « Ma foi, » lui dis-je, « mon cher Maréchal, ce ne sont pas mes affaires; j'ai « dit au Roi tout ce que je pensais, vous l'avez dit « aussi; je ne vois pas de raisons pour y retourner, « d'autant que si le Roi l'avait desiré, il nous l'aurait « fait dire. Je m'en vais donc tâcher de dormir, et « je vous engage à en faire autant. » Le Maréchal suivit mon conseil. Je n'ai jamais pu découvrir le motif d'une résolution aussi soudaine, et je l'ignore encore au moment où j'écris. Le Maréchal de Tarente m'a dit avoir été également étonné de ce changement de résolution, et n'en avoir pas plus pénétré les motifs, que le Maréchal de Trévise et moi.

23 Mars. Le Roi m'envoye chercher.

Le 23 Mars, entre sept et huit heures du matin, le Roi m'envoya chercher ainsi que le Duc de Trévise. Dès que le Roi m'apperçût : « Eh bien, Monsieur, » me dit-il, « je ne suis pas parti, comme vous « voyez. » — « Sire, » répondis-je, « j'ai reçu le

« message que Votre Majesté a daigné m'envoyer « cette nuit pour m'en prévenir. » — « Je n'ai pas « voulu, » reprit le Roi, « sortir de Lille, comme un « voleur, au milieu de la nuit. » — « Ah ! Sire, » lui dis-je, « je ne vois pas quelle analogie il aurait pu « y avoir, entre le départ du Roi et la sortie d'un « voleur. Mais d'ailleurs, à présent, il fait jour. » — « J'aime mieux rester à Lille. » — « Je souhaite que « Votre Majesté le puisse ; mais tout ce que nous « voyons, porte malheureusement à croire que cela « ne pourra pas être long. » — « C'est ce que nous « verrons, » dit le Roi (1).

Un incident qui survint dans la matinée, entre neuf et dix heures, aurait pu devenir très fâcheux. Quelques gens de la campagne se présentèrent à une des Portes de Lille (la Porte de Béthune), annonçant aux soldats de garde, que le Duc de Berri arrivait à la tête de deux mille Suisses, et qu'il n'était qu'à peu de distance de la Place. (*) Cette nouvelle se répandit dans la ville, et l'effet en fût fâcheux ; peu s'en fallût que les troupes ne prissent les armes, et qu'arborant la cocarde tricolore, ils ne se préparassent à recevoir le Duc de Berri et les Suisses à coups de fusils et à coups de canon. Heureusement le Maréchal de Trévise fut informé à tems de cette rumeur. Il s'empressa d'aller en rendre compte au Roi qui le chargea de démentir ce bruit, et d'assurer la garnison que sa Maison, dont il avait changé la destination, ne venait point à Lille. La garnison se calma, et cela n'eut point d'autres suites.

Vers midi, le Roi m'envoya chercher ainsi que les Maréchaux, et nous fit entrer dans son cabinet où se

Le Roi me notifie qu'il se décide à partir.

(*) A cette époque, la Maison du Roi avait reçu l'ordre que Sa Majesté lui avait expédié d'Abbeville et se dirigeait effectivement sur Lille par Béthune.

trouvait M. de Blacas. Il nous dit simplement qu'il nous avait mandé pour nous informer qu'il comptait partir à trois heures (1), mais il ne nous communiqua pas les motifs qui le ramenaient à cette résolution(*) : « Puis-je demander, » lui dis-je, « où Votre Majesté « compte aller? » — « Je passerai la frontière, » me répondit-il; « je vois que je ne peux pas rester à « Lille, et il vaut mieux prendre son parti tout-à-« fait. » — « Sire, » répliquai-je, « je suis bien « convaincu que le Roi ne peut, ni ne doit rester à « Lille davantage, et que le plutôt que Votre Majesté « en partira sera le mieux; mais le Roi peut quitter « Lille sans sortir de France. Pourquoi abandonner « le projet de Dunkerque? » — « Ah! Dunkerque, » dit le Roi, « il y a vingt-cinq lieues d'ici à Dunker-« que; je ne sais pas si j'y arriverais par la route « directe, et d'ailleurs ma Maison n'y étant pas « encore, ce serait la même chose qu'ici; je ne suis « pas sûr qu'elle puisse s'y rendre, et après tout, je « pourrai toujours gagner Dunkerque par dehors la « frontière, aussi bien que par dedans, si je le juge « à propos. » — « Ah! Sire, » lui dis-je, « que Votre « Majesté ne se fasse pas de ces illusions là; les « frontières sont un Rubicon qu'on ne repasse plus « si aisément, quand une fois on l'a franchi. » — « Je ne vois pas de raisons pour cela, » me dit le Roi, « je compte m'en aller à Ostende, mais je ne m'y « embarquerai pas de quelques jours; j'y attendrai « des nouvelles, et nous verrons. »

<small>Mes observations à Sa Majesté.</small>

(*) Nous venions d'apprendre que le Prefêt avait reçu des dépêches du Duc de Bassano, que Buonaparte avait chargé de remplir provisoirement les fonctions de Ministre de l'intérieur. Mais soit que le Roi en ait eu connaissance ou non, il ne nous en parla pas, et quant à moi, j'ignore encore ce qu'elles contenaient. J'ignore de même quelles furent les causes qui déterminèrent le Roi aussi subitement à quitter Lille et à sortir immédiatement de France, et si ces dépêches eurent aucune part à cette résolution.

Lorsque cette discussion fut terminée, le Maréchal Macdonald lui adressa la parole, et lui dit, d'un ton assez solemnel : « Sire, j'avais juré fidélité à Napoléon, « et je me glorifie d'avoir été des derniers à le quitter. « Je me glorifie de même d'être resté auprès de « Votre Majesté, jusqu'au moment où Elle va sortir « de France : mais je n'en sortirai point à sa suite. « Je ne serais hors de France, qu'un fardeau inutile « pour Elle. Je supplie le Roi de recevoir ma « démission et de me permettre de l'accompagner « jusqu'à l'extrême frontière. Quand une fois j'aurai « vû Votre Majesté en sureté, je reviendrai ici d'où « je me retirerai chez moi. » Le Roi lui répondit qu'il acceptait sa démission, et lui fit un compliment très flatteur sur la fidélité avec laquelle il l'avait servi, et sur les sentimens qu'il lui témoignait. *Discours du Maréchal Macdonald au Roi.*

Le Maréchal Mortier dit de même au Roi qu'il le priait de recevoir sa démission ; qu'il comptait comme le Maréchal Macdolnad se retirer chez lui ; mais qu'il desirait que le Roi lui indiquât comment Sa Majesté voulait qu'il se conduisit dans son Commandement, après son départ. Le Roi lui répondit : « Vous devez « faire ce que les circonstances vous indiqueront, je « m'en remêts à vous. Si elles vous obligent à mettre « une autre cocarde à votre chapeau, faites-le ; mais « vous conserverez toujours la mienne dans votre cœur, « et je suis sûr que vous la reprendrez dans l'occa-« sion. » — « Je conserverai toujours dans mon cœur », reprit le Maréchal, « le souvenir des bontés de Votre Majesté. » *Le Maréchal Mortier lui demande ses ordres.* *Réponse du Roi.*

Je m'adressai ensuite au Roi, et je lui demandai ce qu'il voulait que je fisse : « Ma foi, » me dit le Roi, « vous pouvez faire tout ce que vous voudrez. » — « Eh « bien ! Sire, » repris-je, « puisque Votre Majesté me « laisse cette latitude, voici ce que je compte faire. Je « vais monter à cheval avec le Duc de Trévise, pour « accompagner le Roi jusque sur le glacis ; ensuite je *Je demande au Roi ce qu'il veut que je fasse.*

« rentrerai dans la Place, et j'y resterai aussi longtems
« que je conserverai quelqu'espoir de pouvoir y sou-
« tenir la cause de Votre Majesté et de l'y servir. Je
« crains que cela ne soit pas long. Lorsque je serai
« convaincu de l'inutilité de mes efforts, je partirai ;
« et je me rendrai immédiatement en Angleterre, pour
« y rejoindre ma femme et mes enfans, et y attendre
« les évènemens. » — « C'est, » me répondit le Roi,
« tout ce que vous avez de mieux à faire. »

Le Roi quitte Lille et sort de France. A trois heures, le Roi se mit en voiture, et nous montames à cheval. Un escadron de Cuirassiers commandé par le Colonel du Régiment, escortait Sa Majesté. On entendait des cris continuels de *Vive le Roi* dans la foule qui s'était réunie devant la maison qu'occupait Sa Majesté ; mais en la traversant, nous nous apperçumes qu'il y régnait de l'inquiétude : on nous demandait de tous les côtés, si le Roi quittait Lille, et où il allait. Nous avions l'air de ne pas entendre ; mais ces questions devenaient très embarrassantes, lorsque la voiture du Roi s'arrêtait, ce qui arriva deux fois avant de sortir de la ville, pour raccommoder des traits cassés. Une nouvelle difficulté arrêta le Roi à la Porte de la ville : les soldats de garde ne voulaient pas l'ouvrir ; le Maréchal de Trévise perdit patience contre l'officier qui commandait ce poste, et la fit ouvrir d'autorité. Sur le glacis, je pris congé du Roi ainsi que le Maréchal de Trévise, avec lequel je rentrai immédiatement dans la Place. Le Maréchal de Tarente accompagna le Roi jusqu'à la frontière, et revint ensuite à Lille.

Je me décide à partir. J'eus alors de nouvelles conférences avec les deux Maréchaux, les Généraux et les Colonels, et je ne tardai pas à me convaincre qu'il n'y avait plus rien à faire, et que de plus longs efforts ne mèneraient qu'à compromettre ceux qui les feraient avec moi. Je me décidai donc à partir dans la nuit.

Ce ne fut que lorsque j'eus pris cette résolution

que j'appris par le Maréchal de Trévise (ce qu'il avait eu l'extrême délicatesse de me cacher ainsi qu'au Roi), qu'une dépêche télégraphique lui avait été transmise de quinze lieues, par laquelle il lui était enjoint d'arrêter le Roi et tous les Bourbons qui pouvaient être à Lille. Il me dit en outre, que depuis le départ du Roi, un Aide-de-Camp du Maréchal Davout (*) s'était présenté aux Portes, qu'il se l'était fait amener, et qu'il l'avait trouvé porteur d'ordres dont l'objet était de faire arrêter le Roi ainsi que moi. Il ajouta qu'il s'était assuré de cet Aide-de-Camp, et me priant de n'avoir aucun égard à ce qu'il venait de m'apprendre, il me demanda de rester à Lille aussi longtems que je l'aurais fait, si je n'en avais pas eu connaissance. J'appréciais déjà toutes les qualités du Maréchal de Trévise pour qui j'avais une amitié sincère, et je n'avais pas besoin de ce nouveau trait de loyauté pour rendre justice à la noblesse de son caractère.

Ordre télégraphique pour l'arrestation du Roi.

Cet ordre est réitéré par un Aide-de-Camp.

Le Roi en quittant la France sans avoir laissé aucun ordre positif au Maréchal de Trévise ou à moi, nous avait placés dans une position très fâcheuse, envers tous ceux auxquels nous avions précédament donné des ordres spéciaux en son nom. Sa Majesté, n'ayant pas cru pouvoir rester en sureté dans aucune partie du Nord de la France, et s'étant retirée en pays étranger, avait reconnu tacitement par son départ, l'impossibilité de faire résistance dans l'étendue de mon Commandement, et par conséquent, celle de mettre à exécution les ordres que j'avais donnés. Il me semblait qu'avant son départ, le Roi aurait dû manifester à tous les Français quelles étaient ses intentions; mais il n'en a rien fait. Il est sorti de France, sans avoir rien prescrit; aucune ordonnance, aucune proclamation, aucun manifeste n'a même annoncé ce départ;

Observations sur le départ du Roi.

(*) Le Maréchal Davout venait d'être nommé Ministre de la Guerre par Buonaparte.

rien n'a averti les fonctionnaires publics de la nouvelle position dans laquelle ils étaient placés, et ne leur a tracé la ligne de conduite que le Roi voulait qu'ils suivissent : en sorte qu'il ne leur restait, de même qu'à tous les officiers de l'Armée, d'autre guide que leur patriotisme et le sentiment de leurs devoirs.

Ordonnances du Roi datées de Lille, mais publiées à Gand dans une Gazette.

Le premier Numéro du *Journal Universel*, publié à Gand, le 14 Avril, contient à la vérité, deux Ordonnances du Roi, datées de Lille le 23 Mars, mais elles n'avaient jamais paru jusqu'alors, et je suis convaincu qu'elles n'ont pas été faites à Lille. Si elles l'avaient été, je pense que c'était un devoir pour le Roi de faire connaître à tous les intéressés (et ces intéressés étaient toute la Nation), les Ordonnances d'après lesquelles il prétendrait ensuite juger, ou faire juger leur conduite. Il est de notoriété publique que le 23 Mars, le Roi pouvait promulguer et faire publier à Lille ces deux Ordonnances ou telles autres qu'il aurait jugé à propos de rendre, et il est également notoire que le Roi ne l'a pas fait; quoique cette formalité fût absolument indispensable, pour qu'on eut ensuite la faculté de faire commencer l'opération de ces Ordonnances à la date qui leur a été donnée, trois semaines après, dans le Journal de Gand.

Je ne saurais croire que si ces Ordonnances avaient été réellement rendues à Lille, le Roi ne les eut pas communiquées aux Maréchaux de Trévise et de Tarente, ainsi qu'à moi, lorsque nous lui avons demandé les ordres qu'il voulait nous laisser en partant. J'ai déjà dit qu'il avait répondu au Duc de Trévise, « *Vous ferez ce que les circonstances vous* « *indiqueront;* » et que, prévoyant même que son départ mettrait le Maréchal dans le cas de substituer la cocarde tricolore à la cocarde blanche, il avait ajouté : « *Faites le, et quelque soit la cocarde que* « *vous portiez à votre chapeau, je suis bien sûr que* « *vous conserverez la mienne dans votre cœur, et que*

« *vous la reprendrez dans l'occasion.* » Il serait impossible que le Roi eut tenu ce langage, si les deux Ordonnances avaient été rendues avant son départ de Lille, et j'avoue qu'il me paraîtrait inexplicable qu'il ne nous les eut pas communiquées, si elles avaient existé.

Le Roi étant parti de Lille et ayant quitté la France sans avoir donné aucun ordre ou aucune instruction quelconque, soit au Maréchal, soit à moi, nous avait laissés investis du Commandement, puisqu'il ne nous avait remplacé ni l'un, ni l'autre (1). Je ne pouvais pas abandonner ce Commandement et quitter le territoire français, sans informer mes subordonnés du parti que les circonstances me forçaient de prendre; je le devais d'autant plus que je leur avais donné des ordres relatifs à un plan qui était devenu inexécutable (*); par conséquent, il était de mon devoir d'annuller ces ordres, et de les prévenir que je renonçais à l'exécution de ce plan, ce qui les replaçait dans la position où ils étaient, avant d'avoir reçu les ordres que je leur avais donnés pour cet objet. On a répandu que j'avais délié tous les Commandans de Place du serment de fidélité qu'ils avaient prêté au Roi : rien n'est plus faux, et rien ne peut mieux prouver la fausseté de cette assertion, que la lettre suivante (2) que j'écrivis au Maréchal de Trévise, en lui remettant le Commandement en Chef, ainsi que la circulaire que j'adressai à tous les Commandans des Places auxquels j'avais donné des ordres particuliers, qui est la pièce sur laquelle je présume qu'on a cherché à fonder cette calomnie.

(*) Voyez l'ordre du 20 Mars, page 308.

LOUIS-PHILIPPE ET LOUIS XVIII

« Lille, ce 23 Mars 1815.

Ma lettre au Maréchal Mortier.

« Je viens, mon cher Maréchal, vous remettre en
« entier, le Commandement que j'aurais été si heureux
« d'exercer avec vous dans les Départemens du Nord.
« Je suis trop bon Français pour sacrifier les intérêts
« de la France, parce que de nouveaux malheurs me
« forcent à la quitter. Je pars pour m'ensevelir dans la
« retraite et l'oubli. — Le Roi n'étant plus en France,
« je ne puis plus vous transmettre d'ordres en son
« nom, et il ne me reste qu'à vous dégager de l'observa-
« tion de tous les ordres que je vous avais transmis,
« et à vous recommander de faire tout ce que votre
« excellent jugement et votre patriotisme si pur, vous
« suggèreront de mieux, pour les intérêts de la France,
« et de plus conforme à tous les devoirs que vous avez
« à remplir. Veuillez faire transmettre les lettres ci-
« jointes à tous les Commandans de Places auxquels
« j'avais adressé des ordres, afin d'emporter avec moi
« dans le nouvel exil auquel je me dévoue, la satis-
« faction d'avoir rempli mes devoirs envers eux, comme
« je suis bien sûr qu'ils auraient rempli les leurs envers
« moi, si les circonstances l'avaient permis. Adieu,
« mon cher Maréchal, mon cœur se serre en écrivant
« ce mot, conservez moi votre amitié dans quelque
« lieu que la fortune me conduise, et comptez à jamais
« sur la mienne; je n'oublierai jamais ce que j'ai vû
« de vous, pendant le tems trop court, que nous avons
« passé ensemble; j'admire votre noble loyauté et
« votre beau caractère, autant que je vous estime et
« que je vous aime; et c'est de tout mon cœur, mon
« cher Maréchal, que je vous souhaite toute la pros-
« périté dont vous êtes si digne, et que j'espère encore
« pour vous,

« Votre très affectionné,

(Signé) « Louis Philippe d'Orléans,

JOURNAL

« A Monsieur le Maréchal Duc de Trévise.

J'écrivis en même tems, à chacun des Officiers-Généraux Commandans dans les Places de la 16ᵉ Division Militaire, la circulaire suivante (1) :

« Lille, ce 23 Mars 1815.

« Je vous préviens, mon cher Général, que les mal-
« heureuses circonstances où nous nous trouvons, ayant
« déterminé le Roi à sortir de France cette après-dinée
« à trois heures, je vous dégage de l'observation des
« ordres, que je vous avais transmis en son nom, et je
« m'en rapporte à votre jugement et à votre patrio-
« tisme, pour faire ce que vous croirez le plus conve-
« nable aux intérêts de la France et à vos devoirs.

Ma lettre aux Commandans des Places.

« Communiquez les dispositions de cette lettre aux
« Commandans des Places de votre Commandement, et
« aux troupes sous vos ordres.

(Signé) « Louis Philippe d'Orléans. »

Après avoir terminé ces dispositions, il me restait à régler ce qui concernait mes Aides-de-Camp. Le Baron Albert qui était Lieutenant-Général, père de famille et propriétaire en France, ne pouvait, ni ne devait penser à en sortir, pour me suivre en pays étrangers (2). Le Colonel Atthalin et Raoul de Montmorency me proposèrent de m'accompagner et de s'attacher à mon sort; je fus pénétré de cette proposition et j'aurais éprouvé une grande consolation à l'accepter, si d'une part, une longue et triste expérience ne m'avait appris combien mon sort était incertain, et si de l'autre, je n'avais pas toujours eu le principe de décourager l'émigration. D'ailleurs Atthalin était Colonel du Génie, et cette situation était infiniment préférable à tout ce que j'aurais pu lui offrir hors de France; Raoul étant fils unique, ne devait compromettre ni sa famille, ni sa fortune; je refusai donc leurs offres, quelques fussent mes regrets de me séparer d'eux.

Mes autres Aides-de-Camp étaient dans des positions différentes. Tous les biens de la succession à laquelle Camille de Ste Aldegonde était appellé, étant en Belgique, il était naturel et même préférable qu'il sortit de France (1). Thibaut de Montmorency avait d'aussi bonnes raisons pour prendre le même parti, ainsi que M. de Chabot; je ne pouvais donc pas leur conseiller d'agir autrement, et je me décidai à les emmener.

J'éprouvai aussi bien du regrêt à me séparer du Maréchal Macdonald, pour qui j'ai depuis longtems beaucoup d'amitié (2).

<small>24 Mars. Ma sortie de France.</small> Enfin le 24 Mars, à trois heures du matin, je montai en voiture avec ma sœur, Mme de Montjoye, et le Maréchal de Trévise qui voulut absolument m'accompagner jusque hors des Portes, où je lui dis adieu. Ceux de mes Aides-de-Camp (3) qui restaient en France, me suivirent jusqu'à la frontière, où ils me quittèrent ainsi que le détachement de Cuirassiers qui m'avait escorté depuis Lille (4).

J'arrivai à Tournay à la pointe du jour (5). J'écrivis immédiatement au Roi pour lui rendre compte de ma sortie de France, et pour l'informer du grand service que le Maréchal de Trévise venait de lui rendre. Je me hâtai ensuite de continuer ma route, pour aller rejoindre en Angleterre ma femme et mes enfans.

F I N.

CHAPITRE X

LES CENT-JOURS
RESTAURATION DES BOURBONS OU DES ORLÉANS?

METTERNICH reçut dans la nuit du 6 au 7 mars, la nouvelle du débarquement de Napoléon à Golfe-Juan. Vienne apprit le retour de « l'Ogre » au petit matin. Ce fut un coup de tonnerre. Tous les travaux du Congrès étaient remis en cause au moment même où ils s'achevaient. Les grandes questions étaient en effet réglées et la charte de l'Europe sur le point d'être signée.

Metternich, après avoir conféré, dans la matinée du 7, avec l'empereur François, le tsar, le roi de Prusse, Wellington et Talleyrand, décida de réagir rapidement : il fallait arrêter la marche de « ce fou furieux », et parce qu'il s'était échappé de sa geôle, l'enfermer de nouveau et cette fois-ci pour de bon en l'expédiant à Sainte-Hélène ou dans une île des Açores. Metternich en avait d'ailleurs eu le projet depuis quelques mois. Seule la fidélité du tsar à la promesse donnée avait empêché la réalisation de cette déportation.

Le 13 mars 1815, les alliés signèrent une proclamation qui était l'œuvre de Talleyrand et à laquelle il adhéra officiellement, mettant « l'usurpateur » hors la loi et lui déclarant une guerre à outrance. « En rompant la convention qui l'avait établi à l'île d'Elbe, Buonaparte détruit le seul titre légal auquel son existence se trouvait attachée...

il s'est privé lui-même de la protection des lois... les puissances déclarent en conséquence que Napoléon Buonaparte s'est placé hors des relations civiles et sociales et que comme ennemi et perturbateur du repos du monde, il s'est livré à la vindicte publique... »

Au fur et à mesure cependant qu'arrivaient les nouvelles de France décrivant la progression rapide de Bonaparte et la fuite de Louis XVIII à Gand, le sentiment des alliés se modifiait. A la rage contre Bonaparte venait s'ajouter la rage contre Louis XVIII, ce roi incapable de gouverner, incapable de s'attirer l'affection de ses sujets, et contre les Bourbons, cette famille royale aussi prétentieuse que discréditée.

Cette marche triomphale vers Paris était certes due au charisme, à l'attrait magnétique de Napoléon, au souvenir d'aventures prestigieuses, mais n'était-elle pas surtout le résultat de l'incapacité, de l'impéritie et des maladresses multiples des Bourbons?

Talleyrand avait d'abord cru que Napoléon se rendait à Naples pour aider Murat. Mais bientôt il avait fallu se rendre à l'évidence. Napoléon ne traversait pas les Alpes : il marchait sur Paris.

Talleyrand s'efforça ensuite pendant quelques jours d'accréditer l'idée que les Bourbons rassembleraient autour d'eux tous les Français pour résister avec les alliés à « l'ogre usurpateur » et de concert le chasser d'Europe. Sans cesse démenti par les faits, il dut bientôt abandonner cette thèse qui se heurtait aux rires ou aux insultes. Tout le subtil échafaudage qu'il avait édifié à partir du principe de légitimité, de sa reconnaissance par les alliés, de son application à la France comme aux autres Etats européens, s'effondrait. Les « principes » qu'il avait fait admettre et qui lui avaient permis de négocier une place si avantageuse pour la France dans la communauté des Etats européens, cédaient le pas à ce que le tsar qualifiait sans pudeur de « convenances », c'est-à-dire au seul rapport de forces. « Les convenances de l'Europe sont le droit », disait-il, et les alliés le firent sentir sèchement au ministre de Louis XVIII.

Tout au plus réussit-il, par une dernière manœuvre diplomatique, à signer entre les alliés le traité du 25 mars 1815 qui renouvelait l'alliance de Chaumont de l'année précédente. Chaque pays s'engageait à reprendre sans délai les hostilités contre la France, à fournir un contingent de 150 000 hommes et à chasser Bonaparte. Mais rien n'était dit sur la restauration de Louis XVIII, et l'hostilité existante à l'encontre des Bourbons ne la rendait en aucune manière évidente.

L'empereur Alexandre était le plus hostile. La réserve qu'il avait manifestée en 1814 envers Louis XVIII s'était transformée en aversion. Pendant le congrès de Vienne, avant même le débarquement à Golfe-Juan, il avait dit à Metternich à propos des Bourbons : « Les voilà replacés sur le trône, qu'ils s'y tiennent; s'ils se laissent choir, ce n'est pas moi qui les relèverai... »

Il avait été blessé par l'affectation de hauteur qu'avait eue Louis XVIII à son égard l'année précédente. Il avait été reçu par le roi de France comme un petit prince étranger d'une nation à peine civilisée auquel on faisait sentir l'infériorité de sa race et de sa maison. Les tractations qui avaient entouré le projet de mariage de sa sœur et du duc de Berry l'avaient aussi blessé. Leur échec avait été ainsi motivé du côté français : la princesse est de religion schismatique, les Romanov sont d'origine trop récente et la famille compte trop de cas de folie. Poussant l'exaspération du tsar plus loin encore, Louis XVIII lui refusa le grand cordon de Saint-Louis qu'il concéda au prince régent d'Angleterre dès les premiers jours de sa restauration.

LOUIS-PHILIPPE ET LOUIS XVIII

A cela venait s'ajouter la découverte de la triple alliance secrète signée en janvier 1815, grâce à l'habileté de Talleyrand, entre la France, l'Autriche et l'Angleterre et dirigée contre la Russie et la Prusse.

Tout au long du Congrès, le ministre du roi de France avait été son plus constant adversaire. Comment s'étonner dès lors que l'empereur de Russie dans le secret de son cœur « ait prononcé la destruction des Bourbons *in saecula saeculorum* » (1) ?

Metternich et Wellington avaient eu, au départ, le même sentiment que le tsar tout en l'exprimant moins vivement. Wellington qui avait, comme ambassadeur, assisté aux premiers mois de gouvernement de Louis XVIII, n'avait cessé de critiquer les erreurs faites et d'annoncer une chute inévitable. Cette inquiétude était doublée d'un agacement, la France ayant refusé de signer un accord de commerce jugé trop favorable à la Grande-Bretagne. « Les Bourbons, écrivait Lord Liverpool, parlent avec la même hauteur que Bonaparte l'aurait fait si on l'avait laissé sur le trône après le traité de Paris. » Mais à Vienne, les diplomaties anglaise et française s'étaient épaulées pour fructueusement faire face à la Russie et, en définitive, au-delà de son irritation, le gouvernement de Londres allait rapidement comprendre que son intérêt était de maintenir les Bourbons sur leur trône.

Quant à Metternich, il pensa d'abord à tirer de cette crise quelque avantage pour l'Autriche, en instaurant une régence de Marie-Louise. Mais celle-ci, très désireuse de jouir dans le calme de la principauté de Parme, qui venait de lui être attribuée, ainsi que des agréments de la compagnie de Neipperg, refusa net ce projet (2). Dans ces condi-

---

(1) J. de Maistre, correspondance politique.
(2) Lettre du 12 mars 1815.

LES CENT-JOURS

tions, la moins mauvaise solution était de continuer à soutenir Louis XVIII. Le reste était aventure.

L'empereur Alexandre n'en persistait que plus dans son opposition. En choisissant un autre roi pour la France, non seulement il réglait ses comptes, mais il faisait accéder au trône un homme-lige qui romprait la coalition franco-anglo-autrichienne à laquelle il venait de se heurter au Congrès.

Napoléon II et Bernadotte écartés, son choix se porta sur le duc d'Orléans.

Son nom flottait alors aux oreilles politiques du petit monde avisé qui entend pousser l'herbe.

En France, il sait que la personne du duc d'Orléans aurait l'assentiment d'une large partie de l'opinion. Il rassemble sur son nom ceux qui sont las et hostiles à l'aventure napoléonienne, ceux qui redoutent le retour et la réaction des Bourbons, les libéraux, la plupart des anciens révolutionnaires devenus hommes d'ordre, une large partie de la petite et moyenne bourgeoisie.

Il sait aussi qu'à Lille les mêmes soldats qui criaient « à bas les Bourbons » acclamaient Louis-Philippe. A un moment où la passivité et le scepticisme, après tant de traverses, de guerres et de révolutions, dominaient l'opinion publique, le soutien éventuel de l'armée, seule force réelle, était un atout important. Bonaparte percevait bien cette fatigue générale du pays et ne se leurrait pas sur son enthousiasme réel. « Ils m'ont laissé arriver comme ils ont laissé partir les autres », dit-il de ses compatriotes (1).

---

(1) Talleyrand exprimait au même moment un sentiment identique. « Tous les noms, écrivait-il à la duchesse de Courlande, qui, il y a huit jours, étaient au bas de toutes les adresses faites au roi, sont aujourd'hui au bas des adresses faites à Bonaparte. Quelle pauvre chose que les hommes ! Leur cervelle et leur cœur dont ils se vantent tant,

LOUIS-PHILIPPE ET LOUIS XVIII

Il est à Paris par la volonté de l'armée non par celle de la nation dont il va trouver la réponse dans les élections de la Chambre qu'il convoque : 639 membres, dont 80 bonapartistes et 500 libéraux. Une bonne Chambre pour élire le duc d'Orléans, non pour soutenir l'Empire.

Son choix fait, le tsar Alexandre décida de préparer le terrain auprès des représentants accrédités des autres puissances alliées. A-t-il eu au préalable un échange de messages avec Louis-Philippe ? Il ne le semble pas. En tout cas aucune trace n'en subsiste. En revanche le duc d'Orléans fut promptement informé en Angleterre de la partie qui s'engageait sur son nom et assez lent, comme nous le verrons, à réagir.

L'empereur de Russie prit prétexte, vers le 10 avril, de la rédaction d'une déclaration commune des alliés en réponse au manifeste de paix lancé par Bonaparte. Il fit venir l'ambassadeur Lord Clancarthy qui avait fait insérer dans le texte une phrase sur « les bienfaits d'un gouvernement paternel sous le roi légitime » et lui en demanda les motifs.

« C'est, répondit le lord, que ce n'est pas assez de renverser Bonaparte; il ne faut pas ouvrir la porte aux Jacobins.

— *Il faut, avant tout*, dit Alexandre, *renverser Napoléon. Il y a trois partis : l'armée, les jacobins, les royalistes.* L'armée est attachée à Bonaparte, mais plusieurs des chefs sont aussi jacobins. Il y a parmi les jacobins des hommes d'un grand talent, d'une activité infatigable, d'une influence considérable, Fouché, par exemple. Il faut les gagner. Ils sont arrivés, enrichis, ils ont intérêt à arrêter

ne valent pas les sentiments des animaux attachés. Je parle là des hommes qui ont éprouvé vingt-six ans de révolution et qui ont été affaissés par elle... »

la révolution. Le parti royaliste est surtout composé de paysans et d'hommes mariés, dont on ne peut attendre aucun effort pour rétablir le roi. Il faut, poursuivit-il, un gouvernement qui convienne à tout le monde.

— La France, reprit Clancarthy, était heureuse sous le gouvernement paternel de son roi légitime. Il a pour lui les vœux de toute la nation.

— Oui, dit Alexandre, de cette partie de la nation qui n'a jamais été que passive; qui, depuis vingt-six ans, supporte toutes les révolutions, qui ne sait qu'en gémir et n'en empêche aucune. Mais l'autre partie, qui semble la nation tout entière, parce qu'elle seule se montre, qu'elle seule agit et qu'elle domine, se soumettra-t-elle?... Lui imposerez-vous le gouvernement qu'elle vient d'abandonner? Le lui imposerez-vous malgré elle? Ferez-vous pour cela une guerre d'extermination?

— Je sens, répliqua Clancarthy, que le devoir finit où l'impossibilité commence. Mais jusqu'à ce que l'impossibilité soit arrivée, je tiens que le devoir des puissances est de soutenir le roi légitime.

— Nos premiers devoirs, reprit l'empereur sont envers l'Europe et envers nous-mêmes... Quelle probabilité y a-t-il que le gouvernement du roi serait plus stable qu'il ne l'a été? L'an dernier, on aurait pu établir la régence; *mais l'archiduchesse Marie-Louise, à qui j'ai parlé, ne veut point, à quelque prix que ce soit, retourner en France. Son fils doit avoir en Autriche un établissement*, et elle ne désire rien de plus pour lui... Je suis tout à fait contre l'élévation de quelqu'un des maréchaux ou généraux français sur le trône de France, comme Soult, le prince Eugène et autres de cette trempe. Ils ne peuvent que troubler la paix en Europe. *Si les Français veulent le retour du roi, c'est bien; s'ils veulent le duc d'Orléans, comme roi de la révolution, il n'y a rien à objecter... Je ne vois de propre à tout conci-*

LOUIS-PHILIPPE ET LOUIS XVIII

lier que le duc d'Orléans. Il est Français, il est Bourbon, il est mari d'une Bourbon; il a des fils; il a servi, étant jeune, la cause constitutionnelle; il a porté la cocarde tricolore que, je l'ai souvent dit à Paris, on n'aurait jamais dû quitter. Il réunirait tous les partis (1). »

Clancarthy refusa de poursuivre l'entretien n'ayant point de pouvoir pour évoquer une question aussi grave.

« Quant à moi, conclut-il, comme simple particulier, je pense que mettre M. le duc d'Orléans sur le trône de France serait remplacer une usurpation militaire par une usurpation de famille plus dangereuse aux monarques que toutes les autres usurpations. »

Quelques jours plus tard, Clancarthy note dans un nouveau rapport : « Talleyrand m'a dit qu'il savait que l'empereur Alexandre est contraire à la restauration. » C'était le moins que l'on puisse en dire. C'est par son intermédiaire que les deux envoyés de Fouché, M. de Saint-Léon et M. de Montrond, ont fait parvenir à Alexandre le message du ministre de la Police en faveur du duc d'Orléans. Mieux encore, La Besnardière, chef de division au ministère des Relations extérieures, un des fonctionnaires en qui Talleyrand a le plus confiance, rédige une note « Des griefs et contredits de la France », dirigée contre la légitimité des Bourbons. Talleyrand la fait passer au tsar qui se trouva conforté dans l'idée d'un nécessaire changement de dynastie.

Très vite cependant l'Autriche, la Prusse et l'Angleterre marquent leur désaccord sur ce point. Devant les obstacles auxquels se heurte la thèse d'Alexandre, Talleyrand opère une nouvelle conversion et, afin d'écarter les soupçons,

---

(1) Rapports de Lord Clancarthy des 11 et 15 avril 1815 et A. Sorel : *l'Europe et la Révolution française*.

se met en devoir d'informer Louis XVIII de l'intrigue en cours et de la manière dont il la contrecarre.

Le 23 avril 1815, il écrit donc au roi :

« ... Quand il a été question d'exprimer dans la déclaration que le but final de la guerre était le rétablissement de la dynastie légitime, les opinions ont été partagées : si vous ne parlez point de ce rétablissement, ont dit les uns, ceux qui dans l'intérieur se sont armés... se croiront abandonnés. Vous vous ôterez une ressource certaine, pour en obtenir une qui ne l'est pas : en annonçant uniquement l'intention de renverser l'usurpateur et en laissant entendre que, lui renversé, la France pourra faire ce qu'elle voudra, vous la livrez au jacobinisme et à des factions plus dangereuses pour l'Europe que l'existence de Buonaparte lui-même. *Le rétablissement de la dynastie légitime, ont dit les autres, est une chose par rapport à laquelle l'intention des puissances ne saurait paraître douteuse... En y insistant de nouveau d'une manière trop absolue, on manquerait le but, qui est de détacher de Buonaparte des hommes qui ne peuvent être ramenés que par des concessions que les puissances peuvent bien laisser entrevoir, mais que le roi peut seul promettre et faire.*

Les choses étaient dans cet état, lorsque l'empereur Alexandre a fait appeler Lord Clancarthy, qui, depuis le départ des Lords Castlereagh et Wellington, est le chef de l'ambassade anglaise.

Le récit de leur conversation m'a été fait en partie par Lord Clancarthy, mais beaucoup plus en détail *par Lord Stewart et par M. de Metternich. La tâche d'en rendre compte à Votre Majesté m'est d'autant plus pénible, que m'y trouvant placé par rapport à plusieurs traits, entre le respect et le dévouement, je dois craindre que ce que j'aurai donné à l'un ne paraisse manquer à l'autre. Mais Votre Majesté, qui a tant d'intérêt à bien connaître les*

LOUIS-PHILIPPE ET LOUIS XVIII

dispositions du plus puissant des alliés, ne pourrait qu'imparfaitement en juger si Elle ne savait point quelles raisons il en donne, et même par quels reproches il prétend les justifier. La force de cette considération peut seule me contraindre à les rapporter.

L'empereur ayant demandé d'abord à Lord Clancarthy pourquoi il n'approuvait pas le projet de déclaration, et quelle objection il avait à y faire : " C'est, a répondu Lord Clancarthy, qu'il ne dit pas, à mon avis, tout ce qu'il doit dire. *Ce n'est pas assez de renverser Buonaparte; il ne faut pas ouvrir la porte aux Jacobins,* dont je m'accommoderais encore moins que de Buonaparte lui-même.

— Les jacobins, a repris l'empereur, ne sont à craindre que comme auxiliaires de Buonaparte, et c'est pour cela qu'il faut tendre à les détacher de lui. Lui tombé, ce ne sont pas eux qui recueilleront son héritage... Dans une entreprise aussi grande que celle où nous sommes engagés, il faut dès le principe envisager la fin. *Le renversement de Buonaparte n'est que la moitié de l'ouvrage. Il restera à pourvoir à la sécurité de l'Europe, qui ne peut être tranquille tant que la France ne le sera qu'avec un gouvernement qui convienne à tout le monde.*

— La France, a dit Lord Clancarthy, était heureuse sous le gouvernement du roi; il a pour lui les vœux de toute la nation.

— Oui, a répondu l'empereur, de cette partie de la nation qui n'a jamais été que passive, qui depuis vingt-six ans supporte toutes les révolutions, qui ne sait qu'en gémir et n'en empêche aucune. Mais l'autre partie, qui semble la nation tout entière parce qu'elle seule se montre, qu'elle seule agit, et qu'elle domine, se soumettra-t-elle volontiers et sera-t-elle au gouvernement qu'elle vient de trahir ? " »

La suite de l'entretien entre Clancarthy et Alexandre est

ensuite rapportée par Talleyrand dans des termes à peu près semblables à ceux du rapport de l'ambassadeur britannique.

Mais il y ajoute en conclusion le commentaire suivant :

« ... *L'empereur Alexandre, qui comprend peu le principe de la légitimité, sans attendre de connaître l'opinion du Cabinet anglais,* a fait insérer dans la *Gazette de Francfort* un article que j'ai sous les yeux, et qui porte que les puissances ne veulent que renverser Buonaparte, mais qu'elles ne prétendent nullement se mêler du régime intérieur de la France, ni lui imposer un gouvernement, et qu'elle sera libre de se donner celui qu'elle voudra.

Mais jusqu'à présent il est seul de son avis. La Prusse même, tout accoutumée qu'elle est à vouloir tout ce qu'il veut, est bien pour Votre Majesté. Elle a même exprimé le désir que Votre Majesté fît une proclamation, et que cette proclamation devançât la réunion à Paris des collèges électoraux que Buonaparte y a appelés. Ce désir est aussi celui de la généralité des puissances. On regarde comme très nécessaire que Votre Majesté s'attache à rallier à Elle tous les partis en leur assurant à tous sans distinction tous les avantages d'un régime constitutionnel...

... Plusieurs voudraient encore que Votre Majesté, rejetant sur les ministres les fautes qui ont pu être commises, se composât un nouveau ministère comme si Elle était en France... *J'ai été invité à en écrire à Votre Majesté...*

A tout ce que l'empereur de Russie a dit à Lord Clancarthy, je dois ajouter ce qui m'est revenu de son langage par des voies que j'ai toute raison de regarder comme sûres.

En plusieurs occasions, il a répété que, quand il était à Paris, il y a un an, tout ce qu'il voyait et entendait lui faisait craindre que le gouvernement ne pût pas se maintenir.

LOUIS-PHILIPPE ET LOUIS XVIII

Il lui semblait difficile que les sentiments et les opinions des princes se trouvassent assez en harmonie avec les opinions et les habitudes d'une génération qui était née pendant leur absence, et qui n'avait en beaucoup de points ni les idées ni les mœurs de ses pères. Or, observe-t-il, on ne peut gouverner en opposition avec les idées de son temps. Il dit que ses craintes ont augmenté quand il vit que Votre Majesté appelait au ministère et dans ses conseils des hommes très estimables sans doute, mais presque tous ayant passé le temps de la Révolution hors de France ou dans la retraite, ne connaissant conséquemment point la France, et n'en étant point connus, et manquant de cette expérience des affaires que même le génie ne peut suppléer... Je dois dire qu'*il remarque que celui de ses ministres (Blacas) qui a excité le plus de plaintes de la part de tous les partis est plus que personne dans la confiance de Votre Majesté*. Il a été jusqu'à dire que le plus grand mal est venu de la portion de pouvoir que Votre Majesté a donnée ou laissé prendre aux princes qui l'approchent davantage et que les préventions qui se sont élevées contre eux lui paraissent un mal sans remède... l'empereur dit dans sa conversation habituelle qu'il croirait volontiers que Votre Majesté, si Elle était seule, conviendrait à la France, et qu'*Elle y serait aimée et respectée, mais que, comme Elle ne peut être séparée de tout ce qu'il l'entoure, il craint qu'Elle ne puisse jamais s'y affermir...* »

Le trouble et les hésitations résultant de l'action engagée par Alexandre Ier contre Louis XVIII se trouvent aggravées par les intrigues de Fouché.

Napoléon à Sainte-Hélène fera à son propos cette remarque : « Je n'ai connu qu'un traître véritable, un traître consommé : Fouché », ce qui exonérait d'ailleurs les autres acteurs de la scène politique et en particulier Talleyrand d'un jugement aussi sévère.

LES CENT-JOURS

Fouché, en acceptant en mars 1815 le poste de ministre de la Police, s'était mis en position d'agir sur tous les tableaux. Il ne joue pas comme il le laisse entendre la seule carte de Louis XVIII, il joue toutes les cartes. Il envoie un messager à Louis-Philippe, un autre à Wellington à Bruxelles. Il charge son ami Gaillard de le représenter à Gand auprès du comte d'Artois qui chante ses louanges et de Louis XVIII qui l'observe en silence. Il mandate Ginguené (1) pour contacter le tsar par l'intermédiaire de son précepteur La Harpe. Il charge de mission Bresson puis Montrond auprès de Metternich et de Talleyrand. Montrond sera même chargé d'un autre message par Napoléon pour Marie-Louise. Pour donner le change, il met en route un troisième émissaire porteur d'une lettre qui n'arrivera jamais mais que Napoléon a lue et cela suffisait, plaidant sa cause et celle de la paix avec beaucoup d'éloquence.

Il joue sur tous les tableaux, prêt à se rallier au vainqueur, ce qui lui permettra de dire, au terme des Cent-Jours : « Ce n'est pas moi qui ai trahi Napoléon, mais Waterloo. »

En attendant le message le plus important est délivré à Vienne par Montrond entre les mains de Talleyrand et de Metternich (2). Il s'agit d'une interrogation : la coalition alliée va de nouveau écraser Bonaparte, tout devient dès lors possible, quel régime faut-il instaurer en France ?

Avec l'autorisation de Fouché, Montrond fait même une suggestion pour « ... savoir si un prince auquel il était

---

(1) Ginguené : *Une mission en Suisse pendant les Cent-Jours.*
(2) A Gand le voyage de Montrond intrigue fort la Cour de Louis XVIII : « Nous raisonnons beaucoup sur l'ambassade de Montrond » (Jaucourt à Talleyrand 4 avril 1815). « Nous faisons des combinaisons à perte de vue sur le voyage de Montrond » (Jaucourt à Talleyrand 9 avril 1815). « ... Je suis plus disposé à croire (M. de Montrond) à la jacobinière qu'à Buonaparte, vous serez bien aise de savoir qu'on lui avait promis

personnellement attaché et dont il avait partagé l'exil en Sicile, M. le duc d'Orléans, ne conviendrait pas, au bon sens pratique des coalisés... » Talleyrand répond de manière énigmatique : « La porte n'est pas ouverte encore, si elle venait à s'ouvrir, je ne verrais pas la nécessité de la fermer avec violence... » Quant à Metternich, il adresse un court billet à Fouché, daté du 9 avril 1815, l'invitant à envoyer à Bâle une personne « possédant sa confiance » qui trouvera « à qui parler ».

deux cent mille livres de rente s'il était parvenu à ébranler votre fidélité... » (Jaucourt à Talleyrand 23 avril 1815).

Talleyrand lui répond avec beaucoup de prudence sachant que sa lettre sera soumise au roi :

Vienne le 13 avril 1815

Monsieur le Comte,

Deux émissaires envoyés ici par Buonaparte me font juger qu'il se trouve dans de grands embarras, ce qui est encore confirmé par toutes les nouvelles qui viennent de France.

L'un d'eux, M. de Montrond, est arrivé ici sans dépêches et sans mission ostensible, mais chargé de parler à M. de Metternich, à M. de Nesselrode et à moi. Il avait à pressentir M. de Nesselrode sur les dispositions de l'empereur Alexandre, à demander à M. de Metternich si l'Autriche était décidée à contribuer une seconde fois à renverser le gendre de l'empereur et à le sonder sur les dispositions où pourrait être le gouvernement autrichien, relativement au projet que l'on suppose qu'il a eu en mars 1814. Leurs réponses ont été telles que nous pouvions le désirer. Pour moi, il m'a demandé si je pourrais me résoudre à exciter une guerre contre la France. Je lui ai répondu, par la déclaration du 13, en lui disant que faire faire la guerre à Buonaparte, ce n'était pas la faire faire contre la France, mais bien plutôt pour la France. M. de Montrond était aussi chargé de s'assurer si les puissances étaient bien déterminées à faire la guerre. Pour ne lui laisser aucun doute à cet égard, on lui a communiqué le traité du 25 mars dernier et les états des forces qui vont être immédiatement employées. Il est reparti pour Paris avec ces renseignements.

Le second émissaire envoyé par Buonaparte est M. de Flahaut. On ne l'a pas laissé arriver jusqu'ici. A Stuttgard, le roi de Wurtemberg l'a fait arrêter et reconduire à la frontière...

LES CENT-JOURS

Le porteur du billet, secrètement devancé, est arrêté et conduit devant Bonaparte qui l'interroge lui-même. Menacé d'être exécuté sur place, il livre le message, le lieu du rendez-vous, et le signe de reconnaissance.

Sans rien dire, l'Empereur fait venir Fouché, évoque la situation et la nécessité d'entrer en pourparlers avec l'Autriche. Mais le ministre de la Police reste muet. Convaincu dès lors de sa trahison, l'Empereur, sans rien lui révéler, monte une provocation. Il expédie à Bâle Fleury de Chaboulon qui, sous un faux nom, rencontre le 3 mai l'agent de Metternich, un certain Werner, en réalité le baron d'Ottenfels, conseiller aulique de l'Empire. Celui-ci déclare au soi-disant mandataire de Fouché que les puissances alliées ne font pas la guerre à la France, mais à Bonaparte. Mais que Louis XVIII ne pourra revenir « qu'en vertu d'un pacte nouveau » avec un « ministère libéral dont pourraient faire partie le duc d'Otrante et Carnot... ». Au demeurant, « si la France voulait le duc d'Orléans, les puissances s'emploieraient à faire abdiquer Louis XVIII, enfin si le vœu du pays était en faveur de Napoléon II et d'une régence, on ne s'y refuserait pas. L'important était de se débarrasser de Bonaparte... ».

Mais entre-temps, Fouché, averti par Real de l'intrigue qui se tramait contre lui, avait contre-attaqué. Le jour même du départ de Fleury de Chaboulon pour Bâle, le 28 avril, il se présente chez l'Empereur :

« Ah, Sire, j'avais oublié de vous dire que j'ai reçu un billet de M. de Metternich. J'ai tant de choses importantes qui me préoccupent. Puis son envoyé ne m'avait pas remis la poudre pour rendre l'écriture visible et je croyais à une mystification. Enfin, je vous l'apporte. »

L'Empereur éclata :

« Vous êtes un traître, Fouché, je devrais vous faire pendre. »

LOUIS-PHILIPPE ET LOUIS XVIII

« Sire, je ne suis pas de l'avis de Votre Majesté », fut la flegmatique réponse de Fouché qui lui débita une histoire plus ou moins filandreuse et convaincante. Napoléon, ne pouvant courir le risque politique de le faire arrêter, fit semblant de le croire (1).

« Fouché, pendant votre absence, dit-il à Fleury de Chaboulon, le 5 mai, est venu me raconter l'affaire, il m'a tout expliqué à ma satisfaction, son intérêt n'est point de me tromper. Il a toujours aimé intriguer, il faut le laisser faire, allez le voir. Dites-lui tout ce qui s'est passé avec M. Werner, montrez-lui de la confiance, s'il vous questionne sur moi, répétez-lui que je suis tranquille et que je ne doute point de son dévouement et de sa fidélité... »

Fouché, pour se couvrir tout à fait, renvoya Fleury de Chaboulon à Bâle, avec l'accord de l'Empereur et des explications si confuses que Metternich n'en put rien tirer sauf sur un point : « ... Le duc d'Orléans était le seul prince capable d'assurer le bonheur de la France et la tranquillité des étrangers... » Sans doute Napoléon avait-il laissé passer la phrase pensant qu'elle jetterait la dissension chez les Bourbons et les alliés.

Sans se décourager cependant, Fouché envoie une seconde vague de messagers : Didier, conseiller d'Etat et préfet orléaniste qu'il dépêche à Louis-Philippe, mais qui ne réussira pas à passer la Manche, Saint-Léon qui part pour Vienne avec un pli caché sous sa selle, et des paroles favorables pour le duc d'Orléans, un autre agent enfin à Lord Wellington porteur d'une lettre du ministre de la Police.

« Les qualités personnelles du duc d'Orléans, les souvenirs de Jemmapes, la possibilité de faire un traité qui concilierait tous les intérêts, ce nom de Bourbon qui

---

(1) A Sainte-Hélène, Napoléon dira à Gourgaud : « J'aurais dû, dès lors, le faire fusiller. »

pourrait servir au-dehors, sans qu'on le prononçât au-dedans, tous ces motifs et d'autres encore offrent dans ce dernier choix une perspective de repos et de sécurité, même à ceux qui ne pourraient y voir le présage du bonheur public... »

Après l'échec de Didier, Fouché envoie Bresson prendre contact avec Louis-Philippe (1) en lui recommandant de rencontrer au préalable Dumouriez. « ... Le duc d'Orléans est un moyen de composition entre les extrêmes, Dumouriez l'a rêvé longtemps. L'Europe s'arme contre l'Empereur, il succombera inévitablement, il sent déjà le cadavre. La branche aînée n'offre pas de sécurité aux intérêts révolutionnaires, nous devons donc nous jeter ailleurs. Le duc d'Orléans est bien disposé, il acceptera la couronne aux conditions qui lui seront imposées, il a de l'ambition et des antécédents parfaits (2). »

Dumouriez adresse aussitôt aux représentants alliés à Vienne par l'intermédiaire de Talleyrand deux mémoires en faveur de la dynastie d'Orléans « seule capable de garantir la tranquillité universelle ».

Toutes ces intrigues jetaient la consternation à Gand. La petite ville envahie par les émigrés français était un tourbillon de faux et vrais bruits où dominaient les rumeurs sur la préparation de la guerre et le « complot » Orléans.

Seul Louis XVIII demeurait impassible. « Il était roi partout... jamais son infortune ne lui arracha la plus

---

(1) Mercredi 21 mai : « Nous avons reçu une longue visite de M. de Bresson, ami de Fouché et agent des maréchaux, qui est arrivé de Paris et d'après ce que je crois, avec une mission du premier... » Marie-Amélie *Journal 1815.*

(2) Lettre publiée par Guy de Cassagnac, « les Dernières Années de Dumouriez », *le Correspondant,* 25/9/1910.

petite concession, sa hauteur croissait en raison de son abaissement... la foi inébranlable du roi dans son rang est la puissance réelle qui lui rendit le sceptre (1). »

Chaque jour, il sortait à la même heure et, entouré de ses gardes, faisait le tour de la ville dans son carrosse tiré par six chevaux. S'il rencontrait le duc de Wellington, il lui faisait un léger signe de tête condescendant.

Pourtant les nouvelles de France étaient mauvaises. Certes, il était probable que Bonaparte ne pourrait résister longtemps à la nouvelle coalition qui s'organisait contre lui. Mais il était clair aussi que l'hostilité de l'opinion à l'égard des Bourbons s'était aggravée, car après les erreurs étaient apparues les faiblesses. « La conduite des royalistes, écrivait Wellington le 11 avril, est mal propre à leur conquérir les faveurs des Français (2) » et, quelques jours plus tard, il confessait que l'expérience de chaque jour l'avait convaincu du peu de chances qu'il y avait de restaurer le pauvre roi.

Le nom d'Orléans est colporté par ceux qui arrivent de France comme un espoir et un compromis pour la majorité du pays.

Le service de renseignement de Wellington regroupait toutes les nouvelles qui arrivaient ainsi et que le duc transmettait aussitôt à Londres. Elles sont un reflet de ce qui se colportait dans l'atmosphère critique, aigre, irascible de la capitale provisoire de la France qui rappelle celle, vingt ans plus tôt, de la Cour de Coblentz.

« Les officiers et les soldats parlent avec éloge du duc d'Orléans », écrit Wellington — « ... Tout le parti jacobin et une grande partie de l'armée pensent à placer le duc d'Orléans sur le trône... » — « ... La faction jacobine désire

---

(1) Chateaubriand, *Mémoires d'outre-tombe*.
(2) Lettre de Wellington à Castlereagh.

voir aux affaires le duc d'Orléans ou quelque autre, ils désirent prendre un moyen terme entre Bonaparte et les Bourbons contre lesquels l'empereur de Russie fait toujours de grandes objections (1)... »

Lord Castlereagh et Lord Liverpool qui puisent à d'autres sources d'information confirment ce point de vue : « Des circonstances variées venues à notre connaissance tendent à confirmer l'affirmation que le duc d'Orléans a en sa faveur un très considérable parti civil et militaire et il est évident qu'il suit actuellement une ligne de conduite tendant à le séparer des autres membres de sa famille... »

De sa campagne anglaise, Quentin Crawfurd, l'ami intime de Talleyrand, l'Anglais le plus averti des affaires françaises, écrit à Castlereagh : « Les chefs républicains ainsi que les personnes principales dans l'armée souhaitent que le duc d'Orléans soit à la tête du gouvernement, je suis sûr des vœux de ce dernier, il réunit en sa personne ce qui convient le mieux à tous deux (les républicains et l'armée)... il a servi dans deux campagnes militaires au cours de la première partie de la Révolution et sa conduite, son apparence et sa manière d'être sont agréables au militaire (2). »

Sir Charles Stuart qui représente la cour de Londres à Gand et qui se trouve mêlé à toutes les intrigues de l'entourage de Louis XVIII et des membres de son gouvernement, après avoir noté que « les récits du duc d'Orléans offrent, j'en suis convaincu, le meilleur critérium pour juger de l'état véritable du royaume (3) », prévoit un nouveau changement dans les affaires françaises qui ne serait ni la confirmation du pouvoir de Bonaparte, ni le réta-

---

(1) Dépêches de Wellington 7, 11 et 28 avril 1815 dans Supplementary Dispatches T. 10.
(2) Lettre de Quentin Crawfurd à Lord Castlereagh.
(3) Lettre de Sir Charles Stuart à Lord Castlereagh du 31 mars 1815.

blissement du roi mais l'arrivée au pouvoir du duc d'Orléans (1).

L'affaire prend une telle importance que le 12 mai il écrit à Castlereagh : « ... Les intrigues du parti qui est désireux de changer l'ordre de la succession en France, et d'élever le duc d'Orléans au trône ont causé les plus sérieuses inquiétudes à Gand.

Les lettres que le duc a adressées au roi, en contradiction directe avec les sentiments exprimés par les nombreux partisans de ce prince en France et à l'étranger, n'ont pas fait une impression qui soit de nature à conserver l'union parmi les différentes branches de la famille du roi; et les suggestions qu'elles contiennent, qu'il est opportun pour la sûreté personnelle de Sa Majesté de se retirer à une plus grande distance de la frontière, ont été interprétées défavorablement par le roi et ses ministres.

Sa Majesté n'a manifesté aucun sentiment d'irritation sur ce sujet délicat dans les communications directes qu'il a eues avec le duc, quoique je pense que le langage général de Monsieur et du duc de Berry, rarement assez réservé pour échapper à l'attention, a fait naître une méfiance réciproque qui attirera bientôt l'attention publique.

Connaissant les maux auxquels un tel état de choses doit nécessairement conduire, le roi s'est décidé à prévenir le danger, en appelant le duc d'Orléans auprès de lui.

Une lettre m'a donc été communiquée recommandant à ce prince de revenir à Gand sans délai, et je suis porté à croire que si Son Altesse Royale est disposée à se rendre à l'invitation et si les princes le reçoivent avec la cordialité et la confiance que leurs intérêts communs exigent, son arrivée pourra être très avantageuse à la cause de la famille royale.

(1) Lettre de Sir Charles Stuart du 11 avril 1815.

LES CENT-JOURS

Si le gouvernement de Sa Majesté envisage cette mesure sous le même point de vue, je pense avoir raison de croire qu'on rendra un service important à la cause de Louis XVIII en faisant comprendre au duc d'Orléans que beaucoup de raisons se réunissent pour rendre très désirable, dans les circonstances présentes, son acceptation de la proposition faite par le roi (1). »

Quelques jours plus tard, lors de l'arrivée à Gand de M. de Vincent, représentant de l'empereur Alexandre auprès de Louis XVIII, il reprend la plume pour souligner les opinions très défavorables du tsar sur le roi de France. Il est chargé de faire connaître sans grande discrétion les sentiments de son souverain qui a « ... fait allusion à l'établissement d'une régence en faveur du fils de l'archiduchesse, puis au duc d'Orléans dans des termes tels qu'ils laissaient très peu de doutes quant aux mesures que nous pouvons nous attendre à lui voir recommander si le cours des événements met la Russie en situation de prendre une part prépondérante dans le choix du gouvernement futur (2)... ».

A Gand, toutes ces nouvelles faisaient bouillonner les esprits. « On voyait, raconte Chateaubriand, les émigrés gesticuler au milieu des recrues faisant l'exercice sur les places, ou au long d'un canal auprès d'un pêcheur immobile ou encore trottant de chez le roi chez Monsieur et de chez Monsieur chez le roi. »

Jaucourt lui-même, qui assume à Gand l'intérim du ministère des Affaires étrangères pendant le séjour de Talleyrand à Vienne, ne cache pas son inquiétude et le lui écrit : « ... La cause du roi est bien mauvaise... les Bourbons finissent au roi et recommencent un peu au duc d'Or-

---

(1) Lettre de Sir Charles Stuart du 12 mai 1815.
(2) Lettre de Sir Charles Stuart du 24 mai 1815.

léans (1)... ». Et les nouvelles de Paris ne le confortent guère : « ... on parle ouvertement à Paris de la lutte sourde mais connue qui existe entre Bonaparte et les jacobins, jusqu'à quelle époque se ménageront-ils ? Quel est le moment où leur salut mutuel les forcera à se déclarer ? Que voudront les jacobins ? Est-ce un gouvernement provisoire ? Est-ce la régence ? Est-ce Monsieur le duc d'Orléans (2) ?... »

La peur que suscite Louis-Philippe conduit même les conseillers du roi à envisager un changement du gouvernement dirigé par M. de Blacas et son remplacement par un Conseil dont la direction serait confiée à Talleyrand (3).

(1) Lettre de Jaucourt à Talleyrand du 31 mars 1815.
(2) Lettre de Jaucourt à Talleyrand du 26 avril 1815.
(3) Chateaubriand écrit à Talleyrand de Gand le 6 juin 1815 :

« Mon Prince,

« M. le comte de Noailles vous dira combien votre présence est nécessaire ici. Elle l'est au point qu'avant l'arrivée de M. de Noailles, j'étais au moment de vous envoyer un courrier. Je n'entrerais dans aucun détail. Vous saurez par le voyageur toutes nos misères. Je vous dirai seulement, mon prince, que j'ai remis hier une note qu'on m'avait demandée. *Dans cette note, je propose deux choses : de mettre M. le duc d'Orléans à la tête de l'armée, et vous, mon prince, à la tête d'un ministère solidaire. Le ministère serait choisi par vous entre les hommes éclatants qui présentent un nom à l'Europe et des garanties à toutes les opinions; une douzaine d'articles contiennent les développements de ce projet. Je sais ce qu'il y a à dire contre la nomination d'un chef principal ou d'un généralissime des armées; mais aux grands maux les grands remèdes, et nous ne sommes plus au temps des demi-partis; nous sauvons une couronne, et cela mérite la peine de bien jouer. Quant à la seconde base du projet, elle est trop naturelle pour n'être pas adoptée. Mais si vous ne vous hâtez d'arriver pour déterminer les choix et commander les mesures, il est à craindre qu'on ne fasse encore quelque chose d'incomplet. Venez donc vite, mon prince, et croyez que je suis avec reconnaissance, dévouement et respect, de Votre Altesse,*
« Le très humble et très obéissant serviteur,

« Le vicomte de Chateaubriand ».

« La nécessité de vous donner le pouvoir, écrit Jaucourt au prince de Bénévent, est également une opinion faite et pour eux l'inquiétude qu'ils éprouvent du parti d'Orléans les trouble et les dispose à tout. Ils croient que tout ce qui ne se rapproche pas d'eux, va de ce côté, que tout ce qui s'éloigne va travailler pour lui. M. de Chateaubriand, consulté sur ce point, avait proposé de faire venir ici M. le duc d'Orléans et de le nommer généralissime des armées, cela est un peu poétique... Mais l'armée pense tellement à lui que ce serait peut-être lui offrir un moyen de s'exprimer trop facile et trop dangereux (1)... »

L'attitude de Louis-Philippe était devenue pour Louis XVIII une grave préoccupation et il ne cachait pas son inquiétude. De toute évidence, pour les puissances alliées et pour l'opinion française, il y avait là une alternative. L'échec passé du roi, l'échec probable de Bonaparte justifiaient un compromis possible.

« Le roi n'était donc pas rassuré par M. le duc d'Orléans. J'avais remarqué que toutes les fois que je lui parlais de ce prince, il gardait le silence. Un jour même où je lui avais remis un mémoire qui traitait hypothétiquement du danger dont la branche cadette de la Maison de Bourbon pouvait être pour la branche aînée, il laissa tomber le mémoire de ses mains après l'avoir lu et poussa un profond soupir : puis il remit précipitamment une affaire différente sur le tapis comme pour éloigner de son esprit un sujet importun. Cette inquiétude ancienne devait s'accroître par l'absence de M. le duc d'Orléans (2)... »

L'Empereur ayant fort bien compris la situation qui s'était développée entre les deux branches Bourbon cherchait à aggraver la dissension. Il louait le discours national

---

(1) Lettre de Jaucourt à Talleyrand du 6 mai 1815.
(2) Mémoires du comte Beugnot.

du duc d'Orléans lors de son départ de Lille et l'opposait à la fuite à Gand. En l'autorisant à résider en France, il octroyait une indemnité annuelle de 300 000 francs à la mère de Louis-Philippe dont il ne manquait pas de souligner la réserve en Angleterre. Cette attitude faisait croire à Vienne comme à Gand à des ménagements réciproques qui n'existaient pas en réalité. Mais leur seule éventualité suffisait à susciter les défiances.

Louis XVIII en arrivant à Gand ne cherche pas à renouer aussitôt avec Louis-Philippe. Il veut réfléchir sur la situation en France, examiner l'attitude des alliés, recenser ses propres forces avant de définir sa tactique. Il pense sans doute aussi que ce silence fera réfléchir le duc d'Orléans qu'il a senti hésitant et désapprobateur à l'idée de s'associer à une nouvelle armée de Condé.

Aux deux lettres des 4 et 11 avril de Louis-Philippe qui lui donne des nouvelles de son arrivée en Angleterre et de sa famille (« les enfants ont la coqueluche ») il ne répond que le 17 avril et prudemment : « Je n'ai rien à vous mander pour le moment... dès qu'il se présentera une occasion d'agir je ne tarderai point de vous appeler auprès de moi... » Il lui demande seulement d'éclairer le régent d'Angleterre sur les événements de mars 1815 en lui faisant « ... voir à quel point la nation française désavoue une semblable trahison... ».

Frappé par les hésitations du roi, Louis-Philippe décide de l'éclairer et lui écrit le 25 avril une longue lettre où il insiste sur les points suivants :
— le roi n'a aucun moyen d'opérer par lui-même le renversement de Bonaparte,
— ce sont les troupes étrangères qui chasseront de Paris l'Empereur,

— le roi et les princes français ne doivent pas s'associer à la marche de ces troupes. Ils froisseraient gravement le sentiment national,
— « la force destinée à soutenir le gouvernement ne peut jamais être en France une armée étrangère »,
— il faut s'appuyer sur une force française mais « il n'y aura jamais aucune force en France qui puisse lutter avec l'armée, excepté des portions de cette même armée... »,
— on doit donc se préparer à chercher dans l'armée les moyens de force nécessaires au soutien du gouvernement.

Il fait parvenir le même jour la copie de cette lettre à Talleyrand car, lui écrit-il, « ... je m'attends bien qu'on cherche un peu à dénaturer ma conduite... parce qu'au lieu d'avoir l'air d'approuver ce que je regarde comme funeste et désastreux pour la cause du roi, je lui dis franchement et loyalement ce que je crois être de son véritable intérêt, du nôtre et de celui de la France... ».

Si Louis XVIII est assez près de partager l'analyse de Louis-Philippe, il ne peut, en revanche, laisser se développer autour de son cousin une agitation qui menace de se transformer en faction même si le duc d'Orléans ne donne aucun signe de l'animer. C'est pourquoi il l'invite à venir sans délai le rejoindre à Gand où il pourra le surveiller et le contraindre à donner l'image aux puissances alliées de l'unité des princes de la Maison de Bourbon autour de leur roi. Pour le convoquer il s'appuie dans sa lettre du 10 mai sur le raisonnement même du duc d'Orléans : « ... mon dessein est de paraître dans mes Etats dès que la moindre portion de terrain en deviendra accessible, mais d'y paraître à la tête d'un corps français, entouré des princes de ma Maison en m'occupant à prévenir ou du moins, à tempérer, les maux que la guerre entraîne à sa suite. J'ai formé dans cette vue un plan que je vous communiquerai. L'exécution n'en peut maintenant être différée et je crois, mon cher neveu, que le moment est venu de vous rappeler auprès de moi sans délai. Partez donc tout de suite... »

Mais Louis-Philippe hésite. Il n'est pas question de rompre l'acte de soumission au roi qu'il a jadis signé, ni de diviser les fidèles du souverain. S'il avait voulu lancer un appel à la résistance nationale contre Bonaparte et le roi, il aurait pu le faire à Lille et certains y ont pensé pour lui. Mais il n'a pas voulu le faire et le moment est maintenant passé. Il faut au contraire rassembler toutes les forces monarchistes françaises autour de Louis XVIII. Mais il refuse avec force d'être associé et mêlé à des troupes étrangères pour reprendre la France au « Corse ». Il sent, il sait que c'est là une grave erreur contre le sentiment national le plus élémentaire. Le 17 mai dans sa lettre de réponse au roi, il motive son refus de rejoindre Gand. Il veut d'abord connaître avec précision le plan de Louis XVIII et le rôle qu'il lui réserve, soulignant qu'il lui semble moins dangereux de ne point rejoindre Gand que d'en repartir s'il ne pouvait donner son accord à ces projets fournissant ainsi des « ... prétextes aux malveillants pour donner à ma conduite la couleur que j'ai toujours désiré qu'on ne pût lui donner... ». Puis viennent les plaintes : il n'a pas été admis dans la confiance intime du roi, il a été ravalé à la Cour « presque au niveau des particuliers », l'accès au Conseil du roi lui a été refusé et celle de la Chambre des pairs par droit de naissance également, mais il s'est tu et a accepté en silence « ... la nullité dans laquelle vous me placiez vous-même et Votre Majesté a vu combien je m'y suis religieusement renfermé... ». Les vœux ? Voir Louis XVIII rétabli sur son trône. « ... Voilà ce que je désire... et ce que dans mon âme et conscience, je préfère à tout... » Mais cette restauration ne peut avoir lieu dans n'importe quelles conditions. La principale difficulté n'est pas de renverser Bonaparte, mais de rétablir l'autorité royale « ... et de vous procurer en France une force capable de vous préserver ainsi que nous d'une rechute... » Le plus dangereux alors est de se mettre à la tête d'un corps d'émigrés intégrés à des armées étrangères en territoire étranger. « ... Je ne puis me persuader que le gouvernement de Votre Majesté soit reconnu par la France tant que le siège en sera dans un lieu occupé et entouré par les armées étrangères... » Et dans sa conclusion, il insiste encore. « ... Que Votre Majesté pense bien au cri qui sera poussé en France si c'est elle qui fait ouvrir les portes des places aux troupes alliées... il importe à Votre Majesté de ménager la délicatesse, je dirais presque la susceptibilité de la Nation française à cet égard... » Et très nettement il refuse de s'associer à l'entreprise de restauration tant qu'il n'aura pas de garantie sur ces points mais en gardant un complet silence afin « ... d'éviter scrupuleusement tout ce qui pouvait même ressembler à une opposition... ».

Quand on sait ce que représentait alors le roi, son prestige personnel, son autorité morale et politique, comment ne pas reconnaître la force d'âme et de conviction du signataire. Louis-Philippe va cependant chercher à atténuer le choc en invitant Marie-Amélie à s'adresser au roi. Elle écrit donc à Louis XVIII le 29 mai une lettre empreinte de dévouement familial et dynastique :

« Sire,

Il me serait impossible de vous exprimer tout ce que je sens et tout ce que j'éprouve, mais j'espère que Votre Majesté lira dans mon cœur, et j'ose dire qu'il ne peut pas y en avoir un qui vous soit plus sincèrement attaché et plus entièrement dévoué. Si j'ai appris à vous connaître dans le bonheur, et vos bontés paternelles pour moi, m'ont inspiré le plus respectueux attachement, le malheur l'a redoublé : que ne suis-je un homme pour vous prouver tout ce que je sens pour un oncle cher, pour un roi révéré qui méritait un sort plus heureux! Mais Dieu est bon, Sire, il n'abandonnera pas Votre Majesté, il ne sera pas sourd aux prières de tant de malheureux; si vous eussiez entendu l'*Exaudiat* dans la chapelle de Ning (?) le jour de Pâques, nous sanglotions tous; je vous reverrai après sur votre trône, et heureux... »

Ayant ainsi pris nettement position, Louis-Philippe en informe ses amis et d'abord Lally-Tollendal : « Qu'on ne me parle pas de l'armée de Condé, ni de l'armée des émigrés, car c'est du roi que je veux me rapprocher... Mais ce n'est ma foi pas de l'émigration... »

Puis il fait parvenir toute sa correspondance avec Louis XVIII à Talleyrand (1), à l'ambassadeur anglais à Gand Sir Charles Stuart, au Prince Régent, au tsar et à Wellington.

Sir Charles Stuart intervient aussitôt auprès de son gouvernement pour éviter que l'on ne pousse Louis-Philippe dans ses retranchements à cause des « ... inconvénients qui résulteraient pour toute l'Europe du fait de pousser ces ouvertures assez loin pour amener un acte positif de désobéissance qui pourrait produire une scission ouverte entre le duc d'Orléans et les autres membres de la famille royale (2)... ».

---

(1) Lettre de Louis-Philippe à Talleyrand du 18 mai 1815 : « J'espère au moins que quand vous serez Premier ministre vous ne permettrez pas qu'on appelle le premier prince du sang aussi lestement et surtout sans le mettre dans le secret de ce à quoi on le destine ou de ce qu'on veut qu'il fasse. Si on ne le destine qu'à faire cortège ou tapisserie, il est mieux dans sa retraite... »

(2) Lettre de Sir Charles Stuart à Lord Castlereagh du 24 mai 1815.

De Wellington, pris un peu comme un arbitre moral de sa situation délicate, Louis-Philippe reçoit la lettre suivante (1) :

« *Mon opinion est que le roi a été renversé de son trône parce qu'il n'a jamais eu d'autorité réelle sur son armée.* C'est un fait que Votre Altesse et moi nous connaissions très bien, que nous avons souvent déploré, et lors même que les fautes ou plutôt les folies de son administration civile n'auraient pas été commises, je crois que l'on aurait vu les mêmes résultats. Nous devons donc considérer le roi comme la victime d'une révolte heureuse de son armée et de son armée seulement, car, quels que puissent être les opinions et les sentiments de quelques hommes qui ont pris une part éminente à la révolution et quelle qu'ait été l'apathie de la grande masse de la population française, nous pouvons, je pense, tenir pour certain que les premiers eux-mêmes n'aiment pas l'ordre de choses aujourd'hui existant, et que la population, si elle l'osait, s'y opposerait par la force. Cela étant ainsi, quelle doit être la conduite du roi ? D'abord il doit demander à ses alliés de le mettre en état de tenir tête à son armée rebelle; il doit, par son appui personnel et par l'action de ses serviteurs et adhérents, faire tout ce qui est en son pouvoir pour faciliter leurs opérations, diminuer par le bon ordre et les arrangements bien concertés les charges que la guerre va faire peser sur ses sujets fidèles et les engager à recevoir ses alliés comme des amis et libérateurs. Le roi devrait intéresser les alliés à soutenir sa cause, et il ne peut le faire qu'en se mettant lui-même en avant. Votre Altesse voit que je ne partage pas son sentiment sur la conduite du roi. *Quant à ce qui regarde Votre Altesse, j'avoue que je ne vois pas comment, jusqu'au moment*

(1) Lettre du 6 juin 1815.

actuel, elle aurait pu agir autrement qu'elle ne l'a fait. Il n'est pas nécessaire que j'énumère les diverses raisons que vous avez eues de vous tenir à distance de la Cour depuis qu'elle est à Gand, mais je les sens toutes, et je crois qu'il en est quelques-unes dont le roi ne méconnaît pas la force; mais si, comme on peut s'y attendre, l'entrée en France et les premiers succès des alliés amenaient le peuple à se mettre en mouvement, si un grand parti venait à se prononcer en faveur du roi sur différents points du royaume, Votre Altesse considérerait certainement alors comme son devoir d'offrir ses services à Sa Majesté. Je me hasarde à lui suggérer ce plan de conduite, en lui donnant d'ailleurs l'assurance que je n'ai eu à ce sujet aucun entretien avec le roi... »

Après de nouvelles pressions et de nouveaux refus, le débat s'achève le 18 juin, le jour de Waterloo, par ces mots que trace le duc d'Orléans pour son ami le comte Thibault de Montmorency : « ... Aucune considération ne me fera jamais enrégimenter comme Français dans des corps français formés au milieu d'armées étrangères et sous leur influence, voilà ce que j'appelle l'émigration... et avec quoi j'ai toujours craint d'être confondu... »

Si le conflit entre Louis-Philippe et Louis XVIII s'atténue en voyant préciser les limites, l'attitude des alliés demeure toujours incertaine. Dans l'ensemble ils se rallient au retour du roi mais se déclarent prêts, si ce retour s'avère impossible ou même difficile, à accepter une autre solution, en particulier l'accession au trône du duc d'Orléans. C'est en filigrane ce que signifie leur proclamation commune du 12 mai sur la liberté laissée à la France de choisir son régime.

Les Russes eux-mêmes évoluent. Si Alexandre écrit encore à Metternich : « Croyez-moi, cher ami, ces gens-là ne sont plus faits pour régner, il me semble que nos baïonnettes peuvent les mettre sur un trône mais jamais elles ne parviendront à les soutenir... Tâchez d'engager Fouché à placer Orléans qui sera toujours plus homogène à la France actuelle (1)... » Il écoute aussi son ambassadeur Pozzo di Borgo : « ... Le roi est le seul que nous devons reconnaître et mettre en avant. Si nous sortions de cette règle on ne saurait plus où s'arrêter... » et il laisse le maréchal prussien Knesebeck suggérer avec son approbation une solution intermédiaire « ... le maintien de la personne du roi jusqu'à sa mort puis un changement de dynastie en faveur de la Maison d'Orléans plus faite pour régner sur la France... »

Finalement, le 17 juin 1815, Nesselrode après avoir conféré avec Alexandre Ier, annonçait qu'un changement de dynastie en France « n'était pas en ce moment une nécessité », qu'une régence de Napoléon II n'était pas réalisable et qu'il fallait tenter le retour du roi.

L'Autriche était plus hésitante encore. Schwartzenberg jugeait Louis XVIII inapte à gouverner et moins encore « l'imbécile d'Angoulême et le ridicule Berry », restait Orléans éventuellement.

La Prusse faisait preuve de prudence. Hardenberg notait qu'on « ne pouvait se dissimuler que toutes les opinions étaient bien éloignées de se réunir en faveur des Bourbons... il serait imprudent de vouloir s'expliquer d'une manière trop précise sur cet objet dans la crise actuelle (2)... ».

Les Anglais seuls se montraient assez clairement en faveur de Louis XVIII. Le gouvernement britannique refusait cependant de s'engager inconditionnellement en faveur des Bourbons. « Une nécessité peut arriver qui dans le

---

(1) Lettre du 12 mai 1815.
(2) Lettre de Hardenberg à Goltz.

cours de la lutte obligerait les alliés à admettre sur le trône une autre branche de la famille comme un terme moyen nécessaire pour terminer les divisions intérieures du pays, *c'est pourquoi nous ne devons pas nous lier les mains* (1), écrivait Castlereagh. » Et Lord Liverpool lui répondait comme en écho qu'il pourrait être « nécessaire de traiter avec quelque autre gouvernement comme représentant la Nation française... ».

Ainsi tandis que les troupes alliées se concentraient sur Waterloo pour y écraser l'Empereur, le sort futur du gouvernement de la France vacillait encore.

Fouché allait mettre tout le monde d'accord.

Avec son cynisme mais aussi sa clairvoyance habituels, le ministre de la Police, si imprudemment choisi par Bonaparte, analysait sans fard la situation pour Pasquier : « Bonaparte s'agite beaucoup, mais il n'en a pas pour trois mois... qu'il gagne une ou deux batailles, il perdra la troisième et alors notre rôle commencera... »

Ce rôle, il l'a préparé par des contacts suivis avec le tsar, l'empereur d'Autriche, le roi de Prusse, Talleyrand, Metternich, Castlereagh, le duc d'Orléans à Londres et même le comte d'Artois à Gand. Les fils sont déroulés, il faut maintenant les nouer.

Le 18 juin, le canon des Invalides, annonciateur des victoires, tonne. Est-ce la victoire? *Le Moniteur* annonce l'écrasement de Blücher et de Wellington. Sur les boulevards, la foule enthousiaste acclame le nom de l'Empereur. Fouché tressaille, une victoire est sa défaite. Mais y a-t-il victoire? Lui sait que les salves tirées fêtent le succès de Fleurus le 16 juin où Blücher a été battu et l'engagement des Quatre-Bras suivi de la retraite anglaise. Mais il sait aussi que rien n'est joué. Ces combats-là ne

---

(1) Lettre de Castlereagh du 15 avril 1815.

sont que de grandes escarmouches. La bataille reste à livrer. Elle l'est et soixante mille hommes de plus meurent inutilement à Fleurus, Ligny et Waterloo pour la gloire de l'Empereur.

La nouvelle filtre à Paris à l'aube du 20 juin. Rien n'est sûr, rien n'est officiel mais la rumeur court les casernes, les rues et la Bourse. Dès qu'il a les détails de la catastrophe, Fouché ne perd pas un instant et s'adresse à Wellington. Il se met à sa disposition et demande à quelle solution il faut préparer les esprits, la Chambre et l'armée. Est-ce au retour du roi, à la régence de Napoléon II ou à l'accession au trône du duc d'Orléans?

Puis il engage une étonnante partie politique. Il y jette tous ses atouts : il joue de la peur, de la jalousie, de l'ambition. Il frappe sur la table ou il caresse. Il joue par les bandes comme au billard ou va droit au but. Il recourt à toutes les ressources de son habileté et la partie se déroule sous nos yeux, parfaitement amorale mais d'une rigoureuse efficacité.

Avant même que Napoléon n'arrive au petit matin le 21 juin et ne gravisse le perron de l'Elysée jetant au passage à Caulaincourt : « J'ai reçu un coup mortel », les grandes manœuvres de Fouché sont déjà engagées.

Premier temps : éliminer l'Empereur. Dès le 20 juin, il commence à agir sur les libéraux et les bonapartistes. Aux premiers, il prédit que Napoléon va établir une dictature, dissoudre la Chambre et supprimer les libertés constitutionnelles qu'il a fait promulguer quelques semaines plus tôt. Aux bonapartistes, il fait miroiter l'espoir de sauver la dynastie grâce à une abdication et à une régence en faveur de Napoléon II.

Dès le 21, les prédictions de Fouché aux libéraux se réalisent. Napoléon déclare vouloir réunir tous les pouvoirs civils et militaires dans ses mains. Alors la Chambre,

LOUIS-PHILIPPE ET LOUIS XVIII

poussée par Fouché, proclame qu'elle siège en permanence et qu'elle prononcera la déchéance si l'Empereur n'abdique pas. Le 22 juin, un peu après midi, Napoléon signe sa seconde abdication et se retire à Malmaison.

Mais restent les trois autres solutions possibles : Orléans, Napoléon II ou Louis XVIII.

Wellington fait savoir à Fouché que les alliés favorisent la restauration si elle se révèle réalisable.

La majorité des députés est très hostile aux Bourbons et le petit peuple parisien ne leur est guère favorable.

Deuxième temps : se débarrasser de la Chambre des députés.

Celle-ci a désigné une commission exécutoire provisoire chargée de négocier avec les alliés et d'administrer le pays. Elle compte cinq membres : Fouché qui la préside, Carnot et Quinette favorables au duc d'Orléans, enfin Caulaincourt et Grenier fidèles à l'idée d'une régence de Napoléon II.

Pour occuper la Chambre, Fouché lui demande de rédiger une Constitution libérale qui sera, dit-il, imposée à l'acceptation du futur souverain.

Pour occuper La Fayette qui s'agite beaucoup, il l'envoie rendre visite aux alliés. Mais les souverains le renverront de général en général.

Puis, les mains libres, Fouché négocie le 3 juillet, avec Wellington et Blücher et avec l'appui de Davout, commandant en chef les troupes françaises, un armistice qui contient deux dispositions essentielles :
— les alliés respecteront les autorités actuelles de la France tant qu'elles existeront;
— l'armée française se retirera au-delà de la Loire.

L'armistice avait ainsi deux conséquences : la restauration ne pouvait se faire sans une négociation avec les « autorités actuelles » et la Chambre, perdant l'appui de l'armée, ne disposait plus d'aucune force sur laquelle s'appuyer.

Fouché restait maître du terrain et la Chambre cessait de jouer un rôle.

Troisième temps : écarter Orléans et Napoléon II.

Fouché a suggéré depuis plusieurs jours avec insistance une marche rapide du roi sur Paris, l'affirmation de ses droits souverains, une déclaration d'oubli et de pardon aux « Français égarés » et une attitude générale qui exclut la recherche de toute autre solution.

Quatrième temps : se faire accepter par Louis XVIII.

Fouché cependant évoque toujours les autres solutions pour son compte. Alors, le 6 juillet, Talleyrand conduit Fouché à la Maison de la Légion d'honneur à Saint-Denis où le roi attend le moment de faire son entrée solennelle dans Paris. Louis XVIII accepte de le nommer ministre de la Police, « le féal régicide, allait écrire Chateaubriand, à genoux, mit les mains qui avaient fait tomber la tête de Louis XVI entre les mains du frère du Roi-Martyr, l'évêque apostat fut la caution du serment... »

Cinquième temps : la restauration du roi.

Le 7 juillet, Fouché réunit la commission exécutive provisoire et lui annonce qu'elle doit cesser ses fonctions, le rétablissement de Louis XVIII était maintenant chose acquise. La scène est violente. « Traître où veux-tu que j'aille ? » lui crie Carnot. « Imbécile où tu voudras », répond Fouché.

Au même moment les troupes coalisées pénètrent dans Paris, occupent les Tuileries et enferment les députés.

Le 8 juillet, Louis XVIII fit son entrée dans la capitale. Les partisans de l'Empire demeurèrent silencieux et le ministre de la Police put apprécier le travail des brigades d'applaudissement qu'il avait savamment réparties sur le trajet du roi.

De ces temps de grands troubles, de ces cent jours dramatiques, Louis XVIII est revenu avec la conviction que le duc d'Orléans l'avait trahi, non seulement en ne le rejoignant pas à Gand, non seulement en s'exilant volontairement en Angleterre et en offrant l'image d'un autre avenir, mais en cherchant, semble-t-il, des appuis auprès du tsar et de la Prusse. Il n'existe sur ce point aucune preuve formelle mais des indices, des signes. Peut-être le roi en détenait-il la matérialité. C'est la seule explication de sa sévérité à l'égard du duc d'Orléans et de sa rancune « N'oublions pas qu'avant le retour de Sa Majesté de Gand, M. le duc d'Orléans s'est laissé offrir la couronne de France et souvenons-nous qu'il est le fils de Philippe Egalité... », devait écrire le marquis de Bonnay qui était à l'époque ministre de France à Berlin.

Ces soupçons étaient-ils fondés ou faut-il conclure avec M. de Chateaubriand : « Monsieur le duc d'Orléans ne conspirait pas de fait mais de consentement » ? La réponse est difficile mais il y a des situations où le consentement devient un fait.

CHAPITRE XI

LA PAIX DE TWICKENHAM
avril 1815-avril 1817

Le retour en Angleterre.

Alors que Napoléon commençait son règne de cent jours et que Louis XVIII, se dirigeant vers Gand, reprenait le chemin de l'exil, Louis-Philippe s'efforçait de gagner Londres. A défaut des honneurs du combat, il avait la satisfaction du devoir accompli et pris conscience d'une popularité, dont il aurait grand soin à l'avenir. Après avoir franchi la frontière, le 24 mars, et atteint Ypres, il chercha un navire pour passer la Manche. Lord Castlereagh, estimant qu'il désertait la cause du roi, lui refusa son aide. Aussi le duc envoya-t-il Camille de Sainte-Aldegonde demander au roi des Pays-Bas un bâtiment pour gagner l'Angleterre où l'attendait Marie-Amélie.

Cette dernière venait de vivre des heures douloureuses, et, comme elle le notera plus tard dans son journal, « le mois parmi les plus cruels de sa vie ». En effet, restée longtemps sans nouvelles de France, des événements et de son mari, elle avait caché, pour ne pas ajouter un surcroît d'inquiétude à celui-ci, une coqueluche de la princesse Louise, alors dans sa quatrième année, et avait dû assumer seule, les soucis quotidiens d'une famille en exil. A Douvres, le 23 mars, elle avait vu M. de Montalembert, secrétaire de la légation française à Londres, qui s'apprêtait à passer sur le continent et quelques autres de ses compatriotes qui l'avaient entretenue de nouvelles ayant toutes l'apparence de « ouï-dire ». Installée depuis le 25 mars, à l'hôtel Grillon, dans Albemarle Street, à Londres, elle reçut de nombreuses visites, dont celles de Lord Castlereagh, du duc de Kent, et celle du Prince Régent, le mardi 28 mars, « ... qui est resté trois heures avec moi et m'a témoigné le plus vif intérêt tant pour les affaires de France et le rétablissement du roi que pour mon mari en particulier ».

Marie-Amélie n'allait plus attendre longtemps celui dont elle entretenait l'altesse britannique. Camille de Sainte-Aldegonde, sa mission heureusement accomplie, put faire ses adieux au duc d'Orléans au port d'Helvoershey. Une corvette hollandaise, l'*Iris*, devait mener ce dernier à Harwich, où l'attendaient ses voitures. Mais si le temps était superbe, le vent excellent et le capitaine parfait, il n'en était pas de même du pilote, d'origine anglaise, et les voyageurs eurent la désagréable surprise de découvrir, non le port espéré, mais celui de Yarmouth dont l'accès était alors interdit aux vaisseaux de guerre. Contraints de croiser au large de la côte anglaise et par un vent contraire, ils finirent par jeter l'ancre, le dimanche 2 avril, dans la baie d'Alborough. Ce fut portés par les matelots et sous le triple hourra d'une foule accourue dès l'annonce de leur venue, que le duc d'Orléans et sa sœur débarquèrent sur cette plage du Suffolk. Le lendemain, lundi 3 avril, à six heures du matin, Marie-Amélie, dans sa résidence londonienne, avait « la consolation inattendue et inexprimable de voir entrer son mari bien-aimé et en bonne santé! ».

Pour Louis-Philippe ce nouveau séjour à l'étranger va être composé d'attentes, d'espoirs, et surtout de patience.

LA PAIX DE TWICKENHAM

Sans doute garde-t-il en mémoire les propos que lui a tenus Savary : « Voilà la branche aînée qui a fini. Bonaparte s'usera vite. Ce sera naturellement vous qu'on appellera; n'allez point dans les armées qui vont faire la guerre à la France; retirez-vous paisiblement en Angleterre et laissez faire le temps. » « L'usurpateur » est à nouveau installé en France, d'une façon qui, quoique précaire, n'en est pas moins évidente! Aussi, en avril 1815, Louis-Philippe s'inquiéta-t-il plutôt de trouver une résidence suffisamment importante pour loger une famille nombreuse et ceux qui l'accompagnaient. Londres ne convenant pas et la campagne anglaise offrant beauté, charme et salubrité, Marie-Amélie pu noter, le lundi 24 avril : « ... Je suis allée avec le duc à Twickenham pour voir plusieurs belles maisons de campagne : notre choix s'est fixé autant pour sa situation que pour sa distribution intérieure sur celle de M. Pocock (1). » C'est une demeure spacieuse meublée d'une façon simple et élégante, au milieu de pelouses qu'ombragent de grands arbres et que borde la Tamise, « ... une sorte de petit château d'un rouge assez vif, flanqué d'un pavillon hexagone et entouré de jolis arbres (2) ». L'endroit présentait aussi l'avantage d'être peu éloigné de Londres où le duc se rendait le plus souvent. Il se déplace d'ailleurs beaucoup, tantôt à Richmond, tantôt dans la capitale anglaise comme pour semer une piste. Il est en effet l'objet d'une étroite surveillance. La duchesse d'Angoulême, venant de Bordeaux, résidait alors chez l'ambassadeur de France, M. de La Châtre (3), et lui avait

---

(1) En 1852 Marie-Amélie fera l'acquisition de cette même maison, connue sous le nom d'*Orléans House*.
(2) Charles de Rémusat : *Mémoires*.
(3) Claude Louis de La Châtre, comte de Nançay (1745-1824), lieutenant-général des armées du roi, commandeur du Saint-Esprit, duc et pair héréditaire en 1817.

transmis l'ordre de Louis XVIII de le tenir renseigné sur les agissements de Louis-Philippe (1). « L'affaire est délicate; il n'y a pas assez de preuves pour sévir, il y a trop d'indications pour ne pas surveiller et craindre », écrivait l'ambassadeur au comte de Blacas. Pourtant les fréquentations du duc n'ont rien de révolutionnaire. Sans doute certains de ses amis appartiennent-ils à l'opposition anglaise, tels les Lords Holland et Brougham et le duc de Kent, aussi peu redoutables que les autres habitués. Dumouriez, sourd et âgé, distrait parfois les soirées de Twickenham par la lecture de ses Mémoires, activité innocente mais dont les agents font rapport.

Orléans House est l'objet de visites imprévues, telles celles d'Hercule de Polignac, et de M. de Montalembert, porteur d'une lettre où le roi signifie à son cousin l'ordre de se rendre à Gand, « ce qui nous a beaucoup ennuyés... », ajoute Marie-Amélie. Les plus ennuyés, pourtant, étaient les conseillers de l'entourage de Louis XVIII et de Monsieur. De Belgique, ils essayaient d'interpréter l'attitude du duc, recommandant avec bon sens au roi de ne pas s'exposer au grave reproche d'avoir provoqué l'invasion de la France, le suppliant aussi de se tenir éloigné des armées alliées pour ne pas sembler reconquérir son trône par « le moyen anodin d'un million de baïonnettes étrangères (2) ». Le refus de quitter l'Angleterre manifesté par le duc, relevait, on s'en souvient, de son désir de ne pas être identifié aux Bourbons dont il n'approuvait pas la politique et d'entretenir ainsi un sentiment favorable susceptible de

---

(1) Louis-Philippe avait adressé au congrès de Vienne deux mémoires pour expliquer les causes du renversement de la Maison de Bourbon en 1789 et en 1815, ce qui provoqua le très vif mécontentement de Louis XVIII qui appela auprès de lui, fin mai 1815, la duchesse d'Angoulême qui était de retour à Londres le 4 juin.
(2) Le duc d'Orléans à Sir Charles Stuart.

le porter sur le trône, *suprême ambition* qu'il confie ainsi au maréchal Mortier : « Je ne ferai pas tomber la couronne de la tête qui la porte mais si elle tombe, je la ramasserai! » Ce sera sa position pendant toute la Restauration.

En attendant, il écrit : « Je n'ai nulle envie de faire des déclarations et n'en ai d'autre que de me tenir tranquille dans mon coin tant que les événements ne m'appelleront pas à faire ce que je croirai utile et agréable... » Cette lettre de Louis-Philippe arriva probablement le jour même du désastre de Waterloo (18 juin)... Va-t-il alors jusqu'à la trahison ? Evidemment non, contrairement aux affirmations de ses adversaires. Pourtant « les Philippistes, qui n'avaient cessé pendant les Cent-Jours de pratiquer de nouvelles intelligences dans l'armée de Bonaparte, tâchèrent de tirer parti de Waterloo, de soulever les troupes et les anciens amis de Dumouriez (1)... ». Mais du seul fait de sa popularité, il apparaît déjà comme un recours dans la défaite. Le 22 juin, Soult mettait en garde l'Empereur : « Le nom d'Orléans est dans la bouche de la plupart des généraux et des chefs. Cela m'a paru d'une trop grande importance pour différer d'en instruire Votre Majesté. »

Voyages à Paris.

Quelques jours après, parvenait à Twickenham la nouvelle de l'abdication de Napoléon en faveur de son fils, information qui « nous a beaucoup occupés », précise Marie-Amélie, mais en réalité sans fondement.

Le 8 juillet devait marquer en effet le retour définitif à

---

(1) Cazeau de Vautibault : *les d'Orléans au tribunal de l'Histoire*, 1904, t. VII, p. 319.

Paris de Louis XVIII (1). Le dimanche 23 de ce même mois, la duchesse d'Angoulême quittait Londres. Trois jours plus tard, sa cousine restée à *Orléans House*, notait tristement : « J'ai eu la douleur de me séparer de nouveau du meilleur et du plus aimé des maris pour le voir aller sur un volcan de misères et d'horreurs qu'est en ce moment notre chère et malheureuse France : il est parti accompagné du comte de Sainte-Aldegonde et suivi de White, Giacomo et d'un serviteur anglais... » Le même jour, Louis-Philippe écrivait au vicomte de Chabot en lui donnant le motif de ce voyage : « ... Telle qu'une bombe lancée par un mortier je vais quitter Twickenham — la paix de Twick — pour tomber dans Paris agité. J'ai reçu de Paris nombre de lettres, qui toutes me pressent d'arriver au plus tôt. Ce n'est pas que le roi ait eu la condescendance de m'adresser une invitation ou de m'envoyer un message. Non, je dois toujours me tenir à Coventry (2). Ma lettre est restée sans réponse. Mais pour m'appeler à Paris, on a imaginé un procédé plus péremptoire; dans la liste des personnes dont les biens ont été délivrés du séquestre imposé par Bonaparte, mon nom a été omis. Je vais courir droit au Palais-Royal, si, comme je l'espère, le portier veut bien me laisser entrer!... »

En effet, pendant les Cent-Jours, tous les biens Orléans avaient été mis sous séquestre et le Palais-Royal avait eu un nouvel occupant en la personne de Lucien Bonaparte; ce dernier avait pu apprécier les récentes transformations apportées par le duc mais n'eut cependant pas le temps d'y ajouter une contribution personnelle, si vite dut-il quitter les appartements. « Lucien Bonaparte, aujourd'hui

---

(1) Cf. chapitre x.
(2) « Envoyer à Conventry » est une locution familière anglaise qui pourrait se traduire par l'expression française « mettre en pénitence ».

bon à filer », pouvait-on lire sur les portes. Louis-Philippe avait une autre appréhension : il savait que la France était dans une période infiniment plus difficile que celle qu'elle avait connue l'année précédente. Les princes avaient perdu tout crédit tant auprès des souverains étrangers qu'auprès de la population française (1). L'opinion était partagée entre ceux qui avaient abandonné la cause royale pour l'aventure des Cent-Jours et ceux qui triomphaient aujourd'hui et réclamaient des sanctions. Le gouvernement central, à peine réinstallé à Paris, était trop faible pour sévir contre ses partisans les plus activistes et trop impuissant pour frapper ses adversaires. Pendant un temps la situation demeura incontrôlable. Des régions entières, en particulier dans le midi de la France, furent livrées à la fureur partisane.

C'était donc une France divisée que Louis-Philippe s'apprêtait à retrouver, et comme il le précisait dans une lettre : « ... Je ne veux faire qu'un court voyage. La duchesse, ma sœur, les enfants restent ici, tant que je n'aurai pas vu quelle tournure prennent les choses. Je les vois très en noir, avec de grosses convulsions prochaines. De Paris, je vous écrirai ce qui en est; ou si je n'ai pas le temps d'écrire, ces dames vous feront savoir ce que je pense. J'ai pris mon passeport aller et retour comptant bien revenir, si je le peux, sans délai... »

Dès son arrivée à Paris, il note pour Marie-Amélie (2) : « Palais-Royal — Je suis arrivé hier, ma chère amie, à neuf heures du soir et j'ai dû m'arrêter deux heures, afin d'éviter l'événement qu'aurait peut-être fait mon entrée en plein jour, les curieux, les visites, etc., etc. — déjà ce matin, le siège ne me laisse pas respirer, j'ai

---

(1) Cf. chapitre x.
(2) Lettre du 29 juillet 1815.

écrit au roi (1) en arrivant, mais je n'ai eu Raoul (2) pour la porter qu'à onze heures, le roi m'a envoyé chercher tout de suite, et m'a reçu à merveille, tout de grâce et de bonté, pas un mot d'aigreur. Ce matin, je vais faire les autres visites, Monsieur, Madame, M. le duc de Berry, ma mère; ma tante arrive ce soir.

Je me suis campé dans l'appartement de ma sœur qui est plus commode pour un établissement de garçon et tu sais bien, ma chère amie, que je n'en fais pas d'autre, quant à présent. »

Deux jours plus tard, il informait Marie-Amélie qu'il lui faisait parvenir une cassette en bois de chêne, contenant « ses papiers les plus précieux », et qu'elle aurait confiée le soir de son départ précipité de Paris, le 12 mars précédent. Il ajoutait avoir vu les deux empereurs, le roi de Prusse, le prince d'Orange, « *All very gracious* »... Il notait « une longue conversation avec le duc de Wellington qui est très bien à mon égard et très ennuyé de la voltige ». Il évoque ses rencontres avec Lord Castlereagh et le prince de Talleyrand. Cependant, la visite la plus importante restait celle qu'il fit aux Tuileries...

« Le roi m'a dit :

— Il a couru bien des bruits sur votre compte, et vous

---

(1) Sire,
Je m'empresse d'avoir l'honneur d'informer Votre Majesté que je viens d'arriver à Paris. Je vous supplie, Sire, de me permettre d'aller vous faire ma cour demain, et j'attends vos ordres au Palais-Royal. Que Votre Majesté daigne agréer avec bonté, l'hommage de mon profond respect et de tout mon dévouement.

                    Sire,
                      de Votre Majesté, très humble,
                      très obéissant et très fidèle sujet
                      et neveu
                              sig. L.-P. d'O.

Paris, 28 juillet 1815.
(2) Raoul de Montmorency.

avez sagement fait de ne pas en prendre connaissance, j'en ai fait autant de mon côté, il n'y avait pas autre chose à faire...

Je lui ai répondu :

— Sire, je n'ai jamais vu que des déclarations et des protestations persuadassent personne, et quant à moi, ce n'est pas par là que je juge les hommes, pas plus que par leurs opinions. Je les juge par leur conduite et par la teneur de toute leur vie. C'était par cela que je désirais que Votre Majesté me jugeât. Tout le reste n'aurait servi qu'à une discussion inutile et à envenimer ce qu'il fallait calmer en la dédaignant.

— Vous avez raison, reprit le roi, vous voyez que j'en ai fait autant de mon côté. C'est mon système au moral et au physique, car quand un cousin me pique, je ne me gratte jamais, de peur qu'il n'y vienne une enflure et que cela ne s'envenime... »

Enfin, Louis-Philippe précisait qu'il n'avait pas eu l'occasion de voir le duc d'Otrante. Il est vrai que celui-ci était à la veille de son mariage avec la belle Ernestine de Castellane, qu'il épousait le 1er août, à minuit, en l'église de l'Abbaye-aux-Bois.

Ces lettres parvenaient à leur destinataire, heureuse de savoir le duc « très bien reçu par le roi et par tous (1) »... Une nouvelle missive devait la renseigner sur l'atmosphère de Paris, l'ambiance des Tuileries, l'état de la France, que le duc qualifiait de terrible : « ... Le Midi est en feu..., il a péri cinq à six cents personnes qui ont été massacrées, cinquante maisons de négociants protestants ont été pillées et en cendres, actuellement les forcenés courent les campagnes, égorgeant les protestants et saccageant leurs maisons. Les protestants se réfugient dans les Cévennes, et s'y

(1) *Journal* de Marie-Amélie : mercredi 2 août 1815.

LOUIS-PHILIPPE ET LOUIS XVIII

mettent en défense comme sous Louis XIV. Aussi les protestants des Cévennes invoquent à grands cris les Alliés de venir les protéger de la nouvelle Saint-Barthélemy qu'on leur fait subir... Si ce gouvernement-ci ne prend pas de force, je doute qu'il dure, et il va y avoir une anarchie qui fait frémir... »

Au milieu de cette agitation et de ces alarmes, le duc d'Orléans gardait sa lucidité pour tout ce qui concernait « ses malheureuses propriétés ». A leur sujet, il consulta le baron Louis qui lui répondit : « ... Nous sommes un gouvernement sans avoir rien à gouverner, je suis pour ma part un ministre sans finances, le ministre de l'Intérieur n'a plus de préfets (1), et le ministère des Affaires étrangères n'a plus d'ambassadeurs... » Les provinces étaient alors dans un désordre indescriptible, les troupes pressurant les villes occupées et les autorités alliées s'ingérant jusque dans le détail des affaires locales. L'Europe tout entière prenait sa revanche des humiliations que Napoléon lui avait fait subir, et faisait payer chèrement à la France vingt années de défaites. « Paris est le même qu'à l'ordinaire, écrivait Louis-Philippe (2), excepté qu'il est rempli de militaires étrangers »... et que les gens « ont l'air bien plus sombres qu'à l'ordinaire »... ce qui ne saurait surprendre car, outre l'occupation, il y avait une grande pénurie de vivres et de provisions provoquant heureusement le départ de la capitale d'une partie des troupes étrangères : « J'ai entendu, entre minuit et une heure, une grosse colonne de cavalerie qui passait sur la place du Palais-Royal. Je me suis relevé pour la voir. C'était la cavalerie anglaise toute en manteaux blancs qui partait

---

(1) Quelques préfets avaient même été déportés en Russie.
(2) Lettre à Marie-Amélie du 3 août. Cf. annexe.

LA PAIX DE TWICKENHAM

pour la Normandie... » Et Blücher, le vainqueur de Waterloo, après avoir été dissuadé par Wellington de fêter sa victoire par l'explosion du pont d'Iéna, se consolait en ordonnant à la ville de Rambouillet « de lui fournir pour aujourd'hui (le 3 août) un petit dîner de huit cents couverts, afin de célébrer le jour de naissance du roi de Prusse ! ».

Un million deux cent mille soldats étrangers dont trois cent dix mille Prussiens, trois cent vingt mille Autrichiens, deux cent cinquante mille Russes pillaient et saccageaient la France : « Nous avons conquis la France, dit Canning à Mme de Staël, la France est notre conquête et nous voulons l'épuiser tellement qu'elle ne bouge plus de dix ans ! » A la générosité de 1814 succédaient les brutalités de 1815, c'était le prix des Cent-Jours.

Tout cela contribuait à créer une atmosphère de haine, de violence, quand ce n'était pas l'indifférence d'une population lasse et désabusée ! Louis-Philippe en était conscient et se réjouissait d'avoir laissé sa famille en sécurité en Angleterre. Il alla voir Monsieur, qu'il trouva au lit « pour un bobo à un doigt de pied » à la suite d'un coup de sabot de cheval. Le comte d'Artois, tout en se montrant de bonne humeur et « gracieux », déplorait que le roi ne songeât pas à calmer les esprits avec des « pompes de sang ».

C'était l'époque où Monsieur, dont Gérard avait terminé le portrait en tenue de carabinier, se faisait peindre « dans l'habit de l'ordre du Saint-Esprit ». Le même artiste exécutait celui de Louis-Philippe dont « ... la tête en est faite et superbe, il (le peintre) n'avait pas les habillements qui sont restés tout ce temps dans cette armoire où ma sœur n'a pas su les trouver. Je lui donnerai séance samedi. La gravure de celui en habit noir est presque faite (1) ! ».

(1) Lettre de Louis-Philippe à Marie-Amélie, 3 août 1815.

LOUIS-PHILIPPE ET LOUIS XVIII

Le séjour parisien du duc ne devait pas se prolonger plus que le temps nécessaire au règlement de ses affaires. Sa cour faite, la remise en possession de ses biens assurée dans de bonnes conditions, et les instructions une fois données à son conseil de gestion des biens apanagers, il était prêt à repartir de Paris à la veille de l'exécution du général de La Bédoyère (1). Le dimanche 20 août, Marie-Amélie avait « ... la consolation de me retrouver dans les bras du meilleur et du plus aimé des maris »... « puis j'ai vu le baron Raoul venu avec lui »...

Sans doute, Louis-Philippe voulut-il oublier ses inquiétudes et les tristes impressions ressenties lors de son voyage en France, car quelques jours plus tard, il partait pour Oxford avec la duchesse d'Orléans et Madame Adélaïde, cependant que leur parvenaient des nouvelles de Naples.

Louis XVIII avait tenu parole et ses instructions à Talleyrand partant pour le congrès de Vienne unissaient l'intérêt familial à celui de la nation. « En Italie, c'est l'Autriche qu'il faut empêcher de dominer, en Allemagne c'est la Prusse... » « ... Les points qui importent le plus à la France sont ceux-ci :

1° Qu'il ne soit laissé à l'Autriche aucune chance de pouvoir faire tomber entre les mains d'un prince de sa maison, c'est-à-dire entre les siennes, les Etats du roi de Sardaigne, qui sont contigus à la France;

2° Que Naples soit restituée à Ferdinand IV;

3° Que la Pologne entière ne passe point et ne puisse point passer sous la souveraineté de la Russie;

4° Que la Prusse n'acquière ni le royaume de Saxe, du moins en totalité, ni Mayence (2)... »

---

(1) Les douze soldats qui en furent chargés reçurent chacun une gratification de 3 francs, que dut verser la veuve.
(2) Instructions de Louis XVIII à Talleyrand pour les négociations du congrès de Vienne.

LA PAIX DE TWICKENHAM

Il s'agissait de retrouver ainsi un nouvel équilibre en limitant l'influence des grandes puissances : la Russie, l'Autriche, la Prusse, dans les différentes régions d'Europe et en particulier en Méditerranée. Les arrière-pensées de tous sont nettes : il faut éviter que l'Autriche ne place l'Italie et le royaume des Deux-Siciles sous sa dépendance. Son influence deviendrait trop grande si l'accord de Vienne avec Murat devait être consolidé. Il convenait donc d'établir un rapport de force nouveau et équilibré en Méditerranée entre l'Angleterre, l'Autriche et les royaumes affaiblis d'Espagne et de France. Cet objectif supposait la restitution de Naples à Ferdinand. Les négociations prenaient lentement ce chemin lorsque le débarquement de Bonaparte, le 5 mars à Golfe-Juan, décida Murat bien conscient de ce qui se tramait, à engager les hostilités avec l'armée autrichienne en appelant l'Italie entière à se soulever et à se libérer. Après quelques premiers succès, il devait échouer à Tolentino le 2 mai 1815 et s'enfuir de Naples pour gagner Cannes le 19 mai. Une folle tentative pour reconquérir son royaume se solda par son exécution le 13 octobre 1815 (1). Depuis plusieurs mois le roi Ferdinand avait repris possession de Naples, ce dont se réjouissait Marie-Amélie qui gardait forte son affection pour la terre natale malgré la sérénité de la vie à Twickenham. Cette quiétude allait être interrompue, le jeudi 21 septembre, par la réception d'une lettre de Louis XVIII, invitant

---

(1) Au sujet de la fin de Murat : « ... Il est certainement bien satisfaisant pour moi de voir mon cher et respectable père, délivré d'un aussi juste sujet d'inquiétude, mais j'ai éprouvé en même temps une espèce d'horreur, en pensant que cet homme, guidé par la folie, a été finir comme assassin dans ce même pays, où six mois auparavant, il commandait encore en roi... »
(Lettre de la duchesse d'Orléans sur la mort de Murat) Twickenham, 20 novembre 1815.

le duc à se rendre à Paris, pour l'ouverture des Chambres. Celui-ci s'empressa d'obéir et partit le lendemain, accompagné des barons de Grave et Athalin.

Ce fut, de nouveau, un séjour décevant. Invité à siéger à la Chambre des pairs, Louis-Philippe, le 13 octobre, intervint sur le projet d'adresse au roi concernant le châtiment des délits politiques. La Chambre était partagée entre ceux qui souhaitaient que les manifestations séditieuses fussent considérées comme des crimes et déférées non aux cours d'assises mais à des juridictions d'exception, et ceux qui estimaient que la répression devait être laissée à l'appréciation du gouvernement et à la clémence du roi.

Le duc d'Orléans se rallia à ce dernier point de vue et soutint le ministère.

« — Nous sommes juges éventuels, dit-il, nous ne devons point prendre parti. Laissons le roi agir comme il lui plaira, d'après la Constitution »... et il demandait « ... la suppression de tout le paragraphe relatif aux crimes politiques ». Huit voix, dont celles du président du Conseil, le duc de Richelieu, et du garde des Sceaux, M. de Barbé-Marbois, appuyèrent sans succès sa motion. Cet acte d'indépendance « venant d'un prince de sang fut mal apprécié. Toute une campagne s'organisa contre lui, ses relations, ses manœuvres, ses ambitions... ». Le duc d'Orléans « ... a toujours une attitude mixte et obscure, et comme dans les principales séances de la session, il avait paru chercher la popularité en opposition avec les opinions que Monsieur avait manifestées, il a été décidé que les princes ne signeraient plus aux séances et par conséquent ne prendraient plus part aux délibérations (1) ».

Louis-Philippe devait repartir pour l'Angleterre et pour un exil qui allait durer près de deux ans.

(1) Marquise de Montcalm, *Journal*, 14 octobre 1815.

LA PAIX DE TWICKENHAM

La paix de Twick.

Le samedi 21 octobre suivant, le matin de fort bonne heure, Marie-Amélie fut réveillée par des cris dans le jardin. La première émotion passée, elle eut la joie de reconnaître la voix du « plus cher et du meilleur des maris ». Celui-ci, l'après-midi même, alla voir le Prince Régent pour lui faire part de ses inquiétudes devant ce qu'il avait vu à Paris. Il voulait aussi donner à son absence de France une apparence d'exil et s'attacher à favoriser une popularité dont il avait besoin dans son pays d'accueil, à défaut de celle qu'il n'avait pu imposer dans celui qu'il venait de quitter. Et pendant que l'on arrêtait le maréchal Ney, en faveur duquel d'ailleurs Louis-Philippe, sur une prière de la maréchale, allait intervenir auprès du Prince Régent (1) et que Louis XVIII signait le traité du 20 novembre 1815 qui humiliait la France par l'abandon de places fortes importantes, un droit d'occupation de cinq ans et une lourde indemnité de sept cents millions, Louis-Philippe se dépensait en visites et en réceptions. Il participe ainsi au banquet donné à Londres, par le lord maire, le jeudi 9 novembre, et dont Marie-Amélie donne un compte rendu avec toute la fierté séante à une épouse : « Le duc s'est habillé pour le dîner du lord maire. Le duc est revenu à 2 heures. Il y avait plus de mille personnes au dîner, le bal a été ouvert par un menuet dansé par le duc de Gloucester avec la fille du maire. Ce nouveau maire est un négociant en bois nommé M. Wood. Il a fait un compli-

---

(1) Lettre de Louis-Philippe à la maréchale Ney, 24 novembre. Cette dernière se recommandait de la bienveillance que le duc leur avait montrée l'hiver précédent : le 29 décembre 1814 le maréchal et son épouse dînaient au Palais-Royal.

ment au duc en buvant à sa santé. Un alderman nommé Goodbaker a pris le duc par la main en lui disant : " Je vous estime et je vous aime parce que vous êtes un ami de la liberté. " Il n'y avait au dîner aucun ministre, ni du pays, ni de l'étranger, parce que le maire est de l'opposition... »

En cette fin d'année 1815, la vie à Twickenham s'était organisée autour des envois de France : journaux, lettres qualifiées parfois de déplaisantes; arrivage de hure, dindes, poires, ou pour satisfaire les appétits de l'esprit, des caisses de livres...

Louis-Philippe maintenait son désir de demeurer en Angleterre : « Quant au voyage, malgré les ordres du courrier, je persiste à n'en pas être d'avis : si les amis des ministres désirent que je revienne, j'y suis tout disposé, mais il faut faire autre chose que ce qu'ils font. *Quand la conduite du gouvernement est telle que je dois être en opposition*, j'aime mieux être absent. Pour que ma présence pût être utile, il faudrait deux choses, la première que j'eusse part à la confiance du roi, la seconde que la conduite de son gouvernement fût de nature à ce que je puisse la seconder et la soutenir dans la Chambre. Or il n'est rien de tout cela, et mon séjour à Paris ne ferait que me placer en opposition avec le roi et le parti dominant, m'attirer une guerre d'opinion dont je n'ai que faire, des attaques du parti dominant et toutes sortes de malignités. *I am better away as long as there is no imperious call for my return.* Si le duc de Richelieu désire mon retour, il n'a qu'à redevenir constitutionnel, et j'arriverai avec grand plaisir (1). » Un débat qui s'était ouvert dans la presse anglaise sur l'incapacité des Bourbons et l'éventualité de

---

(1) Lettre de Louis-Philippe au comte de Puisaye, 25 décembre 1815.

son accession au trône lui paraissait rendre encore plus inopportun un retour en France. « ... Une polémique odieuse s'est allumée à mon sujet par ce malheureux article de l'*Edinburgh Review* (1). Le *Courier* a fait 2 articles, *le Times* un autre, à présent voilà le *Chronicle* qui en a fait un aussi... »

Cependant, la paix de Twick était bien une réalité, et, comme le notait Marie-Amélie, en ce dernier jour de 1815 : « ... La nuit de mon départ furtif de Paris a été une des époques les plus douloureuses, anéantie après le voyage le plus pénible, tourmentée par la santé de Louise, inquiète du sort de mon mari. Ma santé en a été altérée et c'est seulement dans la tranquille solitude de Twickenham que je me suis remise. Mais les agitations pour le sort de la France, les deux voyages de mon mari à Paris, la calomnie qui ne cesse de le persécuter ont été et sont encore une source continuelle d'inquiétudes... » La calomnie de la Cour et des ultras est un mot souvent entendu dans l'entourage du duc. Elle porte sur son absence ou sa présence, sur ses « trahisons », ses ambitions, sur le présent et sur l'avenir, sur ses hésitations et ses incapacités ou au contraire son habileté, ses manœuvres secrètes. Exaspéré,

---

(1) *Edinburgh Review*, octobre 1815, tome XLIX. Cet article consacrait le duc d'Orléans comme le seul candidat possible au trône de France avec les avantages que cette situation apporterait... « ... Nous sommes ici, continuait la revue, de simples narrateurs. Dans notre opinion, en effet, ce que la France aurait de mieux à faire, ce serait de ne point se jeter dans les hasards d'une nouvelle révolution, et de se borner à peser sur sa dynastie et sur son gouvernement pour leur imposer des mesures libérales. Mais si la France, comme cela est probable, n'est pas de cet avis, et si elle renverse le roi Louis XVIII pour mettre sur le trône le duc d'Orléans ou tout autre, l'Angleterre doit garder une stricte neutralité. Le duc d'Orléans, après tout, vaudrait mieux que Louis XVIII, et donnerait à la paix générale de l'Europe plus de garanties. »

LOUIS-PHILIPPE ET LOUIS XVIII

Louis-Philippe va tenter de se justifier et en tout cas de protester en rendant public le manifeste suivant :

« Exposé de la conduite de S.A.S. le duc d'Orléans.

Sollicité de revenir à Paris, je crois devoir donner manifestation du motif qui me retient dans la retraite que j'ai choisie. Le soin du maintien de l'ordre en France, et celui de ma réputation et de ma tranquillité me font une loi de rester éloigné, tant que je me verrai l'objet d'une attention, que je ne veux pas accréditer. Mes principes invariables m'ont attiré l'estime du parti constitutionnel; et malgré toute ma réserve, cette estime paraît être un sujet d'inquiétude pour le gouvernement. Je sais qu'il a fait expresse défense d'étaler la gravure de mon portrait, qui se trouvait chez les marchands avec tous ceux de la famille royale; et quand je reçois pressante invitation de revenir, j'ai de la peine à concilier ce désir du retour de la personne avec l'appréhension de son image. Je suis père; et mes enfants ne retourneront point en France, avant qu'une parfaite sécurité y soit rétablie. La faction de Bonaparte et celle des républicains y ont encore de trop profondes racines, pour ne pas laisser craindre des conspirations, de nature à renouveler les dangers; et tant que les puissances alliées croiront nécessaire de conserver des troupes sur nos frontières, pour en préserver, il sera bien démontré que la crainte de ces dangers subsiste. Je les braverais pour moi-même, si je pouvais croire ma présence utile; mais je la juge au contraire nuisible à l'intérêt général. La calomnie ne manquerait pas de prêter des motifs à mes voyages : mon éloignement la condamne au silence. Ma place naturelle est dans le sein de ma famille : c'est donc là que je suis résolu de la fixer; et j'y attendrai le terme des agitations, qui peuvent encore troubler la

LA PAIX DE TWICKENHAM

France, faisant chaque jour des vœux, pour que le système constitutionnel, fermement établi, éteigne l'espoir des deux factions, et me permette d'aller, avec tout ce qui m'est cher, porter le libre langage du pair, offrir le cœur, ou le bras du prince, et renouveler l'hommage de l'inébranlable fidélité du sujet. »

L'année 1816 commençait pour le duc d'Orléans dans le cadre paisible qu'il avait choisi. Il avait exposé les motifs qui le retenaient en Angleterre. Il avait démenti les « rumeurs » selon lesquelles Castlereagh lui aurait proposé un retour en France, suivi de son accession au trône à la faveur d'un mouvement populaire soutenu par les Anglais. Malgré les démarches du gouvernement français, justement inquiet de cet exil volontaire, au nom de la sécurité de sa famille Louis-Philippe demeurait dans son *old Twick*, refusant de participer même de loin à la vie politique française. « ... De tous les côtés, écrit-il à son ami le comte de Chabot, on ne voit que de la tristesse et des malheurs. Dans quel margouillis ils se sont campés là! Je bénis le Ciel, *morning, noon and night*, d'être dans ma paisible retraite *in old Twick on the banks of the Thames*. Je serais charmé, ainsi que tous les miens, de retourner à Paris, si nous avions la perspective d'y être tranquilles; mais aujourd'hui ce ne serait encore que pour être le point de mire des amis et des ennemis, et cette situation-là n'a rien d'attrayant pour moi. Cependant je n'ai pas encore décidé si ma femme ferait ses couches ici ou à Paris et c'est ce que je dis à tout le monde; mais à vous, je vous dis que je suis à peu près décidé à ce qu'elle les fasse ici... »

Il avait aussi la satisfaction de voir se relâcher la surveillance policière dont il était l'objet grâce à l'intervention bienveillante du nouvel ambassadeur de France à Londres, le marquis d'Osmond (1). Par les gazettes il apprend le 18 janvier 1816 qu'il existe un projet à la Chambre des députés « de déclarer le roi incapable de régner et de donner la régence au duc d'Angoulême (2) ». La situation en France paraissait en effet s'aggraver : « Nous avons reçu les lettres de Paris, du 25 janvier : elles sont tristes, mais ne donnent pas de grandes nouvelles. Elles parlent cependant de l'intention des députés de faire une motion pour appeler la Maison d'Espagne à la succession au trône de France, de préférence à la nôtre. Les gazettes anglaises donnent la nouvelle que, le 27, les troupes anglaises ont évacué entièrement Paris, qu'il y a des troubles sérieux à Lyon (3) et qu'il y a des escarmouches entre l'Autriche et la Bavière. » Un mois plus tard, il était question d'une nouvelle guerre entre l'Autriche et la Russie, enfin, « ... Il paraît que le nom de mon mari, écrivait Marie-Amélie, donne beaucoup d'inquiétude aux pairs et aux Anglais. Généralement, on cherche à répandre le bruit qu'il est faible et indolent... (4) » Deux qualificatifs semblait-il, que le duc par précaution se prêtait à entretenir dans les esprits, alors que toute son attention était portée aux « affaires de France ». Il n'était pas sans savoir les alarmes qui agitaient le gouvernement, les mesures de rigueur qui étaient prises, le nom de Napoléon II ou le sien évoqués

---

(1) « Avant l'arrivée de mon père, la sottise courtisane de M. de La Châtre l'avait entouré d'espions à gages qui empoisonnaient ses actions les plus innocentes et le tourmentaient de toutes façons. » Mme de Boigne : *Mémoire*, t. II.
(2) *Journal* de Marie-Amélie, 1816.
(3) « ... Monseigneur dont le pied-à-terre est précisément dans l'hôtel que j'occupe m'a procuré le bonheur de calmer les craintes que lui inspiraient les bruits répandus des prochains mouvements de troupes en France et des marches des alliés sur Paris... » Lettre du marquis d'Osmond au duc de Richelieu (28.1.1816).
(4) *Journal* de Marie-Amélie, 24 février 1816.

sans cesse. La modestie et au besoin la médiocrité lui paraissaient un jeu nécessaire.

Cette discrétion était d'autant plus recommandée qu'il se savait surveillé même dans la gestion de sa fortune et de ses propriétés. Il esquivait le contrôle en faisant parvenir ses lettres par l'intermédiaire du ministère des Affaires étrangères britannique, jusqu'au jour où M. Hamilton, secrétaire de ce ministère, lui fit signifier courtoisement par M. d'Osmond d'avoir recours à l'ambassade de France pour éviter tout soupçon d'action politique.

A la mi-février 1816, une rumeur agite Twickenham. « ... Le bruit court que le roi aurait écrit au duc pour l'inviter à retourner... », invitation qui pouvait se concevoir car on allait bientôt annoncer à Paris la nouvelle officielle du mariage du duc de Berry avec la jeune Caroline de Bourbon-Sicile, nièce de Marie-Amélie. Le marquis d'Osmond, chargé d'annoncer officiellement cette union à Louis-Philippe, en écrit au duc de Richelieu le 5 avril 1816 : « Je crois que (le duc d'Orléans) sera fort heureux d'aller en France quand on l'invitera à la noce... » La duchesse d'Orléans attendait alors son cinquième enfant, ce que Louis-Philippe annonça à Louis XVIII en lui demandant conseil sur les arrangements à prendre pour le futur prince. Ce fut une princesse, qui naquit prématurément le 28 mars, « longue de vingt pouces et pesant sept livres » (1). La

---

(1) « ... Arrivé aujourd'hui à Twickenham où j'étais appelé par la nouvelle de l'accouchement de Son Altesse Madame la Duchesse d'Orléans, je n'ai que le temps d'annoncer à Votre Excellence que cette Princesse a mis au monde, hier, à cinq heures un quart, une fille qui doit porter le nom de Mademoiselle de Montpensier conformément aux ordres de Sa Majesté. Le prochain courrier portera à Votre Excellence l'ampliation du procès-verbal et l'acte de naissance dressés par un de mes secrétaires d'ambassade... » (Lettre du marquis d'Osmond au duc de Richelieu, 29 mars 1816.)

LOUIS-PHILIPPE ET LOUIS XVIII

nouvelle venue complétait une « Maison » dont les habitants, outre la famille d'Orléans, se composait ainsi : « ... La comtesse de Vérac, dame d'honneur de la duchesse d'Orléans, Madame de Montjoie... attachée à Mademoiselle. Raoul de Montmorency et Camille de Sainte-Aldegonde, aides de camp de Monsieur le duc d'Orléans, se partagent entre la France et Twickenham. M. Athalin y résidait à poste fixe... La gouvernante des princesses et l'instituteur de M. le duc de Chartres, M. du Parc, homme de mérite, complétaient les commensaux de cet heureux intérieur. On y menait la vie la plus calme et la plus rationnelle... » et « si on y conspirait, c'était assurément à bien petit bruit et d'une façon qui échappait même à l'activité de la malveillance (1) ».

S'il n'était guère question de conspiration il y avait en revanche beaucoup de visites (2). Les espions en rendent compte scrupuleusement même lorsqu'il s'agit de l'ambassadeur de France, M. d'Osmond, et de sa fille, Mme de Boigne, du Prince Régent, de la princesse Charlotte, du duc de Kent. L'agent chargé de la surveillance rapporte, par exemple, très sérieusement, le 13 avril, la visite de l'ambassadeur napolitain, le prince de Castelcicala, venu apporter des dépêches, et qui, après avoir passé la journée à Twickenham, n'en repartit qu'à 10 heures du soir, accompagné jusqu'à deux milles après Richmond, par Louis-Philippe à cheval et avec une escorte de quatre

---

(1) *Mémoires* de Mme de Boigne, t. II.
(2) Et l'ambassadeur de France s'en préoccupait : « Monsieur le Duc d'Orléans, très vif dans l'opposition et fort disposé à accueillir les gens à tête vive, pourrait devenir fort incommode à Paris. — Malgré le secret qu'il avait demandé, je crus convenable d'en parler à Lord Castlereagh chez lequel je dînai dimanche et qui me parut sensible à cette marque de confiance. » (Lettre du marquis d'Osmond au duc de Richelieu, 6 février 1816.)

domestiques bien armés, avec lesquels « le duc s'est entretenu très familièrement pendant tout le chemin », note le surveillant. Vers la même époque, un autre rapport signale l'existence d'une imprimerie qu'il a fait installer dans une maison dépendant de sa demeure. Deux ouvriers compositeurs anglais, ignorant la langue française, y impriment trois ouvrages : *Justification de Charles-Philippe d'Orléans..., Droits de la branche d'Orléans au trône de France*, et, enfin, tiré à cent exemplaires *Mon Journal de mars 1815...* Ces ouvrages à très faible tirage sont distribués à des amis, à des défenseurs pour expliquer l'attitude souvent mal comprise de Louis-Philippe pendant les Cent-Jours, ou pour justifier son refus de rentrer en France. Il poursuit les mêmes objectifs dans de petites déclarations ou lettres circulaires :

« Mon séjour en Angleterre est fondé sur l'impossibilité d'avoir en France une attitude que je puisse concilier avec mes devoirs envers le roi, mon rang dans l'Etat et mes opinions. Tout le monde s'accorde à dire que la retraite est la seule attitude qui me convienne pendant le malheureux tapage qui se fait à Paris et en France. Je sais très bien malheureusement que le roi n'a ni besoin, ni désir de mes services, mais je vous avoue que je crains les commissions inexécutables, gauches, etc. etc. telles que celles dont j'ai été affublé et menacé au mois de mars. Je ne veux pas recommencer le voyage de Lyon, ni celui de Monsieur le duc de Bourbon dans la Vendée, et je vous réponds qu'il n'en est pas plus tenté que moi. Or je ne vois point de retraite plus convenable, plus commode et plus *signified* que celle où je suis ici (1)... »

Il observe pendant les mois suivants les termes de cette protestation de non-ingérence dans la vie politique, mais

---

(1) Déclaration du 16 avril 1816.

un événement imprévu le contraint à intervenir publiquement. En effet, alors qu'à Londres il assistait, accompagné de Madame Adélaïde, au mariage de la princesse Charlotte de Galles avec Léopold de Saxe-Cobourg (1), Marie-Amélie encore trop faible et restée à Twickenham, lisait des lettres « parlant d'une crise menaçante et des intentions de la Russie de mettre le prince d'Orange sur le trône de France », bientôt suivies de nouvelles plus graves encore.

L'affaire Didier.

Dans la nuit du 4 au 5 mai 1816, partant du village de Quaix près de Grenoble, une petite foule de demi-solde et de paysans armés de gourdins et de vieux fusils s'avança, au son du tambour et en criant « Vive l'Empereur », sur la capitale du Dauphiné où elle voulait proclamer la régence de Napoléon II. Le général Donnadieu, qui commandait la place, rassembla à la hâte quelques troupes. Une seule décharge suffit, on ramassa six morts et le reste s'enfuit ou fut capturé. Le 9 mai, une commission militaire prononça 21 condamnations à mort.

Louis-Philippe, contrairement à ce que l'on a dit et parfois cru, n'était en aucune manière concerné par ce complot qu'il ignorait entièrement. Mais par la personnalité même de son auteur, Jean-Paul Didier, et ses déclarations, il allait s'y trouver compromis.

Jean-Paul Didier, né à Upie dans la Drôme, le 25 juin 1758, avait été avocat au Parlement de Grenoble avant

---

(1) La princesse Charlotte mourait un an plus tard. Léopold, devenu roi des Belges, devait épouser le 9 août 1832 la princesse Louise, fille de Louis-Philippe.

la Révolution. Promoteur avec Barnave et Mounier de l'assemblée de Vizille, il appelle de ses vœux la Révolution, monte à Paris, adhère au club des Jacobins où il rencontre le jeune Louis-Philippe d'Orléans alors duc de Chartres. La chute du trône, le sort de Louis XVI le bouleversent, lui qui rêve de liberté dans une monarchie constitutionnelle et il s'offre à défendre le roi. Après le 21 janvier, il part pour Lyon, participe à l'insurrection de la ville, s'échappe avant son effondrement, court à Bordeaux puis à Marseille, s'engage dans les « Fédérés du Midi ». Sa tête est mise à prix et Collot d'Herbois le dénonce comme l'un des plus dangereux ennemis de la République. Contraint d'émigrer, mais ami de Fouché, de Talleyrand, de Cambacérès, de Chaptal et de Portalis, il obtient de rentrer sous le Directoire. Changeant une nouvelle fois de doctrine, il rédige en 1802 une brochure *De la Religion* qu'il dédie à Bonaparte et qui lui vaut la chaire de droit à l'Ecole de Grenoble. Il a conservé toutefois ses amitiés monarchistes et continue à correspondre de temps à autre avec l'émigration. Il renoue avec Louis-Philippe lorsqu'il apprend sa présence à Palerme. Ce qui ne l'empêche pas de solliciter et d'obtenir de l'Empereur l'ouverture de crédits pour la construction de la route de France en Italie par le mont Genèvre et des fonds pour le dessèchement des grands marais situés entre Lyon et Bourgoin. A la fin de l'Empire, il se ruine dans des affaires spéculatives et en 1813 envisage d'émigrer et de rejoindre Louis-Philippe à Palerme. A la Restauration, ses sentiments royalistes se réveillent et il sollicite avec succès de Louis XVIII une nomination au Conseil d'Etat et une place de conseiller à la Cour de cassation. Mais il s'insinue surtout auprès de Louis-Philippe et va lui rendre visite à son hôtel de la Grange-Batelière le lendemain de son arrivée. Sans doute le goût de l'intrigue le conduit-il auprès du duc d'Orléans mais ses convictions sont assez proches de ce que symbolise Louis-Philippe, la liberté et le progrès dans une Constitution monarchique. Il se charge au Palais-Royal de petites commissions politiques auprès des uns et des autres, il fréquente les rédacteurs des feuilles périodiques, et en octobre 1815 Louis-Philippe se servira même de lui pour corriger les épreuves secrètes d'un compte rendu d'une séance non moins secrète à la Chambre des pairs où Louis-Philippe a pris la parole dans un sens libéral (1). L'orléanisme de la famille était considéré comme suffisamment sûr pour que Fouché choisît le fils de Louis Didier comme agent et le chargeât de contacter en Angleterre Louis-Philippe pendant les Cent-Jours.

La Seconde Restauration déçoit Didier. Il s'engage dans la Société de l'Indépendance nationale qui regroupe des demi-solde, des officiers en activité, des révolutionnaires et tous ceux qui redoutent une réaction trop vive remettant en cause les nouveaux privilèges et notamment les acquisitions de biens nationaux. Le but avoué est de proclamer l'Empire et la régence de Napoléon II. Mais s'il réussit à renverser Louis XVIII, Didier espère dans le secret de son cœur mettre sur le trône Louis-Philippe qui sera alors son débiteur. Napoléon II n'est qu'un moyen de mobiliser des bonnes volontés et des énergies qui ne se dévoueraient certainement pas pour le duc d'Orléans.

Une première tentative de soulèvement à Lyon le 21 janvier 1816 échoue, les principaux instigateurs dénoncés ayant été arrêtés la veille. Didier échappe de peu et se réfugie à Quaix chez Brun, un ancien chef de bataillon de l'Empire qui a fait la campagne d'Egypte et que l'on surnomme Brun le Dromadaire.

---

(1) Qu'il n'osera finalement pas publier.

LA PAIX DE TWICKENHAM

Avec le concours de ce dernier, Didier va organiser la marche sur Grenoble qui se terminera si lamentablement. Echappant une nouvelle fois à une arrestation Didier se cache dans les bois de Saint-Martin-d'Heres d'où il gagne la frontière de Savoie; il y retrouve trois complices : Dussert, Cousseaux et Durif. Mais la dissension s'installe rapidement entre eux. Les trois hommes, face à Didier seul dans une pauvre cabane d'un village perdu des Hautes-Alpes : le Rivier-d'Allemont, près du col de la Coche, passage entre la Savoie et la vallée de l'Isère, se transforment en tribunal. Ils lui reprochent d'avoir promis que Marie-Louise et le prince Eugène viendraient se joindre à eux.

« Vous nous avez trompés, dit Cousseaux à Didier, Marie-Louise n'était pas à Eybens comme vous me l'aviez fait accroire...

— Oui, répond Didier, je vous ai trompés mais c'est par haine des Bourbons... et même si Napoléon n'est pas le nom de la victoire, la cause pour laquelle nous avons combattu est, elle au moins, vraie : l'indépendance nationale et la haine du roi. »

C'était un demi-aveu. Le lendemain ses partisans insistent de nouveau pour savoir quel prince on eût mis sur le trône en cas de réussite.

— Le duc d'Orléans, répond Didier.

— Le duc d'Orléans, s'esclaffe Dussert, mais la France ne l'aurait pas voulu.

— Cette hypothèse avait été prévue et peut-être alors eussions-nous déclaré une république.

— Le duc d'Orléans, le duc d'Orléans, répète Dussert, Bourbon pour Bourbon j'aimais autant Louis XVIII (1).

---

(1) Déclaration de Dussert en 1819 à M. Joseph Rey, avocat à Grenoble dans *Didier, Histoire de la conspiration de 1816* de Ducoin. Paris, 1844.

Considérant que Didier les avait trahis et qu'ils étaient déliés de leurs obligations de loyauté à son égard, les trois conjurés le livrèrent aux gendarmes piémontais le 17 mai. Promptement extradé de Savoie le 25 mai, il parut devant ses juges le 8 juin et fut condamné à mort le lendemain. Il n'avait rien avoué et avait même nié l'existence de la Société de l'Indépendance nationale.

Mais une heure avant sa mort il demanda à voir le général Donnadieu et lui dit : « Un homme qui va paraître devant Dieu ne ment pas, je vous charge de dire au roi qu'il a son plus grand ennemi dans sa famille... »

Ce témoignage est corroboré par celui du comte d'Agoult qui lui rendit visite le matin même de l'exécution. « J'avais souvent vu Didier chez le vicomte d'Agoult. Je crus donc bien faire d'aller le voir dans sa prison. Je lui exprimai le sentiment douloureux que j'éprouvais et l'assurai que s'il avait quelques aveux à faire au roi, je m'en chargerais dans son intérêt, et aussi à cause de sa femme si considérée dans la société... Didier m'affirma et je le fis savoir au ministre que le duc d'Orléans connaissait le complot, car lui, Didier, avait eu plusieurs entretiens avec M. Peyre, un des conseillers et des confidents du prince. Il m'assura aussi que le comte de Bubna, commandant les troupes autrichiennes à Lyon, avait pris une part active à ce mouvement (1)... »

L'extravagance d'une participation du comte Bubna à ce complot donne la mesure des autres affirmations de Didier. Louis-Philippe exilé en Angleterre ne sut rien de la Société de l'Indépendance nationale ni de ses projets. Seule subsiste l'hypothèse selon laquelle Didier aurait eu l'intention de détourner le succès éventuel de son entreprise

---

(1) Souvenirs du comte d'Agoult reproduits dans *Un conspirateur stendhalien : Didier*, de Vermale.

en faveur de Louis-Philippe, mais sans que ce dernier en ait eu connaissance. Peut-être aussi Didier a-t-il voulu détourner l'attention policière qui risquait de se porter sur la Société de l'Indépendance nationale.

Le complot de Didier devait provoquer une agitation politique, des insinuations et des critiques suffisamment vives pour que Louis-Philippe se crût obligé d'intervenir une nouvelle fois : « Français, on me force à rompre le silence... Français, on vous trompe, on vous égare... le principe irrévocable de la légitimité est aujourd'hui la seule garantie de la paix en France et en Europe... je serais fier de vous gouverner, mais seulement si j'étais assez malheureux pour que l'extinction d'une branche illustre ait marqué ma place au trône. Français, je ne m'adresse qu'à quelques hommes égarés, revenez à vous-mêmes et proclamez-vous fidèles sujets de Louis XVIII et de ses héritiers naturels (1)... »

On a tiré plus tard argument des faveurs octroyées à la famille Didier par le gouvernement de Louis-Philippe et des aides accordées aux complices subalternes (2) de la marche sur Grenoble pour affirmer que le duc d'Orléans avait été lui-même impliqué dans le complot. En fait, il s'agissait de mesures générales destinées à pacifier les esprits et à répondre aux revendications des bonapartistes. S'il y avait eu une pressante nécessité politique, ces décisions seraient intervenues bien plus tôt et non pas dix ans après l'accession au trône de Louis-Philippe sur lequel « l'affaire Didier » laissa cependant planer longtemps des doutes.

---

(1) *La Maison d'Orléans devant la légitimité et la démocratie depuis son origine jusqu'à nos jours*, de Laurent. Paris, 1861.
(2) 13 601 F versés en juillet 1841 pour le seul département de l'Isère.

Le mariage du duc de Berry.

Sans doute ce complot avorté allait-il contribuer à la décision de Louis XVIII de ne pas inviter ses cousins Orléans au mariage du duc de Berry. Il existait trop d'ambiguïtés et d'obscurités dans cette affaire pour courir le risque d'incidents dus à la présence de Louis-Philippe. L'opinion était troublée, le pouvoir incertain et hésitant.

La décision royale irrita beaucoup Louis-Philippe qui fit malgré tout bonne figure en évoquant l'impossibilité pour Marie-Amélie de se déplacer si peu de temps après son accouchement (1). La tristesse du duc d'Orléans et de son épouse ne sera pas seulement d'ordre protocolaire, elle tient aux sentiments familiaux particuliers qui unissaient Marie-Amélie à Marie-Caroline (2), qu'elle aimait tendrement.

Le sérieux manifesté très jeune chez la tante s'était accommodé de l'exubérance passionnée de la nièce. La duchesse d'Orléans se réjouissait donc de ce mariage et, depuis l'annonce des fiançailles, elle avait suivi les préparatifs : « ... Nous avons eu les lettres du 20 qui disent que tout est calme à Grenoble, que Caroline était un peu fatiguée (en fait elle avait la grippe) et que le mariage n'aura pas lieu avant le 15 du mois prochain (3). » Il fut célébré le

---

(1) A l'égard de l'ambassadeur il invoque un prétexte politique. « ... Le Prince, écrira le marquis d'Osmond au duc de Richelieu, n'ira en France que quand il pourra sans inconvénient proposer son adhésion aux systèmes du roi et de ses ministres. Si c'est un prétexte, il est néanmoins précieux... » (Lettre du 9 juillet 1816).

(2) Née en 1798, elle était la fille aînée du prince François des Deux-Siciles marié en juin 1797 à l'archiduchesse Marie-Clémentine, fille de Léopold, empereur d'Allemagne et frère de la reine Marie-Caroline des Deux-Siciles.

(3) *Journal* de Marie-Amélie du 23 mai 1816.

LA PAIX DE TWICKENHAM

17 juin sans les Orléans qui envoyèrent comme cadeau de mariage à Marie-Caroline une boîte à ouvrage en ivoire contenant un nécessaire avec bobines et dévidoirs et quatre flacons d'odeurs. Louis-Philippe eut du mal à dissimuler sa mortification : « ... A cela près, mon voyage ne serait bon qu'à me vexer et à me faire faire du mauvais sang (1)... » Expression qui n'aurait pu s'appliquer à Louis XVIII : le jour du mariage, il se montra si joyeux que l'on disait qu'il avait l'air du marié. Par cette union du duc de Berry, il voyait une nouvelle espérance donnée à la branche aînée jusqu'alors sans descendance.

Cependant, discrète compensation, Louis-Philippe apprenait, le 12 juillet, qu'il avait reçu la « grande décoration de la Légion d'honneur ».

Le baptême de Mlle de Montpensier vint heureusement apporter quelque gaieté à la morosité ambiante bien qu'il ne fût pas exempt d'incidents protocolaires rapportés par le marquis d'Osmond au duc de Richelieu (2) :

« L'acte de naissance de Mademoiselle de Montpensier ne pouvait plus tôt être expédié, puisqu'il fallait, pour le compléter, les noms que lui destinait l'empereur d'Autriche. Elle les a reçus, samedi, au baptême célébré à Twickenham avec autant de pompe qu'en permettait le local; le seul beau jour de l'année, une verdure admirable, la Tamise et ses bateaux, les voisins rassemblés, une musique de régiment sur le gazon ont donné un air de fête au repas qui a suivi la cérémonie. La reine devait l'honorer de sa présence mais Sa Majesté n'étant pas libre, c'est sans façon, en frac, que se sont trouvés réunis nos princes, quatre fils du roi, le duc de Gloucester, la duchesse d'York

---

(1) Lettre à M. de Broval.
(2) Lettre du 23 juillet 1816.

et la princesse Sophie de Gloucester : tous avec l'affabilité de leur chef, dont les manières charmantes nous ont tirés d'un embarras imprévu. Pour passer dans la chambre de Madame la duchesse d'Orléans, où était dressée une chapelle, tout le monde avait suivi Monsieur le Régent, le prince Esterhazy, appelé à l'autel, avait rempli ses fonctions, tout allait à merveille quand le dîner annoncé, le parrain déclara que, représentant l'empereur son maître, il voulait passer le premier; en allant à la cérémonie, cette prétention eut été mieux placée; quoi qu'il en soit, Monsieur le duc d'Orléans, assez empêtré, adopta le seul parti à prendre, celui de consulter le Régent. Le sang royal monta d'abord à sa figure. Cependant malgré la sensation qu'annonçait sa présence : « Pourquoi pas, dit Son Altesse Royale, je puis marcher à sa suite : je porte aujourd'hui son ordre (montrant la Toison). Esterhazy sera à la droite de la duchesse d'Orléans, je serai à sa gauche; il suffit que je sois auprès d'elle! » Ainsi fut fait de la meilleure grâce du monde. L'un et l'autre donnèrent la main à Madame la duchesse d'Orléans, placée au centre d'une table en fer à cheval où quarante convives laissaient encore quelques places vacantes. Le repas fut fort gai, les hommes, se conformant à l'usage français, ne burent point, se promenèrent avec les femmes sur le *lawn* à la grande satisfaction des curieux, et après la signature de l'acte, les grands personnages prirent le congé le plus amical... »

Au cours de l'été 1816, les eaux de Cheltenham furent recommandées à Madame Adélaïde, souffrante. Le duc et Marie-Amélie l'accompagnèrent, visitèrent Windsor, et après un court retour auprès des enfants restés à Twick, repartirent pour un long périple qui devait les conduire à travers les comtés occidentaux de l'Angleterre. Le 30 septembre, on les voit à l'île de Wight.

De retour à Twickenham, le 6 octobre, ils reçoivent

LA PAIX DE TWICKENHAM

Jules de Polignac, le général de Boigne (1), Dumouriez et M. d'Entraigues « que j'ai... connu à Vienne quand il était enfant. Il a eu la complaisance de jouer de la « cymbale » d'une façon délicieuse, avec art et sentiment faisant de délicieuses variations sur divers sujets (2)... »

A la même époque, Wellington, qui, à Paris, s'était engagé à parler à Louis XVIII en faveur du duc d'Orléans, lui fit savoir qu'il était autorisé à rester en Angleterre aussi longtemps qu'il le désirait, et ce fut alors, si paradoxalement que cela puisse paraître, que Louis-Philippe allait commencer à manifester clairement le désir de voir mettre fin à cet exil qu'il avait voulu. Aussi, à force d'assiéger les Tuileries de lettres affectueuses et repentantes, après des négociations où il eut le soutien actif de Monsieur et auxquelles l'ambassadeur de France participa (3) « ... le roi finit par céder contre son gré aux généreuses pressions du comte d'Artois :

— Mon frère, vous me faites faire là un acte opposé à ma politique et surtout contraire à vos intérêts. Souvenez-vous que la plume qui va signer la rentrée de notre cousin d'Orléans, signera dans quelques années, grâce à lui, votre abdication... » (4). Il donnait là un témoignage de sa lucidité politique.

---

(1) Benoît Leborgne (né à Chambéry en 1751), comte de Boigne, lieutenant-général, épousa Mlle d'Osmond en 1798 et mourut en 1830. Il a laissé des Mémoires.
(2) *Journal* de Marie-Amélie, 18 juillet 1816.
(3) Les relations entretenues entre le marquis d'Osmond et le duc d'Orléans étaient excellentes et se traduisaient par des services réciproques (quand il ne s'agissait pas de présents comme celui que fit le duc, en novembre 1816 : il envoya à l'ambassadeur un chevreuil qu'il venait de recevoir de France). Le marquis prit très à cœur son rôle d'intercesseur, et le 2 janvier 1817, se rendit à Twickenham pour annoncer au duc que les affaires prenaient bonne tournure en France.
(4) Général marquis de Bonneval, *Mémoires*.

LOUIS-PHILIPPE ET LOUIS XVIII

Le retour en France.

Ausitôt l'autorisation du retour reçue à Twickenham, le duc part pour Paris. Le 12 février 1817, accompagné du baron Athalin, non sans avoir fait ses adieux à Dumouriez qu'il ne doit plus revoir (1), il se met en route. Ce séjour parisien sera peu politique. Il apporte des modifications dans l'ordonnance des appartements du Palais-Royal, met en ordre ses affaires et se porte acquéreur de la résidence de Neuilly (2). Aux Tuileries, il est reçu par le roi sans cordialité; Monsieur et ses fils se montrent plus accueillants, quant à la duchesse de Berry, elle l'appelle tout simplement « Mon cher oncle », ce qui lui attire les réflexions désapprobatrices de son entourage. Mais cela inquiète peu les exilés tout à la joyeuse préoccupation de leur départ d'Angleterre où Louis-Philippe était revenu le 23 mars.

Ce fut l'occasion pour le duc de rédiger une petite pièce humoristique (3). Et le mardi 8 avril « ... à deux heures

---

(1) Le général Dumouriez devait mourir à Turville-Park, le 14 mars 1823 : il était âgé de 84 ans. Louis-Philippe ne l'oublia pas. Dès qu'il recueillit l'héritage de sa mère, il fit porter la pension du général à 10 000 francs.

(2) Voir à ce propos le chapitre suivant.

(3) « Séance Royale

Tenue au Château des Tuileries dans le Cabinet particulier du Roi ce jour d'hui 1er de mars 1817 à une heure de relevée.

Il a été délibéré, ouï, et ce le requérant le Procureur-Général représenté en cette occasion par le Roi en personne, qu'il serait fait branle-bas général à Pocock's house situé à Twickenham dans le Comté de Middlesex en Angleterre et signal de partance immédiate. Les canons de l'île de Pocock répéteront le signal, et il sera procédé immédiatement aux préparatifs de cette grande opération, qui s'exécutera dans le délai d'un mois à compter de ce jour. Notice en sera immédiatement donnée à qui de droit.

Pour copie conforme
Louis-Philippe d'Orléans »

et demie, au milieu de deux ailes d'habitants de Twickenham qui nous souhaitaient toutes sortes de biens, nous sommes montés en sept voitures... Quand tout a été en ordre, nous sommes partis et je n'ai pu sans peine laisser ce paisible séjour, où nous avons passé deux ans tranquilles... » (1). Le 12 avril 1817, les voyageurs arrivent à Douvres, d'où ils embarquent pour Calais, atteint après quatre heures de traversée. Quelques jours plus tard, ils passent par Beauvais où se situe une anecdote que le général de Saint-Chamans rapporte dans ses Mémoires, et qui est fort révélatrice de l'état des esprits en France :

« ... A la même époque, le duc d'Orléans, revenant d'Angleterre, arriva à Beauvais, où il s'arrêta pour dîner et coucher; je n'étais pas prévenu par le ministre de la Guerre, ni d'aucune autre manière de son passage; le préfet, le maire, ni le général commandant le département ne l'étaient pas plus que moi; ainsi donc on ne lui devait aucun honneur et on ne lui en rendit aucun; au reste, on n'aurait pas eu le temps de s'y préparer, car il y avait à peine un quart d'heure que j'étais instruit de sa prochaine arrivée lorsque je vis ses voitures traverser la ville.

Je fis aussitôt rassembler le corps d'officiers, en petite tenue, comme il était déjà, pour le présenter à Monsieur le duc d'Orléans, et je fis demander à ce prince par M. de Montmorency, son aide de camp, s'il voulait nous recevoir. Cet officier revint un moment après me dire que Son Altesse me recevrait sur-le-champ, mais seul, et m'indiquait en même temps l'heure à laquelle le corps d'officiers serait admis en sa présence.

Je me rendis aussitôt à l'auberge où il était descendu et où je trouvais réunis dans la même chambre M. le duc d'Orléans et Madame la duchesse d'Orléans, leurs enfants

(2) *Journal* de Marie-Amélie.

LOUIS-PHILIPPE ET LOUIS XVIII

et Mademoiselle d'Orléans, Adélaïde, ces deux princesses étaient indisposées.

Le prince me reçut fort bien, mais il parut étonné que je n'eusse pas été averti de son passage; sur toute la route, depuis son entrée en France, on lui avait rendu les honneurs qui lui auraient été dus si on avait été officiellement prévenu de son passage, mais qu'au contraire dans cette circonstance, il n'était certes pas dans les intentions du gouvernement de lui faire rendre, puisque ni le ministre de la Guerre, ni celui de l'Intérieur n'avaient averti les autorités de son arrivée.

Après avoir répondu à quelques questions qu'il m'adressa sur mon régiment, je me retirai en lui demandant quand il voudrait recevoir le corps d'officiers. Il me répondit que ce serait pour le lendemain à 10 heures du matin; avant de m'y rendre, je sus par le duc d'Estissac (1), commandant du département, que le prince s'était plaint à lui de n'avoir pas reçu à Beauvais les honneurs qui lui avaient été rendus sur toute la route. « Mais, Monseigneur, lui répondit ce général, nous avons eu peur qu'on nous reprochât à Paris d'être des orléanistes! » Si je ne tenais pas de lui-même cette spirituelle réponse, je n'aurais certes pu y croire. Il a ajouté que le prince lui avait répliqué : « Monsieur le duc d'Estissac, soyez persuadé que je sens bien ma position. »

Le lendemain, je présentai à Son Altesse, à l'heure qu'elle m'avait fixée, le corps d'officiers en grande tenue. Elle nous fit très bon accueil; je n'en appris pas moins, quelques jours après, que ce prince s'était plaint au ministre de la Guerre de la froideur de la réception que je lui avais faite à Beauvais; mais comme le ministre ne me fit adresser aucun reproche à ce sujet, je suis persuadé qu'on avait approuvé à Paris notre conduite en cette circonstance,

(1) François de La Rochefoucauld, duc d'Estissac (1765-1848).

d'autant plus qu'elle avait été strictement conforme aux règlements militaires en vigueur à cette époque! » La bonne conscience de l'auteur de cette longue citation se retrouve dans la note qu'il établit à ce propos, ajoutant que, même prévenu du passage du duc d'Orléans, il n'aurait modifié en rien sa conduite. Nous ne pouvons qu'apprécier la perspicacité du général quand il se dit assuré de l'approbation des Tuileries. Le lendemain de leur arrivée, le mercredi 16 avril 1817, « ... à 11 heures, nous sommes allés chez le roi, écrit Marie-Amélie. Comme il était un peu tard, cela ne l'a pas mis de bonne humeur, malgré cela, il nous a très bien reçus. Je l'ai trouvé en parfaite santé; il marchait peu avant nous. Ensuite nous sommes allés chez Madame que j'ai trouvée aussi telle quelle. Elle nous a très bien reçus. Nous avons eu aussi un très bon accueil du duc d'Angoulême qui a été vraiment cordial, naturel et affectueux à notre égard. Ensuite, nous avons été chez Monsieur qui nous a fait le même accueil. De là, nous avons été à l'Elysée-Bourbon où nous avons trouvé Caroline seule. Le duc de Berry était sorti. Je l'ai trouvé grandie, engraissée et embellie, mais toujours la même dans ses manières, peu expansive et pas du tout affectueuse... ». Il n'était sans doute plus question de « Cher oncle » mais de « Monseigneur », titre qu'elle devait désormais réserver au duc d'Orléans. Cependant, qu'importaient ces accueils plus ou moins chaleureux, Louis-Philippe et les siens avaient retrouvé la France et leur petite patrie, le Palais-Royal!

CHAPITRE XII

LA FIN D'UN RÈGNE
1817-1824

Louis-Philippe et Louis XVIII.

E<small>N</small> ce printemps de l'année 1817, le Palais-Royal avait ainsi retrouvé ses hôtes et une nouvelle chance de prospérité lui était offerte. Le duc poursuivait en effet l'œuvre d'embellissement et de mise en valeur entreprise en 1814, avec la collaboration de l'architecte Fontaine, dont la compétence se révéla précieuse et en homme intéressé et soucieux de sa popularité il allait donner au palais une animation salutaire. En attendant de s'installer au château de Neuilly (1), il fit de sa résidence parisienne un centre de mondanités, aux nombreuses réceptions et visites; celles de Monsieur et du duc d'Angoulême, accompagnés des ducs de Richelieu et de Feltre, des duc et duchesse de Berry; il est vrai que les Tuileries restaient la suprême préoccupation de Louis-Philippe qui en témoigne en allant presque chaque jour faire sa cour. Madame Adélaïde et Marie-Amélie suivent son exemple : et si les rapports arrivèrent à un degré d'amitié pres-

(1) Béni, le dimanche 25 mai, par l'abbé Lapipe, curé de Neuilly.

que affectueuse avec les autres membres de la famille royale, séduite par les démonstrations d'attachement du duc, celui-ci se heurta toujours à la froideur courtoise de Louis XVIII qui, jusqu'à sa mort, garda la méfiance héréditaire de la branche aînée face à l'ambition de la cadette!

Le caractère obséquieux du duc, ses élans de fidélité ne trompaient pas le souverain, qui, par réaction contre cet envahissement courtisan, ne lui ménagea aucun affront, comme pour faire réaliser à son entourage la vraie place dans laquelle son cousin devait être tenu. Ainsi, à Notre-Dame, Louis XVIII fit ôter les carreaux sur lesquels le duc et sa sœur étaient agenouillés « pour les faire mettre en dehors du tapis », et lors de la naissance du premier enfant du duc de Berry «... le mauvais vouloir se manifeste de façon plus blessante encore; comme le duc d'Orléans s'avance à son tour " protocolaire " pour signer l'acte et que le chancelier s'apprête à lui donner la plume, le roi crie, du plus haut de cette voix de tête qu'il prenait quand il voulait être désobligeant : " Pas le chancelier! Pas le chancelier, les cérémonies! " M. de Brézé, grand-maître des cérémonies, s'avance. " Pas M. de Brézé, les cérémonies! " Un maître des cérémonies se présente : " Non, non, crie le roi de plus en plus aigrement, un aide des cérémonies. " Debout devant la table, n'osant prendre la plume, Louis-Philippe attend... enfin, après quelques minutes qui paraissent longues à tout le monde, on découvre le fonctionnaire désiré (1)... ». La même scène devait se répéter lors du baptême du duc de Bordeaux, le 1ᵉʳ mai 1821, à Notre-Dame : « ... Orléans avait, pour la signature de cet acte, élevé la prétention de recevoir la plume des mains du premier aumônier comme les autres princes. Le roi décida que, suivant l'usage, il ne la recevrait que

---

(1) Lucas-Dubreton, *Louis-Philippe*.

du second aumônier, ajoutant malignement : " S'il n'est pas content, qu'il s'abstienne (1) ! " »

Ce qui semblait une attitude insultante, n'était qu'une nécessité politique. Le souci de Louis XVIII est manifeste dans la réponse qu'il fit à la duchesse d'Orléans, venue le solliciter pour le titre d'Altesse Royale, désir constant du duc : « Ma nièce, il m'en coûte de vous refuser : mais en cela, je remplis un devoir de père, plus que de souverain. Le duc d'Orléans est assez près du trône, je me garderai bien de l'en approcher davantage! » Cette clairvoyance du souverain devait le porter à des actes jugés parfois choquants par ceux qui en étaient les témoins : les habitants du Palais-Royal se virent successivement exclus de la tribune royale à la messe du château, de la loge royale, les jours de représentation (2), enfin de toute distinction princière : « A la porte Maillot, le duc d'Angoulême est monté à cheval et est arrivé aux Tuileries par le jardin avec ses troupes. Le roi et sa famille étaient au balcon de la salle des Maréchaux : les troupes ont défilé devant lui. Nous n'avons été nulle part, n'ayant pas été invités par le roi à nous trouver auprès de lui, et trouvant inconvenant d'y paraître d'une autre façon. Les enfants ont été au balcon de Madame (3)... » Cet oubli, dont ils furent fréquemment l'objet, ne passait pas toujours inaperçu, et le roi de Prusse en fit la réflexion étonnée, lors de son séjour

(1) Villèle.
(2) « Le Duc assista à un spectacle aux Tuileries avec sa femme et sa sœur : au lieu de les introduire dans la loge royale où Louis XVIII avait donné place à des princes étrangers en même temps que sa famille, le premier gentilhomme de la chambre les fit entrer dans une autre loge, où ils étaient mêlés à des ambassadeurs et à des officiers : aussi lorsque le duc de Gloucester arriva à Paris, un concert fut donné en son honneur aux Tuileries, mais aucun des membres de la famille d'Orléans n'assista à ce spectacle où cependant le roi les avait tous conviés ! » R. Arnaud, *Madame Adélaïde*.
(3) Marie-Amélie, *journal*, mardi 2 décembre 1823.

à Paris, en octobre 1818. Comme il était venu, accompagné de l'empereur Alexandre, féliciter Louis XVIII de l'heureuse issue du traité d'Aix-la-Chapelle, un dîner fut offert en leur honneur aux Tuileries, auquel la famille d'Orléans ne fut pas conviée. Ces humiliations répétées ne décourageaient pas le duc attentif à toute occasion de se manifester d'une manière avantageuse. On le vit auprès du roi lors de l'inauguration de la statue équestre d'Henri IV, au Pont-Neuf, provoquant l'intérêt bienveillant de la foule, par sa tenue élégante et son air superbe! Soucieux des traditions, Louis-Philippe respectait les fêtes familiales, en se rendant, le 25 août 1817, aux Tuileries porter ses vœux par une « chaleur digne de la Sicile », et le 4 novembre, à Notre-Dame, à la messe du Saint-Esprit à l'occasion de la Saint-Charles. La cérémonie des étrennes pour les enfants fut observée régulièrement. Louis-Philippe tenait tout particulièrement à la réception des jeunes princes que le roi pourtant ne manifesta le désir de voir qu'un an après leur retour d'Angleterre. Il faut convenir que Louis XVIII éprouvait un extrême agacement et un chagrin certain devant les accouchements malheureux de la duchesse de Berry face aux naissances successives dont le Palais-Royal était le témoin (1). Le jour de la fête des Rois était également célébré avec le rite convenu de la fève, que certaine année le duc trouva... « Le duc d'Orléans n'a pas pris sa royauté très gaiement. Peut-être parce qu'il trouve que cette royauté est bien peu de chose! », écrit à ce propos Louis XVIII (2). Pourtant, les relations étaient maintenues sur un plan d'apparente cordialité entre les

---

(1) « Ma cousine Orléans travaille bien », se serait écrié Louis XVIII, en apprenant la naissance de François, prince de Joinville, le vendredi 14 août 1818!

(2) Lettre à M. Decazes, 7 janvier 1819.

deux branches que des dîners plus intimes rassemblaient. En ces circonstances, « ... c'était toujours avec une émotion profonde que Louis-Philippe exprimait ses sentiments de gratitude et de dévouement pour le roi. L'affection respectueuse qu'il portait à sa personne sacrée revêtait les formes d'un culte. Les démonstrations les plus vives lui paraissaient insuffisantes quand il s'agissait de faire éclater les sentiments qui remplissaient son cœur. Dans ces dîners de famille où l'on portait de royales santés, on admirait l'effusion extraordinaire et la sensibilité expansive avec laquelle S.A.S. remplissait ce devoir. Le roi, Monsieur, Madame, la duchesse de Berry étaient chacun à son tour salués par ses toasts. Quelquefois le dévouement était le plus fort, et devançant le moment où il lui était permis de se manifester, on entendait dans ces occasions solennelles une voix sonore retentir solitaire et rompre le silence par le cri de Vive le Roi! C'était celle de M. le duc d'Orléans... ». Le fils d'Egalité prenait garde à ne pas prêter, par son attitude, à des propos susceptibles de le desservir dans l'esprit de ses cousins. Il avait besoin de la puissance que représentait la personne du roi, jointe à un détachement politique qui lui attirerait les mécontents. Louis XVIII fut conscient de ce double jeu et c'est ce qui explique la très grande réserve dans laquelle il en maintenait l'auteur. Celui-ci s'en inquiétait et tenait beaucoup à ce que son nom fût dans l'opinion publique associé à ceux de la famille royale. Lors des obsèques du vieux prince de Condé, à Saint-Denis, en 1818, « le roi n'avait invité aucun prince mais mon mari y est allé de lui-même, par respect pour la grande mémoire d'un prince si valeureux et si droit et par affection pour le duc de Bourbon, notre propre oncle (1)... ». C'était effectivement

---

(1) Journal de Marie-Amélie.

manifester un sentiment d'appartenance princière et rappeler son origine. Mais si les deux branches se retrouvaient aux fêtes, à Saint-Cloud et aux Tuileries ou au spectacle, aux courses de chevaux du Champ-de-Mars, à la promenade de Longchamp, le souverain opposait la froissante étiquette à la courtisanerie du duc. Monsieur affectait de ne rien voir et d'ignorer l'ambition de son cousin, comme en témoigne la lettre qu'écrit Mme de Rémusat à son mari, alors préfet à Lille : « Mercredi 16 juillet 1817... Le roi a fait une bonne contenance sur la mort de la princesse (1). Monsieur est profondément affligé, M. le duc de Berry parfait pour sa jeune femme qui pleure amèrement. L'enfant se présentait mal, l'accouchement a été laborieux, on a employé le forceps, peut-être a-t-on blessé la petite. M. le duc d'Orléans a été faire son compliment à Monsieur qui lui a répondu d'un ton obligeant : " S'il manquait des princes, nous saurions où en trouver ! " »

Cependant, de tous les membres de la famille royale, les mieux disposés à l'égard de Louis-Philippe restaient le duc et la duchesse de Berry. Les hôtes du Palais-Royal recevaient le plus souvent un accueil chaleureux de la part de ceux de l'Elysée-Bourbon, résidence que la bonté du roi avait attribuée à ses neveux. Marie-Caroline, on s'en souvient, était la nièce de Marie-Amélie, ce qui donnait une position privilégiée à cette dernière. Un certain climat de confiance réciproque existait entre les deux maisons, et le petit duc de Chartres était le favori du duc de Berry : « Voilà un beau garçon, qui a peut-être devant lui une haute fortune. Ma femme peut ne plus me donner

(1) Louise Isabelle, née le 13 juillet 1817 et qui mourut le lendemain. La duchesse de Berry devait avoir un fils le 13 septembre de l'année suivante, et dont la mort survint deux heures à peine après la naissance.

d'enfants ou ne me donner que des filles; alors la couronne passera à votre fils. » Ces paroles provoquèrent l'émotion du duc : « Du moins, monseigneur, si un jour il obtenait la couronne, ce serait vous qui la lui donneriez en qualité de second père : car vous êtes plus jeune que moi, et mon fils tiendrait tout de vos bontés (1). » En attendant cette éventualité, les princes d'Orléans se dépensaient en visites à l'Elysée et aux Tuileries et accompagnaient quelquefois Madame et monseigneur le duc de Berry à des soirées, jusqu'à ce qu'un cruel événement vînt, en 1820, donner une nouvelle espérance à la passion envieuse que la proximité du trône avait excitée chez Louis-Philippe.

Mort du duc de Berry.

En 1819, au moment de la naissance de Louise Marie Thérèse, Mademoiselle, future duchesse de Parme, fille de la duchesse de Berry, le jeune duc de Chartres écoutait au Palais-Royal tonner le canon et comptait le nombre de coups s'écriant :

— C'est ma femme ou mon roi qui vient au monde.

L'année suivante, la duchesse de Berry mettait au monde un nouvel enfant, le futur duc de Bordeaux. Mais entre les deux naissances, un drame affreux avait endeuillé la famille royale, le duc de Berry avait été assasssiné le 13 février 1820, à la sortie de l'Opéra, par un ouvrier sellier des écuries du roi, un déséquilibré, nommé Louvel. « J'ai voulu tuer la race », expliqua-t-il, après avoir plongé dans le corps du duc une alêne de cordonnier d'un coup si violent qu'on ne put l'en retirer.

---

(1) Conversation tenue en 1818.

LOUIS-PHILIPPE ET LOUIS XVIII

Ce soir-là, dernier dimanche du carnaval, Louis-Philippe et Marie-Amélie s'étaient rendus avec leurs enfants à l'Opéra où l'on présentait un spectacle de ballets. Après celui de « Venise », les enfants s'étaient retirés. A dix heures arrivèrent les Berry. Mais après le second acte, la duchesse de Berry, fatiguée par une nouvelle grossesse, manifesta le désir de se retirer. Son mari la raccompagna à son carrosse et c'est alors qu'eut lieu l'attentat. Aux cris de « au voleur, à l'assassin », Louis-Philippe sortit et se précipita vers la loge royale où l'on avait transporté le malheureux duc de Berry. Le duc d'Orléans, qui avait défendu à sa femme et à sa sœur de le suivre, alla leur annoncer le crime que l'on venait de commettre. Tous trois se rendirent auprès de leur cousin. Le coup porté par Louvel était mortel, mais l'agonie dura sept heures, supportée avec un extraordinaire courage par Berry. « Pense à notre enfant », répétait-il à Marie-Caroline pour la calmer. Il supplia le roi, qui avait été porté à son chevet, de gracier l'assassin, puis se confessa et demanda publiquement pardon de ses offenses. Au moment de sa mort, toute la famille royale l'entourait [1].

« Nous avons entendu bien plus tard, raconte Trognon à Claremont, la reine Marie-Amélie dire que jamais la matinée du 14 février n'était revenue pour elle sans qu'elle éprouvât une sorte de frissonnement en se rappelant que c'était l'heure où elle était rentrée au Palais-Royal avec sa robe tachée du sang de la victime... »

Le choc dans le pays fut considérable. On imagina un complot international. C'était une période où toutes les dynasties étaient menacées. L'écrivain Kotzebue avait été

---

[1] Au moment où la duchesse de Berry se précipitait sur le corps de son mari, raconte la princesse Adélaïde à Mme de Boigne, le roi s'écria : « Duc d'Orléans, ayez soin d'elle, elle est grosse. »

assassiné, un an plus tôt, par l'étudiant Sand, des troubles universitaires agitaient toute l'Allemagne, en janvier 1820, l'insurrection de Riego contraignait Ferdinand VII d'Espagne à accepter un régime constitutionnel, des troubles graves agitaient le royaume de Naples, le Piémont, le Portugal. En France Decazes qui avait cherché à libéraliser progressivement le régime dut se retirer. « Ceux qui ont assassiné Mgr le duc de Berry, écrivit Chateaubriand, sont ceux qui, depuis quatre ans, établissent dans la monarchie des lois démocratiques, ceux qui ont banni la religion de ses lois... ceux qui ont laissé prêcher dans les journaux la souveraineté du peuple, l'insurrection et le meurtre... » Charles Nodier, de son côté, allait droit au but, invitant Decazes à « ramasser le poignard de Louvel et à s'en percer le sein... ». Le nom de Decazes était injustement traîné dans la boue, mais la famille d'Orléans était aussi englobée dans la réprobation générale : « Aujourd'hui, raconte le vicomte de Reiset dans ses souvenirs, les voitures du duc ont été accueillies dans les rues par des insultes et des injures : « C'est le sang de nos princes », disait-on en montrant les livrées écarlates (1)... »

Le 20 février 1820, Richelieu succédait à Decazes, nommé ambassadeur en Angleterre.

Marie-Caroline se retira une quinzaine de jours à l'Elysée puis au château de Saint-Cloud, accompagnée de Marie-Amélie qui l'entourait d'affection et de soins. La duchesse de Berry n'était plus attachée qu'à une seule idée, l'enfant qu'elle attendait .

---

(1) Il est étonnant que l'on n'ait jamais réfléchi sur ce concours de circonstances qui fait que la maîtresse de Louvel touchait avant 1830 une pension du Palais-Royal et qu'après juillet, elle entra comme lingère aux Tuileries.

LOUIS-PHILIPPE ET LOUIS XVIII

Naissance du duc de Bordeaux.

S'agissant de la naissance possible d'un dauphin, il fallait que sa légitimité fût incontestée. Le roi exigea qu'un certain nombre de grands personnages fussent présents à l'accouchement.

Le comte d'Artois pria entre autres le duc d'Orléans de venir coucher à Paris pour être certain d'assister à la naissance comme « étant la personne la plus intéressée à cet événement ».

Mais l'accouchement prématuré de quelques jours fut si rapide que l'on ne put avertir aucun des personnages prévus. Pour éviter toute contestation ultérieure, Marie-Caroline, faisant fi de toute pudeur, demanda au personnel et aux gardes présents d'assister à l'accouchement. Bien lui en prit d'ailleurs.

On s'en fut ensuite prévenir les absents comme le raconte Marie-Amélie :

« Dans la nuit à 3 heures et demie, on a frappé à la porte en disant : « Le duc de Polignac demande à parler à monseigneur. » Le duc s'est levé aussitôt et est sorti. De mon côté, j'ai commencé à m'habiller, comprenant bien qu'il venait nous aviser que la duchesse de Berry avait les douleurs. Un peu après, le duc est rentré et m'a dit :

— Sais-tu que tout est fini ?

— Comment, elle est accouchée ?

— Oui !

— Et de quoi ?

— Un garçon, sans que personne soit arrivé à temps.

Je laisse à un lecteur impartial, à toute personne raisonnable de penser quelles idées ont pu et dû s'éveiller dans nos âmes, à la nouvelle de la naissance de cet héritier si intéressant, si désiré, sans que personne se soit trouvé présent...

LA FIN D'UN RÈGNE

Nous nous sommes vite habillés et dix minutes après l'avis, nous étions aux Tuileries au moment où, sur une chaise, entouré des gardes du corps, on transportait le roi chez la duchesse de Berry. A l'entrée du pavillon de Marsan, Madame (la duchesse d'Angoulême) tout agitée est venue à notre rencontre et m'a dit : « Ma cousine, cela s'est passé étonnamment vite : personne de nous n'y a été. Du reste, la mère et l'enfant se portent à merveille » et nous faisant passer par-derrière, elle nous a conduits dans le grand salon, au milieu duquel en face de la cheminée était le roi dans un fauteuil...

En entrant, nous sommes allés offrir notre compliment au roi qui nous a embrassés et a dit à mon mari : « Ah! vous me manquiez! » Ensuite, nous avons embrassé Monsieur...

Mon mari et moi avons exprimé notre étonnement et notre peine sur la manière dont s'était passé cet intéressant événement et nous lui avons demandé son opinion. Il nous a assuré sa ferme croyance que l'enfant était le fils de la duchesse de Berry, ajoutant qu'il l'avait vu avant qu'on coupât le cordon.

— Nous lui avons dit combien nous étions contents d'entendre cela de sa bouche. Mais en même temps nous l'avons prévenu d'être attentif sur l'acte et sur ce qu'on lui ferait signer... »

En fait, l'arrivée tardive de Louis-Philippe avait été un peu plus agitée que ne la décrit Marie-Amélie et les remarques qu'il fit et dont il ne cacha guère le ton et la nature exaspérèrent les Bourbons et le roi en premier lieu.

Les contemporains rapportent qu'en arrivant chez la duchesse de Berry, Adélaïde dit tout haut à Marie-Amélie :

— Enfin il n'y avait personne
— Personne, surenchérit Louis-Philippe,

— Je vous demande pardon, remarqua quelqu'un, M. le maréchal Suchet était là.

— Est-ce seulement exact? dit le duc d'Orléans à Mme de Gontaut, à qui on avait confié le nouveau-né : on peut douter de tout.

— C'est horrible, répliqua Mme de Gontaut et, appelant le maréchal Suchet, lui demanda de répondre au duc d'Orléans.

— Monsieur le maréchal, interrogea Louis-Philippe, votre loyauté m'est connue, vous avez été le témoin de l'accouchement de Mme la duchesse de Berry, est-elle réellement mère d'un prince?

— Aussi réellement, fut la réponse, que monseigneur est père de M. le duc de Chartres, et j'en suis plus certain que de la légitimité des miens car j'ai vu là ce que je n'ai jamais vu chez moi.

Pour réparer les écarts de langage de son frère, Adélaïde vint trouver le lendemain Mme de Gontaut qui, comme bien d'autres, avait entendu Louis-Philippe s'exclamer auprès du nouveau-né : « Nous ne serons donc jamais rien dans ce pays. » « ... Il faut lui pardonner un premier mouvement bien naturel, dit Adélaïde, on ne perd pas sans regret une couronne pour ses enfants. Je vous assure qu'aujourd'hui il est très bien... »

Malheureusement, l'incident n'en resta pas là. Un journal londonien, le *Morning Chronicle*, publia un article mettant en doute la légitimité de « l'enfant du miracle » et prétendant apporter des preuves sur ce point. Si à l'époque Louis-Philippe réfuta cet article et nia énergiquement en être l'auteur, il devait, en 1830, en admettre la paternité. L'opinion publique ne s'y trompa d'ailleurs pas et montra du doigt Louis-Philippe comme l'inspirateur de ce texte. Il dut même aller se justifier auprès de Louis XVIII qui le reçut fort sèchement.

LA FIN D'UN RÈGNE

La reconstitution d'une fortune.

Pendant tout son séjour à Twickenham, Louis-Philippe s'était tenu informé des travaux de son Conseil d'apanage qui cherchait à mettre au net la situation exacte de sa fortune. En s'installant définitivement en France en 1817 — non sans avoir pris la précaution de laisser à Londres un petit capital de secours de 500 000 francs en dépôt à la banque Coutts — Louis-Philippe essaya d'y voir clair dans son état de fortune.

Il demanda un compte rendu général à la date du 1er janvier 1817. Les biens apanagers ne posaient pas de problème. Constitués par le Palais-Royal et de grosses forêts, ils produisaient de 3 à 4 millions de francs par an, selon l'importance des coupes de bois. En revanche, la succession de Philippe-Egalité se révélait catastrophique. L'actif de 1795, mal géré par l'administration des domaines était tombé de 115 millions de francs à environ 12 millions. Le passif dépassait 30 millions.

Louis-Philippe et Adélaïde auraient pu abandonner ce patrimoine qu'ils avaient accepté sous bénéfice d'inventaire. Louis-Philippe, pour sauver ce qui pouvait l'être des vestiges de l'héritage Orléans, décida de se battre. Il fit mettre en vente puis racheta les terres et immeubles composant l'actif de la succession, puis établit un plan de règlement du passif étalé sur une quinzaine d'années, en y affectant les revenus du domaine privé et le montant éventuel de l'indemnisation à verser aux émigrés sur les biens nationaux leur apartenant et vendus sous la Révolution.

Ayant ainsi arrêté les grandes lignes de la gestion de sa fortune, le duc d'Orléans s'efforça de l'arrondir par des opérations financières montées avec ses banquiers. Et d'abord avec Jacques Laffitte, choisi dès le retour de Palerme et avec lequel il se lia intimement au point d'en faire le chef de son gouvernement, à l'automne 1830. Mais aussi avec Casimir et Scipion Perier qui avaient donné à la banque « Perier frères » une renommée européenne, avec James de Rothschild qui lui rendait bien des services, avec Benjamin Delessert, banquier mais aussi fondateur à Passy de la première filature de coton, et enfin avec Jean-Charles Davillier, ancien régent de la Banque de France.

Louis-Philippe était un homme d'argent, peut-être l'était-il par nature, certainement par expérience. De longues années de pauvreté, parfois même de misère, lui avaient appris la valeur de l'argent et aussi la nécessité pour un prince de s'assurer une indépendance financière, gage de l'indépendance tout court. Il aimait cette puissance de l'argent qui permet de ne dépendre de personne même du roi et d'agir le cas échéant lorsque l'action nécessite des moyens financiers.

Les procès.

Mais ce goût en fait aussi un procédurier-né et il multiplie les actions judiciaires. Aussi l'administration importante qu'il installe au troisième étage du Palais-Royal comporte-t-elle non seulement un service de gestion (1) dirigé par son ami le chevalier de Broval, mais aussi un service du contentieux confié à l'avocat Dupin, homme simple, gonflé de son importance, mais bon juriste.

---

(1) Alexandre Dumas y travaillera en arrivant à Paris aux émoluments de 1 500 F par an, salaire qu'il juge misérable. Notons cependant que son logement ne lui coûte que 10 F par mois et qu'il fréquentait un petit restaurant « ... où l'on servait des dîners pas très mauvais, ma foi, à six sous le plat... ».

LA FIN D'UN RÈGNE

Conseiller juridique du duc d'Orléans, il est président de la Chambre des députés en 1832.

Deux procès retiennent l'attention car on y voit le duc d'Orléans, emporté par son âpreté au gain à l'encontre de son intérêt politique.

La première affaire concerne des actions des canaux d'Orléans et du Loing. Le 6 juin 1815, Napoléon avait remis à Maret, duc de Bassano, quarante de ces actions afin de le rembourser en partie d'une avance faite pour « doter un fils naturel ». Selon la loi du 5 décembre 1814, ces actions revenaient au duc d'Orléans. Exilé après les Cent-Jours, Maret ne rentra en France qu'en 1820 pour découvrir que Louis-Philippe avait fait opposition sur ces actions et en touchait tranquillement les dividendes. Les procès succédèrent aux procès et d'appel en appel, l'affaire fit grand bruit. Finalement la Cour royale trancha en faveur de Louis-Philippe le 5 juillet 1823 (1), mais il avait fait l'objet de critiques désagréables de la part des milieux bonapartistes.

Beaucoup plus important par ses conséquences politiques fut le procès engagé à propos du Théâtre-Français (aujourd'hui Comédie-Française). En s'engageant dans cette pro-

---

(1) L'arrêt fut rendu conformément aux conclusions de l'avocat général : « Considérant que Buonaparte, pour s'acquitter d'une dette personnelle envers le duc de Bassano a disposé, à son retour de l'île d'Elbe, des actions sur les canaux d'Orléans qui se trouvaient accidentellement dans le Trésor de la Couronne; que le roi lui-même n'aurait pu disposer de ces actions qui appartenaient à la Maison d'Orléans; que dans aucun cas, et conformément à l'opinion de tous les publicistes, les dons faits par un possesseur injuste, les contrats privés passés avec un usurpateur, sont nuls, quoique les actes de son gouvernement de fait aient été sanctionnés par l'autorité légitime, organe d'une nécessité suprême — sur ces motifs, la cour met l'appellation au néant; ordonne que le jugement de première instance aura son plein et entier effet; condamne aux frais et aux dépens le duc de Bassano » (*Moniteur* du 6 juillet 1823, p. 816).

cédure, Louis-Philippe remettait en cause l'irrévocabilité des ventes des biens nationaux. On imagine l'inquiétude de tous les détenteurs de tels biens, et toutes les espérances éveillées chez les spoliés. En outre le Théâtre-Français n'était pas un lieu indifférent aux Parisiens. Les réactions furent vives. Louis-Philippe passa outre et engagea son procès contre M. Julien alors propriétaire du Théâtre-Français. La situation juridique déjà fort complexe de l'immeuble contesté était encore compliquée par le fait que le duc d'Orléans, au titre de son apanage, ne pouvait réclamer au mieux que 212 des 631 toises couvertes par le théâtre.

Au fur et à mesure que la procédure avançait, les attaques se faisaient plus vives. Louis-Philippe était accusé d'action illégale, menaçante pour l'ordre public et dangereuse pour l'intérêt national.

La presse le prit à partie, lui reprochant de vouloir s'approprier le théâtre pour le démolir.

Piqué au vif, Louis-Philippe fit publier par *le Moniteur* du 25 mars 1818 la note officieuse suivante : « Nous sommes autorisés à déclarer que si Mgr le duc d'Orléans est remis en possession de l'aile de son palais et de la salle de spectacle qui y est attenante, il n'a certainement pas le désir ni de démolir cette salle ni d'en changer la destination. Ce n'a jamais été l'intention de S.A.S. : les bruits que la malveillance a fait circuler à cet égard sont dénués de toute base, et même de tout prétexte. Mgr le duc d'Orléans, au contraire, a toujours considéré la proximité de cette salle comme un avantage pour le public, et comme un ornement pour le palais, qu'il a entrepris de réparer et de finir d'après les plans de M. Fontaine. L'habile architecte y a prévu tout ce qui peut ajouter à la beauté de l'édifice, à la commodité de cette promenade, à la facilité des débouchés, en même temps qu'à la salubrité de cette partie si populeuse de la ville. » Le procès prenait cependant de telles proportions par ses conséquences sur la vente des biens nationaux que le gouvernement puis le roi, avec une « paternelle attention », intervinrent auprès du duc d'Orléans et de M. Julien pour suggérer une transaction à l'amiable.

Celle-ci intervint le 7 avril 1818. Louis-Philippe offrit 1 150 000 francs à M. Julien et le théâtre rentra dans l'apanage du duc, Louis XVIII autorisant, pour faciliter le paiement, une coupe exceptionnelle des futaies d'Orléans. Sachant désormais à quoi s'en tenir, Louis-Philippe usa du même système de transaction à mi-prix pour racheter les arcades de la galerie de Valois, les immeubles de la rue Saint-Honoré et de la rue de Richelieu, etc. Il lui en coûta cependant presque trois millions.

L'indemnité des émigrés.

Pour améliorer sa situation de fortune ou son rang, Louis-Philippe n'hésitait pas à quémander. Il réclamait aussi bien le cordon bleu pour le duc de Chartres, la franchise postale, la visite protocolaire au Palais-Royal de la Cour de cassation le 1ᵉʳ janvier ou celle du Conseil royal de l'instruction publique. Ses exigences se firent encore plus pressantes dès que Villèle, par une habile manœuvre sur la conversion de la rente de 3 %, eut dégagé les moyens d'émettre 30 millions de francs de rentes 3 % en cinq ans, équivalant à un capital d'environ 1 milliard de francs et permettant d'indemniser les émigrés spoliés sur la base du prix des terres en 1790 fort inférieur à la valeur de 1821.

Il y eut 25 000 demandes agréées dont 842 pour plus de 6 750 francs de rentes et 42 pour plus de 30 000 francs de rentes. Le capital nominal de l'ensemble des demandes agréées représentait 867 millions de francs.

LOUIS-PHILIPPE ET LOUIS XVIII

Quant à Louis-Philippe, il réclama aussitôt sa part. Villèle, sans contester ses droits légaux, estimait qu'un prince déjà très avantagé par son apanage, ne pouvait prétendre à une indemnisation ou plus exactement n'aurait pas dû réclamer une part qui réduisait celle des autres bénéficiaires éventuels. Mais le duc d'Orléans n'en eut cure et soutenu par le comte d'Artois, il se pourvut devant le Conseil d'Etat qui sanctionna la décision de principe de la Commission de répartition. Louis-Philippe reçut 5 millions de francs et sa sœur Adélaïde 2 600 000 francs en capital. Grâce à ces sommes, il se libéra totalement de son passif successoral. Nombreux cependant étaient les membres de la majorité comme de l'opposition qui estimaient qu'il se serait honoré en refusant sa part d'indemnité et que, de toute la répartition faite, seul son cas était choquant.

Les héritages.

A tous ces « moyens » vinrent s'ajouter divers héritages. Celui de sa mère d'abord, morte en 1821, qui accrut son capital de près de soixante millions en propriétés foncières, puis celui de sa tante, la duchesse de Bourbon-Condé, sœur de Philippe-Egalité et mère du duc d'Enghien. La duchesse, disparue le 10 janvier 1822, légua aux Orléans près d'une douzaine de millions (1).

La fortune de Louis-Philippe et d'Adélaïde s'était si bien reconstituée qu'il fallut procéder à un acte de partage entre le frère et la sœur, le 1er mars 1822. Adélaïde laissa cependant la gestion de sa part à l'administration commune,

---

(1) Le testament de la duchesse de Bourbon-Condé affectait un tiers de sa fortune à Madame Adélaïde, deux tiers à Louis-Philippe, lequel devait honorer des legs particuliers dont les bénéficiaires eurent le plus grand mal à obtenir la délivrance, certains n'y parvinrent que par procès.

se contentant de percevoir chaque année un pourcentage déterminé des revenus.

Une dernière succession devait faire couler beaucoup d'encre, celle du duc de Bourbon. Ce dernier s'était entiché, pendant son exil en Angleterre, de la fille d'un pêcheur d'huîtres, Sophie Dawes, qu'il avait fait éduquer et instruire. Mais l'histoire de Pygmalion ne s'arrête pas là. A la Restauration, il ramène sa maîtresse à Paris et la présente comme sa fille naturelle. Non content du subterfuge, il lui fait épouser un très honnête et scrupuleux officier de la garde royale, Victor de Feuchères.

Le 16 janvier 1822, naît le futur duc d'Aumale. Louis-Philippe, attentif à l'immense succession du duc de Bourbon, lui demande d'être le parrain de l'enfant. Ce fut l'occasion pour Mme de Feuchères d'être reçue pour la première fois au Palais-Royal. Les années s'écoulent. Feuchères avait découvert le scandale de la liaison et s'était séparé de sa femme qui, bien que bénéficiaire de nombreux legs, ne pouvait prétendre à la succession du duc de Bourbon. A force d'intrigues et d'insistance des Orléans, de Talleyrand et de Mme de Feuchères elle-même, le vieux duc de Bourbon finit par céder et fit du duc d'Aumale son légataire universel pour une soixantaine de millions, Mme de Feuchères, recevant pour plus de douze millions de nouvelles libéralités.

Le malheur voulut que bien plus tard, le 27 août 1830, le duc de Bourbon fut découvert mort, pendu à une espagnolette, deux mouchoirs croisés passés sous le menton. Crime? Suicide? Accident? La vérité ne fut jamais connue, mais le scandale fut énorme et frappa durement le roi des Français qui venait d'accéder au trône. Il n'en mit pas moins tout en œuvre, malgré de nouveaux procès, pour entrer rapidement en possession de l'héritage de son fils encore mineur.

LOUIS-PHILIPPE ET LOUIS XVIII

Les revenus de cette grande fortune, la plus considérable de son temps, Louis-Philippe les consacre d'abord à la restauration des immeubles acquis, à l'embellissement et à l'entretien de ses châteaux : Bizy, Dreux, Eu, La Ferté-Vidame... mais c'est surtout à Neuilly et au Palais-Royal qu'il va donner tous ses soins.

Neuilly.

A son retour d'Angleterre, Louis-Philippe obtint de Louis XVIII l'échange des grandes écuries aménagées par Philippe-Egalité, rue Saint-Thomas-du-Louvre, contre une propriété sise à Neuilly et dont l'axe principal correspondait à ce qu'est aujourd'hui le boulevard Bineau. Dans le parc immense, avait été construit par Voyer d'Argenson un pavillon transformé par ses propriétaires successifs Talleyrand et Murat, en un petit château. Dès qu'il fut propriétaire, Louis-Philippe acheta quelques lots de terrain (1) dont l'île de la Grande-Jatte. L'ensemble vint à former une propriété de deux cents hectares avec jardin, verger, parc, prairies et champs. Située à une demi-heure du Palais-Royal, Louis-Philippe en fera presque sa résidence principale. Il y construit une chapelle, des pavillons bas, ajoute des terrasses, des colonnades, des perrons. L'ensemble est étrange, difforme, mais non sans un charme que nous décrit avec mélancolie le prince de Joinville dans ses « Vieux Souvenirs ».

« Neuilly, je n'écris jamais ce nom sans émotion, car il se lie pour moi aux souvenirs les plus doux de mon enfance; je les salue avec le respect dont on salue les morts. Que

---

(1) Parfois à des prix extravagants pour obtenir l'accord des propriétaires. C'est ainsi qu'il acquit un jardin mitoyen à 30 000 F l'arpent.

ceux qui n'ont pas connu le Neuilly dont je parle se figurent un vaste château sans prétention, sans architecture, composé presque exclusivement de rez-de-chaussée, ajustés les uns au bout des autres, de plain-pied, avec de ravissants jardins. Autour, un parc immense, s'étendant des fortifications à la Seine, là où passe aujourd'hui l'avenue Bineau. Dans ce parc, des bois, des vergers, des champs, des îles, dont la principale, l'île de la Grande-Jatte, enfermant un bras tout entier de la Seine, et tout cela à un quart d'heure de Paris.

Si ce beau domaine était un lieu de prédilection pour mon père et ma mère qui l'avaient créé, qui l'embellissaient tous les jours et qui y vivaient à cette époque loin des soucis de la politique, entourés de ces nombreux enfants dont ils étaient tendrement aimés, il l'était aussi pour nous. Grâce à la proximité de la ville, l'éducation des maîtres, les leçons, le collège continuaient là comme à Paris, nous avions de plus l'air, la campagne avec toute sa liberté, ses exercices de corps spontanés, naturels. Le matin dès cinq heures, avant les études, avant le collège, nous galopions dans le grand parc. Pendant les récréations, les congés du jeudi, du dimanche, la bande d'enfants s'en allait aux champs, presque sans surveillance, les aînés initiant les jeunes. On allait faire les foins, grimper sur les meules, récolter les pommes de terre, surveiller les arbres fruitiers, gauler les noyers. Il y avait des fleurs partout, des champs de roses où, sans qu'il y parût, on faisait chaque jour de magnifiques bouquets. Puis le canotage, les parties de natation que les garçons comme les filles, tous bons nageurs, faisaient à tour de rôle sur le petit bras de la Seine enclos dans le parc. Rien de délicieux, dans les langueurs des chaudes soirées d'été, comme ces pleine-eau où se jetant près du pont de Neuilly, on se laissait dériver presque jusqu'à Asnières, à l'ombre des grands saules, pour revenir à pied par l'île de la Grande-Jatte... Cette île était alors couverte d'arbres séculaires et sillonnée de ces sentiers ombreux chantés par Gounod, où nous aimions à nous égarer avec l'insouciance de la jeunesse et peut-être les premiers éveils de l'adolescence.

De ce Neuilly charmant, il ne reste plus que le souvenir. Confisqué par Napoléon III, sans prétexte plausible, il a été immédiatement déchiqueté, pour effacer jusqu'à la trace de ceux qui l'avaient acquis et habité. C'est à peine si, quand je passe avenue Bineau, je retrouve, dans les villas qui s'y sont élevées, quelque arbre de connaissance, derrière lequel je m'embusquais pour tirer les lièvres que me rabattait un gros chien dressé par moi à cette tâche. Quant au château, témoin d'une orgie épouvantable, il a été mis à sac et incendié par les glorieux vainqueurs de 1848... »

Le Palais-Royal.

Neuilly pourtant n'empêche pas le duc de se consacrer à la restauration du Palais-Royal qui est dans un état de délabrement avancé. Ce Palais-Royal lui appartient à peine, il est occupé par des locataires sans titres et par un public animé qui en fait le centre de la vie parisienne nocturne. « ... On y mangeait, on y buvait, on y chantait, on y jouait, on y aimait. Il y avait là... de la musique tapageuse, des jeux à tout perdre et des amours de rencontre à tout craindre, mais à tout oser... on y coudoyait à chaque pas, dans les galeries, dans les cafés à spectacle et pendant l'été dans les allées sombres du jardin, une foule de Vénus au port de reine, peintes de rouge et de blanc, moins éblouissantes par leurs paillons et leurs verroteries que par leurs splendides nudités (1)... » Louis-Philippe commença par intro-

(1) Dr Veron, *Mémoires d'un bourgeois de Paris.*

duire un peu d'ordre, de surveillance et de police des mœurs dans ces alentours. Les sirènes disparurent. En peu de mois le Palais-Royal se vida de ses clients et frôla la ruine (il ne s'en est jamais remis).

De 1817 à 1830, Louis-Philippe et l'architecte Fontaine délogent les occupants sans droits, rachètent les immeubles enclavés puis réalisent l'ensemble architectural si harmonieux que nous connaissons aujourd'hui. Le jardin est aménagé avec son bassin et sa grande gerbe d'eau en 1816 et le Théâtre-Français intégré à l'ensemble (1). Un incendie fort à propos détruit les galeries de bois et permet la construction de la galerie voûtée dite d'Orléans.

« C'est un libre passage qui, au niveau du jardin, met en communication facile les grandes galeries anciennes; c'est, au niveau de l'étage noble du palais, une terrasse très gaie qui relie les deux ailes des appartements princiers. Le prince et les siens sont là-haut; la foule est en bas, à distance à peu près respectueuse. Et, cependant, ils se voient les uns les autres; ils partagent une hospitalité à peu près commune. Le prince se tient au degré suprême, mais le populaire, les petites gens, bientôt les sujets, sont accueillis — du moins sur les premières marches (2). »

A la mort de Louis XVIII, le duc d'Orléans est le sujet le plus riche de France. Il a les moyens et au-delà de tenir son rang, de doter ses enfants et le cas échéant d'agir politiquement.

Il est pleinement indépendant. Mais sa grande richesse le rend plus prudent que jamais, et il avance avec circonspection sur la voie qu'il s'est choisie : être un Bourbon

---

(1) En 1822. Entourage en fer existant encore des parterres du jardin en 1824.
(2) Augé de Lassus, *le Palais-Royal*.

d'ordre et de tradition et un Orléans de changement et de liberté.

Le changement dans la continuité.

Education de princes.

A côté de la vie mondaine que son rang l'obligeait à soutenir, Louis-Philippe consacrait beaucoup de son attention aux jeunes princes, les entretenait parfois de leur grand-père qu'il désignait par « Bon papa Egalité » et suivait de près leur éducation : il se faisait remettre chaque soir leurs notes, les interrogeait sur leurs leçons, consultait leurs professeurs sur leurs progrès. L'enseignement classique était complété par des cours variés. Ceux de dessin étaient assurés par Scheffer, l'abbé Guillon donnait ses soins à la vie spirituelle tandis qu'un colonel en retraite, M. Amoros, entretenait la santé du corps par une gymnastique bien comprise. Laurent Franconi était chargé de l'équitation et M. Seuriot de l'Opéra, des cours de danse. Un problème s'était posé au moment où le jeune duc de Chartres, aîné de la famille, arriva en âge d'entreprendre des études secondaires. Adélaïde avait interrogé son frère : Fallait-il donner à l'enfant une éducation solitaire de prince, loin de tout contact, ou au contraire le mêler à l'enseignement de camarades de son âge, par exemple au lycée? Fallait-il en faire un Bourbon ou un Orléans avec toutes les conséquences qu'une telle décision pouvait avoir sur l'opinion? Louis-Philippe joua quelque temps avec l'idée, puis dit à Cuvillier-Fleury qui le conseillait sur l'éducation générale des jeunes Orléans : « Je me moque absolument de l'étiquette de cour », et quelques jours après il ajouta : « La vie de collège me paraît le meilleur apprentissage d'humanité que puissent faire des princes. »

LA FIN D'UN RÈGNE

Louis-Philippe laissa filtrer la nouvelle et le 15 octobre 1819, parut dans le *Moniteur* un entrefilet : « Le jeune duc de Chartres, fils aîné du duc d'Orléans, entrera cette année en 6ᵉ au collège Henri IV. » Le roi n'avait pas été informé. Toutes les traditions étaient bouleversées. C'était la politique du fait accompli. L'opinion se divisa aussitôt. Paul-Louis Courier écrivit : « ... Exemple heureux autant qu'il est nouveau. Que de changements il a fallu, de bouleversements dans le monde pour amener là cet enfant... » Les ultras en revanche se récrièrent. Le jeune prince serait perverti par l'esprit du temps et ils en appelèrent à Louis XVIII qui envoya Decazes à Neuilly exprimer son mécontentement.

Louis-Philippe n'en prend pas moins ses dispositions avec le proviseur du collège Henri IV, puis se rend aux Tuileries pour expliquer au roi sa décision. Chacun exposa ses arguments. Louis-Philippe souhaitait voir son fils vivre avec les jeunes et l'esprit de son temps, Louis XVIII jugeait au contraire que l'éducation de l'héritier éventuel du trône devait apprendre à agir en prince, c'est-à-dire avec la distance, le mystère et l'éloignement qui s'attachaient alors au pouvoir royal.

« J'ai entendu vos raisons, dit enfin Louis XVIII, elles ne m'ont pas persuadé. Je persiste dans mon opinion. Ecoutez-moi donc. Si vous êtes venu me demander conseil, je vous conseille de ne pas mettre votre fils au collège. Si vous êtes venu me demander une permission, je vous permets seulement de l'y mettre comme simple externe. Je ne veux ni réfectoire, ni récréations, ni aucune communication avec les internes. Si vous êtes venu me faire une simple notification, vous ferez ce que vous voudrez; mais vous vous ressouviendrez de ce que je viens de vous dire, et vous pourrez vous repentir de n'y avoir pas déféré. C'est à vous à y réfléchir, et cela en vaut la peine... Vous ne me dites rien. » Le duc d'Orléans gardait le silence et ne le rompit que pour demander au roi la permission de persister respectueusement dans son projet. « Mais pourquoi, reprit Louis XVIII, vous décider si vite ? Ce que je viens de vous dire mérite, ce me semble, un peu plus de réflexion. Prenez du temps pour y penser. »

La réponse du duc fut celle-ci : « La réflexion ne peut plus changer mon opinion à cet égard. La conviction de toute ma vie a été qu'il est nécessaire à mon fils de passer par l'éducation publique. Je suis père, Sire, et par conséquent c'est un devoir pour moi d'agir d'après cette conviction.

— Vous êtes père, il est vrai, mais Mme la duchesse d'Orléans est mère et vous devez la consulter. »

Celle-ci envoya au souverain une longue lettre où elle résumait tous les motifs qui la déterminaient à une telle initiative en précisant dans quel contexte son fils serait amené à vivre : « ... Pour le réfectoire, c'est l'endroit où il peut se passer le moins d'inconvénients, les enfants étant toujours surveillés et partagés par six, l'instituteur de nos fils sera une des six personnes. A l'égard de la récréation, elle n'est que d'une demi-heure par jour, ainsi cinq demi-heures par semaine, c'est-à-dire moins de temps que mon fils n'en emploie à la leçon d'équitation qu'il prend en commun... au manège (1)... » Louis XVIII se tut et observa.

Plus tard les Parisiens allaient avoir le spectacle quotidien d'un grand char à bancs, bleu et jaune, à la livrée ducale, dans lequel se tenaient les jeunes Orléans souvent accueillis par les lazzis amicaux de leurs petits camarades du collège Henri IV.

(1) Texte complet en annexe.

LA FIN D'UN RÈGNE

Prudence politique de Louis-Philippe après son retour en 1817.

Après son retour en France négocié non sans mal avec le roi qui lui a imposé des conditions strictes de discrétion, Louis-Philippe évite toute manifestation politique. Il se tait, il observe, il fait sa cour au souverain. Le plus souvent il partage d'ailleurs les sentiments modérés et prudents de Louis XVIII. Il l'approuve lorsqu'il déclare : « Je sauverai la France malgré les ultras » et suit avec sympathie les efforts de libéralisation de Decazes en particulier en faveur de la presse.

Mais il se garde de manifester publiquement un sentiment sur les affaires intérieures ou extérieures. Il sera discrètement pour l'intervention en faveur de l'indépendance grecque et discrètement contre l'intervention en Espagne, mais ces sentiments seront exprimés en demi-teinte et les conséquences n'en seront jamais connues.

Au moment de la préparation de l'expédition d'Espagne, l'hôtel de Talleyrand était devenu le centre d'un « complot » qui réunissait les libéraux républicains, les orléanistes et les bonapartistes. Talleyrand laissait dire et faire Ségur, le général de Valence, Molé, Daru, Pontécoulant, etc.

Il s'agissait, au cas où cette guerre « inconstitutionnelle » tournerait mal, de remplacer la branche aînée par la branche cadette. Au lieu d'une défaite, l'intervention française fut une promenade militaire et l'armée témoigna de sa fidélité au roi. Mais au départ, les souvenirs de l'échec de Napoléon aidant, rien n'était moins évident.

Louis-Philippe refusa cependant d'écouter la moindre sollicitation et s'en alla même trouver Louis XVIII pour demander le commandement supérieur des troupes qui allaient intervenir dans la péninsule, mais en même temps ses amis étaient chargés de dire que le duc d'Orléans était trop attaché à ses devoirs pour penser même à un complot visant à renverser le roi mais que « ... si la force des choses enlevait le trône au monarque ainsi qu'à Monsieur, aux ducs d'Angoulême et de Bordeaux, il était résolu à ne plus sortir du royaume et à subir toutes les chances du sort qui lui était réservé... ».

Lorsque, le 2 juillet 1820, la révolution éclate à Naples, Ferdinand doit céder pour n'être pas emporté et accepter une Constitution sur le modèle anglais... Mais en sous main il cherche à revenir sur ce qu'il a dû concéder, il demande aide et secours aux autres monarchies Bourbon et à l'Autriche (1). Même sur ce sujet Louis-Philippe refusera d'intervenir; par conviction, car il donne tort à son beau-père dans l'exercice de son autocratie et par principe s'étant

---

(1) Il obtiendra du congrès de Laybach qui réunit les cinq grandes puissances européennes du 8 janvier au 12 mai 1821 une décision de soutien. Le 2 février 1821 les puissances alliées placèrent pour ce faire à sa disposition une armée autrichienne de 52 000 hommes commandée par le général Frémont. Le 5 février, commençait l'invasion des Deux-Siciles et du Piémont qui s'était également insurgé. Le retour de Ferdinand à Naples fut marqué par une réaction brutale, la suppression de la Constitution, des exils, des destitutions et des proscriptions. Marie-Amélie écrit à ce sujet :
« Il n'y a aucun doute [que la révolution] ne soit l'ouvrage du parti français... et l'objet n'en soit... d'entraver le gouvernement, l'affaiblir, le harasser, *keep the English in hot water, and their forces always occupied in Sicily to prevent them from acting anywhere else...* Comment conserver un gouvernement et se préserver de l'anarchie ? Moi, j'étais d'avis que le prince héréditaire allât en personne faire cette dissolution avec toute la pompe de la royauté, qu'il les traitât comme Louis XIV traita le Parlement à Paris lorsqu'il y entra, le fouet à la main... Cela ne peut pas aller comme cela, *there is too much at stake here...* Je ne cesse, pour ma part, de rappeler aux chefs anglais que c'est la terreur des mesures qu'ils paraissaient disposés à adopter qui a opéré cette réunion, et que, par conséquent, pour la consolider, il faut qu'ils ne se relâchent pas... »

interdit toute prise de position officielle. Marie-Amélie ira donc seule voir Louis XVIII et tout émue rapporte dans son journal l'entrevue royale à la date du 16 septembre 1820 :

« ... Je suis allée chez le roi qui m'a fait entrer dans son cabinet. J'ai eu avec lui un entretien d'environ trois quarts d'heure, pour le prier d'employer tous les moyens afin d'éloigner la tempête qui menace mon aimée famille et mon cher pays, lui faisant connaître la pénible situation dans laquelle se trouverait mon cher père à l'approche de l'armée autrichienne et les fatales conséquences qui pourraient résulter d'une telle mesure. C'était la première fois que je parlais seule avec le roi et mon cœur tremblait... »

Ce refus d'intervenir, cet apolitisme apparent, cette absence d'opinion exprimée, il la maintient même lorsque Louis XVIII l'interroge. A la fin de 1822, l'expédition d'Espagne étant décidée, Villèle hésite encore et tergiverse. Les attaques des ultras se font plus violentes et le roi envisage un instant son renvoi. Pour compromettre Louis-Philippe qu'il sait secrètement hostile à l'expédition, il le fait venir et l'interroge :

— *Mon cousin, je connais votre affection pour moi aussi bien que la rectitude de votre jugement; aussi je n'hésite pas à m'adresser à vous pour vous demander un conseil dans une grave occurrence. Mon premier ministre Villèle est vivement attaqué dans les Chambres, et je ne sais si je dois le conserver ou lui donner un successeur. Dans ma perplexité à ce sujet, j'ai cru devoir vous faire juge de la chose. Parlez donc, mon cousin.*

— Sire, répondit le prince, pour ouvrir un avis profitable sur une question quelconque, il faut la connaître, et je déclare à Votre Majesté ne pas savoir le premier mot de celle-là. *Je suis tellement absorbé par l'éducation de ma famille que je ne m'occupe nullement des affaires publi-*

ques. *Simple passager sur le vaisseau de l'Etat, je vogue heureux et tranquille en bénissant la main habile qui le dirige.*

Louis XVIII sourit à cette réponse adroite, semblant se dire à lui-même : j'en ai trouvé un plus fin que moi (1)...

Amusante passe d'arme politique qui comporte tous les moyens habituels de l'attaque et de la défense. Du côté de Louis XVIII, la flatterie, l'insinuation, la tentative pressante d'obtenir la réponse qui compromet. Du côté de Louis-Philippe, l'esquive et la parade souriante. Le roi lui a interdit toute opinion politique, eh bien, voilà l'occasion de le lui rappeler et de la façon la plus ironique et presque impertinente de la part d'un « simple passager du vaisseau de l'Etat ».

Pendant tout cette fin du règne de Louis XVIII, le duc d'Orléans demeure silencieux. Il est un parfait et muet courtisan. Aucune parole ne peut lui être reprochée. Rien n'est dans le discours, mais beaucoup est déjà dans l'attitude. Il est libéral par ses banquiers, républicain par ses amis, bonapartiste par son entourage militaire. Les faits d'armes de Bonaparte qu'il a honni, viennent orner les murs du Palais-Royal dont « les salons sont une succursale des victoires et conquêtes de Napoléon »...

C'est ainsi qu'un jour, vingt ans plus tard, il semblera presque naturel de le voir patronner le retour des cendres de l'Empereur. Entre-temps, il aura reçu le ralliement et le soutien de bien des bonapartistes.

Mais sous l'eau dormante et malgré la pureté apparente des sentiments exprimés en public, d'étranges intrigues se nouent auxquelles le duc d'Orléans prête parfois la main. C'est ainsi que l'on découvre avec étonnement les propositions qu'il fait faire au prince Eugène de Beauharnais :

---

(1) Souvenirs et réflexions de M. Servan de Sugny.

LA FIN D'UN RÈGNE

« ... En 1821, Lord Kinnaird vint à Munich pour voir le prince Eugène; il était chargé pour lui d'une mission du duc d'Orléans, plus tard roi des Français. Ce prince, voyant que tout allait mal en France, et prévoyant de nouveaux bouleversements, faisait demander au prince Eugène, par son ami, s'il voulait consentir à une promesse réciproque de s'entendre, de se soutenir, de faire cause commune; enfin, et si le sort favorisait l'un plus que l'autre, le moins heureux devait rester en France, soutenu par le plus heureux. Le prince Eugène répondit qu'il consentirait volontiers, pour le bonheur de la France, à s'associer au duc d'Orléans, ancien ami de son père, et dont il connaissait l'honorable caractère, mais qu'il devait en même temps le prévenir que, si le sort le rendait le maître, ce serait toujours pour ramener en France le fils de Napoléon; qu'accepter la première place pour lui lui paraîtrait une trahison, et que, si la France en décidait autrement, il bornerait toute son ambition à la servir comme simple particulier (1)... »

Dissimulant ses vrais sentiments, Louis-Philippe n'en pense pas moins sans cesse aux bouleversements possibles de l'avenir, au changement de dynastie, à une soudaine révolution. En fait à partir de 1815, il est toujours prêt!

En même temps qu'il administrait sa fortune, qu'il décidait de l'éducation de ses enfants et qu'il observait la prudence politique indispensable pour sa présence autorisée en France, Louis-Philippe organisait une cour à l'ombre de celle des Tuileries. Il s'était en conséquence composé une maison militaire avec le général Albert (2), le colonel de génie Athalin, le comte de Saint-Aldegonde,

(1) Mémoires du prince Eugène, tome X, p. 285.
(2) « Vendredi 13 septembre 1822 : le colonel Marbot nous a apporté la douloureuse nouvelle de la mort du digne général Albert... » (Journal de Marie-Amélie.)

LOUIS-PHILIPPE ET LOUIS XVIII

Raoul de Montmorency, chef d'escadron, auxquels vint se joindre en 1818 M. de Rumigny (1). L'aile droite du Palais-Royal était occupée par Madame Adélaïde, dont l'appartement à la décoration austère témoignait plus des goûts d'une femme d'affaires que d'une princesse oisive! Il fut question un moment de son mariage avec Raoul de Montmorency, de quinze ans plus jeune qu'elle, mais ce n'était qu'un bruit sans fondement. D'ailleurs celui-ci devait épouser, en 1821, la veuve de son oncle Thibault, mort en 1818.

Outre la maison militaire, le duc établit son secrétariat, dont le chef fut M. de Broval, le compagnon de toujours, homme sec et autoritaire, sous les ordres duquel se trouvaient un sous-chef et de nombreux secrétaires. Parmi ceux-ci figura un moment Alexandre Dumas, qui ne garda pas un souvenir très plaisant de son passage au Palais-Royal où le personnel était logé. Des appointements médiocres, nécessitant une occupation au-dehors pour s'assurer une vie décente, un maître exigeant jusqu'au plus petit détail, voilà ce qui était réservé aux employés de la maison d'Orléans. En effet, soit que le souvenir des années difficiles connues dans sa jeunesse ait marqué Louis-Philippe, soit que le souci de l'avenir qu'il voulait assurer financièrement à ses enfants ait motivé cette économie,

(1) « ... Nous étions tous d'anciennes connaissances d'armée, et je fus accueilli comme un frère. L'union la plus complète régnait dans cette maison princière et tous les officiers étaient bientôt admis dans l'intimité de la famille. L'usage de la maison était que le prince, la duchesse d'Orléans et Madame Adélaïde, sa sœur, déjeunassent et dînassent ensemble avec toutes leurs dames et leurs officiers de service. La duchesse d'Orléans avait pour dame d'honneur la marquise de Nérac, femme du marquis, gentilhomme de la chambre du roi. La deuxième dame était la marquise de Dolomieu. S.A.R. Madame Adélaïde avait pour dame la comtesse de Montjoie, sœur de la marquise de Dolomieu... » (Souvenirs du général de Rumigny).

les comptes étaient tenus très exactement. Alexandre Dumas racontait avoir vu cette note de la main du duc : « ... Quatre sous de lait pour Mme de Dolomieu !... » De plus... « on payait une somme fixe au maître chef mais on avait grand soin de lui défalquer le prix du gibier expédié des nombreuses forêts du duc, dont le surplus était revendu au fameux traiteur Chevet, par le contrôleur de bouche (1)... »

Louis-Philippe tenait une correspondance suivie avec toutes les cours d'Europe, et écrivait beaucoup à ses avoués, avocats, notaires et hommes d'affaires : aussi voulait-il un cachet absolument parfait, ce dont Dumas s'était fait le spécialiste, et tenait-il particulièrement à l'impeccabilité des lettres selon qu'elles fussent pliées en deux, quatre ou huit, suivant l'importance des destinataires.

Ce fut l'époque où la vie familiale des Orléans connut sa plus parfaite expression... Après le repas du soir, « ... on se réunit dans la grande galerie. La duchesse, Mademoiselle, les dames d'honneur et les plus âgés des jeunes princes s'assoient autour d'une grande table ronde en acajou massif que le prince a fait fabriquer tout exprès. Cette table a une série de tiroirs, tous numérotés, et chacune des personnes assises se place en face de son tiroir où elle range les petits ouvrages qu'elle est en train de coudre, de soutacher, de tricoter. Une grosse lampe est posée, et, dans le rayon de sa lumière, on n'aperçoit que des femmes penchées sur leur travail. Les princes les plus jeunes vont, viennent et s'amusent. De temps en temps circule un domestique qui passe des plateaux avec des verres de sirop d'orgeat. Le duc, toujours debout, s'arrête un instant et contemple ce spectacle de famille ou se promène de long en large avec un de ses familiers, Alexandre Pieyre (ami de Mme de Genlis et qui avait son logement dans l'aile

---

(1) Raymond Recouly : *Louis-Philippe, roi des Français.*

gauche), Oudard, Vatout ou Rumigny. Et c'est le moment où il parle (1)... ». Merveilleux conteur, il évoquait pour son entourage les souvenirs de sa jeunesse, de ses voyages, et tous subissaient le charme de sa conversation.

Cependant, la duchesse d'Orléans restait fidèle à l'éducation religieuse qu'elle avait reçue à Palerme. Elle se rendait régulièrement à Saint-Roch sa paroisse, à laquelle le duc fit don en 1819 d'un médaillon en marbre pour la tombe de Corneille. Très pieuse, Marie-Amélie trouva un réel secours dans la foi, lors de la mort de la petite princesse Françoise. L'enfant, depuis sa naissance à Twickenham, avait toujours montré une certaine faiblesse de constitution, qui, à partir de 1818, prit un caractère alarmant. Elle fut installée à Neuilly, et sur le conseil des médecins, il lui fut attribué une petite chambre en surélévation sur une étable et ouverte du côté des vaches pour qu'elle pût en respirer les émanations. En pure perte il est vrai, car, le vendredi 20 mars, Marie-Amélie, qui avait passé toute la journée auprès de l'enfant agonisante, notait : « ... A onze heures du soir, je l'ai vue encore changer, elle avait les parties inférieures du corps mortes et livides. Je l'ai embrassée et ai dû la quitter... » Le jour suivant, la petite malade mourut et « ... si préparés que nous ayons été à ce cruel événement, il n'en est pas moins douloureux : je suis mère et c'est la première fois que je perds un enfant... ». Le prince de Joinville naissait le 14 août suivant, apportant consolation dans le cœur affligé de Marie-Amélie qui eut encore trois autres fils : le 1ᵉʳ janvier 1820, elle accouchait, après une journée rendue harassante par les exigences officielles, du duc de Penthièvre, en faveur duquel la duchesse douairière testait l'année suivante. Il avait une certaine imperfection intellectuelle et mourut quelques

---

(1) R. Recouly, *op. cit.*

années plus tard. Le 16 janvier 1822, la famille comptait un nouveau venu en la personne d'Henri, duc d'Aumale, et le 31 juillet 1824, le duc de Montpensier complétait cette heureuse maison.

Le Palais-Royal n'était pas la seule résidence de la famille d'Orléans qui se déplaçait volontiers. Outre Neuilly, honoré de ses fréquents séjours, elle se rendait parfois à Randan, château situé en Auvergne près de Riom et dont Madame Adélaïde avait fait l'acquisition lors de la succession du duc de Praslin. Il arrivait que Fontaine les accompagnât, comme il le fit en 1821.

Ils allaient en Normandie, s'arrêtant en route au château de Rosny, où séjournait la duchesse de Berry. L'excursion les conduisait jusqu'à La Roche-Guyon, puis au château de Bizy, près de Vernon, propriété du jeune duc de Penthièvre et que son père administrait en qualité de tuteur. En 1821, ils visitaient Rouen, Dieppe, se reposaient à Eu, qu'ils quittaient le 1er septembre, pour revenir par l'agréable route de Gisors... En 1822, le duc entraînait sa famille à Noyon, Compiègne et Senlis. Les étés se succédaient, paisibles, les voyant à Dreux et en d'autres villes, suivant le caprice du moment. Cependant, sous ces aspects de bon bourgeois tranquille, Louis-Philippe rassemblait autour de son nom tous ceux déçus par le gouvernement et la politique maladroite de Louis XVIII et de ses ministres. Le Palais-Royal était devenu un « foyer de mécontents », si bien que : « Un soir à dîner, Louis XVIII dit à sa famille : " Il se passe des choses qui me déplaisent. M. le duc d'Orléans donne à dîner. Il a pendu hier la crémaillère et devinez les convives? " Les interpellés passent en revue l'ancienne cour... " Eh bien, dit le vieux monarque en riant, notre cousin rentre comme il était parti. Il en est encore au marquis de La Fayette. " " La Fayette! s'écria Madame. Il aurait dîné chez le duc d'Orléans! " " Et à la première place, flanqué à la gauche du protestant Guizot, à la droite du sieur Laffitte dont la seule religion connue est l'argent; les autres convives étaient les généraux Exelmans, Vandamme, Valence et pour compléter si belle compagnie, le Suisse Benjamin Constant! " » C'était omettre ceux que l'on appelait « les quatre M ».

Mortier, Marmont, Macdonald, qui, le 9 septembre 1821, annonçait son mariage avec Mlle Bourgoin, et enfin Molitor; c'était omettre les pairs comme Talleyrand, Liancourt, Broglie et Molé; c'était ignorer les députés dont Camille Jordan, Dupin, Girardin et Casimir Perier étaient les représentants les plus marquants! Des savants, comme l'astronome Arago, des artistes dont Horace Vernet, recevaient le plus chaleureux accueil auprès du prince qui ménageait sa publicité en honorant de sa personnalité protectrice les sociétés savantes. Il devint le président de la « Société asiatique de Paris (1) », fut le fondateur de la Société royale pour l'amélioration des prisons, il protégea « le Musée Encyclopédique » qui, sous ce nom imposant, groupait des savants et gens de lettres, se réunissant à l'occasion de lectures et de conférences et que les tracasseries de la police contraignirent à se disperser...

Louis-Philippe n'arrêta pas là sa bienveillance : il ouvrit un bureau de secours au Palais-Royal, créa des écoles d'enseignement mutuel dans ses domaines de la Ferté-

---

(1) La « Société asiatique de Paris » devait publier à partir de 1823, un journal qui fut à l'origine des archives de l'orientalisme en France ainsi que des lexiques, des grammaires et des traductions des principales langues asiatiques. « Le but de la Société asiatique écrivait M. J. Mohl, professeur au Collège de France, est de nous faire connaître l'histoire de la partie la plus anciennement civilisée du monde, d'enrichir les sciences morales et sociales de l'expérience des grandes nations qui peuplent l'Asie... d'expliquer l'organisation des grandes nations de l'Orient que l'Europe envahit de plus en plus... »

Vidame et à Dourdan, où, dans une partie du vieux château, il installa une maison de détention.

Il étendit sa protection à la publication de la « Biographie des Contemporains », et organisa des expositions dans les salons du Palais-Royal. Les comptes rendus descriptifs des tableaux exposés, œuvres de Gros, Girodet, Gérard, Drolling ou Géricault, n'étaient qu'un prétexte pour entretenir le public du duc d'Orléans, qui, dans le même temps, souscrivait aux monuments de Kléber et d'Abatucci... En 1821, il nomma directeur de la bibliothèque qu'il constituait au Palais-Royal, Casimir Delavigne que M. Pasquier venait de destituer de son poste de bibliothécaire de la Chancellerie, au grand regret de Louis XVIII qui avait trouvé ce renvoi injuste en fonction de la cause invoquée (la publication des « Messeniennes ») (1) et qui avait essayé de réparer cette erreur. Louis-Philippe s'était empressé d'offrir logement et fonction à l'auteur réprouvé. Ce dernier allait retrouver dans les salons du prince d'autres habitués comme Cauchois-Lemaire, rédacteur de la *Pandore* ou Paul-Louis Courier, pamphlétaire tourangeau : de tous, Benjamin Constant apparaissait comme le porte-drapeau du parti orléaniste. A côté de ces noms, d'autres étaient particulièrement remarqués : le duc de La Rochefoucauld, le « bon duc », en est un exemple, qui, d'ailleurs, eut, lui aussi, à souffrir de vexations inutiles de la part du gouvernement... « Fondateur d'utiles établissements, membre de nombre de commissions et de conseils gratuits où il dépensait l'activité de sa verte vieillesse et les trésors de son inépuisable bienfaisance, il s'attira une disgrâce qui mit le comble à l'impopularité du ministère. Irrité des trop justes critiques qu'il avait librement formulées sur

(1) Recueil de poésies de Casimir Delavigne consacré aux deuils de 1815, aux malheurs de la Grèce et à des sujets patriotiques contemporains.

le régime intérieur des prisons, alors déplorable, M. Corbière notifia le même jour à M. de La Rochefoucauld sa destitution de quatre de ses fonctions gratuites. Il avait cru les comprendre toutes; mais il se trouva en avoir oublié une, ce qui lui valut de la part du duc cette piquante réponse : « Je ne sais pas comment les fonctions de président de la Société pour la propagation de la vaccine ont pu échapper à la bienveillance de Votre Excellence, à laquelle je me fais un devoir de les signaler... » Cette quadruple destitution, véritablement stupide, avait soulevé une réprobation universelle. En même temps que les adresses des masses populaires affluaient, M. de La Rochefoucauld reçut de nombreuses et sympathiques visites. L'une des premières fut celle du duc d'Orléans, accompagné de ses deux fils aînés (1)... » Ce dernier témoignait ainsi indirectement sa désapprobation pour un régime si peu politique et si peu en accord avec ses idées. Enfin, si pour la plupart les habitués du Palais-Royal étaient d'origines diverses, ils se retrouvaient sur un point commun : tous, pour des motifs différents, avaient sujet de se plaindre de certaines mesures du gouvernement. Les réceptions du mercredi regroupaient quarante à cinquante personnes invitées à dîner, et des concerts étaient donnés dans la grande galerie. On y voyait peu de représentants de la société aristocratique du faubourg Saint-Germain, ce qui fit dire à la duchesse de Dino, venue certain soir : « ... Grande foule au Palais-Royal, mais on n'y connaît personne! » C'était oublier Talleyrand dont la silhouette se profilait parfois et dont Marie-Amélie mentionne la première visite en 1817 : « Dimanche 2 novembre. Nous avons eu la visite du prince de Talleyrand. Ma curiosité a été satisfaite au sujet de ce fameux personnage de notre

---

(1) R. Recouly : *op. cit.*

siècle, que j'ai trouvé tel que je me le représentais : physionomie spirituelle, accorte, même un peu ironique. Il parle peu mais ce qu'il dit est bien réfléchi... » On pouvait aussi y rencontrer M. de Maillé, Scipion du Roure, l'amiral L'Hermite, la duchesse d'Albufera, Mme de Boigne, les princesses de Poix et de Vaudemont... le général Rostopchine en 1817... Cette même année, Marie-Amélie reçut un ancien « soupirant » en la personne de Ferdinand III, grand-duc de Toscane, dont l'épouse, morte en couches en 1804, avait été Marie-Louise, propre sœur de la future duchesse d'Orléans. Devenu veuf, il avait manifesté le désir de se remarier avec sa jeune belle-sœur ! Les altesses de passage à Paris étaient également l'objet de l'intérêt de Louis-Philippe, heureux de faire visiter le parc Monceau aux prince et princesse de Danemark venus au cours de l'été 1821.

On comprend combien cette agitation qui ne relevait ni d'intrigues ni de complots était surveillée par la police de Louis XVIII, voyant une menace dans les actions les plus innocentes de son cousin. Ce dernier pouvait se rendre chez le roi « pour lui porter l'un des tableaux de Versailles qu'il lui avait restitués, représentant le martyre de sainte Félicité, et les portraits de Mme de Genlis et de ses élèves (1) », et tout aussi bien, assister Mme de Staël à ses derniers moments (2). On prétend que celle-ci lui aurait dit : « Je meurs contente parce que je suis assurée que les idées libérales s'étendront encore en France et dans toute l'Europe et que le parti qui les défend, deviendra le parti dominant puisqu'il est protégé par le souverain (3). »

(1) Journal de Marie-Amélie : 29 novembre 1817.
(2) Mme de Staël devait mourir en juillet 1817, après une maladie pendant laquelle le duc d'Orléans lui montra beaucoup de sollicitude.
(3) E. Daudet : *la Police politique, chronique des temps de la Restauration : 1815-1820.*

Mais la vigilance de Louis-Philippe gardait présentes dans son esprit ces réflexions prometteuses :

« ... En 1814 on criait : Vive le roi! Vivent les Bourbons!
En 1815 on criait : Vivent le roi et la Charte!
En 1816, on criait : Vive la Charte!
En 1817 on a beaucoup crié, mais on n'a rien crié!
En 1818 on a crié : Vive la nation!
En 1819, on crie : Vive la liberté!
Gare qu'en 1820, on ne crie, comme dans les Cent-Jours : Vive la mort (1). » Mais en 1824, c'était de celle du roi dont il allait s'agir!

Mort de Louis XVIII.

D'année en année, l'état de santé de Louis XVIII s'était aggravé. Une mauvaise alimentation, l'absence d'exercice, une circulation déficiente, avaient accéléré la déchéance physique de cet homme encore jeune. La tête seule n'était pas touchée. A partir de l'automne 1823, la situation empire visiblement. La gangrène de ses jambes s'étend.

Le dimanche 12 octobre 1823, pendant le *Te Deum*, Marie-Amélie note que « ... le roi s'est endormi plusieurs fois pendant la cérémonie et il était dans un état qui a inquiété tous les spectateurs; la botte de sa jambe malade s'est défaite et il y avait une inondation à terre... (2) ».

Un mois plus tard, le 17 novembre, on fête aux Tuileries le 68ᵉ anniversaire du souverain qui de nouveau s'endort :

---

(1) Cte O'Mahony : *le Conservateur*, t. IV, p. 119.
(2) Un mois plus tard, un valet de chambre devait se trouver mal en retirant à Louis XVIII l'une de ses bottes, le pied était si attaqué par la gangrène qu'un doigt était parti avec la chausse.

LA FIN D'UN RÈGNE

« ... son visage échauffé nous faisait peur et il a fallu faire du bruit pour le réveiller... (1) »

Pour bien des raisons les Orléans surveillent avec attention l'évolution du mal. Intérêt auquel se mêle un peu de tristesse. Si Louis-Philippe s'était souvent heurté avec son oncle, s'il ne partageait pas une partie de ses vues, il avait en revanche pour le souverain un grand respect et pour le politique, qui savait si habilement défendre son autorité et ses principes, une profonde estime.

A partir de l'été 1824, son délabrement physique devient impressionnant. Marie-Amélie qui, le 31 juillet 1824, a accouché du futur duc de Montpensier, rend visite au roi, le 31 août et le trouve à peine reconnaissable :

« ... Sa tête est appuyée sur la table devant laquelle il est assis et il ne peut presque plus la redresser; ses mains sont comme celles d'un squelette; son abdomen a disparu, ses yeux sont fixes et il ne distingue plus les objets, sa voix est faible et on l'entend à peine; il est dans un état continu de somnolence, ne mange presque plus et a la fièvre toutes les nuits. Dans cet état de décomposition générale, ses facultés intellectuelles se conservent intactes et il unit à un grand courage le désir d'obliger un chacun : il m'a émue et m'a fait une vraie peine... »

La fin, de toute évidence, est proche. Pourtant lorsque le 9 septembre au baptême du duc de Montpensier qui a été tenu sur les fonts baptismaux par le duc et la duchesse d'Angoulême, Louis-Philippe demande au comte d'Artois s'il est sage de partir pour le château d'Eu où il doit conduire ses enfants finir l'été, Monsieur le rassure et lui promet de le prévenir à la moindre alerte. Toute la famille s'embarqua donc pour Eu et Le Tréport, mais à peine arrivé, Louis-Philippe reçoit un message de Monsieur le

---

(1) Journal de Marie-Amélie.

rappelant d'urgence à Paris (1). Le roi était au plus mal.

Après quelques heures de repos, Louis-Philippe et Marie-Amélie reprirent aussitôt la route, pour arriver le 14 septembre au matin à Paris. Le roi avait demandé à les voir. Mais à leur arrivée aux Tuileries, Monsieur les accueillit : il était trop tard. Le roi avait encore sa connaissance, entendait, mais ne parlait plus. Avant d'entrer en agonie, il avait demandé : « Y a-t-il encore une chose difficile et épineuse à faire? Il vaut mieux que ce soit moi qui fasse ce que mon frère ne pourrait faire sans inconvénient... » Puis après avoir résisté aux instances de sa famille, il céda à celles de Mme du Cayla que l'on dut aller chercher tout exprès et reçut l'extrême-onction.

L'agonie dura trois jours, dans une chaleur étouffante, et fut aussi affreuse que celle de Louis XIV avec cette différence, lourde de sens, que pendant trois nuits une grande foule silencieuse se réunit devant les Tuileries, priant pour le roi mourant (2).

Marie-Amélie nous a laissé le récit de cette fin :

« Le 16, à 1 heure du matin, on vint nous avertir que

(1) Billet du comte d'Artois à Louis-Philippe :

Paris, 12 septembre 1824
2 heures après midi

« La faiblesse du roi s'est tellement augmentée depuis hier, mon cher cousin, que je me trouve dans la pénible nécessité de vous envoyer une estafette, et de vous engager à revenir ici le plus tôt qu'il vous sera possible sans nuire cependant à la santé de votre épouse et à celle de votre sœur. Plaignez-moi, mon cher cousin; j'ai le cœur déchiré; mais j'espère que Dieu me donnera les forces dont j'ai et dont, hélas ! j'aurai peut-être tant de besoin.

Je ne vous dis rien de plus pour hâter le départ de ma lettre. Vous connaissez depuis longtemps mon ancienne et constante amitié pour vous et pour votre famille.

Charles-Philippe »

(2) De peur de violentes manifestations d'hostilité, le corps de Louis XIV dut être emporté du palais, de nuit et mis à l'abri des insultes et des invectives.

le roi était au plus mal... Tout le monde était dans sa chambre; nous y sommes entrés aussi et nous sommes assis au pied du lit avec le reste de la famille. Il y avait de plus que les jours précédents l'archevêque de Paris et l'évêque d'Hermopolis. Tout le monde était rangé autour de la chambre; il y régnait le plus profond et lugubre silence, qui faisait mieux entendre la respiration courte et oppressée du moribond. Ce silence était interrompu de temps en temps par les prières que récitaient le grand aumônier et l'abbé Rocher (1), qui étaient placés derrière le lit. Ce dernier s'approchait aussi quelquefois du roi pour lui dire des paroles de religion et de consolation; mais il ne les entendait plus... Madame et Monsieur nous donnèrent l'exemple de sortir quelques instants pour aller respirer dans le cabinet un air moins étouffé. Quand nous rentrâmes, la respiration du roi s'affaiblissait; bientôt on ne l'a plus entendue. A quatre heures, on lui a mis l'alcali sous le nez; il n'a fait aucun mouvement. Les médecins ont pris une bougie pour s'assurer s'il avait fini de souffrir. Alors, par un mouvement spontané, nous nous sommes levés tous pour approcher de ce lit de mort. Au bout d'un instant, le duc d'Angoulême, qui était le plus en avant, s'est approché de Monsieur, et lui a dit deux fois dans l'oreille : « Mon père, tout est fini. » Monsieur, accablé de corps et d'âme, a paru ne le pas comprendre, jusqu'au moment où le comte Charles de Damas, s'avançant vers lui d'un air triste et respectueux, lui dit : « Sire, le roi est mort. » Cette annonce ainsi faite a produit sur nous tous une vive impression. Alors le dauphin s'est jeté aux genoux de son père et lui a baisé la main; nous avons suivi son exemple, et le roi nous a embrassés tous en sanglotant. Nous nous sommes ensuite agenouillés autour du lit, et

---

(1) Confesseur du roi.

l'on a récité le *De Profundis,* après lequel le nouveau roi a jeté de l'eau bénite sur le corps de son frère, et, s'approchant de lui, lui a baisé la main. Nous avons tous successivement baisé cette main glacée... Le dauphin et la dauphine ont emmené le roi : M. de Blacas le précédait, et en ouvrant la porte de la galerie de Diane, il a crié : Le Roi, Messieurs. Il fallait voir, à ces mots, comme toute la foule des courtisans, en un clin d'œil, a laissé la galerie vide pour entourer et suivre le nouveau roi. C'était comme un torrent : nous en avons été entraînés, et ce n'est qu'à la porte de la salle du trône que mon mari s'est avisé que nous n'avions plus rien à y faire. Nous sommes rentrés chez nous en faisant de grandes réflexions sur la faiblesse de notre pauvre humanité et sur le néant des choses de ce monde (1). »

(1) Ce récit de la mort de Louis XVIII a été écrit en français par Marie-Amélie et ne fait pas partie de son journal.

CONCLUSION

Avec Louis XVIII disparaissait le dernier roi de France. Charles X fut le chef d'une faction et Louis-Philippe le roi des Français.

Sans doute, comme le remarqua l'avocat Berryer, « Louis XVIII arriva trop tard et partit trop tôt », mais avec une grande sagesse, beaucoup de modération, une remarquable lucidité, il sut choisir les hommes et la politique qui assurèrent le redressement de la France.

Il était arrivé en pleine occupation étrangère pour trouver un pays ruiné, divisé, doutant de lui-même, et il avait réussi à le relever malgré le désastre renouvelé des Cent-Jours.

Après dix années de règne il laissait une France pacifiée, calme, riche et ayant repris sa place parmi les grandes nations.

Il éteignit bien des haines et jeta avec la Charte constitutionnelle à laquelle il était si attaché, les bases d'un système parlementaire et représentatif qui fut à l'origine de notre régime démocratique. Tolérant et modéré il est cependant pleinement roi. Il observe strictement la Charte mais exige aussi un entier respect des prérogatives royales et de celles de sa famille. C'est sur ce point que se développe, public ou caché, un affrontement constant avec Louis-Philippe. Il le soupçonne de vouloir porter atteinte à la Couronne et de préparer sans cesse les voies d'un changement de dynastie. Pourtant jamais les deux hommes ne s'affrontent. Tout se déroule en demi-teintes, à demi-mot. Le roi maintient le duc d'Orléans à sa place et à son rang, non par brimade, mais pour limiter l'empiétement de ses ambitions excessives. Le rappel à l'ordre le plus sec ne fut jamais que la prolongation de quelques mois en 1817 d'un exil volontairement choisi en 1815 par le duc d'Orléans.

Pourtant celui-ci souffre constamment de l'attitude du roi, se refusant à en reconnaître les motifs. Il cherche à racheter l'ambiguïté de ses propres attitudes par une déférence et une obséquiosité de courtisan dont le roi n'est pas dupe et qui sont même un objet d'agacement pour lui.

Ce n'est là qu'une des contradictions du caractère et de la personnalité si diverse et multiforme de Louis-Philippe.

Cette diversité explique les jugements contradictoires que portent sur lui ses contemporains. Les uns l'encensent, les autres l'insultent et le haïssent. Chateaubriand, qui le traite de « filou » de la couronne, le juge capable de toutes les bassesses et Tocqueville estime que sa pensée, ses manières et jusqu'à son style d'écriture sont du « Jean-Jacques Rousseau retouché par une cuisinière ».

Louis-Philippe avait en fait une réelle intelligence enrichie par une expérience des hommes et des situations (1). Les convulsions de la Révolution lui avaient fait connaître une vraie misère, les petits emplois et, non

---

(1) « Sa mémoire, écrit Tocqueville, était prodigieuse, propre à retenir obstinément les moindres détails... »

CONCLUSION

déguisés, les travers de la nature humaine. Grand voyageur, il a observé le monde comme peu d'hommes l'ont fait à son époque, des remparts de Cadix au cap Nord, des rivages de l'île de Malte aux rives du Mississippi, du ciel clair de Saint-Domingue aux brumes londoniennes. Il s'efforce de comprendre les pays parcourus, leurs intérêts, leurs passions, leurs espoirs. Il en parle souvent les langues connaissant l'allemand, l'espagnol, l'italien et l'anglais. Surtout l'anglais dont il use à la perfection et sans accent.

Il savait, dit Hugo, « toutes les langues de l'Europe et ce qui est plus rare, tous les langages de tous les intérêts ».

L'instruction solide de Mme de Genlis (1) lui a donné une vaste culture à laquelle viennent se mêler des influences voltairienne et philanthropique, « son instruction était aussi étendue que variée », remarque Louis Blanc.

Sa conversation est gaie, amusante, intéressante (2). Il aime parler. Cela fait partie de son art de séduire et d'attacher. Mais il livre rarement un secret, et ne dévoile jamais sa pensée profonde, moins encore les buts poursuivis. Cette prudence le fait taxer de médiocrité. « Louis-Philippe, écrit Chateaubiand, est un homme d'esprit dont la langue est mise en mouvement par un torrent de lieux communs. » Tocqueville est à peine moins sévère : « Sa conversation prolixe, diffuse, originale, triviale, anecdotique pleine de petits faits de sel et de sens, procurait tout l'agrément

---

(1) « Le duc d'Orléans a reçu une éducation excellente. On l'a élevé en homme et il le doit à une femme, c'est le chef-d'œuvre de Mme de Genlis. » Portrait de Louis-Philippe par Louis XVIII (*Souvenirs de la Restauration* d'Alfred Nettement).

(2) Dans une lettre adressée au duc de Richelieu le 20 août 1816, le marquis d'Osmond, alors ambassadeur à Londres, notait une similitude de caractère entre Louis-Philippe et le duc de Kent, un de ses meilleurs amis : « ... Tous deux ont beaucoup d'esprit, une extrême facilité à parler et sont fort liés. »

qu'on peut trouver dans les plaisirs de l'intelligence quand la délicatesse et l'élévation n'y sont pas. »

L'homme est physiquement courageux. Il en a donné la preuve à Valmy et à Jemmapes et bien plus tard lors des attentats auxquels il échappe par miracle. Ce courage se concilie avec une humanité naturelle. C'est un adversaire de la violence personnelle ou sociale. Il adoucit la législation criminelle et comme roi a toujours cherché les motifs pour répondre favorablement aux recours en grâce. Après l'attentat si meurtrier de Fieschi, il s'exclame : « Quel dommage que je n'aie pas été blessé, j'aurais pu faire grâce... »

Mais cette générosité spontanée ne s'étend pas à son comportement financier. Louis-Philippe est cupide et avare. La pauvreté qu'il côtoie pendant de longues années lui a enseigné le prix de l'argent et sa valeur qui est à ses yeux le moyen d'assurer son indépendance personnelle. Ayant recouvré une immense fortune il devient avaricieux, il calcule au plus juste, vérifie les comptes de son cuisinier, discute tous les prix, conteste tous les devis et paie ses factures avec retard. Pourtant il sait être aussi reconnaissant et généreux avec ses amis. Il verse des pensions à Dumouriez, à Mme de Genlis et à bien d'autres par bonté et reconnaissance.

Il arrive souvent que l'argent pèse sur l'âme et ce fut le cas pour Louis-Philippe après son retour d'exil. Sa fortune le préoccupe, l'obsède même, envahit sa vie quotidienne et détermine ses projets d'avenir (1). Du jeune duc d'Orléans si sensible, si affectueux pour ses frères, si

---

(1) « La supériorité de Louis-Philippe est réelle, mais elle n'est que relative... Deux passions gâtent ses qualités, son amour exclusif de ses enfants, son avidité insatiable d'accroître sa fortune : sur ces deux points il aura sans cesse des éblouissements... » Chateaubriand, *Mémoires d'outre-tombe*.

CONCLUSION

tendre pour sa mère, il reste un homme desséché par l'âpreté de son ambition et le maniement de l'argent. « Ce qu'il y eut de remarquable en lui, dit Louis Blanc, ce fut un assemblage et une pondération rare de qualités secondaires. Mais ces qualités mêmes l'âge en fit des défauts, la royauté en fit des vices. »

Cette avidité augmentant avec l'âge (1) contribue pour lui-même et sa famille à une ambition démesurée et secrète qui le ronge et le porte sans cesse à agir et à se découvrir tandis que la prudence l'en détourne. Là se trouve l'explication de sa démarche politique, saccadée et parfois contradictoire, qui plongeait ses contemporains dans la perplexité (2). « Suivez ce prince dans sa vie, glisse perfidement Chateaubriand, il ne dit et ne fait jamais rien de complet et laisse toujours une porte ouverte à l'évasion. Pendant la Restauration il flatte la Cour et encourage l'opinion libérale, Neuilly est le rendez-vous des mécontentements et des mécontents. On soupire, on se serre la main en levant les yeux au ciel mais on ne prononce pas une parole assez significative pour être reportée en haut lieu... »

L'ambition explique aussi les façons obséquieuses, humbles, courtisanes qu'il adopte à la Cour et auprès du roi, comme elle explique l'opportunisme et la démagogie de certaines de ses attitudes politiques.

(1) « C'est un prince sage, si économe qu'il semble être avare : il n'en est rien. Son seul désir, c'est que sa nombreuse famille soit riche. Je ne l'ai jamais aperçu où je l'aurais voulu. Est-ce sa faute ou la mienne ? » (Portrait de Louis-Philippe par Louis XVIII.)

(2) « Depuis sa rentrée, il est chef de parti, et il n'en fait mine. Son nom est un drapeau de menaces, son palais un point de ralliement. Il ne se remue pas, et cependant je m'aperçois qu'il chemine. Cette activité sans mouvement m'inquiète. Comment s'y prendre pour empêcher de marcher un homme qui ne fait aucun pas ? C'est un problème qu'il me reste à résoudre. Je voudrais bien n'avoir pas à en laisser la solution à mon successeur. » (Portrait de Louis-Philippe par Louis XVIII.)

LOUIS-PHILIPPE ET LOUIS XVIII

On en a fait un roi bourgeois, au parapluie vert se promenant à pied dans les Tuileries.

Or c'est un Bourbon, il se pense et se veut tel et rappelle sans cesse qu'il est le descendant d'Henri IV et de Louis XIV. S'il est pour « le juste milieu », c'est par pragmatisme, par opportunisme, il ne s'agit pas de sa nature profonde. Il dit bien d'ailleurs que ce n'est pas un langage de roi et qu'à la première occasion il lui faut revenir de tels errements.

Le comte Rostopchine (1), qui rend visite au duc d'Orléans au Palais-Royal, décrit cette sage prudence éloignée de tout excès : « *Je ne peux louer assez l'esprit, la grâce, les connaissances, la mesure et le tact de ce prince.* Il voit juste, craint la guerre, vante la sagesse du roi et ne parle pas des princes. Il se lève de bonne heure..., ne va pas au spectacle pour se faire mieux voir et se pique d'ordre et d'exactitude. Il a une figure agréable, est un peu gros, a de belles manières, s'énonce avec facilité, ne disant que des choses réfléchies et pleines de sens, ne fait pas de bons mots et ne court pas après le trait. »

Mais ce « juste milieu » le conduit à effacer de sa démarche intellectuelle et de son action l'éclat, la gloire, le prestige et le sentiment. « ... C'est un homme d'Etat désabusé, écrit Victor Hugo, intérieurement froid, dominé par l'intérêt immédiat, gouvernant toujours au plus près... »

Là est sa véritable faute. Car la France a toujours demandé à ses dirigeants un peu de grandeur, d'espoir et de rêve. Et Hugo ajoute que le duc d'Orléans aurait réussi

---

(1) Le comte Rostopchine gouverneur de Moscou en 1812 et père de la célèbre comtesse de Ségur.

CONCLUSION

dans sa démarche politique « ... s'il eût un peu aimé la gloire et s'il eût eu le sentiment de ce qui est grand au même degré que de ce qui est utile... sa grande faute la voici, il a été modeste au nom de la France... ».

BIBLIOGRAPHIE

Abrantès, duchesse d'. — *Mémoires sur la Restauration*, 1835.

Aceto, cte G. — *De la Sicile et de ses rapports avec l'Angleterre à l'époque de la Constitution de 1812*, 1827.

Aghion, Max. — *Les années d'aventure de Louis-Philippe, roi des Français*, 1930.

Allonville, Cte d'. — *Mémoires secrets de 1770 à 1830*, 6 vol., 1838-1845.

Ami de la Charte (l'). — *Séance du 30 mai 1820*, 1820.

Andigne, général d'. — *Mémoires*, 1900, 2 vol.

Antoine (A. de Saint-Gervais). — *Histoire des Emigrés français depuis 1789*, 3 vol., 1828.

Appert, Benjamin. — *Dix ans à la cour du roi Louis-Philippe et souvenirs du temps de l'Empire et de la Restauration*, 1843, 3 vol.

Arnaud, Raoul. — *L'égérie de Louis-Philippe : Adélaïde d'Orléans*, 1908.

Artz, F. B. — *France under the Bourbon Restoration, 1814-1830*, 1931.

Auger. — *Mémoires inédits d'Hippolyte Auger. La Revue rétrospective*, 1891.

Auguis. — *Napoléon, la Révolution, la famille des Bourbons*, 1815.

Aulard. — Les adhésions aux Bourbons en 1814. *La Révolution française*, 1890.

Auriac, E. d'. — *Louis-Philippe, prince et roi*, 1843.

Baguenault de Puchesse, G. — Un confident du Prince de Metternich : Gentz. *Revue des Questions historiques*, 1877.

LOUIS-PHILIPPE ET LOUIS XVIII

Bainvel, Abbé. — Episodes de 1815. Souvenirs d'un écolier en 1815, ou vingt ans après, 1874.
Bainville, J. —Comment s'est faite la restauration de 1814, 1948.
Bastid, P. — Les Institutions politiques de la Monarchie parlementaire française, 1814-1848 ,1954.
Barante, baron de. — Souvenirs, 8 vol., 1890.
Barante, baron de. — La vie politique de M. Royer-Collard, ses discours et ses écrits, 1861, 2 vol.
Barère de Vieuzac, B. — Mémoires, 4 vol., 1842.
Bary, E. — Cahiers d'un rhétoricien de 1815, 1890.
Battifol. — La sœur du roi Louis-Philippe. La Revue Hebdomadaire, 1908.
Baudot, M.-A. — Notes historiques sur la Convention Nationale, l'Empire et l'exil des votants, 1893.
Beauchamp, A. de. — Louis le Désiré, roi de France, 1816.
Beauchamp. — Vie de Louis XVIII, roi de France et de Navarre, 1821.
Beau de Loménie. — Une intrigue de police en 1818. Revue de France, 1929.
Beauharnais, E. de. —Mémoires du Prince Eugène, 1860, tome X.
Bellavoine. — Histoire de Louis XVIII, 1824.
Bérard. — Les cancans diplomatiques, ou le passe-temps du jour, Paris, 62 livraisons, 1831-1834.
Berry, Miss. — Extracts from the Journals and correspondence of Miss Berry, 1866, 3 vol.
Bertaut, J. — Louis-Philippe intime, s.d.
Bertaut, J. — La conspiration de Grenoble, Miroir de l'Histoire, 1953.
Bertaut, J. — Madame de Genlis, 1941.
Bertaut, J. — Le roi bourgeois, 1937.
Bertier de Sauvigny. — Un témoignage sur l'opinion publique après la première Restauration, Revue de l'Institut Napoléon, 1954.
Bertier de Sauvigny. — La Restauration, 1955.
Beugnot, Cte. — Mémoires, 2 vol., 1866.
Bianco, G. — La Sicilia durante l'occupazione inglese, 1902.
Bignon. — Précis de la situation politique de la France depuis le mois de mars 1814 jusqu'au mois de juin 1815, 1815.
Bibliothèque Royaliste ou Recueil de matériaux pour servir à

BIBLIOGRAPHIE

l'histoire de la Maison de Bourbon en France. Janvier 1819-mars 1820.

Bignon. — *Histoire de France sous Napoléon*. Dernière époque depuis le commencement de la guerre de Russie jusqu'à la seconde Restauration. Tomes XI à XIV, 1845.

Billaut de Gerainville. — *Histoire de Louis-Philippe*, 3 vol., 1870.

Bire, E. — *L'année 1817*, 1895.

Bittard des Portes, R. — *Un conflit entre Louis XVIII et Ferdinand VII, d'après des documents inédits*, s.d.

Blacas. — *Extraits des Mémoires justificatifs de Monsieur le Comte de Blacas d'Aulps*, 1815.

Blanqui, A. — Souvenirs d'un lycéen de 1814. *La Revue de Paris*, 1916.

Blanqui, A. — Souvenirs d'un étudiant sous la Restauration. *La Revue de Paris*, 1918.

Blayney, General Major Lord (prisonnier de guerre). — *Relation d'un voyage forcé en Espagne et en France dans les années 1810 à 1814*, 2 vol., 1815.

Bled, Victor de. — Les souvenirs du baron de Barante. *La Revue des Deux Mondes*, 1900.

Boisjolin. — *Notices historiques sur Louis-Philippe*, 1830.

Bondois. — *Etudes sur l'histoire de la Restauration*, 1889.

Bonhomme, H. — Madame de Genlis. *Revue Britannique*, 1878.

Bonnefon, P. — En 1814, à la suite du comte d'Artois. Correspondance inédite du marquis de Custine avec sa mère. *La Revue Bleue*, 1907.

Boudin, A. — *Histoire de Louis-Philippe*, 2 vol., 1847.

Boullée, A. — *Etudes biographiques sur Louis-Philippe d'Orléans*, 1849.

Bourienne, M. de. — *Mémoires sur Napoléon, le Directoire, le Consulat, l'Empire et la Restauration*, tome X, 1829.

Boutet de Monvel, R. — *Les Anglais à Paris, 1800-1850*, 1911.

Boyer d'Agen. — *Les Mémoires de Lady Newborough-Sternberg*, 1913.

Britsch, A. — *La Maison d'Orléans à la fin de l'Ancien Régime* : La jeunesse de Philippe-Egalité, 1926.

Brogan, D. W. — *The french nation from Napoleon to Petain*, 1957.

Broglie, duc de. — *Souvenirs*, tomes I et II, 1886.

LOUIS-PHILIPPE ET LOUIS XVIII

Browning, O. — Queen Caroline of Naples. *English Historical Review*, 1887.

Bury, J. P. T. — *France, 1814-1940*, 1949.

Caesar, Egon, comte Corti. — *Ich, eine Tochter Marie-Theresias*, 1950.

Capefigue, J.-B. — *Les Cent-Jours*, 1841, 2 vol.

Capefigue, J.-B. — *La Comtesse du Cayla : Louis XVIII. Les salons du faubourg Saint-Germain sous la Restauration*, 1866.

Carne, Louis de. — L'Empire et ses historiens : le roi Joseph et ses Mémoires. *Revue des Deux Mondes*, 1854.

Cass, général. — Louis-Philippe par un Américain. *La Revue Britannique*, 1842.

Cassagnac, G. de, Hue, G. — Dernières années de Dumouriez. *Le Correspondant*, 1910.

Castlereagh. — *Correspondence, dispatches and other papers of Viscount Castlereagh*, 4 vol., 1853.

Castries, duc de. — *Louis XVIII. Portrait d'un roi*, 1964.

Cauchois-Lemaire. — Sur la crise actuelle : lettre à S.A.R. le duc d'Orléans, 1827, et Procès fait à la lettre, 1828.

Cazenave, M. — Les émigrés bonapartistes de 1815 aux Etats-Unis. *Revue d'Histoire diplomatique*, 1929.

Censeur (le). — *12 juin 1814-10 septembre 1815*, 3 vol.

Cent-Jours, les, racontés par ceux qui les ont vécus, 1974.

Chabreul, M. de. — *Gouverneur de Prince, 1797-1830*, 1901.

Charlety, S. — Le premier ministère de Louis XVIII. *Journal des Savants*, 1906.

Charlety. — Une conspiration à Lyon en 1817. *La Revue de Paris*, 1904.

Chastenay, Mme de. — *Mémoires*, publiés par Alphonse Roserol, 3 vol., 1897.

Chateauneuf, A. H., Lapierre, de. — *Le duc d'Orléans*, essai historique 1826.

Cherubini. — *Les premières années de la duchesse de Berry*, 1894.

Chuquet, A. — Napoléon à Grenoble. *La Revue de Paris*, 1917.

Cochin, D. — *Louis-Philippe, d'après des documents inédits*, 1918.

Coinet. — *Un an de la vie de Louis-Philippe Ier*, écrit par lui-même, ou *Journal authentique du Duc de Chartres (1790-1791)*.

BIBLIOGRAPHIE

Colani, T. — Talleyrand au Congrès de Vienne. *La Nouvelle Revue*, 1881.

Colling, A. — *Louis-Philippe, homme d'argent*, 1977.

Combes de Patris. — *Un homme d'Etat de la Restauration. Le comte de Serre*, 1932.

Contamine, H. — *Diplomatie et diplomates sous la Restauration*, 1970.

Contenson, L. de. — Un agent royaliste en 1815. *La Revue de Paris*, 1910.

Castillon du Perron, M. — *Louis-Philippe et la Révolution française*, 1963.

Coz, E. — Napoléon et Madame de Genlis. *Revue de la France Moderne*, 1898.

Crawfurd. — Supplement to Crawfurd's melanges. Art. II. *The Edinburgh Review*, 1822.

Cretineau-Joly, J. — *Histoire de Louis-Philippe d'Orléans et de l'Orléanisme*, 1862, 2 vol.

Cussy, F. de. — *Souvenirs du chevalier de Cussy, garde du corps, diplomate et consul général, 1795-1866*, 2 vol., 1909.

Cuvillier-Fleury. — *Journal intime*, 1900, 2 vol.

Dareste. — *Histoire de la Restauration*, 2 vol., 1879.

Dash, comtesse. — *Mémoires des autres*, tome II, 1896.

Daudet, E. — Quelques lettres de Louis XVIII. *La Nouvelle Revue*, 1899.

Daudet, E. — *La police politique. Chronique des temps de la Restauration, 1815-1820*, 1912.

Daudet, E. — Une réconciliation de famille en 1800. Récits des temps de l'émigration, *Revue des Deux Mondes*, 1905.

Daudet, E. — *Louis XVIII et le duc Decazes, 1815-1820*, 1899.

Dayot, A. — *La Restauration d'après l'image du temps*, s.d.

Debidour. — La liquidation de 1815. *La Revue Bleue*, 1885, tome XXXVI.

Decourchant des Sablons. — *Louis-Philippe d'Orléans, roi des Français depuis sa naissance jusqu'à son avènement au trône*, 1843.

Delebecque. — *La première Restauration et les fourgons de l'étranger*, 1914.

Demanbynes, G. — *Mariage de S.A.R. le duc de Berry*, 1824.

LOUIS-PHILIPPE ET LOUIS XVIII

Deneux, Dr (accoucheur de la princesse). — *La naissance du duc de Bordeaux*, 1881.
Desfeuilles, A. — Réfugiés politiques à New York, 1814-1816. *Revue de l'Institut Napoléon*, 1959.
Desmarais. — *Ephémérides historiques et politiques du règne de Louis XVIII*, 1825.
Devismes, B. — *Le secret de Louis XVIII. Lettres*, 1933.
Dosne, Mme. — Souvenirs sur le roi Louis-Philippe et sur M. Thiers. *La Revue Universelle*, 1927.
Douay. — Souvenirs cambrésiens. *Mémoires de la Société d'Emulation de Cambrai*, 1885.
Dronsart, M. — Correspondance d'une famille franco-irlandaise. *Le Correspondant*, 1898.
Drouet d'Erlon, J.-B. — *Vie militaire* écrite par lui-même, pub. par sa famille, 1844.
Druon, H. — L'éducation d'un prince : Louis-Philippe. *Le Correspondant*, 1895.
Dubois. — Louis XVIII à Gand pendant les Cent-Jours. *Messager des Sciences historiques de Belgique*, 1895.
Ducoin. — *A. P. Didier : histoire de la conspiration de 1816*, 1844.
Dufey de l'Yonne. — *L'Europe et la France en 1792 et 1815*, 1815.
Dulaure. — *Histoire de la Restauration*, 1876, 3 vol.
Dupin. — *Choix des Plaidoyers et Mémoires de M. Dupin aîné*, 1833.
Dupuis, C. — La Sainte Alliance et le directoire européen, de 1815 à 1818. *Revue d'Histoire diplomatique*, 1934.
Durdent, R.-J. — *Cent dix jours du règne de Louis XVIII ou Tableau historique des événements politiques et militaires depuis le 20 mars jusqu'au 8 juillet 1815, jour de la rentrée du Roi dans sa capitale*, 1815.
Edinburgh review. — *Modern English History*. Character of Ferdinand IV, tome XXV, 1815.
Elkington, M. — *Les relations de société entre l'Angleterre et la France sous la Restauration, 1814-1830*, 1929.
L'Epinois, H. de. — La Restauration d'après ses derniers historiens. *Revue des questions historiques*, 1873.
Essai historique sur la police en général et sur les différentes polices en particulier, s.d.

BIBLIOGRAPHIE

Eustace, Rév. J.-C. — A tour through Italy. *The Edinburgh Review*, 1813.
Fahmy, S. — *La France en 1814 et le gouvernement provisoire*, 1934.
Falloux, Cte du. — *Mémoires d'un Royaliste*, 3 vol., 1925.
Ferrero, G. — *Reconstruction. Talleyrand à Vienne*, 1940.
Flers, marquis de. — *Le roi Louis-Philippe, vie anecdotique*, 1891.
Fleury de Chaboulon. — *Mémoires*, 3 vol., 1901.
Foissy, colonel de. — Souvenirs, 1814-1830. *La Revue de Paris*, 1915.
Fontaine. — *Le Palais-Royal*, 1829.
Fontaine. — *Château d'Eu*, s.d.
Gontaut-Biron, duchesse de. — *Mémoires de la gouvernante des enfants de France pendant la Restauration*, 1891.
François-Primo, J. — *La vie privée de Louis XVIII*, 1938.
Frenilly. — *Considérations sur une année de l'histoire de la France*, 1815.
Gain, A. — *La Restauration et le bien des émigrés*, 2 vol., 1929.
Garnier. — *Le drapeau blanc*, 1971.
Gazeau de Vautibault. — *Les d'Orléans au tribunal de l'histoire*, tome VII, 1908.
Gérard, R. — *La vie amoureuse de Madame de Genlis*, 1926.
Germain, A. — *Le Comte de Provence à Montpellier*, 1882.
Gignoux, C. — *Restaurations 1814-1821*, 1947.
Gobineau, L. de. — Mémoires écrits pour ses enfants, 1815. *Revue des Etudes napoléoniennes*, 1931.
Gonnet. — Les Cent-Jours à Lyon. *Revue d'Histoire de Lyon*, 1908.
Gorceix, S. — Napoléon a-t-il voulu se suicider avec le poison de Cabanis? *Historia*, 1958.
Grasilier. — *Un secrétaire de Robespierre, Simon Duplay, et son mémoire sur les sociétés secrètes et les conspirations sous la Restauration*, 1913.
Gronow, Captain R. Howell. — *Reminiscences*, 1862.
Gruyer. — *La peinture au château de Chantilly*, tome II, 1898.
Gruyer. — *La jeunesse du roi Louis-Philippe*, 1909.
Guénin-Nouillac. — *Le Consulat, l'Empire et la Restauration, 1800-1830*, 1923.
Guillie. — *Histoire du cabinet des Tuileries depuis le 20 mars*

LOUIS-PHILIPPE ET LOUIS XVIII

1815 et la conspiration qui a ramené Bonaparte en France, 1815.
Guerre. — *Campagnes de Lyon en 1814 et 1815*, 1816.
Guichen, Vte de. — *Le duc d'Angoulême*, 1909.
Guillaume. — *Le général Albert, 1771-1822. Bulletin de la Société des Etudes historiques, scientifiques, artistiques et littéraires des Hautes-Alpes*, 1958.
Guillon, E. — *Les complots militaires sous l'Empire*, 1895.
Guizot. — *Mélanges politiques et historiques*, 1869.
Halévy, D. — *Trois épreuves, 1814-1871-1940*, 1941.
Hall, J. R. — *The Bourbon Restoration*, 1909.
Harmand, J. — *Madame de Genlis, sa vie intime et politique*, 1912.
Haussez, baron d'. — *Portraits. 1815-1816. Revue de Paris*, 1896.
Hautpoul, général marquis A. d'. — *Souvenirs*, 1904.
Helfert, F. von. — *Konigen Karolina von Neapel und Sicilien*, 1878.
Henckens, lieutenant. — *Mémoires se rapportant à son service militaire au 6ᵉ Régiment de chasseurs à cheval français de février 1803 à août 1816*, 1910.
Héritier, J. — *Trois erreurs politiques*, 1932.
Hobhouse, J. — *Histoire des Cent-Jours ou dernier règne de l'Empereur Napoléon*, 1819.
Houssaye, H. — *1815*, 1934.
Howarth, T. E. B. — *Citizen King*, 1961.
Hubert, E. — *Les Cent-Jours*, 1966.
Hue, F. — *Souvenirs du baron Hüe, 1787-1815*, 1903.
Hyde de Neuville. — *Mémoires et souvenirs du baron Hyde de Neuville*, 1892, 3 vol.
Imbert de Saint-Amand. — *Les Femmes des Tuileries : Marie-Amélie et la cour de Palerme, 1806-1814*, 1891.
Imbert de Saint-Amand. — *La jeunesse de Marie-Amélie*, 1891.
Imbert de Saint-Amand. — *La cour de Louis XVIII*, 1891.
Imbert de Saint-Amand. — *La jeunesse de Louis-Philippe et de Marie-Amélie*, 2 vol., 1894.
Imbert de Saint-Amand. — *La duchesse de Berry et la cour de Louis XVIII*, 1889.
Jal, A. — *Souvenirs des Cent-Jours, aspirant et journaliste. La Revue des Deux Mondes*, 1832.

BIBLIOGRAPHIE

Janin, J. — *Le roi Louis-Philippe*, 1845.

Jaucourt. — *Correspondance du comte de Jaucourt, ministre intérimaire des Affaires étrangères, avec le prince de Talleyrand pendant le Congrès de Vienne*, 1905.

Johnston, R. M. — *The napoleonic empire in southern Italy*, 1904.

Johnston, R. M. — *Mémoires de Marie-Caroline*, 1912.

Johnston, R. M. — *William Bentinck and Murat. English Historical Review*, 1904.

Jolyet, commandant J. B. — *Souvenirs de 1815. Revue de Paris*, 1903.

Jube. — *Les Cent-Jours. Passage de l'Empereur à Grenoble. Mars 1815. Journal du colonel de gendarmerie Jube*, 1895.

Kelly, C. — *A full and circumstantial account of the second restoration of Louis XVIII*, 1816.

Labat, G. — *Lettres de Louis-Philippe à Monsieur Richard Gernon à Philadelphie. Archives de la Gironde*, 1893.

Labretonnière, E. — *Macédoine. Souvenirs du quartier Latin dédiés à la jeunesse des écoles. Paris à la chute de l'Empire et pendant les Cent-Jours*, 1863.

Lacour-Gayet. — *Trois années de la Restauration*, 1925.

Lacour-Gayet. — *Souvenirs de la seconde Restauration*, 1926.

Lacour-Gayet. — *Autour de Louis XVIII*, s.d.

La Ferronnays, comte de. — *En émigration. Souvenirs tirés des papiers du comte de La Ferronnays par le marquis Costa de Beauregard*, 1900.

Laffitte, J. — *Souvenirs sur Louis-Philippe. La Revue de Paris*, 1933.

La Force, duc de. — *Confidences de princesses. Le Correspondant*, 1920.

Lafue, P. — *Louis XVIII*, 1944.

Lagorce, P. de. — *La Restauration*, 2 vol., 1926.

Lamarque. — *Mémoires du général Lamarque*, 1835, 3 vol.

Lamartelière. — *Conspiration de Bonaparte contre Louis XVIII roi de France et de Navarre*, 1815.

Lamartine. — *Histoire de la Restauration*, 1851, 8 vol.

La Morlière, E. de. — *Le duc de Berry et Marie-Caroline, reine des Deux-Siciles, 1800-1802*, 1894.

Langeron, R. — *Un conseiller secret de Louis XVIII : Royer-Collard*, 1956.

LOUIS-PHILIPPE ET LOUIS XVIII

Lapauze. — *Lettres inédites de Madame de Genlis à son fils adoptif. Casimir Baecker, 1802-1830*, 1902.
La Plagne, A. de. — *Souvenirs du commandant Berthaut du Coin*, 1914.
Larcy, R. de. — *La Restauration — Règne de Louis XVIII (1814-1824). Le Correspondant*, 1877.
Lareguy de Civrieux. — *Durant les Cent-Jours. Revue de Paris*, 1911.
Lassalle, A. de. — *Histoire et politique de la famille d'Orléans. Correspondance inédite*, 1855.
Lassalle, A. de. — *Documents authentiques sur les biens de la famille d'Orléans*, 1852.
Latreille. — *L'ère napoléonienne*, 1974.
Laugier et Carpentier. — *Vie anecdotique de Louis-Philippe*, 1837.
Laurent, Paul Mathieu de l'Ardèche. — *La maison d'Orléans devant la légitimité et la démocratie depuis son origine jusqu'à nos jours*, 1861.
Laurentie, M. — *Histoire des ducs d'Orléans*. Vol. IV, 1832.
Lavisse, E. — *Histoire de France*, t. IV, *La Restauration*, 1924.
Lebreton. — *La seconde Restauration et les fourgons de l'étranger*, 1911.
Lechat. — *Journal de Jean-Claude Lechat, ancien secrétaire de Murat. La Nouvelle Revue rétrospective*, 1900.
Lecigne, chanoine. — *Deux ouvriers de la Restauration : L. de Maistre et Blacas*, s.d.
Ledre, Charles. — *La presse à l'assaut de la Monarchie, 1815-1848*, 1960.
Lefebvre de Behaine, F. — *Le comte d'Artois à Nancy, 1814. La Revue de Paris*, 1920.
Lefol. — *Souvenirs sur le Prytanée de Saint-Cyr, sur la campagne de 1814, le retour de l'empereur Napoléon de l'île d'Elbe et la campagne de 1815 pendant les Cent-Jours*, 1854.
Le Marchand, E. — *L'ambassade du Marquis d'Osmond à Londres, 1816-1817. Revue d'Histoire diplomatique*, 1926.
Lenotre. — *Mémoires et souvenirs de la Révolution : les fils de Philippe Egalité pendant la Terreur*, 1907.
Lenotre, G. — *Vieilles maisons, vieux papiers : T.V. Pamela ou l'heureuse adoption*, 1900.
Lepage, A. — *Les discours du trône depuis 1814*, 1867.

BIBLIOGRAPHIE

Leys, D. R. — *Between two empires*, 1955.
L'Hommede, E. — *La maison du roi sous la Restauration*, 1929.
Lock, F. — *Histoire de la Restauration*, 1867.
Lomenie, C. de. — Trois années de la vie de Chateaubriand, 1814-1816. *Le Correspondant*, 1905.
Lord, W. F. — The story of Murat and Bentinck. *The nineteenth Century*, 1898.
Lord, W. F. — *England and France in the Mediterranean*, 1901.
Louis-Philippe. — *Documents historiques : lettres écrites pendant l'émigration par le duc d'Orléans*, 1841.
Louis-Philippe. — *Correspondance, mémoires et discours inédits*, 1863.
Le Curieux, t. I, 1883. — Deux sœurs de Louis-Philippe : Pamela Syms et Hermine Campton, filles de Philippe-Egalité et de Mme de Genlis.
Louis-Philippe. — *La Revue britannique*, 1843.
Louis-Philippe, duc de Chartres. — *Lettres au général de Montesquiou*, 1793-1796.
Louis-Philippe, duc d'Orléans à M. de Villèle. — Lettre 1822. *La Nouvelle Revue rétrospective*, 1897.
Louis-Philippe, en 1796. — Tentative de rapprochement provoquée par Louis XVIII. *La Révolution française*, 1902.
Louis-Philippe. — *Mémoires*. Préface du comte de Paris, 1973, 2 vol.
Lucas-Dubreton. — *Louis XVIII, le prince errant, le roi*, 1952.
Lucas-Dubreton. — *Louis-Philippe*, 1938.
Macdonald, maréchal, duc de Tarente. — *Souvenirs*, 1892.
Maceroni, François Macerone dit. — Faits intéressants relatifs à la chute et à la mort de Joachim Murat, roi de Naples, à la capitulation de Paris en 1815 et la deuxième Restauration des Bourbons, 1817.
Madelin. — *Deux relèvements français, 1815-1848*, 1951.
Magalon — *Détails sur la mort du roi Louis XVIII*, 1824.
Maine de Biran. — *Journal intime*, 1927, 2 vol.
Malet, A. — *Louis XVIII et les Cent-Jours à Gand*, t. II, 1902.
Manceron, C. — *Napoléon reprend Paris, 20 mars 1815*, 1965.
Marbot, général baron de. — *Mémoires*, 1891, t. III.
Marchal. — *La famille d'Orléans depuis son origine jusqu'à nos jours*, 1846.
Marchand. — *Mémoires de Marchand*, t. I, 1955.

LOUIS-PHILIPPE ET LOUIS XVIII

MARCILLAC, Pierre Louis de Crusy, marquis de. — *Mémoires, ou souvenirs de l'émigration à l'usage de l'époque actuelle*, 1825.

MARCO de SAINT HILAIRE, E. — *Histoire des conspirations*, t. I, 1849.

MARCO de SAINT HILAIRE, E. — *Vie anecdotique de Louis-Philippe, duc d'Orléans, lieutenant général du Royaume depuis sa naissance jusqu'à ce jour, par un grenadier de la Garde Nationale*, 1830.

MARCO de SAINT HILAIRE, E. — *Louis XVIII, sa vie, ses derniers moments et sa mort*, 1825.

MARICOURT, baron A. de. — *Louise Marie Adélaïde de Bourbon-Penthièvre*, 1913.

MARICOURT, baron de. — *En marge de notre histoire. Louis XVIII en exil. La duchesse de Berry*, 1905.

MARIE-LOUISE, Impératrice d'Autriche. — Lettres à Marie-Amélie, duchesse d'Orléans, 1813-1815. *Le Carnet historique et littéraire*, t. III et IV.

MARIE-CAROLINE. — Lettres au marquis de Gallo. *La Revue de Paris*, 1911.

MARIGNY, Mme de. — *Journal inédit (Paris en 1814)*, 1907.

MARTEL, comte de. — Les historiens fantaisistes. *M. Thiers*, t. III, 1883.

MASOYER, G. — *Considérations sur l'état actuel des sociétés en Europe avant et depuis le retour de Bonaparte en France*, 1815.

MATHIEZ, A. — La conversation de Danton avec le duc de Chartres sur les massacres de Septembre. *Annales révolutionnaires*, 1918.

MATHIEZ, A. — *Autour de Danton*, 1926.

MATHIEZ, A. — *Le club des Cordeliers pendant la crise de Varennes et le massacre du Champ-de-Mars*, 1910.

MATHIEZ, A. — *Les archives secrètes des d'Orléans*, 1930.

DI MATTEO, Salvo. — Gli Orleans a Palermo. *Storia del Palazzo d'Aumale*, 1961.

MAUGRAS. — *L'idylle d'un gouverneur : la comtesse de Genlis et le duc de Chartres*, 1913.

MAYOL de LUPÉ, Cte de. — *Les fourgons de l'étranger*, 1905.

MELLISH, J.-C. — La cour de Sicile en 1809. *Revue d'Histoire diplomatique*, 1894-1895.

MESNARD, L.-C. — *Souvenirs intimes de M. le comte de Mesnard*, 1844, t. II.

METTERNICH, prince de. — *Mémoires*, 1880, t. II, 1814-1815.

BIBLIOGRAPHIE

Miot de Melito, comte. — *Mémoires*, 1874, t. III.
Moncey. — Le colonel Moncey et le 3ᵉ hussards. Retour de l'Empereur (mars 1815). *Nouvelle Revue rétrospective*, 1897.
Montalivet. — La confiscation des biens de la famille d'Orléans. *Souvenirs historiques*, 1871.
Montalivet. — *Souvenirs du comte de Montalivet*, 1899, t. I.
Montcalm, marquise de. — *Mon journal, 1815-1822*, 1935.
Montesquiou, comte de. — *Souvenirs sur la Révolution, l'Empire, la Restauration*, 1961.
Montlosier, comte de. — *De la monarchie française, de 1814 à 1816*, Paris, 1818.
Morin, C. M. — *Révélations de faits importants qui ont préparé et suivi les Restaurations de 1814 et 1815*, 1830.
Morreale, B. — Gouverneur Morris et d'Antraigues. *Annales historiques de la Révolution française*, 1957.
Morris, G. — *Memorial*, 1842, 2 vol.
Munier, A. D. B. — *Une année de la vie de l'Empereur Napoléon ou Précis historique de tout ce qui s'est passé depuis le 1ᵉʳ avril 1814 jusqu'au 20 mars 1815, relatif à S. M.*, 1815.
Nauroy, C. — *La duchesse de Berry*, 1889.
Nettement, A. — *Souvenirs sur la Restauration*, 1858.
Nettement, A. — *Histoire de la Restauration*, 1860, t. I et II.
Neuilly, Cte de. — *Dix années d'émigration*, 1863.
Neuilly, Cte de. — *Souvenirs*, 1863.
Ney. — *Procès du maréchal Ney*, 1815.
Noailles, Mquis de. — *Le comte Molé : ses Mémoires*, 1926, t. II, III, IV.
Notice sur Sa Majesté Louis XVIII et retour de S. M. au trône de France, 1814.
Nouvion. — *Histoire du règne de Louis-Philippe*, 1861, 4 vol.
Oberkirch, baronne. — *Mémoires*, 1853, 2 vol.
Olivier-Martin, F. — *L'inconnu : essai sur Napoléon Bonaparte*, 1952.
Palmieri, M. — *Pensées et souvenirs historiques*, 1830, t. I.
Palmieri, M. — *Le duc d'Orléans et les émigrés français en Sicile*, 1831.
Palou, J. — *L'action orléaniste en 1792*, 1952.
Parisei, G. — Témoignages anglo-français sur 1815. *Journal des Savants*, 1906.

LOUIS-PHILIPPE ET LOUIS XVIII

Parrel, C. de. — *L'égérie de Philippe-Egalité. Quelques notes sur Mme de Genlis*, 1913.
Pasquier. — *Mémoires*, 1895, t. VI.
Pastre, G. — *Histoire de la Restauration*, 1934.
Peignot, G. — *Précis chronologique du règne de Louis XVIII, en 1814, 1815 et 1816*, 1816.
Perrin, R. — *L'esprit public dans le département de la Meurthe de 1814 à 1816*, 1913.
Petiet, général baron Auguste. — *Souvenirs militaires de l'histoire contemporaine*, 1844.
Poli, Vte O. de. — *Louis XVIIII*, 1880.
Pontecoulant, Cte de. — *Souvenirs historiques et parlementaires*, 1865, t. III et IV.
Ponteil, F. — *La chute de Napoléon Ier et la crise française de 1814-1815*, 1943.
Poore, P. — *The rise and fall of Louis-Philippe*, 1848.
Poupe. — *Le département du Var à la veille des Cent-Jours. Le Var historique*, 1928.
Praviel, A. — *Vie de Mme la duchesse de Berry*, 1929.
Prokesch-Osten fils. — *Dépêches inédites du Chevalier de Gentz*, 1876, t. I et II.
Proz. — *L'époque contemporaine*, t. I. *La Restauration*, 1953.
Puymaigre, A. de. — *Souvenirs sur l'émigration, l'Empire et la Restauration*, publiés par le fils de l'auteur, 1884.
Raclet J. — *Précis historiques des événements qui se sont passés à Valenciennes depuis le retour de Bonaparte jusqu'au rétablissement de Louis XVIII*, 1816.
Rain. — *L'Europe et la restauration des Bourbons, 1814-1818*, 1908.
Ravignant, P. — *Le retour de l'île d'Elbe*, 1977.
Recouly, R. — *Louis-Philippe, roi de France. Le chemin vers le trône*, 1930.
Reiset, Vte de. — *Souvenirs*, 1899, t. III.
Reiset, Vte de. — *Marie-Caroline, duchesse de Berri, 1816-1830*, 1906.
Reiset, Vte de. — *Autour des Bourbons, Louis XVIII*, 1927.
Remond, R. — *La droite en France de 1815 à nos jours*, 1954.
Remusat, C. de. — *Mémoires de ma vie*, 1960, t. I et II.
Riste, J. de. — *Louis-Philippe*, s.d.

BIBLIOGRAPHIE

Robinet. — *Dictionnaire historique et biographique de la Révolution et de l'Empire, 1789-1815*, 1975.
Rochau, M. de. — *Histoire de la Restauration*, 1867.
Rochechouart, général comte de. — *Souvenirs sur la Révolution, l'Empire et la Restauration*, 1933.
Romberg. — *Louis XVIII et les Cent-Jours à Gand*, 1898.
Rosselli, J. — *Lord William Bentinck and the British Occupation of Sicily, 1811-1814*, 1956.
Roux, marquis de. — *La Restauration*, 1930.
Rozoir, Charles du. — *Louis XVIII à ses derniers moments*, 1824.
Rozoir, Charles du. — *Vie privée, politique et littéraire de Louis XVIII*, 1824.
Rudler. — *Benjamin Constant. Mémoires*, 1915.
Rumigny, comte de. — *Souvenirs du général comte de Rumigny, aide de camp de Louis-Philippe*, 1921.
Saint-Chamans. — *Mémoires, 1802-1882*, 1896.
Saint-Priest, Cte A. de. — *Notes du comte Armand de Saint-Priest sur le séjour du roi Louis XVIII à Mittau. Revue d'histoire diplomatique*, 1934.
Saint-Rieul Dupoux. — *Un mot sur le roi Louis-Philippe*, 1845.
Sainte-Beuve. — *Causeries du lundi*, 1853, t. IV, *Le maréchal Marmont*.
Sarrans, J.-B. — *Louis-Philippe et la contre-révolution de 1830*, 1834, 2 vol.
Scudder, E. — *Prince of the blood*, 1938.
Semalle, comte de. — *Souvenirs*, 1898.
Simond, Charles. — *Paris de 1800 à 1900*, 3 vol., 1900, t. I, 1800-1830.
Sorel, A. — *L'Europe et la Révolution française*, 1904, t. VIII. *La coalition et les traités de 1815*, 1812-1815.
Sorel, A. — *Le traité de Paris du 20 novembre 1815*, 1872.
Spronck, M. — *Les projets de la réaction monarchique pendant la Révolution. La Révolution française*, 1885.
Stanley, E. — *Before and after Waterloo*, 1907.
Stoeckl, baronne A. de. — *King of the French, a portrait of Louis-Philippe*, 1958.
Talleyrand, G.-M. — *Le prince de Talleyrand et la Maison d'Orléans*, 1890.
Talleyrand. — *Mémoires*, 1891, 5 vol.
Thiers, A. — *Histoire du Consulat et de l'Empire*, 1861, t. XIX.

LOUIS-PHILIPPE ET LOUIS XVIII

THIRRIA, H. — *La duchesse de Berry, 1798-1870*, 1900.
THIRY, J. — *La première Restauration, le gouvernement de Louis XVIII, l'île d'Elbe, le Congrès de Vienne*, 1942.
TCHERNYCHEWSKI. — *Lutte des partis en France sous Louis XVIII*, 1875.
THUREAU DANGIN. — *L'extrême droite et les Royalistes sous la Restauration*, 1874.
TONNELE, J. — Bentinck et Murat (1813-1815). *Revue historique de l'Armée*, 1959.
TORENO, comte de. — *Histoire du soulèvement, de la guerre et de la Révolution d'Espagne*, 1838, 3 vol.
TOUCHARD LAFOSSE. — *La Révolution, l'Empire et la Restauration ou 178 anecdotes historiques dans lesquelles apparaissent pour des faits peu connus, 221 contemporains français et étrangers*, 1828.
TROUSSIER, S. — *La chevauchée héroïque du retour de l'île d'Elbe*, 1964.
TROGNON, A. — *Vie de Marie-Amélie*, 1872.
TUZET. — *Voyageurs français en Sicile au temps du romantisme*, 1945.
UNDERWOOD, T. — *Journal de Thomas Underwood, prisonnier anglais pendant les quatre premiers mois de 1814*, 1821.
USSHER, captain sir Thomas. — *A narrative of events connected with the first abdication of the emperor Napoleon, his embarkation at Frejus and voyage to Elba*, 1841. *From Elba to Paris*, by colonel Laborde.
VALENTINO, H. — *Louis XVIII, la première Restauration*, 1959.
VAUQUELIN, H. — *Le sauveur de la France*, 1815.
VENDÔME, duchesse de. — *Marie-Amélie d'après son journal*, 1935, 2 vol.
VERMALE, F. — *Un conspirateur stendhalien : Paul Didier*, 1952.
VERON, docteur. — *Mémoires d'un bourgeois de Paris*, 1856, t. I, II et III.
VIDALENC. — *La Restauration, 1814-1830*, 1973.
VIEL-CASTEL. — Le maréchal Marmont et ses Mémoires. *Revue des Deux Mondes*, 1858.
VIEL-CASTEL. — Lord Castlereagh et la politique extérieure de l'Angleterre de 1812 à 1822. *Revue des Deux Mondes*, 1854.
VIENNET, pair de France, 1817-1848. — *Journal*, 1955.
VIGÉE-LEBRUN Mme. — *Souvenirs*, 1835, t. III.

BIBLIOGRAPHIE

VILLAT, Louis. — *La Révolution et l'Empire, 1789-1815*, 1937.
VITROLLES, baron de. — *Mémoires*, 1884, 3 vol.
WALTER, G. — *Le comte de Provence, frère du roi*, 1950.
WEBSTER. — *The foreign policy of Castlereagh, 1815-1822*, 1925.
WEIL, Cdt H. — Ferdinand IV et le duc d'Orléans, Palerme, 1813. *La Revue de Paris*, 1898.
WEIL, Cdt H. — Les négociations de Ponza. *Correspondance historique et archéologique*, 1898.
WEIL, Cdt H. — *Joachim Murat, roi de Naples*, 1910, 5 vol.
WEIL, Cdt H. — Le vol de l'Aigle. *La Revue de Paris*, 1915.
WEIL, Cdt H. — *Correspondance inédite de Marie-Caroline avec le marquis de Gallo*, 1911.
WEIL, Cdt H. — *Le prince Eugène et Murat*, 1902, 5 vol.
WEIL, Cdt H. — Le duc d'Orléans à Paris et à Londres en mai-juin 1815. *Revue d'histoire moderne*, 1903-1904.
WILLIAMS, Miss H. — *Evénements arrivés en France depuis la Restauration de 1815*, 1819.
WYNDHAM, V. — *Mme de Genlis*, 1958.

JOURNAUX-QUOTIDIENS

La Quotidienne, 1er juin 1814-31 mars 1815.
L'Aristarque, 1815-1824.
Journal général de France, 1814-1819.
La Gazette de France.
Le Journal des débats (Journal de l'Empire).
Journal de Paris, 1814-1824.
Le Censeur, 12 juin 1814-septembre 1815.
Le Moniteur, 1814-1824.
L'Indépendant.
Journal universel (Gand), 1815.

ARCHIVES NATIONALES

A.N. :
F7. 6679. Dossier 4. Brayer
F7. 6680. Dossier 7. Drouet d'Erlon.
F7. 6681. Dossier 6. Les deux frères Lallemand.
F7. 6682. Lefebvre-Desnouettes.

LOUIS-PHILIPPE ET LOUIS XVIII

A.N. Archives privées :
3oo A.P. III. Papiers de Louis-Philippe, affaires d'Espagne, de Sicile, année 1815, Restauration.
3oo A.P. IV. Fonds Nemours.

ARCHIVES DU MINISTÈRE DES AFFAIRES ÉTRANGÈRES

Correspondance politique, Angleterre, 1816-1817, vol. 607, 609.
Correspondance privée, Angleterre, 1816-1817, vol. 608.

ANNEXES

Copie de ma lettre à la Reine de Naples

Madame,

Les bontés dont V M vient de me combler de la franchise si noble et si digne d'Elle avec laquelle Elle a daigné me questionner sur un point relativement auquel il me tardait de pouvoir Lui manifester mes sentimens, me font espérer qu'Elle me pardonnera de l'importuner d'une lettre, où je puisse les répéter et les constater de la manière la plus formelle, la plus positive et la plus solennelle. Plus j'éprouve de satisfaction à profiter de la permission que V M a daigné m'accorder de La rendre dépositaire des sentimens qui m'animent et dont j'ai fai profession, depuis longtems et plus je désire le faire *par écrit*, et de manière à défier toutes les insinuations de l'envie et de la calomnie, quelque soit le succès de mes efforts, ou le sort que la Providence me destine. J'ôse donc espérer que V M me pardonnera de Lui parler de moi, autant que je vais être obligé de le faire pour atteindre ce but.

Je suis lié, Madame, au Roi de France mon aîné et mon maître, par tous les sermens qui peuvent lier un homme, par tous les devoirs qui peuvent lier un Prince. Je ne le suis pas moins par le sentiment de ce que je me dois à moi même, que par ma manière d'envisager ma position, mes intérêts, et par le genre d'ambition dont je suis animé. Je ne ferai point ici de vaines protestations, mon objet est pur, mes expressions seront simples. Jamais je ne porterai de couronne, tant que le droit de ma naissance et l'ordre de succession ne m'y appelleront pas, jamais je ne me souillerai en m'appropriant ce qui appartient légitimement à un autre Prince, je me croirais avili, dégradé, en m'abaissant à devenir le successeur de Buonaparte, en me plaçant dans une situation que je méprise, que je ne pourrais atteindre que par le parjure le plus scandaleux, et où je ne pourrais espérer de me maintenir quelque tems que par la scélératesse et la perfidie dont il nous a donné tant d'exemples. Mon ambition est d'un autre genre, j'aspire à l'honneur de participer au renversement de son Empire, à celui d'être un des instrumens dont la Providence se servira pour en délivrer l'espèce humaine, pour rétablir sur le thrône de nos ancêtres le Roi mon ainé et mon Maitre et pour replacer sur leurs thrônes tous les Souverains qu'il en a dépossédés. J'aspire peut être plus encore à l'honneur d'être celui qui montre au Monde que quand on est ce que je suis, on dédaigne, on méprise l'Usurpation, et qu'il n'y a que des parvenus sans naissance et sans âme qui s'emparent de ce que les circonstances peuvent mettre à leur portée, mais que l'honneur leur défend de s'approprier. La carrière des armes est la seule qui convienne à ma naissance, à ma position et en un mot à mes goûts. Mon devoir s'accorde avec mon ambition pour me rendre avide de la parcourir et je n'ai point d'autre objet. Je serai doublement heureux d'y entrer, si elle m'est ouverte par les bontés de V M et par celle du Roi son Epoux, et si mes faibles services peuvent jamais être de quelqu'utilité, à leur cause, jôse dire, à la nôtre, et à celle de tous les Souverains, de tous les Princes et de toute l'humanité.

Que V M daigne, etc.

Louis-Philippe

Palerme, le 6 juillet 1808

Copie de la dépêche de Son Excellence don Eusebio de Bardasi y Azara à Son Excellence don Enrique O'Donell.

Excellence,

Comme il peut arriver que d'un moment à l'autre la frégate de Sa Majesté, *la Vengeance*, arrive à Tarragone, ayant à son bord (comme vous en a informé don Francisco Saavedra) Son Altesse le duc d'Orléans, qui vient servir en Catalogne, dans le but d'exciter l'enthousiasme qui règne dans les provinces méri-

ANNEXES

dionales de la France, en faveur de la famille des Bourbons, et faire une tentative pour donner lieu à un mouvement contre l'usurpateur Buonaparte, le Conseil de Régence me charge de prévenir Votre Excellence, par un courrier extraordinaire, qu'elle ait à traiter le duc d'Orléans selon ce qui est prescrit par les ordonnances royales quand un infant d'Espagne se présente à l'armée.

Car, quoique le duc n'ait point cette qualité, le Conseil veut le considérer comme tel. De plus, comme sa présence serait inutile si l'on ne tâchait pas d'en tirer tout le parti possible, le Conseil a jugé très convenable que Votre Excellence se mette d'accord avec le duc et le colonel Pons pour déterminer le plan qu'il faudra suivre; bien entendu qu'il ne sera pas prudent d'en entreprendre l'exécution, comme si l'on pouvait compter sur des données positives; car si Buonaparte vient à le savoir à temps, il prendra les mesures nécessaires pour rendre cette exécution impossible, et nous pourrions nous attirer beaucoup de difficultés.

Le Conseil de Régence croit qu'il serait convenable de favoriser, par tous les moyens possibles la désertion, et de suborner les troupes ennemies pour les attirer et former un corps respectable à la tête duquel se mettrait le duc, avec tel nombre d'Espagnols que Votre Excellence pourrait mettre à ses ordres, sans préjudice des intérêts de la province.

De cette manière, le duc entrerait dès lors en France avec un corps d'armée qui favoriserait beaucoup le plan concerté. Il appellerait l'attention de l'ennemi de ce côté, et Votre Excellence pourrait opérer avec plus de facilité, tout en secondant l'entreprise du duc, et même l'internant en France, si elle le jugeait convenable. Le Conseil ne peut point donner à Votre Excellence les instructions qu'elle désire pour se conduire avec le succès qui l'a toujours accompagnée, parce que, devant compter avec l'état des esprits en France, il est impossible de prévoir d'ici le concours de circonstances qui pourrait faciliter ou rendre impossible l'entreprise. Le zèle, l'activité et le patriotisme de Votre Excellence lui inspireront ce qu'elle jugera convenable pour l'exécution du plan, et la prudence la mettra à l'abri de tout événement sinistre.

Sitôt que le duc arrivera en Catalogne, Votre Excellence devra m'en faire part par ce même courrier de cabinet et m'indiquer en même temps quels sont les projets pour que je puisse en instruire le Conseil de Régence et communiquer à Votre Excellence sa souveraine résolution.

Ile royale de Léon, 28 avril 1810.

Lettre du duc d'Orléans à la reine Marie-Caroline
Cadix, 1ᵉʳ août 1810.

    Madame,

J'ai à rendre compte à V. M. de deux faits assez importants. Le premier c'est que fatigué de la manière dont on me remettait toujours, et du peu de communications qu'on avait avec moi, fatigué surtout des bruits qu'on cherchait à répandre (et particulièrement M. de Bardasi qui n'a omis aucune occasion de marquer sa mauvaise volonté et de me nuire), j'ai senti qu'une démarche publique et forte devenait nécessaire tant pour déterminer le succès que par la vindication de ma conduite, si j'échouais dans l'objet de mon voyage, dans celui pour lequel j'ai été appelé, et j'espère que le Roi et V.M. daigneront approuver ce que j'ai fait et ce que j'ai dit. Samedi vers une heure, je me suis rendu dans mon uniforme de Capitaine général Espagnol au Conseil de Régence où je n'étais pas attendû mais où j'ai été reçu sur le champ. On m'a donné un fauteuil entre le Président (à sa droite) et l'Evêque. Moy, j'ai demandé que tout le monde se retirât, et le Président ordonna aux Ministres de sortir, puis j'ai prononcé en Espagnol le discours dont Votre M. trouvera une traduction ci-jointe. J'ai observé les phisionomies en ma qualité de phisionomiste, et il m'a parû que j'étais le plus à mon aise de tous, cependant l'embarras des autres avait probablement des causes différentes, car il y en a qui sont très bienveillans. Je regardais souvent le Sʳ Castanos qui était à côté de moi surtout à la fin où je lui fis une allusion marquée relativement à son manifeste adressé à la Junte Centrale, mais il ne m'a jamais regardé. Quand j'eus fini, je remis par écrit et signé ce que j'avais dit au Président qui essaya de commencer avec moi une conversation particulière, mais je lui dis que je n'étais pas venu pour causer comme cela, et me levant je dis en espagnol « *Senor, je supplie V.M. de répondre par écrit comme j'ai parlé quand elle aura délibéré*, et faisant une révérence, je suis parti. Le Président Castanos en me reconduisant jusqu'à la salle des Gardes me dit en espagnol qu'il regrettait que j'eusse pris cette peine *(Siento que V.A. haya tomado este incomodo)* et je lui répondis : *El incomodo no es el haber venido, pero el motivo que me ha traido aqui*. On ne m'a pas encore répondu, mais je crois que V.M. peut être sûre que cette démarche a fait un très bon effet, et qu'on va me répondre. Voilà une affaire.

L'autre affaire, Madame, me fait doublement désirer que les dangers de la Sicile ayent pû se civiliser, et que ma femme aye pu rester sans s'exposer et qu'elle y soit encore. Ecoutez ceci. Samedi l'amiral Keats est arrivé en dix jours de Portsmouth pour relever ici l'amiral Pickmore. Il est venu chez moi et m'a dit je sais que V.A. est attendu en Angleterre. Moi je n'en sais rien lui répondis-je — Oui, mais vous l'apprendrez — Cela peut bien être — Le Comte de Liverpool, un des secrétaires d'Etat m'a dit en *conversation* que V.A. était attendue *immédiatement* en Angleterre et que je devais lui fournir un vaisseau sur le champs — Est ce que c'est une communication que vous êtes chargé de me faire ? — Oui — En ce cas là, vous voudrez bien m'écrire, je ne reçois point de communication verbale de ce genre-là — J'aurai l'honneur d'écrire à V.A. et en effet il m'a écrit et je lui ai répondu *bien obligé*, si par la suite j'ai besoin d'un vaisseau, je vous en demanderai un.

Le Ministre, M. Wellesley vint le lendemain. Il était très embarrassé.

— V.A. n'a pas reçu, à ce que je crois, de nouvelles d'Angleterre ?

— Non, si ce n'est une lettre de l'Amiral Keats que je suppose que vous avez vue ?

— Oui. Je crains que V.A. ne soit pas disposée à s'en aller en Angleterre.

— Non, en vérité.

— Je n'ai reçu aucune instruction officielle au sujet de V.A., rien absolument, mais une lettre particulière (*a private letter*) d'après laquelle je vois que, non pas le gouvernement, mais les ministres individuellement désirent que V.A. aille en Angleterre.

— Etes-vous chargé de me faire une communication à ce sujet?

— Je n'ai pas d'instruction officielle mais ce que je vois de la disposition. Les Ministres m'obligent de la faire.

— Eh bien, faites-la moi par écrit, car je regarde tout le reste *comme non avenu*, et avec quelque embarras il se décida à m'écrire.

Puis le prévenant toujours que ce que nous disions ne signifiait rien, je lui dis, Votre frère ne me répondra donc pas?

— Mais il est bien *embarrassé* pour vous écrire.

— Et pardonnez-moi mais quel pourrait être le but de mon voyage en Angleterre?

— Celui de conférer avec les Ministres.

— Encore une fois? Ah, Monsieur, je sais ce que cela veut dire, j'ai l'expérience de ces Conférences. Vous avez peut être entendu parler de l'affaire du Prince Léopold?

— Oui.

— Eh bien, en ce cas là, vous savez aussi bien que moi ce que tout veut dire.

— Je suis trop honnête homme pour ne pas convenir que V.A. a raison, j'espère qu'Elle ne croit pas que je puisse lui manquer de respect, les Ministres personnellement sont contraires à ce que V.A. serve en Espagne.

— J'en suis bien fâché, mais comment me proposent ils dans aucun cas d'aller en Angleterre? Oublient-ils donc que je suis marié en Sicile? que j'y ai laissé ma femme grosse de six mois? J'ai fait tous les sacrifices qu'un Prince et qu'un homme peut faire pour me rendre à l'honorable appel dont j'ai été l'objet. Croyent-ils que j'abandonnerai ainsi une cause que j'ai si longtemps et si amèrement gémi de ne pas servir? Et que dirait le Roi mon beau-père, la Reine ma belle-mère, toute cette famille royale à laquelle j'ai l'honneur d'appartenir de si près, si dans la supposition que des circonstances qui n'existent pas me forçaient à me séparer des Espagnols, je ne retournais pas en Sicile me dévouer à leur défense, surtout aujourd'hui qu'elle est menacée? Non Monsieur, je me dois à eux et c'est à eux, c'est en Sicile que je retournerais. Les Espagnols m'ont demandé au Roi et le Roi m'a envoyé à eux. S. M. a daigné regarder cette séparation comme un sacrifice qu'Elle leur faisait, mon honneur donc et tous mes devoirs m'interdisent donc absolument le voyage qui m'est demandé.

— Mais est-ce que V.A. ne pourrait pas aller d'abord en Angleterre et ensuite en Sicile?

— Ah cela est un point sur lequel j'ai encore acquis *beaucoup d'expérience*. Je sais comment on sort d'Angleterre, c'est à dire comment on n'en sort pas. Je vous le répète, je n'ai rien à faire en Angleterre, et jamais je n'abandonnerai volontairement l'Espagne, les Espagnols et leur cause à laquelle ils m'ont appelé et que le Roi mon beau-père m'a envoyé défendre, c'est aujourd'hui mon premier devoir. Le soir, fort tard il m'écrivit une lettre très entortillée admettant qu'il n'avait aucune *instruction officielle* et qu'il agissait sur des *communications particulières*, je prie V. M. de bien remarquer cela. Ils n'ont pas osé parlé *in officio*, et veut-Elle savoir pourquoi? C'est ce que je lui ai dit tant de fois, c'est qu'ils craignent l'opinion publique, le compte qu'il faut rendre de tems en tems de leurs ordres officiels et qu'il leur arrive par fois d'en craindre les conséquences. Voilà la seconde fois en deux ans que cela m'arrive, peut-être est-ce la troisième, car je crois que V. M. doit voir plus clairement encore que nous avons bien fait d'accélérer mon mariage et assurément quelle que soit la joie dont on a bien voulu nous donner des marques, il me semble qu'on ne parait pas *désirer beaucoup* que je sois en Sicile!

Correspondance, mémoire et discours inédits
de Louis-Philippe d'Orléans. Paris-Dentu 1863

Lettre de Louis-Philippe au duc de Kent

Cadix, le 12 août 1810

Monseigneur,

Je profite du paquebot qui part demain pour Falmouth pour vous adresser une copie en français de toute la correspondance relative à mon appel en Espagne. Je crois que vous la trouverés très curieuse et que vous trouverés ma conduite aussi claire, aussi

LOUIS-PHILIPPE ET LOUIS XVIII

droite, aussi loyale que je me suis toujours efforcé qu'elle le soit en toutes occasions. Vous jugerés celle qui a été tenue envers moi par un certain personnage qui est le *Croupier* de quelques autres. J'espère que Madame de Saint Laurent lira cette correspondance, et je crois savoir d'avance ce qu'elle en pensera. Veuillés, Monseigneur, lui faire mes compliments. Je m'en remèts entièrement à vous sur l'usage à faire de cette correspondance dont je désire que mes amis ayent connaissance.

Je continue toujours dans la même incertitude sur l'avenir, sur ce qu'on fera de moi. Ni le ministre, ni le général, ni l'amiral anglais ne viennent jamais chés moi, tous leurs *dependientes* me tiennent de même à Coventry. *Just as they please* cela ne me fera pas abandonner la cause que j'ai été si glorieusement appelé à servir. Ils travaillent tant qu'ils peuvent en dessous à m'empêcher d'être employer et à m'inutiliser; cela sera surement, s'ils en viennent à bout, une victoire bien importante pour l'Angleterre, et c'est, j'imagine toujours, dans ce même esprit de désinteressement qui fait qu'on veut assister l'Espagne par tous les moyens possibles, mais en aucune manière, même la plus indirecte, ne jamais s'immiscer dans les affaires intérieures de son gouvernement.

Quoiqu'il en soit, Monseigneur, je suis et je resterai le même, voyant ces petitesses et les méprisant. Je ne serai pas moins invariable dans tous les sentimens dont il m'est toujours aussi doux de vous renouveller l'hommage.

J'ai l'honneur d'être,

Monseigneur,
Votre très dévoué et
obéissant serviteur
Louis-Philippe d'Orléans

Opinion sur la conduite que la Sicile doit tenir envers l'Angleterre, dans les circonstances actuelles — 24 mars 1810

Avant d'examiner quelle est la conduite que doit tenir la Sicile, il est indispensable de se rendre un compte exact de la

ANNEXES

situation politique où elle se trouve, c'est-à-dire, de ses intérêts envers les autres Puissances, et aussi des intérêts des autres Puissances envers elle.

La Sicile a une conformité d'intérêts parfaite avec l'Angleterre. Il semble qu'il ne puisse pas y avoir un événement qui soit heureux pour l'une, sans l'être en même tems pour l'autre. Mais les petites passions des hommes ont trop d'influence sur les grands intérêts des Etats, surtout dans ces tems de malheurs et de convulsions politiques, pour qu'on puisse raisonner d'une manière abstraite à leur égard, et se flatter que le véritable intérêt de l'Etat soit le seul mobile de conduite.

La Sicile est la seule partie des Etats de son Souverain, qui ait eu le bonheur de rester sous sa domination, et qui n'ait pas eu le malheur et la honte de devenir la proie du Brigand subalterne, auquel le perturbateur du Monde a confié le soin de les exploiter et de les piller. En le décorant des titres augustes du Souverain tant de la partie envahie, que de celle qui a échappé à leur joug de fer, Buonaparte a donné par ce double titre une preuve incontestable (même quand son caractère et la nature de sa puissance n'en fourniraient pas tant d'autres que jamais il ne peut y avoir de paix ni d'accommodement entre le Roi légitime des Deux-Siciles, et l'Usurpateur en chef de Paris, ou l'Usurpateur Subalterne de Naples. C'est un avertissement pour la Sicile, que la guerre que lui font ces Usurpateurs est *une guerre à mort*, et c'est un avertissement pour l'Angleterre que nuls ne peuvent être plus intéressés à la défense de la Sicile, que le Roi et la Nation qu'il gouverne.

Sans doute la Sicile a besoin pour cette défense, de l'assistance de la Puissance Anglaise; mais il est en même tems très avantageux à l'Angleterre de donner cette assistance à la Sicile. La Sicile est pour l'Angleterre un entrepôt, non seulement de commerce, mais aussi de puissance. C'est une base d'opérations au milieu de la Méditerranée, qui est d'une grande importance et d'un grand avantage à la puissance Anglaise; car sans cette base d'opérations, il ne pourrait pas y avoir d'Armée Anglaise dans la Méditerranée; tandis que celle qui concourt à la défense de la Sicile, se trouve par là même placée dans une position centrale, qui tient l'Ennemi dans une inquiétude continuelle, et qui la met à portée d'entreprendre une Diversion, ou de former telle entreprise qu'on juge à propos.

LOUIS-PHILIPPE ET LOUIS XVIII

Mais s'il est vrai que, d'une part, il importe à la Sicile d'avoir l'assistance de la Puissance Anglaise pour résister à la Puissance Française, et que, de l'autre, il importe à l'Angleterre de défendre la Sicile comme sa base d'opérations et son principal moyen de puissance dans la Méditerranée, il n'est pas moins vrai qu'il n'est pas plus de l'intérêt de l'Angleterre que de celui de la Sicile, que ce Royaume soit réduit à devenir une Colonie Anglaise. C'est cependant ce qui arriverait, si on avait, d'une part, la fausse politique de dépouiller, et, de l'autre, la faiblesse de se laisser dépouiller de tous les moyens de puissance, et que le maniement en fût donné aux Chefs Anglais. Sans doute le Roi doit toujours donner à ces Chefs toute la coopération dont ses moyens de puissance sont susceptibles. Il est vrai de dire que le Roi est plus intéressé qu'eux à leurs succès, puisque la conservation de la Sicile est d'une bien plus haute importance pour Lui que pour eux; mais il est également vrai de dire, que si toute la puissance est remise aux Chefs Anglais, la Sicile devient une Colonie Anglaise dont ils sont les Gouverneurs, et où le Roi a un azyle.

Car dès qu'une Puissance étrangère qui a une Armée dans un Royaume, acquiert en outre la disposition de celle du souverain du pays, alors toute la puissance de l'Etat se trouve concentrée dans le Général de l'Armée étrangère; et, dans les débats qui ne manqueraient pas de s'élever entre les deux Autorités rivales, ce serait une chimère, soit de la part du Gouvernement étranger de se flatter de pouvoir conserver de la popularité dans le pays, soit de la part du Souverain, de croire qu'il y conserverait aucune autorité civile. Dans ce cas malheureux, il arriverait probablement que les Etrangers se brouillant avec les habitants du pays, les abandonneraient à eux-mêmes, ce qui serait comme l'abandonner à l'Ennemi commun; ou si au contraire les Etrangers s'emparaient d'une grande popularité et la conservaient, alors le Roi, sa Famille et sa Cour paraîtraient une charge inutile, dont on serait bientôt dégoûté, car on ne tarde guère à l'être de ceux qui n'ont plus de pouvoir, et dont on n'a plus besoin : on cherche toujours des motifs ou des prétextes de se plaindre d'eux, jusqu'à ce qu'on soit parvenu à s'en débarrasser. Cet état de choses serait aussi contraire aux intérêts de l'Angleterre, que funeste à ceux du Roi : car si la Sicile avait le malheur de perdre son Roi, et de devenir Colonie Anglaise, elle serait

ANNEXES

bientôt perdue pour les Anglais, et ils seraient les premiers à reconnaître la difficulté de défendre un pays qu'on ne sait pas gouverner, et où on ne sait pas exciter l'enthousiasme de la Nation pour résister à l'Ennemi. Ils l'évacueraient donc, comme ils ont évacué la Corse, et comme ils ont été obligés d'évacuer tant d'autres lieux, par la difficulté de concilier leur caractère national avec celui des habitans du pays. C'est une vérité dont la franchise Anglaise conviendrait si elle lui était présentée d'une manière convenable, et si on lui rappellait à cette occasion l'histoire de tous les démêlés de l'Angleterre avec ses propres Colonies, et avec celles des autres Nations, Espagnole, Française, Hollandaise, etc. Il semble donc qu'il ne doit pas être impossible de faire sentir au Gouvernement Anglais qu'il ne peut conserver la Sicile qu'en y conservant l'autorité du Roi dans toute son intégrité; et que cette intégrité serait bien loin d'exister, si le Roi consentait à remettre aux Chefs Anglais la disposition de toutes ses Forces de terre et de mer.

Il faut donc trouver un moyen de donner à la défense de la Sicile toute l'énergie et toute l'unité d'action dont elle est susceptible, sans tomber dans cet inconvénient. Ce moyen ne peut être celui de louvoyer et de différer toujours d'en venir à une décision, comme on a fait par le passé : car, par là, on paralyse tout, ainsi qu'une funeste expérience ne l'a que trop prouvé, on ne contente personne, ni soi-même, ni les autres, et on augmente des dangers déjà assez grands par eux-mêmes.

Il est donc proposé pour obvier à tous ces inconvéniens, d'envoyer à Messine auprès du Général en Chef Anglais, celui auquel le Roi voudrait confier le commandement de ses Troupes, en cas que l'ennemi fît des démonstrations hostiles, ou débarquât effectivement. Il suffirait de l'autoriser par une lettre du Roi telle que celle dont le projet est à la suite de ce Mémoire. Il discuterait avec le Général en Chef Anglais tous les plans que ce Général peut avoir pour la défense de l'isle, et ils en arrêteraient un qui servirait de règle pour le cas d'invasion, et qui déterminerait la distribution des Troupes, d'après le point sur lequel l'Ennemi tenterait ou effectuerait son débarquement. Relativement au commandement, il serait stipulé que, dans le cas où un Corps Sicilien serait annexé à l'Armée Anglaise, le Commandant de ce Corps serait sous les ordres du Général en chef Anglais pendant cette réunion; mais que le Général Anglais ne pourrait pas disposer de ce Corps, sans le consentement du Roi, autrement que d'après les stipulations du Plan de défense; et qu'après que le danger qui aurait fait faire cette réunion n'existerait plus, le Corps Sicilien reprendrait la position qu'il occupait antérieurement pour la défense de la Sicile.

Le même principe s'appliquerait aux Forces de Mer. Lorsque des Bâtiments de S.M. Sicilienne se trouveraient réunis à ceux de S.M. Britannique, le plus ancien Officier Anglais aurait le commandement pendant que cette réunion durerait; mais il n'aurait pas la faculté de disposer des bâtimens pour d'autres Services, ni pour un plus long tems que le danger qui aurait fait faire la réunion.

Il semble que, par ce plan, le Roi accorderait au Général Anglais tout ce qu'il est possible de désirer pour établir l'énergie et l'unité d'action dans la défense de la Sicile, et qu'en même tems S.M. conserverait l'intégrité de cette Autorité Royale, et de cette dignité, auxquelles Elle doit à Elle-même et à ses Peuples de ne laisser porter aucune atteinte.

Palerme, ce 24 mars 1810.

Suit le projet de lettre du Roi.

« Ma confiance en vous me décidant à vous donner le comman-
« dement de mes Troupes, dans le cas où l'Ennemi nous mena-
« cerait d'une attaque immédiate, je vous charge de vous rendre
« à Messine auprès du Général en Chef Anglais, pour concerter
« avec lui tous les plans les plus efficaces pour la défense du
« Royaume, et je vous autorise à conclure avec lui les divers
« arrangemens qui peuvent établir la cordialité la plus parfaite
« entre les Forces de S.M. Britannique et les miennes, et les
« mettre mutuellement à portée de se donner par terre et par
« mer toute la coopération dont mes moyens sont susceptibles. »

ANNEXES

Déclaration de Dumouriez

(Mai 1793)

« Ayant appris qu'on avait élevé quelques soupçons contre mes intentions, d'après une prétendue liaison qu'on suppose exister entre moi et Philippe d'Orléans, prince français, connu sous le nom d'Egalité; jaloux de conserver l'estime dont je reçois journellement les preuves les plus honorables, je m'empresse de déclarer que j'ignore s'il existe réellement une faction d'Orléans; que je n'ai jamais eu aucune liaison avec le prince qu'on en suppose le chef ou qui en est le prétexte; que je ne l'ai jamais estimé, et que depuis l'époque funeste où il a déchiré les liens du sang et manqué à toutes les lois connues, en votant criminellement la mort de l'infortuné Louis XVI, sur lequel il a prononcé son opinion avec une impudeur atroce, mon mépris pour lui s'est changé en une aversion légitime qui ne me laisse que le désir de le savoir livré à la sévérité des lois.

« Quant à ses enfants, je les crois doués d'autant de vertus qu'il a de vices; ils ont parfaitement servi leur patrie dans les armées que je commandais, sans jamais montrer d'ambition. J'ai une grande amitié pour l'aîné, fondée sur l'estime la mieux méritée; je crois être sûr que bien loin d'aspirer jamais à monter sur le trône de France, il fuirait au bout de l'univers plutôt que de s'y voir forcé. Au reste, je déclare que si, d'après les crimes de son père ou par les atroces résultats des factieux et des anarchistes, il se trouvait dans le cas de balancer entre les vertus qu'il a montrées jusqu'ici et la bassesse de profiter de l'affreuse catastrophe qui a mis en deuil la partie saine de la nation et toute l'Europe, et qu'alors l'ambition l'aveuglât au point d'aspirer jamais à la couronne, je lui vouerais une haine éternelle, et j'aurais pour lui le même mépris que je porte à son père.

Dumouriez. »

LOUIS-PHILIPPE ET LOUIS XVIII

Lettre de Dumouriez à Charette

18 octobre 1795

« Mon cher Charette, vous connaissez la sincérité de mes sentiments pour vous : soldat, j'admire votre courage; général, j'admire encore davantage les talents que vous déployez. Mais je vous demande ce que vous ferez; comment, en cas de succès, vous parviendrez à reconstituer la monarchie; et en présence des obstacles de toute nature qui m'apparaissent dans ma retraite, je ne vois pour vous qu'un moyen grand et légitime de sortir d'embarras...

« ... Le nouveau Duc d'Orléans qui est errant et fugitif n'a rien à se reprocher de tous les événements auxquels son infortuné père a pris une large part. Je sais que ce dernier est en exécration auprès des exaltés de votre parti et que même sa mort n'a pas éteint les haines. Que faut-il conclure de là ? C'est que le jeune Duc d'Orléans est le seul moyen de transaction possible entre la République et la Monarchie. Il a des idées arrêtées sur bien des points et malgré sa jeunesse il est doué d'un grand sens. Sous le nom de son père qui était un drapeau contre la cour c'était pour lui que travaillaient les Girondins. Mgr le Duc d'Orléans n'a pas été consulté par moi en tout ceci; mais je crois pouvoir me porter sa caution, et le jour venu, il ne me démentira pas, j'espère... »

Rapport du baron de Roll au roi Louis XVIII sur son entretien avec le duc d'Orléans le 4 juin 1796

« ... Je commençai par lui dire l'objet de ma mission, et je mis sous ses yeux l'autorisation du roi. Il la lut avec beaucoup d'attention au moins dix fois, et, après me l'avoir rendue, il me fit sa protestation de fidélité et de dévouement au roi en fort bons termes. Puis, d'une voix altérée et émue, il me dit :

— Comment puis-je espérer que le roi me reverra avec plaisir, lorsque, dans cette autorisation de sa main, il parle d'égarements et d'erreurs ? C'est toujours le même langage que la proclamation. Il faut, d'après ce que je viens de lire, que M. de Saint-Priest ait mal rendu au roi ce que je lui avais dit ou qu'il m'ait bien mal compris. M. de Saint-Priest m'avait parlé d'une manière bien plus satisfaisante lorsqu'il m'a assuré des bonnes dispositions de Sa Majesté en ma faveur. Quant à me rendre à l'armée de Condé, comme elle m'y invite, c'est impossible. Cette armée est sous le commandement d'un général autrichien. C'est de tous les moyens le plus funeste pour le roi que de tenir à une armée étrangère. Tant qu'on le verra associé aux étrangers ennemis de la France, il ne réussira pas à conquérir le cœur de ses sujets. Si j'obéissais à ses ordres en me rendant auprès de sa personne, je ne pourrais plus lui être utile. »

Ainsi, dès le début de l'entretien, le duc d'Orléans opposait à l'invitation royale une fin de non-recevoir inspirée par les sentiments patriotiques qui semblent avoir constitué la règle de sa vie. De Roll lui objecta qu'il était bien fâché de le voir dans d'aussi mauvaises dispositions « et dans des principes aussi funestes ». Il insista pour lui arracher la promesse de se rendre auprès du roi, s'étonnant que le prince, alors qu'il protestait de son dévouement et de sa fidélité, eût tant tardé à en donner un témoignage public.

— J'allais le donner, répliqua le duc d'Orléans; j'étais décidé à me rendre auprès du roi, en revenant de mon voyage dans le Nord, quand j'ai lu dans les gazettes le manifeste qui a été lancé à l'occasion de son avènement au trône. Ce manifeste ne m'a pas permis de suivre l'élan de mon cœur. Tant que Sa Majesté n'aura pas fait connaître son intention de donner à la France une monarchie limitée comme en Angleterre; tant qu'elle ne s'expliquera pas autrement qu'elle l'a fait dans sa dernière proclamation, je regarderai comme mon premier devoir de me tenir à l'écart, de ne pas participer à des mesures contraires à mes principes et à mon opinion, que je ne puis sacrifier et ne sacrifierai jamais.

— Mais vous avez des devoirs envers le roi, monseigneur, s'écria le négociateur.

— J'en ai aussi envers ma patrie; je ne trahirai ni les uns ni les autres; je me tiendrai à l'écart. Je suis incapable d'avoir les vues qu'on m'a supposées. Je ne suis pas un prétendant. Que le roi promette une monarchie limitée et je serai avec lui, et beaucoup de ses partisans me suivront qui gémissent aujourd'hui de ne pouvoir le servir.

Le baron de Roll, n'obtenant rien de plus, demanda au prince de remettre au lendemain la suite de l'entretien. Il espérait que la réflexion modifierait l'attitude du duc d'Orléans, qu'il croyait sous l'influence de conseillers hostiles aux Bourbons, ce qui, d'ailleurs, était inexact. Preuve a été faite qu'en ces circonstances, le prince ne prenait conseil que de lui-même.

La discussion recommença donc le lendemain, mais elle n'eut pas une autre issue que la veille. Le prince persistait dans ses dires. *Il était résolu à ne pas aller à une armée autrichienne ni à prendre part aux intrigues nouées contre sa patrie avec l'appui de l'étranger. Il ajouta, comme en passant, que si, d'ailleurs, il le faisait, il mettrait en grand péril sa mère et ses frères qui étaient encore au pouvoir du directoire.*

Las de lutter en vain, le baron de Roll lui demanda alors d'écrire au roi ou de lui envoyer un émissaire qui expliquerait à Sa Majesté pourquoi le duc d'Orléans ne croyait pas devoir se rendre auprès d'elle. Le prince se récria. Il ne voulait ni donner une lettre ni faire porter au roi des explications verbales, redoutant les commérages des entours et l'interprétation qui pourrait être donnée à sa démarche. Il était plus simple, à son avis, que le baron de Roll portât lui-même ses explications à celui qui l'avait envoyé. Mais de Roll tenait à une lettre. Il est vrai que le prince se montra plus intraitable que lui *et ne donna rien qu'une note que le négociateur jugea insuffisante, sans portée et ne répondant pas à l'écrit du roi.*

Ainsi, la mission échouait et de Roll s'en retournait sans avoir rien obtenu. Il ne désespérait pas cependant du succès. Il le croyait possible quand le prince aurait été soustrait aux influences par lesquelles il persistait à le croire dominé.

— Rappelez-vous, monseigneur, lui dit-il au moment de se séparer de lui, que quelle que soit l'issue des événements, vous ne reprendrez en Europe le rang qui vous appartient par droit de naissance que lorsque vous aurez rempli tout votre devoir envers le roi.

— Je le sais, répondit le duc d'Orléans; mais, je vous le répète, pour moi le premier devoir est envers la patrie, et je vois avec

ANNEXES

regret qu'à cet égard votre opinion n'est pas conforme à la mienne...

Source : Papiers du Maréchal de Castries publiés dans *le Temps* du 27 novembre 1902.

Déclaration de Hartwell

« Nous, prince soussigné, neveu et cousin de S.M. Louis XVIII, roi de France et de Navarre.

« Pénétré des mêmes sentiments dont notre souverain seigneur et roi se montre si glorieusement animé dans sa noble réponse à la proposition qui lui a été faite de renoncer au trône de France et d'exiger de tous les princes de sa maison une renonciation à leurs droits imprescriptibles de succession à ce même trône, déclarons :

« Que notre attachement à nos devoirs et à notre honneur ne pouvant jamais nous permettre de transiger sur nos droits, nous adhérons de cœur et d'âme à la réponse de notre roi;

« Qu'à son illustre exemple, nous ne nous prêterons jamais à la moindre démarche qui pût avilir la maison de Bourbon, ni lui faire manquer à ce qu'elle se doit à elle-même, à ses ancêtres et à ses descendants.

« Et que si l'injuste emploi d'une force majeure parvenait (ce qu'à Dieu ne plaise) à placer de fait et jamais de droit sur le trône de France, tout autre que le Roi légitime, nous déclarons que nous suivrions avec autant de confiance que de fidélité la voix de l'honneur, qui nous prescrit d'en appeler jusqu'à notre dernier soupir à Dieu, aux Français et à notre épée.

« Wasted-House, le 23 avril 1803.

« Louis-Philippe d'Orléans (1). »

(1) A. NETTEMENT, *Histoire de Louis-Philippe*, p. 22.

LOUIS-PHILIPPE ET LOUIS XVIII

Lettre du 4 novembre 1819 de Marie-Amélie à Louis XVIII pour obtenir l'autorisation de mettre le duc de Chartres au collège Henri IV

« Sire,

« Mon mari s'est empressé de me communiquer les bontés de Votre Majesté envers lui, l'intérêt qu'elle a daigné lui témoigner pour notre fils, et son désir que je fusse instruite des objections qu'elle lui avait faites au sujet de notre projet de faire suivre à cet enfant les cours du collège Henri IV. Pénétrée de reconnaissance de cette marque de bonté du Roi, je crois ne pouvoir mieux y répondre qu'en lui soumettant moi-même mon opinion à ce sujet aussi franchement que respectueusement.

« Dans toutes les occasions je déférerai aux désirs de mon mari autant par devoir que par sentiment, mais jamais je ne trahirai pour cela ma propre opinion, sûre que cette manière d'agir est la base de l'estime et de l'amitié réciproques qui forment le bonheur de notre union. Ainsi c'est ma conviction, résultat de l'expérience et des observations que les différentes circonstances où je me suis trouvée m'ont fait faire, qui me porte à désirer que mon fils participât pendant quelque temps à l'éducation publique. Ce n'est pas le projet du moment, c'est celui formé depuis la naissance de cet enfant si cher. Car, dès l'instant que Dieu a daigné bénir notre union en nous donnant des enfants qui forment notre bonheur, nous nous sommes imposé le devoir aussi cher que sacré de veiller sur eux et de diriger tous nos soins, toutes nos actions à les rendre bons, vertueux, dignes du rang où Dieu les a fait naître, et à leur procurer le bonheur spirituel et temporel, en tâchant d'éloigner d'eux, autant qu'il est possible, les dangers qui entourent les princes dès leur plus tendre enfance, et qui rendent souvent leur éducation imparfaite. Je ne fatiguerai pas le Roi des détails du plan qu'après de mûres réflexions nous avons formé pour notre fils dans l'espoir de parvenir à ce but; car je sais que mon mari le lui a exposé entièrement. Mais j'ose seulement faire observer au Roi que, pour ce qui regarde le réfectoire, c'est l'endroit où il peut se passer le moins d'inconvénients; les enfants étant toujours surveillés et partagés par six, l'instituteur de mon fils sera une des six personnes qui composeront

ANNEXES

sa division. A l'égard de la récréation, elle n'est que d'une demi-heure par jour; ainsi cinq demi-heures par semaine, c'est-à-dire moins de temps que ce que mon fils emploie par semaine à la leçon d'équitation qu'il prend en commun avec toutes les autres personnes qui se trouvent au manège. Et encore elle se passera souvent dans le jardin particulier du proviseur, où il a l'habitude de réunir les élèves distingués par leurs bonnes qualités, auxquels il permet ces réunions par motif de récompense pour leur conduite.

« D'après cet exposé sincère de mon opinion sur cet objet si intéressant pour mon cœur, le Roi sentira que toute autre modification serait destructive du projet, sans l'exécution duquel je crois que mon fils resterait inférieur à ce que j'espère qu'il deviendra en le suivant. Le Roi est trop bon et trop juste pour ne pas sentir le poids d'un tel motif pour le cœur d'une mère qui ne vit que pour ses enfants. Mais d'ailleurs, si, dans la pratique de ces arrangements, il survenait quelque chose qui ne fût pas dans nos vues, nous sommes certains d'en être instruits promptement, d'autant qu'en voyant mon fils tous les jours, nous pourrons en juger par nous-mêmes, et par conséquent je suis sans inquiétude sur ce point.

« Votre Majesté a désiré connaître mon opinion sur cet objet. J'espère qu'elle me pardonnera la franchise avec laquelle je la lui ai exposée. Mais j'ai aimé de pratiquer avec elle l'habitude que j'ai contractée avec mes chers et révérés parents, de dire sincèrement ce que je pense. Je la regarde comme le meilleur moyen de remplir tous mes devoirs et de mériter et d'obtenir la conservation de vos bontés si chères à mon cœur et si précieuses pour tous les miens.

« Daignez agréer l'hommage de mon profond respect, Sire, etc...

                                                          « Marie-Amélie »

Paris, ce 4 novembre 1819.

LOUIS-PHILIPPE ET LOUIS XVIII

peler que cela se passait certain dimanche, 26 février. L'on imagine aisément les commentaires perplexes échangés pendant le retour à la pension Cordier.

P. 232   1. Voici en quelles circonstances : M. de Vitrolles se tenait vers une heure dans son cabinet, lorsque M. Chappe lui apporta, « ... Pour la remettre au Roi, une dépêche cachetée qu'on venait de lui transmettre par les appareils qu'il a inventés. Le directeur des Télégraphes semblait en proie au plus grand trouble; il est gros et corpulent, et avait couru si vite, qu'il était tout haletant et hors d'état de parler. Lorsqu'il put enfin articuler quelques mots, il se contenta de prier M. de Vitrolles de porter lui-même le pli, la nouvelle étant d'importance... » (Vicomte de Reiset, *Souvenirs*). La dépêche annonçant le débarquement de Napoléon était adressée par le général Brayer. Elle avait été expédiée de Marseille « par le maréchal Masséna, gouverneur de Provence. Elle était confiée à un courrier qu'un accident avait arrêté en route, et qui avait fait suivre la nouvelle par un autre courrier; ... le télégraphe n'allait pas au-delà de Lyon... » (Baron de Vitrolles, *Mémoires*, t. II).

2. Le nombre des effectifs varie : selon les uns, il s'agira de « 1 200 misérables » (Lamartine précise... et quatre canons), pour les autres, il y aurait eu trois colonnes, dont l'une de mille à mille cent hommes.

3. Tous ceux qui approchèrent le roi à ce moment-là sont unanimes à souligner l'attitude pleine de sang-froid de Louis XVIII : « ... Le roi est demeuré silencieux, puis il est resté quelques instants la tête dans ses mains, absorbé par les plus profondes réflexions... » (Reiset.)

4. L'accès de goutte, qualifié de léger par Louis-Philippe, tenait Louis XVIII aux mains de telle sorte qu'il eut beaucoup de peine à ouvrir l'enveloppe contenant la dépêche!

P. 233   1. Marchand, Jean-Gabriel (1765-1851), général de division, grand-croix de la Légion d'honneur, chevalier de Saint-Louis, gouverneur militaire de Grenoble, pair de France.

2. Mouton, Georges (1770-1838), comte de Lobau, maréchal de France. Après une carrière militaire brillante, il fut nommé inspecteur général d'infanterie en 1814,

NOTES DU « JOURNAL DE 1815 »

P. 231   1. Marie-Amélie écrit dans son Journal : « ... dimanche 5 mars : ... Me sentant encore un peu indisposée, je me suis levée tard et ne suis pas sortie de chez moi, je me suis occupée, à six heures, nous avons dîné ayant comme convives M. et Mme Albert, M. et Mme Delomieu. Le soir nous avons causé, à dix heures toute la société s'est retirée, moins l'abbé de Saint-Farre et Athalin... » Au même moment, des groupes causant à voix basse se formaient sur le Pont-Neuf et des crieurs annonçaient la nouvelle rue Saint-Honoré...

2. Le duc de Blacas (1771-1839) était le confident de Louis XVIII. Il cumulait les fonctions de ministre de la Maison du Roi, intendant des bâtiments et grand maître de la Garde-Robe.

3. Louis XVIII tenait son cousin à l'écart des Tuileries et c'est sans doute la même attitude indifférente qu'il aurait adoptée ce soir-là, si M. de Vitrolles ne lui avait vivement conseillé de ne pas négliger de confier une mission au duc d'Orléans.

4. En lisant les nombreux témoignages relatifs à cette époque, on constate que, si l'étonnement du duc fut sincère, l'effet de surprise ne fut pas le même auprès d'une population déjà sensibilisée par des rumeurs. Il suffit d'évoquer le souvenir du jeune Victor Hugo, qui, alors pensionnaire, faisait une promenade au Champ de Mars avec ses condisciples : les jeunes gens passant sous le pont d'Iéna eurent leur attention attirée par une inscription sur une arche : « 1er mars 1815, Vive l'Empereur! » L'anecdote serait banale si l'on omettait de rap-

et se rallia en mars 1815 à Napoléon dont il devint l'aide de camp. Fait prisonnier à Waterloo, proscrit, il revint en France en 1818, fut député en 1828, et pair de France en 1833.
3. Le texte de l'ordonnance royale servant d'instruction au comte d'Artois prévoyait de « courir sus à Bonaparte traître et rebelle pour s'être introduit à main armée dans le département du Var... ».

P. 234   1. Louis XVIII obéissait en fait, à un motif dont M. de Vitrolles était le responsable comme ce dernier le reconnaît lui-même dans ses Mémoires : « ... J'insistai seulement pour que M. le duc d'Orléans ne restât pas à Paris dans un pareil moment et qu'il fût employé, mais sous les ordres de Monsieur, de manière à être parfaitement contenu!... »

P. 235   1. M. de Vitrolles écrira : « Je passai la soirée du 5 avec Monsieur. Il me témoigna plusieurs fois le désir qu'il aurait eu de m'emmener avec lui : mais il le jugeait impossible, par ce qu'il croyait ma présence auprès du Roi essentielle. Il conservait la plus grande aisance dans son discours, dans ses jugements sur la situation des affaires, dans les ordres qu'il donnait; et ce n'était pas faute d'apprécier parfaitement à quel homme et à quelles difficultés il allait s'attaquer. Je le mis en voiture à minuit... » Devant une si belle assurance, nous concevons le qualificatif d'« Alarmiste » donné au duc d'Orléans!
2. L'éditorial du *Journal des débats* du 6 mars vilipende Bonaparte : « Cet homme tout couvert du sang des générations... Dieu permettra que le lâche guerrier de Fontainebleau meure de la mort des traîtres... »
3. Gouvion-Saint-Cyr, Laurent, comte puis marquis (1764-1830), maréchal de France, ministre de la Guerre pendant les Cent-Jours.
« Gouvion-Saint-Cyr était un ancien noble; à la vérité, il avait tenu peu compte de sa qualité de gentilhomme, puisqu'avant la Révolution, afin de s'assurer d'honorables moyens d'existence, il s'était fait peintre, et que, la Révolution ayant éclaté, il était parti comme volontaire. Sa carrière militaire avait été des plus brillantes; mais, en 1813, il avait trop aisément souscrit à une capitulation dont les conséquences furent les plus funestes à nos armes; sa conduite, dans cette conjoncture grave, avait été diversement jugée. Les officiers les plus

énergiques la condamnaient hautement et ils lui attribuaient toute cette suite de revers qui avaient enhardi la coalition à franchir la barrière du Rhin. Gouvion-Saint-Cyr était donc aux yeux de Louis XVIII, un des chefs impériaux dont la mollesse avait amené la chute de l'Empire; à ce titre, il l'avait accueilli avec distinction... » (Dulaure, *Histoire de la Restauration*).
4. Macdonald, Alexandre, duc de Tarente (1765-1840). Adversaire de Dumouriez et de Pichegru, il se distingua par la suite à Wagram. Fait maréchal d'Empire et duc de Tarente, il témoigna sa reconnaissance en restant fidèle à Napoléon en 1814. Il devait se rallier à la Restauration, cependant; il a laissé des Souvenirs, fort utiles concernant cette période.

P. 236 1. Louis-Philippe avait saisi la gravité de la situation et le bonapartisme de certaines troupes. A cette inquiétude s'ajoutait le dépit de se trouver l'aide de camp de Monsieur. Jaucourt écrira à Talleyrand, le 8 mars : « ... Je ne peux m'empêcher de voir, que ce que l'on voulait était de donner à Monsieur un succès personnel. » En apprenant de M. de Vitrolles, que le maréchal Macdonald faisait partie de l'expédition, le duc d'Orléans ne put s'empêcher de s'écrier : « Ah! Vous me rendez la vie! »
2. La Maison du Roi était composée de douze compagnies. Ce corps ayant besoin d'un chef unique pour présenter un peu d'ensemble, ce fut le maréchal Marmont qui en reçut le commandement général.

P. 238 1. Le 6 mars, le duc d'Orléans semble avoir oublié la visite qu'il rendit au duc de Berry.
2. Voici ce qu'on pouvait lire dans le *Journal des débats*, le 7 mars 1815 : « ... France : Paris, 6 mars.
— Monsieur (le Comte d'Artois) est parti à cinq heures du matin pour Lyon. On dit que Mgr le Duc de Berry et Mgr le Duc d'Orléans partiront demain matin, le premier pour Besançon, et le second pour Lyon.
... La santé du Roi va toujours de mieux en mieux. Sa Majesté a présidé aujourd'hui son Conseil... »
« ... Le Roi a accordé des lettres de Noblesse. »
C'est le 7 mars que Napoléon se heurte près du lac de Laffrey aux soldats du 5ᵉ de ligne : « S'il est parmi vous, crie-t-il, un soldat qui veuille tuer son Empereur me

voilà. » Une clameur « Vive l'Empereur » lui répond. Le soir il couche à Grenoble.
3. Le maréchal Macdonald fait allusion dans ses Souvenirs à sa rencontre avec le duc d'Orléans qui « ... lui raconta tout ce qui avait été connu à Paris avant son départ... " Au moins, dis-je, peut-on compter sur le général Marchand qui hait personnellement Napoléon, dont il est l'ennemi déclaré : comptez donc autant sur sa fidélité que sur ses efforts pour résister et se venger. " »

P. 239   1. Le maréchal note en effet qu'il lui tardait « de rejoindre ce prince qu'il avait connu dans la première campagne de la Révolution, faisant partie de l'armée de Dumouriez auprès duquel il servait comme aide de camp ».
2. Le commandement de la Nièvre avait été confié à Charles du Coetlosquet qualifié de « hâbleur » par le maréchal Macdonald, il répétait qu'il avait la confiance du pays, que si l'on mettait des fonds à sa disposition, il levait immédiatement quatre mille hommes, etc. Cependant, quelques jours plus tard, il devait quitter à toute hâte Nevers, à la suite d'une insurrection. « ... Il n'a échappé à la fureur populaire qu'en se sauvant à travers bois jusqu'à Bourges. Voilà un général qui avait, il y a quelques jours encore, la confiance du pays tout entier, et qui, aujourd'hui, en est réduit à s'enfuir sans avoir pu trouver un refuge chez aucun habitant... » (Vicomte de Reiset, *Souvenirs*.) Resté en France pendant les Cent-Jours, il travailla activement au retour de Louis XVIII, et fut nommé, en 1822, directeur du personnel au ministère de la Guerre.

P. 240   1. Pendant ce temps, à Paris, Louis XVIII était acclamé de la même manière en passant en revue les troupes dans la cour des Tuileries. L'enthousiasme était grand, les régiments avaient placé leurs shakos sur leurs baïonnettes...
2. En apprenant la présence de Napoléon à Grenoble, Talleyrand, pour une fois peu perspicace, avait affirmé qu'il ne pouvait y avoir de danger : cette folle équipée s'achèverait selon lui avec la mort de son responsable car les armées royales lui barreraient facilement le chemin!

LOUIS-PHILIPPE ET LOUIS XVIII

P. 241   1. Damas d'Antigny (Joseph, Elisabeth, Roger, comte de) (1765-1823). D'abord aide de camp du comte d'Artois, il se retira par la suite à la Cour de Vienne, jusqu'en 1814, date à laquelle il rentra en France. Nommé lieutenant-général et gouverneur de Lyon, il suivit Louis XVIII à Gand, pendant les Cent-Jours.

P. 243   1. La garnison de Lyon, composée du 24ᵉ d'infanterie de ligne et du 13ᵉ de dragons, avait été renforcée par le 20ᵉ régiment tiré de Montbrisson.

P. 244   1. Digeon, Alexandre Michel, vicomte (1771-1826), sous-lieutenant au 104ᵉ régiment d'infanterie en 1792, fait colonel à la bataille d'Austerlitz, puis général de brigade et baron de l'Empire en 1808, général de division en 1813, il se rallia aux Bourbons et tenta vainement de retenir les troupes de Lyon sous les ordres du comte d'Artois. Après les Cent-Jours, il fut nommé aide de camp de Monsieur, et commandant de la cavalerie de la garde royale. Pair de France et ministre de la Guerre en 1823.

P. 245   1. Voici ce que rapporte Marmont : « ... Des dispositions furent prises pour faire sauter le pont de la Guillotière; mais M. de Farges, le maire de Lyon, vint pleurer auprès de Monsieur sur ce dégât fait à un monument de la ville, et Monsieur, avec cette bonté tenant de la faiblesse, si souvent l'apanage des Bourbons, donna l'ordre de cesser les travaux. On fit un barrage... » Et il ajoute : « ... Les soldats de Napoléon le franchirent, après avoir manifesté un moment avec ceux qui étaient chargés de le défendre. Tout le monde cria : " Vive l'Empereur! ". Et Monsieur, le duc d'Orléans et le maréchal Macdonald n'eurent d'autre parti à prendre que celui d'une retraite précipitée... »

P. 246   1. On pouvait lire dans le *Moniteur* du vendredi 10 mars 1815 (n° 69) : « Paris, le 9 mars : Une dépêche télégraphique annonce que Monsieur est arrivé à Lyon le 8, à 10 heures du matin en parfaite santé. Monsieur le comte Roger de Damas l'avait précédé de douze heures. S.A.R. a trouvé les troupes et les habitants réunis dans un sentiment commun de dévouement et de fidélité dont elle a reçu les témoignages les plus éclatants. »
Optimisme que ne partageait pas l'entourage du roi,

bien que ce dernier ait déclaré, en souriant : « Puisque M. de Bonaparte veut résider en France, nous tâcherons de l'y retenir. »

P. 248   1. Le comte d'Artois quitta Lyon, ayant comme seule escorte pour sa voiture, un garde national à cheval.
2. Contrairement à ce récit, le maréchal Macdonald rapporte l'insistance montrée par Louis-Philippe à vouloir demeurer à Lyon qu'il dut, cependant, quitter sur l'ordre formel du comte d'Artois, l'invitant à rentrer avec lui à Paris.
3. Le comte d'Artois écrivait à Louis XVIII de Lyon : « L'attitude pacifique de Bonaparte fait tomber les bras levés. On n'attaque guère ce qui passe auprès de vous sans vous heurter! »
4. Dès le départ des princes, Macdonald avait convoqué le préfet, M. Chabrol, et le maire pour organiser la défense de la ville. Le préfet était déjà parti, seul le maire se présenta et annonça que toute résistance était inutile, la population étant déjà prête à recevoir Bonaparte.

P. 249   1. Dans une lettre adressée à Talleyrand, le 14 mars 1815, Jaucourt écrira : « ... Macdonald s'est conduit avec une noble fidélité et un très mauvais succès. Il a harangué trois mille hommes qu'il y avait à Lyon, il a réuni les officiers. Les officiers, au lieu de se rendre aux sentiments de leur devoir, ont déclaré qu'ils ne se croyaient aucun crédit sur leur troupe, ils ont récriminé sur les fautes commises envers l'armée, les injustices, les humiliations, etc. »
2. Simmer, François, Martin (1774-1847), enrôlé volontaire à dix-sept ans, participa à la conquête de la Hollande en 1795; chef d'escadron à Eylau en 1807, il suivit Napoléon pendant les Cent-Jours et fut licencié, le 1er août 1815.

P. 250   1. A propos du général Simmer, il convient de lire le passage suivant, que nous rapporte le maréchal Macdonald : « ... A un quart de lieue de la tour de Salvigny, premier relais en sortant de Lyon, je vis venir à nous un officier général; c'était Simmer, qui avait fait avec moi la campagne de 1813 et servi avec beaucoup de distinction... Je l'avais rencontré la veille, venant de Clermont, avec deux bataillons. Il avait reçu mon ordre de faire halte et se rendait à Lyon pour me demander de nouvelles instructions. Etonné de me trouver sur la route, tandis qu'il me croyait à la ville, il me demanda ce qui s'y était passé... et prenant à part le général Simmer, je lui appris en peu de mots ce qui venait de se passer et lui dis : « Faites retrousser chemin à votre troupe... — Elle ne voudra certainement pas obéir. — Eh bien! Laissez-la et suivez-moi! » Là-dessus, je repris le galop et il resta... »

P. 251   1. Dans ses Souvenirs, La Bretonnière donne raison au duc d'Orléans. Il qualifie le dimanche 12 mars de « journée de mensonge ». Il raconte, qu'étant allé à l'Opéra, ce soir-là, assister à « La Vestale » et au ballet de « Nina », le gouvernement fit lire, devant un public froid et dubitatif, pendant l'entracte, un bulletin confirmant les succès du matin, alors que le bruit courait que Napoléon était déjà entré à Mâcon!
« ... C'en était fait, disait-on : le comte d'Artois, le duc d'Orléans et les généraux de la division avaient complètement battu Bonaparte, qui avait osé marcher sur eux avec la garnison de Grenoble. L'usurpateur était en fuite dans les montagnes du Dauphiné; ses soldats l'abandonnaient de toutes parts, jetaient leurs fusils et leur cocarde tricolore... en maudissant les instigateurs qui n'avaient ébranlé leur fidélité que pour les faire servir d'instrument à de criminelles ambitions... » Et l'auteur de conclure : « Ce qui résultait de plus clair à une si belle victoire, c'était que Grenoble avait été prise par l'usurpateur... »

P. 252   1. La confusion des esprits était extrême, au point que le 11 mars, le chancelier de France avait rendu compte aux Pairs « de l'incroyable activité avec laquelle M. le comte d'Artois a organisé la défense de Lyon, des témoignages non équivoques qu'il a reçus des troupes et des citoyens armés ». Sur ce, il avait ouvert les dépêches, s'excusant d'un retard de deux jours, provoqué par le brouillard : « Les princes partent à l'instant : Buonaparte est attendu à Lyon ce soir! »
2. Le duc d'Orléans fut très mortifié de l'équipée de Lyon; il y avait participé malgré lui, et, depuis le début, il avait été conscient du rôle ridicule qu'il avait tenu, et comme pour appuyer ses plaintes, on composa

des calembours, des caricatures, et des chansons, dont Monsieur fit surtout les frais :

> *Monsieur d'Artois comme un lion,*
> *Vole de Paris à Lyon;*
> *Mais, l'aigle troublant ses esprits,*
> *Il court de Lyon à Paris*
> *Monsieur d'Artois, dans les dangers,*
> *Est un Achille... aux pieds légers...*

P. 253 1. Le succès de Bonaparte était si net que, le 12 mars, agissant en souverain, Napoléon publia neuf décrets. Ces décrets annulaient tous les changements que la Restauration avait faits dans la magistrature, chassaient de l'armée les émigrés, abolissaient la cocarde blanche, la décoration du lis, les ordres de Saint-Louis et de Saint-Michel, rétablissaient la Garde impériale, supprimaient les Suisses et la Maison Militaire, séquestraient les biens des Bourbons, remettaient en vigueur les lois de la Constituante pour l'abolition de la noblesse et des titres féodaux, en exceptant ceux que l'Empire avait donnés et qu'il se réservait de donner encore comme récompenses nationales... (Dareste).
2. Oudinot, Nicolas Charles, duc de Reggio (1767-1847). Maréchal de France, il se distingua à Austerlitz, Friedland, Wagram, Bautzen. Pair de France en 1814, il essaya de s'opposer à la proclamation de l'Empire à Metz, en 1815.
3. Le 24 mars suivant, une émeute éclatait à Metz, émeute devant laquelle le duc de Reggio dut céder. On se demande ce qu'il faut admirer le plus : la clairvoyance inquiète du duc d'Orléans ou le refus du duc de Berry à vouloir accepter la situation difficile dans laquelle la France était engagée.

P. 254 1. A la date du lundi 13 mars, *Le Moniteur* publiait l'article suivant : « ... S.A.S. M. le Duc d'Orléans est arrivé aujourd'hui à Paris, envoyé par Monsieur pour prendre les ordres du Roi sur les changements qu'exige l'impossibilité où l'on s'est trouvé de réunir sur Lyon les forces suffisantes à l'époque précise où il aurait été nécessaire pour la défense de cette ville.
« L'opinion ne peut prendre le change sur les effets de la rapidité de la marche de l'ennemi; en la précipitant, il l'affaiblit : il ne se présente de forces rebelles sur

aucun point : rien n'annonce que les troupes dont il est suivi, se soient accrues et, pour l'arrêter, les nôtres arrivent dans toutes les directions aux divers points qui leur ont été assignés. »

2. A propos du désir manifesté par Louis-Philippe, de voir partir sa femme et ses enfants, le général de Rumigny fait état dans ses Souvenirs d'une visite que Marie-Amélie aurait faite au roi.

3. Dans les chapitres précédents, il a déjà été fait allusion à l'anglomanie de l'auteur de ce Journal.

P. 257   1. Le général de Rumigny note dans ses Souvenirs : « Elle (la duchesse d'Orléans) partit donc avec ses quatre enfants, le comte de Grave, son chevalier d'honneur, une femme de chambre napolitaine, Beker, et la nourrice du duc de Nemours. »

2. La comtesse de Vérac, dame d'honneur de Marie-Amélie, était née à Vintimille.

P. 259   1. D'André, Antoine, Balthazar, Joseph (1759-1825). Il fut à dix-neuf ans conseiller au parlement d'Aix, et député de la noblesse de Provence aux états généraux en 1789. Il devait pendant près de dix ans, assurer les fonctions d'agent du roi, ce qui lui valut, lors de la Restauration, d'être nommé directeur de la police du royaume, puis intendant des Domaines.

P. 260   1. A propos des mouvements du Nord, et du général Drouet d'Erlon, voir le chapitre IX.
Louis-Philippe est peut-être de bonne foi quand il assure ignorer les détails de ce complot, mais il l'est moins quand il affirme n'en pas connaître les objectifs.

P. 263   1. Déjà, le 11 mars, des mesures avaient été prises dans ce sens : « ... Ordre est arrivé aujourd'hui à la compagnie de quitter Saint-Germain pour venir à Paris, où elle sera casernée à l'Ecole militaire. La compagnie du Luxembourg doit partir en même temps. Les compagnies d'Havré et de Noailles qui sont à Versailles, la compagnie de Wagram qui est à Meaux, et celle de Raguse qui est à Melun, ont reçu les mêmes instructions. Le roi veut avoir sa Maison Militaire sous la main en attendant les événements. » (Reiset.)

NOTES DU « JOURNAL »

P. 265   1. Le 13 mars, Bourrienne fut nommé préfet de police, et, dès le 14, M. de Blacas lui remettait une liste de vingt-cinq personnes qu'il lui était enjoint de faire arrêter. Parmi celles-ci, se trouvaient plusieurs bonapartistes notoires tels que M. de Rovigo, Réal, Bassano, Exelmans, Flahaut, Lavalette, Davout..., quelques royalistes constitutionnels; un royaliste mécontent : Sieyès.
2. Voici en quelles circonstances, Fouché ne put être arrêté : « ... L'ordre a été donné à M. Tourton-Havel, commandant de la garde nationale, de l'arrêter. Il s'est transporté chez lui, l'a trouvé dans son jardin, lui a montré et signifié son ordre.

" Monsieur, cela n'est pas possible; je sors en ce moment même de chez M. d'André avec qui j'ai travaillé toute la matinée. C'est une inimitié particulière de M. de Bourrienne. Je parierais que votre ordre est une supposition ou une méprise. "

« Pendant ce colloque, un homme de la garde nationale, exerçant la profession de procureur, a lu l'ordre, y a aperçu une irrégularité. On a convenu que M. Fouché monterait dans sa chambre, en attendant qu'on envoyât demander de nouvelles explications. M. Tourton y est monté avec lui. Tandis qu'ils se promenaient ensemble, Fouché a fait semblant de s'appuyer sur un coin, une porte cachée s'est entrouverte, s'est refermée sur-le-champ. M. Tourton, déconcerté, a attendu quelque temps, croyant que c'étaient quelques besoins. Mais quand il a vu que rien ne reparaissait, il a appelé du monde. Il a fallu près d'une heure pour enfoncer cette porte. Ils sont entrés alors dans un vaste appartement où ils n'ont aperçu aucune issue. Fouché s'est ainsi échappé et le soir il a écrit aux deux Chambres pour se plaindre... » (Souvenirs du baron de Barante.)

P. 266   1. Voici ce que note un jeune « rhétoricien », le 15 mars :
« ... Les journaux exhortent à s'engager tous les hommes de seize ans jusqu'à trente... Trois cents élèves de l'Ecole de Droit vont partir volontaires... Marseille met à prix la tête de l'Empereur : deux millions à l'assassin! Je crois qu'il ne jouirait pas longtemps du fruit de son meurtre...

« ... Un farceur du lycée a présenté au duc de Berry une pétition à sa façon, au nom de ses camarades pour l'enrôlement des élèves... Au réfectoire : grands cris de :

LOUIS-PHILIPPE ET LOUIS XVIII

Vive le Roi! mêlés de quelques cris de : Vive l'Empereur! » (Bary, *Cahiers d'un rhétoricien de 1815.*)

P. 271 1. Le comte de Jaucourt, dans une lettre à Talleyrand, le 14 mars, lui écrit : « ... Le courrier arrive de Lyon par la Bourgogne; à Mâcon, il a trouvé le peuple en fermentation et il a dû quitter sa plaque pour passer. Il lui en a coûté quelques boutons à fleur de lys de son habit... » C'est le même jour que le maréchal Ney se ralliait à l'Empereur, à Lons-le-Saunier; Louis XVIII ne devait l'apprendre que le 17.
2. Clarke, Henri, duc de Feltre (1765-1818), pair de France, servit dans l'armée du Rhin jusqu'en 1793, fut envoyé en mission secrète à l'armée d'Italie pour négocier avec l'Autriche et surveiller Bonaparte. Il participa au 18 Brumaire, fut ministre plénipotentiaire, conseiller d'Etat, secrétaire du Cabinet de l'Empereur et ministre de la Guerre. Rallié à la Restauration, il suivit le roi à Gand.
3. Mortier, Edouard, duc de Trévise (1768-1835). En 1804, il fut nommé maréchal d'Empire, puis gouverneur général de Silésie. Pair de France en 1814, il signa la capitulation de Paris et sous Louis-Philippe fut ambassadeur de France en Russie, puis ministre de la Guerre et président du Conseil. Il devait succomber lors de l'attentat de Fieschi.

P. 281 1. Dans le n° du 16 mars 1815 du *Nain Jaune*, on pouvait voir une caricature... « représentant la Constitution française, avec ses défenseurs marchant au Corps législatif, montée sur un char brillant, malgré les efforts que font pour l'arrêter M. de Beauchamps, Marduel, Bridoison de la " Quotidienne ", et la roue sanglante armée de faux, de tonnerres et d'éteignoirs; des ânes attelés par-derrière au char, veulent en vain l'entraîner à Douvres. On voit des deux côtés plusieurs accessoires de circonstances... » (Bary.)

P. 282 1. Le 16 mars, l'Empereur n'était encore qu'à Châlons-sur-Marne. Il progressait par Autun, Avallon, Auxerre où il arriva le 17.
2. « ... Le roi avait dans sa voiture M. le duc de Berry et le duc d'Orléans... Louis XVIII était agité par une foule de sentiments contradictoires, résultats terribles et inévitables de ces polices partielles qui troublent sans

secourir... L'une de ces polices lui racontait que Napoléon arrivait le lendemain, et l'autre lui disait que le duc d'Orléans assisterait aux débats entre lui et Napoléon, et que les débris de la France seraient pour lui... » (Duchesse d'Abrantès, *Mémoires sur la Restauration*.)

P. 283 1. Le maréchal Macdonald précise : « Personne ne la remarqua sûrement, et n'en fut touché. L'opinion publique tenait beaucoup à cet Ordre, qui était la récompense de tous les services et, vers les dernières années de l'Empire, presque exclusivement des services militaires; il était consacré par un article de la Charte mais il semblait que la Restauration le prodiguât pour l'avilir... »

2. « ... Malgré la pluie qui ne cesse de tomber depuis plusieurs jours, une foule considérable avait envahi les quais, où de nombreuses acclamations ont éclaté sur le parcours de la voiture royale.

« A l'arrivée du souverain, le canon s'est fait entendre, et c'est au bruit des détonations d'artillerie et de musiques militaires, que le roi a fait son entrée dans la salle où pas un siège n'était resté vide... » (Vicomte de Reiset.)

P. 284 1. « A cette séance, le roi fut reçu avec acclamation; il prononça un discours fort touchant : Monsieur et ses fils se jetèrent dans ses bras en jurant fidélité à la Charte. Cette scène électrisa l'assemblée et le public. Le roi avait dit qu'il mourrait sur son trône, et quatre jours après, il partit; il est vrai de dire qu'il ne pouvait compter sur aucune résistance... » (Macdonald, *Souvenirs*.)

2. Voici les paroles que prononça Monsieur, en levant la main : « Jurons sur l'honneur de vivre et de mourir fidèles à notre Roi et à la Charte constitutionnelle, qui assure le bonheur de la France! »

P. 286 1. Voici la relation de la route, telle que Louis-Philippe devait l'écrire à Adélaïde : « ... Péronne, ce 17 mars 1815. « Je ne suis arrivé, ma chère sœur, que ce matin à 9 heures, ayant été retenu fort longtemps à Pont-St-Maxence pour passer l'Oise le beau pont de ce lieu ayant été coupé par les Alliés l'année dernière. Je l'ai passé à pied par une nuit très noire, et dans une boue affreuse. Albert, qui est resté dans les voitures, dit qu'il en a été bien fâché et qu'il a failli verser. Rien de nouveau sur la route, si ce n'est que les deux petites roues de la voiture où étaient Charles et White ont cassé à Troye, et que comme White ne m'a pas remis les clefs je suis comme une âme en peine depuis deux heures et demie, ne pouvant ni m'habiller, ni rien faire, et cela me vexe et m'est insupportable comme tu peux croire. Je serais bien aise que tu vinsses me faire ici une petite visite. Je suis dans une très belle auberge, au Grand Cerf chès Gerand, que j'occupe à moi seul avec tout mon monde. Le Maréchal de Trévise n'est pas encore arrivé, et il est midi, mais ce qui est pis, c'est que les troupes ne sont pas payées ici ni dans ces environs. J'envoye pour cela une estafette au ministre de la Guerre car cela est grave et pressant. Il n'y a dans la ville que le 3ᵉ de chasseurs dont j'ai vu le colonel et les officiers, j'ai été fort content de leurs mines et de leurs discours. Il y a aussi les états-majors de deux régiments de lanciers qui sont dans les villages voisins, je n'en ai vu que les colonels. Je voulais te dire que si tu as quelque chose de pressé à me faire savoir, tu pourrais m'envoyer l'aide de camp d'Albert, homme très sûr, très intelligent et capable de venir ici en courrier. Albert lui mande de se mettre à tes ordres. *Don't forget about passports, they are wanted.* Je t'envoie ceci par une estafette que j'expédie au ministre de la Guerre pour tâcher qu'on envoye au plus vite de quoi payer les troupes. Je t'embrasse ma chère bonne sœur, de tout mon cœur, et je t'attends avec impatience.

Louis-Philippe.

« Sans le Maréchal, je suis comme une âme en peine, sans argent, sans commissaires, sans Etats-Majors, sans artillerie, enfin sans savoir même où sont les troupes, ni à qui adresser un ordre. » (Arch. Nat. 3oo A.P. IV, 134.)

P. 287 — 1. Louis-Philippe s'étant occupé, dès son arrivée à Péronne, de réunir les officiers, se rendit compte que ceux-ci étaient à peine au courant du débarquement de Napoléon.

P. 288 — 1. Le duc de Feltre devait faire face à l'intendance d'autres troupes à Paris : les douze légions de la garde nationale.
D'autre part, l'Ecole de Droit avait formé un bataillon

NOTES DU « JOURNAL »

(qui se promena dans les rues, portant un drapeau offert par les dames du Faubourg Saint-Germain), l'Ecole de Médecine et l'Ecole Normale, un autre. Le duc de Berry avait sous ses ordres une armée de vingt mille hommes, au quartier général de Villejuif.

2. « ... Les troupes de Melun ne paraissent pas animées d'un excellent esprit... On veut faire partir quarante élèves de l'Ecole Polytechnique : ils veulent partir tous ou tous rester, et montrent beaucoup de résolutions... » (Bary, *Cahiers d'un rhétoricien de 1815.*)

P. 290 1. Le roi avait eu l'intention de se retirer à La Rochelle... Quant au duc de Raguse, il avait proposé de prendre le commandement de la Maison Militaire et, avec ces seules troupes, de défendre les Tuileries pendant les semaines nécessaires pour rassembler de nouvelles forces!

P. 292 1. Avant le départ du roi, on proposa « de faire sonner le tocsin pendant la nuit, d'assassiner tous les bonapartistes connus, et de livrer Paris à toutes les horreurs de la guerre civile... ». (Blacas.)

2. Louis-Philippe écrit à Adélaïde :
« Péronne, ce 18 mars 1815, à 7 heures du matin.
« ... Le Maréchal étant arrivé hier soir, ma chère sœur, je me suis décidé à partir ce matin avec lui pour Cambrai après avoir vu les régiments de chasseurs et de lanciers qui sont à Péronne et aux environs. J'ai donné hier à dîner aux colonels et aux chefs d'escadron, et je les ai trouvés en très bonne disposition. Ce matin la plupart de ces troupes se mettront en mouvement pour occuper les cantonnements que le Roi m'a ordonné de leur faire prendre.

« Pendant ce mouvement, je ferai une petite tournée militaire avec le Maréchal. Je verrai à Cambrai les chasseurs de France, jadis de la Garde Impériale, ceux que Lefebvre-Desnouettes avait fait marcher vers Paris. De là j'irai à Douay visiter le dépôt d'artillerie et voir ce que je peux en avoir pour le Corps que je commande. Ensuite, s'il n'y a rien de nouveau, je pousserai jusqu'à Lille où le Maréchal croit qu'il est à propos que je fasse une visite à la garnison. J'imagine que de Lille je reviendrai ici où je laisse La Place pour recevoir toutes les dépêches qui pourraient venir ici pour moi et me les expédier selon mon itinéraire. Je lui enjoins d'arrêter ici jusqu'à nouvel ordre de ma part, tous les généraux ou autres personnes qui pourraient m'être adressés pour servir dans mon corps d'armée, et quant à toi, qui, j'espère, me tiendras parole et viendras me faire une visite je lui dis de te faire suivre la même route que je prends par ce que comme je m'arrêterai partout, il est probable que tu me rattraperas. J'apprends avec le plus grand chagrin que mes chevaux n'étaient pas partis avant-hier et qu'il ne devaient partir qu'hier. Cela est épouvantable et ces gens-là servent indignement. Ils jouent Chabot complètement et cela m'est odieux. En outre les voitures ne sont jamais en état, parle fortement pour qu'on visite bien les tiennes, car sans cela, il n'en sera rien fait. Tu feras mes commissions de tous les côtés à ma mère, tante, etc.

« Je t'embrasse de tout mon cœur, ma chère bonne sœur, et il me tarde bien de le faire en réalité. » (Arch. Nat. 300 A.P. IV, 9.)

P. 296   1. Le 19 mars, en apprenant que Napoléon avait quitté Auxerre et poursuivait sa marche sur Paris, Louis XVIII se résigne à quitter Paris. « Je vois que tout est fini sur ce point. Ne nous engageons pas dans une résistance inutile. Je suis résolu à partir... »

P. 306   1. Deux jours avant le départ des Bourbons, on lisait à la porte des Tuileries : « L'Empereur prie le Roi de ne plus lui envoyer de soldats. Il en a assez! »

P. 308   1. D'après Savary, le duc d'Orléans aurait été frappé par le langage que lui auraient tenu certains, à Lille : « Voilà la branche aînée qui a fini, Bonaparte s'usera vite. Ce sera naturellement vous qu'on appellera. N'allez point dans les armées qui vont faire la guerre à la France; retirez-vous paisiblement en Angleterre et laissez faire le temps! » Mais était-il vraiment nécessaire de lui ouvrir les yeux?

P. 310   1. Le séjour du duc d'Orléans fut un succès personnel, si l'on en juge par la lettre suivante, écrite à Marie-Amélie par le baron Raoul de Montmorency, chef d'escadron. (Arch. Nat. 300 A.P. IV, 133.)
« Lille, ce 20 mars 1815.
« Il y a bien longtemps, Madame, que vous n'aves reçu de nos nouvelles; et je m'empresse de vous en donner;

nous avons couché avant hier à Douay et nous sommes arrivés ici hier, on ne peut se faire d'idée de l'enthousiasme qu'a inspiré ici la présence de Monsieur le duc d'Orléans. Tout le pays s'est soulevé à l'idée du débarquement de l'*ogre de Corse* et c'est le jour où *Le Moniteur* l'a annoncé dans ce pays que tous les habitants d'un commun mouvement ont arboré le drapeau blanc et que beaucoup de volontaires se sont présentés pour marcher à la défense du roi. Tout annonce que nous pouvons concevoir un espoir qui semblait devoir nous être interdit — et j'ai celui de vous voir bientôt. J'espère comme porteur de bonnes nouvelles et vous êtes bien sûr, Madame, du bonheur que j'éprouverai à vous les donner. Mon général se porte très bien, je crois que nous restons quelques jours ici et nous y sommes trop bien pour ne pas le désirer. J'y attends avec impatience des nouvelles de notre amiral. J'aurai soin à présent de vous tenir au courant des nouvelles quand mon général ne pourra vous écrire lui-même, je serai bien heureux, Madame, que cette commission que j'ai sollicitée, me donne souvent l'occasion de vous renouveller l'assurance de mon respectueux et éternel attachement. »

P. 311   1. « La grille du château des Thuileries était fermée... Quatre pièces d'artillerie étaient en batterie, entourées de canonniers plus empressés à distribuer des poignées de main aux camarades qui arrivaient qu'occupés de la garde de leur pièce... » (La Bretonnière.)
2. Le 20 mars, la population avait repris la cocarde tricolore, appelée « couleurs jacobines » par les « bourbonnistes ». On entendait fredonner, aux faubourgs Saint-Antoine et Saint-Marcel, une chanson sur Louis XVIII, et dont voici le premier couplet :

> *Pouvait-il régner sur la France,*
> *Ce roi qui, parmi les Français,*
> *Osa dire avec assurance :*
> *— Je dois ma couronne aux Anglais?*
> *Dès ce moment la France entière*
> *Dit, brisant son sceptre en éclats :*
> *— Si tu le tiens de l'Angleterre,*
> *Ça n'tiendra pas* (bis)*!*

3. Le drapeau tricolore flottait sur le pavillon du Carrousel. Déjà des bouquets de violettes fleurissaient aux

boutonnières. « On ne voit que violettes! Achetez des violettes, Messieurs! Vive le Père La Violette!... » Pour dix centimes, on livrait... « une médaille en étain, portant d'un côté l'effigie de Napoléon avec la date du 20 mars, et de l'autre un vaisseau avec le millésime de 1815... » (La Bretonnière). Le plus remarquable est que ces médailles furent frappées en une nuit!

4. « ... Toute la journée du 20 mars, Paris fut très paisible... un temps superbe... Les cafés et les estaminets du Palais-Royal se remplissaient de militaires fêtant, le verre en main, l'arrivée du Petit Caporal... On attendait l'Empereur d'heure en heure : les boulevards se garnissaient de curieux sur le passage présumé de la voiture...

« Parvenu devant le théâtre de l'Ambigu, j'y entrai machinalement... A chaque instant, on sortait en masse de la salle pour y rentrer en désordre et sans carte; ce n'était pas sur le théâtre qu'était l'intérêt, c'était sur le boulevard, où chaque voiture était prise pour celle de Napoléon... Enfin, après cinq ou six alertes, nous entendîmes des cris sourds et un bruit de chevaux... nous sortîmes encore en foule : c'était lui! il venait de passer... De chaque côté des boulevards, la foule s'arrêtait muette d'émotion, regardant passer cette voiture... » (La Bretonnière.)

P. 312   1. Le 21 mars 1815, on pouvait lire cet article laconique dans *Le Moniteur* (n° 80) :

« *Intérieur* : Paris, le 20 mars : Le Roi et les princes sont partis dans la nuit. S.M. l'Empereur est arrivé ce soir à 20 heures dans son palais des Tuileries, à la tête des mêmes troupes qu'on avait fait sortir ce matin pour s'opposer à son passage. »

2. Voici ce qu'écrivit Louis-Philippe à ce sujet :

« Lille, ce 22 mars 1815, à 2 heures du matin.

« Je te prie, ma chère amie (Marie-Amélie), d'être sans inquiétude sur moi, car ma position ici est très bonne. Je suis seulement un peu fatigué par le défaut de sommeil mais en parfaite santé... J'ai été ce matin à Valenciennes, mon Dieu que de souvenirs! J'ai passé devant ma maison que j'ai bien reconnue, et je n'ai pas pu dompter mon envie de la revoir, j'y suis entré, et j'ai été droit au salon et à la chambre où je couchais avec mon frère. La dame de la maison m'a cru fou et a eu peur, mais le peuple était enchanté... »

NOTES DU « JOURNAL »

P. 313   1. Au même moment, Adélaïde envoyait ce message à Marie-Amélie :
« Lille, ce 22 mars 1815, à 2 heures du matin.
« Ma bonne et bien chère sœur, je suis partie de Paris avant hier au soir à six heures et je suis arrivée ici ce matin à 8 heures, notre ami n'y était pas, il était à Valenciennes, il est revenu à 4 heures et demie, enchanté de la disposition où il a trouvé la ville et la garnison, cette ville-ci est excellente, notre ami a avec lui, notre bon maréchal de Trévise qui est excellent, bon parfait... » (Arch. Nat. 300 A.P. IV, 133.)

P. 319   1. Voici ce que note le jeune Bary dans son cahier :
« 21 mars, 5 heures et demie — Beau temps. — Je m'éveille donc sujet de l'Empereur ! Voici peut-être les derniers jours où j'entends la cloche (elle avait remplacé le tambour qui réveillait les élèves sous l'Empire)... La médaille des journaux est retournée : que d'éloges ! que de plates flatteries à l'objet de leurs injures et de leurs railleries d'avant-hier ! Sont-ce les mêmes rédacteurs aujourd'hui qu'hier ?... » (Il a raison : les principaux rédacteurs des *Débats* avaient été changés pendant la nuit.)

P. 320   1. Adélaïde devait rapporter le séjour du roi à Marie-Amélie :
« Lille, ce 22 mars 1815, à 8 heures et demie du soir.
« Ma bonne et bien chère amie, nous avons eu aujourd'hui l'arrivée ici de votre gros Oncle, notre ami a été toute la journée avec lui, il y a dîné et y est encore, ce qui fait que je crains qu'il n'ait pas le temps de vous écrire aujourd'hui, votre Oncle est arrivé ce matin à 11 heures dans une voiture avec B. le P. de P. et le D. de D. de plus le mari de mon ancienne connaissance l'oncle de Camille, de D. de G. le D. de L. notre ami a été au devant de lui avec l'excellent M. Après notre ami et ce dernier ont passé une revue, dont il a été parfaitement satisfait. Oh ! ma bonne et bien chère sœur, jouissés en pensant à tous les succès qu'il a, combien il est aimé, et sait gagner tous les cœurs c'est général, votre Oncle m'a reçu très bien, avec beaucoup de bonté, il nous a appris votre arrivée à Douvres ce qui est une véritable satisfaction pour nous, il a eu des nouvelles très fraîches de sa nièce qui est resté où elle était son frère et son neveu sont en routte

pour venir de ce côté-ci, le bon vieux et sa fille se sont aussi déplacés...

« Votre Oncle ne reste pas ici, ce qui je crois vaut beaucoup mieux de toutes manières, et je pense que vos cousins n'y viendront pas, je le désire vivement, cela sera infiniment mieux pour tout. »

P. 326   1. Cependant, à Paris, le 22 mars, on apprenait que Cambacérès était nommé ministre de la Justice; Fouché, de la Police; Carnot, de l'Intérieur; Caulincourt, des Relations extérieures; Gaudin, des Finances; Marais, d'Etat; Decrès, de la Marine. Bary note dans ses cahiers : « On nous annonce que le roi est à Lille et que les deux Chambres sont restées à Paris.
« Un pair disait hier à un de ses confrères : " Je suis bien embarrassé! Je serai peut-être forcé d'aller aux Tuileries, les circonstances... Au surplus... j'ai toujours dit que l'Empereur était un grand homme... Reconquérir un empire en vingt jours, sans brûler une amorce!". »
Enfin, voici le résumé de ces quelques jours : « Expressions progressives d'un homme prudent : — Quoi! Ce Corse vient de débarquer en France? — Bonaparte est entré, dit-on, à Grenoble! — Est-il vrai que Napoléon soit maître de Lyon? — C'en est fait! Sa Majesté Impériale va entrer dans Paris! » (Bary.)

P. 330   1. « Dans la journée, le prince de Condé était arrivé. Nous fûmes tous surpris et ne pûmes, par égard pour son âge et par respect pour la présence de Sa Majesté, qu'étouffer un fou rire, quand nous l'entendîmes demander si le Roi ferait le lendemain, jeudi saint, la cérémonie du lavement des pieds : le moment était en vérité bien choisi! Le roi lui-même eut peine à se contenir... » (Macdonald, *Souvenirs*.)
2. « Dans la soirée, le roi tint un conseil particulier dont je fis partie avec le duc d'Orléans, le duc de Blacas et les maréchaux Berthier et Mortier... » (Macdonald, *Souvenirs*.)

P. 339   1. Le baron de Barante devait recevoir de son ami le comte de Montlosier, resté à Paris, la lettre suivante :
« 23 mars 1815,
« L'article 3 du décret relatif à l'assemblée extraordinaire du Champ de Mai, a fait grande sensation. Le choix des ministres, les uns tout à fait révolutionnaires, les autres

NOTES DU « JOURNAL »

tout à fait illibéraux, et le décret d'aujourd'hui qui remet les corps électoraux sous la férule des préfets, déconcertent un peu. Paris aujourd'hui est aussi tranquille que s'il n'y avait pas eu d'événements. Je ne sais en effet si on peut prêter ce nom à un changement si singulier de scène. J'ai entendu pendant près de trois heures, avant-hier, en présence des troupes arrivant, les cris mêlés de " vive le roi! " et de " vive l'empereur! ". A la fin, ceux-ci ont prédominé. Le soir même il y a eu rixe au Palais-Royal entre les " vive l'empereur! " et un reste de crieurs anciens. Hier, enthousiasme général. Il a été particulier à la Porte Saint-Martin. Je ne sais pas les autres spectacles. Adieu, mon cher ami, la révolution me paraît faite, mais on craint vivement les puissances étrangères et surtout l'Angleterre. Tous les Anglais sont partis. » (Baron de Barante, *Souvenirs*.)

P. 340   1. « Ma bonne et bien chère amie, écrira Adélaïde à Marie-Amélie le 23 mars, de Lille, il part un courrier pour l'Angleterre, et j'en profite bien vite pour vous donner de nos nouvelles. Nous sommes parfaitement bien, et soyés tranquille *parfaitement* sur nous, je crois que nous nous reverrons bientôt et soyés sûre que nous ne craignons rien du tout nous avons toute sûreté et toute facilité pour aller vous joindre, quand il en sera tems, mais tout va mal ici, ma bonne amie, et je crois que cela ne sera pas long, notre ami est chez le gros Oncle qui va partir... »

P. 345   1. « En réalité, Louis-Philippe entendait adopter une ligne de conduite très personnelle, qui le dissociait le plus nettement possible de ses aînés. Il s'éloigna dans la nuit même mais auparavant accomplit un certain nombre de gestes soigneusement calculés. En abandonnant Lille, immédiatement après Louis XVIII, il encouragea l'un de ses aides de camp, le colonel Athalin, à reprendre la cocarde nationale. Le garnison de Lille l'avait immédiatement ressortie. »
2. Si cette lettre d'adieu irrita la Cour de Gand, elle plut à Napoléon qui estima qu'elle faisait honneur au duc. « Celui-là a toujours eu l'âme française. »

P. 347   1. « ... Louis XVIII et les princes se montrèrent fort affectés de la lettre du duc d'Orléans au maréchal Mor-

LOUIS-PHILIPPE ET LOUIS XVIII

tier et de sa circulaire aux commandants de places : ils en témoignèrent un vif mécontentement. Il leur parut que le duc d'Orléans déliait sans nécessité chefs et subalternes du serment de fidélité qu'ils avaient prêté au roi... » (Stuart, ministre plénipotentiaire à Gand.)
2. « Au moment où le prince se résolut à quitter la France, il dit à M. Albert : " Et vous, mon cher Général, qu'allez-vous faire? — Défendre mon pays et reprendre ma vieille cocarde, je l'ai déjà dans ma poche et quand Votre Altesse aura passé la frontière, je la mettrai à mon chapeau. — Montrez-la-moi. " M. le duc d'Orléans la prit, la regarda attentivement : " Je ne me suis jamais battu que pour celle-là ", murmura-t-il en soupirant. » (Baron de Barante, *Souvenirs*.)

P. 348   1. Louis-Philippe devait envoyer Sainte-Aldegonde demander au roi des Pays-Bas un bâtiment pour se rendre en Angleterre.
2. « Dans la nuit, le duc d'Orléans et son excellente et respectable sœur partirent pour Tournai... Ils nous embrassèrent cordialement. » (Macdonald, *Souvenirs*.)
3. Adélaïde en informe ainsi la duchesse d'Orléans :
« Tournai, ce 24 mars 1815
« Chère bien-aimée Sœur, soyez heureuse et tranquille nous sommes en sûreté et bientôt dans peu de jours vous serez avec notre bien-aimé et nous avons quitté Lille cette nuit à 3 heures, le bon duc de Trévise qui est un homme adorable est venu avec nous dans notre voiture jusque sur les glacis, et nos bons aides de camp Alb. Ath. et R. que nous avons déterminés avec bien de la peine à rester nous ont escortés à cheval jusqu'à la frontière! Oh! Quel moment que celui de la passer et de quitter ses braves et excellents amis! Nous sommes arrivés ici à 5 heures, il est 1 heure et dans peu d'heures nous allons partir pour vous aller joindre...
« Nous allons vous rejoindre par la Hollande, on dit que d'ici et dans ce moment c'est la meilleure route, elle est un peu plus longue, mais rapportés-vous-en à nous, ma chère amie, pour la faire le plus vite possible; le Roi est parti hier de Lille à 3 heures de l'après-dîner, le Duc de Tarente l'a escorté jusqu'à la frontière il est allé à Mensis d'où il compte se rendre à Ostende pour s'embarquer, Monsieur et Mgr le Duc de Berry sont encore en France avec la Maison du Roi.

On a su hier à Lille qu'ils étaient en marche pour y venir et nos bons maréchaux leur ont fait savoir de sortir au plus vite de notre malheureux pays, par la route la plus courte, nous ne savons pas autre chose sur eux, Madame la Duchesse d'Angoulême et son mari sont restés où ils étaient certainement à l'heure qu'il est, ils sont aussi embarqués, je ne sais rien de ma tante. Ma mère est à Paris. Camille Chabot et le comte Thibaut sont ici avec nous... »

4. Voici une lettre adressée à Marie-Amélie et dont l'auteur nous est inconnu : « ... Madame va faire un cri de joie et mon cœur en est pénétré d'ici... Le voilà sain et sauf et aimé et admiré et regretté. — Courage Madame. Le Maréchal Mortier est adorable, que le ciel le conserve, quand Madame saura toutes les raisons que nous avons de l'aimer, elle regrettera de ne pas l'avoir connu davantage, et les excellents gens que ceux que nous avons quittés, Macdonald, Albert, Athalin, ce parfait Athalin — quel crève-cœur que cette séparation, mais il était tems.

« Les colonels de la garnison de Lille m'ont fait pleurer comme un enfant hier, en me parlant de Mgr que Madame aurait joui si elle avait pu les entendre. — " C'est lui qu'il nous fallait, ah! que ne l'avons nous connu plus tôt! " — Il n'y a qu'une voix sur les causes qui ont amené de si grands désastres... La Maison du Roi est licenciée... Que n'a-t-elle jamais existé... Les malheureux! »

5. Il convient de lire la lettre que Louis-Philippe écrivit de Tournai, dans le même temps :

« Cette nuit à trois heures et demie du matin, ma bien chère amie, j'ai franchi la frontière de France... Je suis arrivé à la même ville qu'en 1793. Quelle débâcle! mais je jouis de ta joie en voyant cette date et en sachant que je suis en sûreté, d'autant que sans l'excellent et digne Maréchal de Trévise, je n'y serais pas. Il était arrivé deux ordres pour m'épargner la peine d'aller plus loin, et le dernier était porté par un officier d'Etat-Major que le maréchal fit entrer dans la place, et tint en lieu de sûreté jusqu'à qu'il m'y eût mis. Dans quel état tu aurais été. Mais enfin nous nous reverrons dans peu de jours. Le Roi est allé à Ostende où il y a en outre tout le gros bagage de l'armée anglaise, ainsi je vas par la Hollande où d'ailleurs je trouverai de meilleurs bâtimens et où la navigation est meilleure. »

TABLE DES MATIÈRES

REMERCIEMENTS.................................. 9

INTRODUCTION................................... 11

Chapitre premier. — LE MARIAGE SICILIEN.. 17

Bonaparte est fini................................ 18
Marie-Amélie.................................... 19
Premier voyage en Espagne, 1808............... 21
Déclaration de loyauté à Louis XVIII............ 26
Le mariage...................................... 28
Les mariés....................................... 29
Louis-Philippe, premier prince du sang........... 31
L'enfant du miracle............................. 31
L'étrange famille de Marie-Amélie............... 32
Ferdinand IV et Marie-Caroline en conflit avec l'Angleterre.................................... 36

Chapitre ii. — JE SUIS ATTACHÉ A L'ANGLE-TERRE... 39

Roi des Sept-Iles ou commandant de l'armée de Catalogne?..................................... 39
La seconde aventure espagnole................... 42

LOUIS-PHILIPPE ET LOUIS XVIII

Louis-Philippe cherche à atténuer les affrontements intérieurs et extérieurs du gouvernement sicilien.	45
Le stupéfiant rapport de Louis-Philippe..........	52
Je suis attaché à l'Angleterre....................	57
Je suis Anglais...	58

CHAPITRE III. — DE PALERME A PARIS, mai 1814.   61

Napoléon en route pour l'île d'Elbe................	62
La gloire initiale.................................	65
La faute initiale.................................	66
Difficile position de Louis-Philippe...............	68
Conséquence internationale de l'exécution du duc d'Enghien : la guerre...........................	69
Le départ de Palerme...........................	70
Arrivée de Louis-Philippe à Paris................	78
La visite au roi : 17 mai 1814...................	79

CHAPITRE IV. — DES RELATIONS DÉLICATES, 1792-1814..   85

Popularité de Philippe-Egalité....................	85
L'entretien avec Danton..........................	86
Le complot orléaniste de Dumouriez..............	92
Le temps des exils et des intrigues................	99
L'acte de soumission au roi......................	103
Louis-Philippe conseiller de Louis XVIII.........	113
Les intrigues involontaires.......................	116
La restauration incertaine de Louis XVIII........	117

CHAPITRE V. — PARIS REDÉCOUVERT, 16 mai-10 juin 1814...................................   121

CHAPITRE VI. — VOYAGE EN ANGLETERRE ET RETOUR A PALERME, juin-juillet 1814   149

TABLE DES MATIÈRES

Chapitre VII. — DE PALERME A PARIS AVEC MARIE-AMÉLIE, août-septembre 1814 169

Chapitre VIII. — L'INSTALLATION A PARIS, septembre 1814 189

Chapitre IX. — LE COMPLOT FOUCHÉ EN FAVEUR DE LOUIS-PHILIPPE, janvier-mars 1815 211

« EXTRAIT DE MON JOURNAL DU MOIS DE MARS 1815 » 229

Chapitre X. — LES CENT-JOURS. RESTAURATION DES BOURBONS OU DES ORLEANS? 349

Chapitre XI. — LA PAIX DE TWICKENHAM, avril 1815-avril 1817 385

Le retour en Angleterre 385
Voyages à Paris 389
La paix de Twick 399
L'affaire Didier 408
Le mariage du duc de Berry 414
Le retour en France 418

Chapitre XII. — LA FIN D'UN RÈGNE, 1817-1822 423

Louis-Philippe et Louis XVIII 423
Mort du duc de Berry 429
Naissance du duc de Bordeaux 432
La reconstitution d'une fortune 435

Les procès	436
L'indemnité des émigrés	439
Les héritages	440
Neuilly	442
Le Palais-Royal	444
Éducation de princes	446
Prudence politique de Louis-Philippe après son retour en *1817*	449
Mort de Louis XVIII	462

CONCLUSION ... 467

BIBLIOGRAPHIE ... 475

ANNEXES ... 493

Lettre de Louis-Philippe à la reine de Naples, du 6 juillet *1808*	493
Copie de la dépêche de Son Excellence don Eusebio de Bardasi y Azara à Son Excellence don Enrique O'Donell	494
Lettre du duc d'Orléans à la reine Marie-Caroline, du 1ᵉʳ août *1810*	496
Lettre de Louis-Philippe au duc de Kent, du *12* août *1810*	499
Opinion sur la conduite que la Sicile doit tenir envers l'Angleterre dans les circonstances actuelles, *24* mars *1810*	500
Déclaration de Dumouriez, mai *1793*	505
Lettre de Dumouriez à Charette, du *18* octobre *1795*	506
Rapport du baron de Roll au roi Louis XVIII sur son entretien avec le duc d'Orléans, le 4 juin *1796*	506

TABLE DES MATIÈRES

Déclaration de Hartwell, du 23 avril 1803 509
Lettre de Marie-Amélie à Louis XVIII, du 4 novembre 1819 510

NOTES DU « JOURNAL DE 1815 » 513

TABLE DES MATIÈRES 537

LA COMPOSITION ET L'IMPRESSION DE CE LIVRE
ONT ÉTÉ EFFECTUÉES PAR FIRMIN-DIDOT S.A.
POUR LE COMPTE DE LA LIBRAIRIE ACADÉMIQUE PERRIN
ACHEVÉ D'IMPRIMER LE 22 MAI 1980

Imprimé en France
Dépôt légal : 2ᵉ trimestre 1980
N° d'édition : 4542 — N° d'impression : 5622